AtV

MARKUS JODL, geboren 1966 in Lahnstein, hat an der Münchner Ludwig-Maximilians-Universität Politische Wissenschaften, Kommunikationswissenschaften (Zeitungswissenschaften) und Ethnologie studiert. 1996 hat er über Otto Grotewohl promoviert. Heute arbeitet Markus Jodl als freier Journalist in München.

Otto Grotewohl gehörte zu jenen deutschen Arbeiterführern, die nach 1945 Lehren aus der Geschichte ziehen wollten, aber ihre Visionen nicht verwirklichen konnten. Von früher Jugend an politisch aktiv, wirkte der gelernte Buchdrucker in den zwanziger Jahren im Freistaat Braunschweig als Landtagsabgeordneter der USPD bzw. SPD und als Bildungsminister an Reformen mit. Während der NS-Diktatur wurde er mit Arrestbefehl gesucht, 1938/39 war er mehrere Monate in Gestapohaft. Mit Hilfe von Sozialdemokraten gelang es ihm und seiner Familie, die Zeit des Nationalsozialismus zu überstehen.

Nach dem Zweiten Weltkrieg baute Grotewohl in der Ostzone die SPD mit auf. Die Hoffnung auf eine Wiedervereinigung der Arbeiterbewegung scheiterte auch am Mißtrauen der West-SPD um Kurt Schumacher. Grotewohl wurde neben Wilhelm Pieck zum Vorsitzenden der SED gewählt, mußte sich jedoch den KPD-Führern unterwerfen. Als erster Ministerpräsident der DDR wurde er durch Walter Ulbricht, Weisungen der Sowjetführung und Zwänge des Kalten Krieges instrumentalisiert. Lange schwere Krankheit verurteilte ihn endgültig zum Statisten auf der politischen Bühne.

Markus Jodl

Amboß oder Hammer?
Otto Grotewohl

Eine politische Biographie

Aufbau Taschenbuch Verlag

Mit 16 Abbildungen
und 1 Grafik

ISBN 3-7466-1341-8

1. Auflage 1997
© Aufbau Taschenbuch Verlag GmbH, Berlin
Umschlaggestaltung Torsten Lemme
unter Verwendung eines Fotos von Ullstein Bilderdienst
Satz LVD GmbH, Berlin
Druck Clausen & Bosse, Leck
Printed in Germany

Inhalt

Vorwort 7

Einleitung 9

Der junge Grotewohl (1894–1920)

»Ein richtiges Elternhaus hatte er nicht.« 14
Jugendjahre 17
Soldat im I. Weltkrieg 21
Novemberrevolution in Braunschweig 23

Politische Reifejahre (1920–1930)

Debüt als Landtagsabgeordneter der USPD 30
Sepp Oerters Sturz – Otto Grotewohls Aufstieg 36
Der Schulerlaß des Volksbildungsministers 39
Politisches Intermezzo als Fraktionsvorsitzender der Vereinigten sozialdemokratischen Partei 46
Der Minister für Justiz und Inneres und die Kommunalreform im Freistaat Braunschweig 50
Taktieren als Bezirksvorsitzender 53
»Lehrling« im Reichstag 56
»Politik bleibt draußen!« Grotewohl wird Präsident der Landesversicherungsanstalt 57

Grotewohl im Dritten Reich (1930–1945)

Flucht aus Braunschweig 60
Die Akte Plumenbohn und ihre Folgen 68
Weder Held noch Mitläufer. Grotewohl während des II. Weltkrieges 72

Der Weg in die Sozialistische Einheitspartei (1945–1946)

Die »Stunde Null« 75
Der Zentralausschuß der SPD 77

Aktionseinheit und antifaschistischer Block 85
Das Potsdamer Abkommen 90
Das Konzept der Ostorientierung 93
Der Führungsanspruch der Ost-SPD 99
Reichseinheit vor Reichspartei. Die Konferenz von Wennigsen . . . 105
Die KPD drängt auf Vereinigung 113
Entscheidung für die Einheitspartei 127

Grotewohl und die deutsche Teilung (1946–1949)

Der Vorsitzende der Sozialistischen Einheitspartei Deutschlands 142
Wahlen in der sowjetischen Besatzungszone 154
Grotwohls Metamorphose vom Sozialdemokraten zum Kommunisten und der Verfassungsentwurf der SED 162
Das Krisenjahr 1947 – Zwang zur Neuorientierung 167
Volkskongreßbewegung für deutsche Einheit und einen gerechten Frieden 180
Grotewohl legitimiert die Stalinisierung der SED 185
Der Volkskongreß und das Scheitern einer »praktischen Politik für Gesamtdeutschland« 198

An der Spitze von Partei und Staat (1949–1964)

Ministerpräsident der DDR – Außenseiter im Politbüro 204
Die Waldheimer Prozesse 212
»Deutsche an einen Tisch« 217
Der 17. Juni 1953 222
Im politischen Abseits – die letzten Jahre 233

Amboß oder Hammer? Eine abschließende Betrachtung 250

Anhang

Abkürzungsverzeichnis 257
Bibliographie 259
Anmerkungen 278
Bildnachweis 333

Vorwort

In der Zeit, in der ich mich mit Leben und Wirken Otto Grotewohls beschäftigt habe, bin ich auf drei Gruppen von Menschen gestoßen: Die einen konnten mit diesem Namen gar nichts anfangen und zuckten nur fragend mit den Schultern. Andere reagierten mit Unverständnis ob der Tatsache, daß man mit einer solchen Person seine Zeit verschwenden konnte. »Der hat uns doch den ganzen Mist eingebrockt« bis hin zu der Meinung »Leute wie der gehören ausgegraben und verbrannt« lauteten ihre Kommentare. Wieder andere schließlich sprachen mit Hochachtung von ihm, verehrten ihn als eine große Persönlichkeit und einen aufrichtigen Politiker.

Für sie alle ist diese Arbeit geschrieben. Sie soll jenen, die bisher nichts über Otto Grotewohl wußten, einen Einblick in das Schaffen dieses Politikers gewähren und sie soll den anderen die Möglichkeit geben, ihre Abneigung bzw. Verehrung kritisch zu überdenken. Ich hoffe, es ist mir gelungen, den »Auftrag« eines meiner Gesprächspartner zu erfüllen, der mich am Ende unserer Unterhaltung bat: »Versuchen Sie, ohne Ideologie zu schreiben.« Dieser Wunsch, der sich bei einer wissenschaftlichen Arbeit eigentlich erübrigen sollte, verdeutlicht, daß mehr als sieben Jahre nach der Wiedervereinigung, im Bewußtsein vieler die alten Schranken fortbestehen, die unser Land einmal geteilt haben. Vor allem bei den Generationen, die die staatliche Teilung Deutschlands noch bewußt miterlebt haben und für die diese stets ein Politikum und niemals bloße Tatsache war, haben sich Sichtweisen und Argumentationsmuster festgesetzt, die nicht von heute auf morgen aufgebrochen werden können. Doch nur wenn ideologische Wagenburgen verlassen werden und die Bereitschaft wächst, sich in streitbarer Weise auf der Ebene von Fakten über unsere deutsche Vergangenheit zu verständigen, wird es gelingen, die Wiedervereinigung zu vollenden.

Das vorliegende Buch basiert auf meiner Dissertation über Otto Grotewohl, die ich an der Ludwig-Maximilians-Universität München eingereicht habe. Während des Schreibens einer so zeitaufwendigen Arbeit wie einer Dissertation gerät der Autor zwangsläufig in die Schuld von Menschen, die ihm Hilfe und Unterstützung gewährten. Vor allem sind hier meine Eltern, Geschwister und meine Verlobte Claudia zu nennen. Eine Reihe von Gesprächspartnern und Archivmitarbeitern standen mir mit Rat und Tat zur Seite und verschafften mir Zugang zu nicht veröffentlichten Materialien. Besondere Erwähnung verdienen schließlich Universitätsdozent Dr. Erwin Adler und Professor Dr. Wolfgang Triebel für ihre unerläßliche fachliche Betreuung. Ihnen allen sei an dieser Stelle herzlich gedankt.

München, im Juli 1997 *Markus Jodl*

Einleitung

1979 legte Heinz Voßke mit »Otto Grotewohl. Biographischer Abriß«[1] die erste und bislang einzige selbständige Publikation vor, die einen Überblick über das gesamte Schaffen dieses Politikers gibt. Sie wurde zur unerläßlichen Grundlage für all jene, die im Rahmen ihrer Forschungen mit der Person Grotewohl in Berührung kamen. Zumeist kreisten solche Untersuchungen um die Jahre 1945/46 und die Gründung der Sozialistischen Einheitspartei Deutschlands (SED). Während man in der DDR seinen Weg in die Einheitspartei als politisch richtige Entscheidung feierte, galt Grotewohl im Westen aufgrund dessen als Verräter und Karrierist.[2] Erst als bundesdeutsche Historiker und Politologen Mitte der 80er Jahre den Terminus »Zwangsvereinigung« für die Vereinigung von Sozialdemokratischer Partei Deutschlands (SPD) und Kommunistischer Partei Deutschlands (KPD) in der sowjetischen Besatzungszone nicht mehr vorbehaltlos übernahmen,[3] war eine differenziertere Sicht auf Otto Grotewohl möglich. Eine Vorreiterrolle übernahm hierbei das 1973 zum erstenmal erschienene Buch von Frank Moraw »Die Parole der ›Einheit‹«[4], das viel zur Versachlichung der Diskussion über die Entstehungsgeschichte der SED beigetragen hat. Im Zuge dieser Entwicklung begann man, die Rolle von Otto Grotewohl im Vereinigungsprozeß von KPD und SPD zu überdenken, und das Interesse an seiner Person stieg in der Folgezeit merklich an.[5] Ein Trend, der sich auch nach der Wiedervereinigung fortsetzte. Besonders hervorzuheben sind die Arbeiten von Wolfgang Triebel, die sich intensiv mit dem Wirken von Grotewohl in den Jahren 1945–1949 befassen.[6] Der Blickwinkel auf den Politiker Otto Grotewohl hat sich zwar sukzessive erweitert, aber das Wissen über ihn bleibt dennoch sehr punktuell und fast ausschließlich auf die ersten Nachkriegsjahre beschränkt.[7]

Eine Hauptaufgabe der deutschen Geschichts- und Politikwissenschaft in den nächsten Jahren und Jahrzehnten wird darin bestehen, das umfangreiche Quellenmaterial, das in den Archiven der neuen Bundesländer zugänglich wurde, aufzuarbeiten und auf dieser Basis die deutsche Nachkriegsgeschichte umfassender und differenzierter als bisher darzustellen. Dazu möchte diese Publikation einen Beitrag leisten, indem sie das Werk eines Politikers neu beleuchtet, der in den ersten Nachkriegsjahren zu den wichtigsten Entscheidungsträgern in Deutschland gezählt hat. Eine solche Zielsetzung erscheint als sinnvoll, denn das oben erwähnte Buch von Heinz Voßke weist aus wissenschaftlicher Sicht einige Mängel auf, die nach der Wiedervereinigung deutlicher hervorgetreten sind als bei seinem Erscheinen. »Otto Grotewohl. Biographischer Abriß« ist gleichsam eine »offizielle« SED-Parteibiographie. Der Autor hat Vorgänge nicht immer objektiv gewertet und kritische Punkte nur kurz bzw. gar nicht erörtert. Der Vorteil, daß die Publikation westlichen Wissenschaftlern Zugang zu Informationen vermittelte, die sie sich selbst nicht erschließen konnten, ist seit 1990 gegenstandslos. Ein weiteres Manko der Voßke-Biographie sind die zum Teil sehr ungenauen Quellenangaben. So findet man beispielsweise immer wieder den Verweis: IML[8], ZPA[9], NL 90. Hinter dieser Bezeichnung, die sich nach der Übernahme des ehemaligen Parteiarchivs der SED durch das Bundesarchiv in SAPMO BArch[10]: NY 4090 geändert hat, verbirgt sich der gesamte Nachlaß Otto Grotewohls. Da nähere Angaben (Aktennummer und Seitenzahl) fehlen, ist es für einen Außenstehenden nur sehr schwer möglich, die Angaben von Heinz Voßke zu überprüfen oder anhand seiner Hinweise einen gezielten Zugang zu Dokumenten eines bestimmten Problemkreises zu erhalten. In der vorliegenden Arbeit wurde deshalb Wert darauf gelegt, getroffene Aussagen für den interessierten Leser jederzeit überprüfbar zu machen.

Es sei an dieser Stelle ausdrücklich betont, daß sich diese Publikation nicht als »Anti-Voßke-Darstellung« versteht, sondern als eigenständige Arbeit. Die Voraussetzungen für eine quellenkritisch akzentuierte politische Biographie Otto Grotewohls sind heute besser als je zuvor. Zum einen ist die historische Zeitspanne, die seit seinem Tod im Jahre 1964 vergangen ist, so groß, daß man den zeitgeschichtlichen Kontext seines politischen Wirkens relativ umfassend und genau überblicken kann, zum anderen ist nach der deutschen Wiedervereinigung die Auseinandersetzung mit der Person Grotewohls dem unmittelbaren politideologischen Streit entzogen. Vor allem aber sind heute die meisten Quellen über Otto Grotewohl zugänglich und publizierbar. Allein die in russischen Archiven befindlichen Dokumente, die auch weiteren Aufschluß über den genauen Einfluß der sowjetischen Besatzungsmacht auf die politische Entwicklung in der SBZ[13]/DDR geben könnten, waren mir nur insoweit zugänglich, als sie bereits veröffentlicht sind. In den deutschen Archiven befindet sich reiches Quellenmaterial. In der Einleitung des ersten Findbuches »Nachlässe: Otto Grotewohl« in der Stiftung Archiv der Parteien und Massenorganisationen heißt es: »Der Bestand ›Otto Grotewohl‹ gehört zu den umfangreichsten und aussagekräftigsten Nachlaßbeständen im Zentralen Parteiarchiv. Er umfaßt biographisches Material, handschriftliche Aufzeichnungen und Notizen des Nachlassers, Reden und Aufsätze

Otto Grotewohl, 1946

sowie Arbeitsmaterialien aus seiner Tätigkeit als führender Partei- und Staatsfunktionär. (...) Nach der endgültigen Ordnung und Verzeichnung umfaßt der Bestand 669 Akteneinheiten mit einem Umfang von 20 lfd. m. [laufende Meter, M. J.]. Von 13 Reden, Interviews und Gesprächen Otto Grotewohls liegen Bandaufnahmen und Schallplatten vor.«[14]

In Wahrheit ist der Nachlaß aber noch umfangreicher, denn es war damals (1980) gängige Praxis, immer auch ein »geheimes« Findbuch anzulegen. Die Begründung findet sich in der Einleitung des zweiten Bandes: »Die Anfertigung eines zweiten Findbuches erwies sich aus politischen Gründen als unumgänglich. In ihm wurden 96 Akteneinheiten verzeichnet, die auf Grund ihres internen Charakters für die allgemeine Benutzung gesperrt bleiben müssen. Diese Akteneinheiten sind weder im Findbuch I verzeichnet, noch werden sie in der Bestandsübersicht zum Findbuch I ausgewiesen.«[15]

Das Leben von Otto Grotewohl umfaßte genau siebzig Jahre (1894 bis 1964). In diesen Zeitraum fallen das Wilhelminische Zeitalter, der I. Weltkrieg, die Weimarer Republik, die nationalsozialistische Diktatur, der II. Weltkrieg und die Entwicklung der deutschen Zweistaatlichkeit. Grotewohl hat diese Etappen nicht nur erlebt, sondern er hat an ihnen im großen oder kleinen Maßstab aktiv teilgenommen. Fast sein ganzes Leben war er politisch in zumeist hervorgehobenen Positionen tätig. Die notwendigerweise geraffte Darstellung dieses Politikerlebens wird also zu einer »Tour de force« durch die bisher wahrscheinlich turbulentesten Abschnitte der deutschen Geschichte. Das historische Umfeld kann im Rahmen dieser Biographie nicht in seiner ganzen Komplexität dargestellt werden. Dafür gibt es zwei gute Gründe: Einerseits ist dies keine historische, sondern eine politikwissenschaftliche Arbeit, andererseits sollte die Gefahr vermieden werden, das zu beschreibende Subjekt aus den Augen zu verlieren, denn Grotewohl hat an den Umbrüchen der deutschen Geschichte während seines Lebens zwar aktiv teilgenommen, war aber trotzdem weit davon entfernt, diesen Epochen seinen eigenen Stempel aufzudrücken. Die Darstellung kann weder die Entwicklung der Braunschweiger SPD während der Weimarer Republik noch die Geschichte des Berliner Zentralausschusses oder der SED in den Jahren von 1946 bis 1964 wiedergeben. Sie bleibt vielmehr möglichst eng an der Person Otto Grotewohls; deshalb orientiert sich auch die Einteilung der Kapitel nicht immer an den allgemeingültigen Periodisierungen. Ereignisse, die ihn weder berührt noch beeinflußt haben, finden keine Berücksichtigung.

Der »Kunstgriff« manches Biographen, fragwürdige Handlungen dadurch zu relativieren, daß man sie in ihren historischen Kontext einbettet und dann kurzerhand als zeitgemäß oder zeitbedingt deklariert, findet in dieser Arbeit keine Anwendung. Vielmehr soll die politische und moralische Verantwortung von Otto Grotewohl – soweit sie denn bestanden hat – deutlich werden und zur Erklärung seiner Handlungsintension dienen. Eine politische Biographie hat nur dann eine Berechtigung, wenn man das Individuum nicht als bloße Marionette gesellschaftlicher, ökonomischer und machtpolitischer Zwänge versteht, die beliebig austauschbar und für eine eingehende analytische Betrachtung wertlos ist. Was bliebe auch, wenn man das Subjekt und seine Aktivitäten aus der Geschichte eliminierte? Die Vorstellung, der Mensch unterliege übermächtigen Institutionen oder historischen Entwicklungsströmen, die er zwar zu erkennen, aber nicht zu beinflussen vermag, läßt kaum Raum für individuelle Verantwortung und Schuld. Die Folge solcher Erklärungsmuster wäre nicht verantwortungsvollerer, kritischerer Umgang mit der Macht und den Mächtigen, sondern Fatalismus. Otto Grotewohl sagte 1946 zum Thema Verantwortlichkeit von Politikern: »Eine Lehre sollte sie [die Zeit der nationalsozialistischen Herrschaft, M. J.] uns als unverlierbares Gut gegeben haben, eine Erhöhung unseres politischen Bewußtseins und eine Erhöhung unseres Verantwortungsbewußtseins für unser Schicksal. Das deutsche Volk und vor allem seine führenden Politiker sollen endlich lernen, das Schicksal Deutschlands selbst zu gestalten und es nicht als himmlische Macht zu betrachten.«[16]

Diese Darstellung folgt Grotewohls Lebensstationen. Um auch Lesern ohne detailliertes Hintergrundwissen die Einheit von Persönlichkeit, Denken und Handeln zu verdeutlichen, wurde sie nicht nach Themenkomplexen wie zum Beispiel »Verhältnis zur KPD«, »kulturpolitische Vorstellungen«, »verfassungsrechtliche Konzeptionen« oder »Haltung zur deutschen Einheit« gegliedert.

Veränderungen an Zitaten wurden vorgenommen, wenn es sich um offensichtliche Schreibfehler handelte oder das Schriftbild der Arbeit durch die Schreibweise im Original erheblich gestört worden wäre, ohne daß sich damit ein dokumentarischer Wert verbunden hätte. Eigene Einschübe oder Hervorhebungen innerhalb von Zitaten wurden durch eine eckige Klammer und die Initialen des Verfassers [M. J.] gekennzeichnet.

Der junge Grotewohl
(1894–1920)

»Ein richtiges Elternhaus hatte er nicht.«

Otto Grotewohl wurde am 11. März 1894 in Braunschweig, einer mittelgroßen Industriestadt am nördlichen Rand des Harzes, geboren.[1] Sein Vater Wilhelm verdingte sich als ungelernte Kraft in den verschiedenen Braunschweiger Fabriken,[2] seine Mutter Luise, geborene Hellwich, hatte den Beruf einer Schneiderin erlernt. Die Ehe zwischen Wilhelm Grotewohl und seiner achtzehn Jahre jüngeren Frau sollte nur auf dem Papier die Zeitspanne von einundzwanzig Jahren überdauern. Die Meldekartei im Braunschweiger Stadtarchiv gibt darüber Auskunft, daß sich die Trennung der beiden lange vorher ankündigte. Zunächst bezogen die Eheleute am 1. Oktober 1893 eine gemeinsame Wohnung in der Kannengießerstraße 12. Zweimal wechselten sie mit ihren Kindern – Otto und dem drei Jahre älteren Wilhelm – gemeinsam den Wohnsitz. Während Wilhelm Grotewohl laut Meldekarte bis zum 1. Oktober 1901 in der Weberstraße 47 wohnen blieb, findet man in der seiner Frau ab dem 29. März 1899 die Adresse Lange Straße 51. Aber schon nach einem Monat zog Luise Grotewohl wieder bei ihrem Mann ein. Ende 1901 siedelte die Familie in die Weberstraße 41 um, doch 1904 ging die Ehe endgültig in die Brüche.

Otto Grotewohl war damals zehn Jahre alt. Er wuchs nun bei seinem Vater auf, der schon bald eine neue Verbindung einging. Die Mutter von Otto Grotewohl wohnte noch bis 1911 in Braunschweig. Dann zog sie nach Krefeld um, wo sie sich 1919 wieder verheiratete. Ihre persönliche Situation scheint es ihr nicht ermöglicht zu haben, ihre beiden Kinder mitzunehmen. Aus der Meldekartei geht hervor, daß sie in den sieben Jahren, die sie nach ihrer Trennung von Wilhelm Grotewohl noch in Braunschweig blieb, elfmal ihre Wohnung wechseln mußte. Der Kontakt zu ihrem Sohn Otto brach aber trotzdem nicht ab. Nach seiner Lehre hat er kurze Zeit in einer Krefelder Buchdruckerei gearbeitet, um bei seiner Mutter sein zu können.[3]

Über die Gründe für das Scheitern dieser Ehe kann man aufgrund der spärlichen Quellen nur wenig Definitives sagen. Die Meldekartei der Familie läßt den Schluß zu, daß die Beziehung von Grotewohls Eltern durch ihre soziale Situation belastet wurde. Vier seiner Geschwister starben kurz nach der Geburt. Das stärkste Indiz für ärmliche Verhältnisse und finanzielle Schwierigkeiten sind jedoch die häufigen Umzüge[4] innerhalb der Braunschweiger Altstadt. Ein Zeitzeuge erinnert sich: »Die reinen Arbeiterstraßen, das war ja die Lange Straße, Mauernstraße, Weberstraße, (...) Klint, Werder. (...) Das sind die reinen Arbeiterstraßen. Diese Leute müssen sie von uns auseinanderhalten. Das waren ganz andere Menschen. Man kann nicht sagen: niedriger. Sondern da war die billigste Miete, da war alles zusammengepfercht (...) Die haben da nur in ihren Hinterhöfen gesessen. Wenn Sie diese Hinterhöfe gesehen hätten ...!«[5]

Auch innerhalb dieses Viertels gab es Unterschiede, die immerhin so wichtig genommen wurden, daß sich die Betroffenen noch Jahrzehnte später daran erinnern konnten. »Lange Straße, Klint und Werder, davor hüte sich ein jeder. Mauernstraße ist nicht besser, denn da wohnen Menschenfresser.«[6] So lautete ein Spottvers von damals, der deutlich macht, daß es nicht nur Solidarität innerhalb der Arbeiterschaft gab, sondern auch hier scharfe soziale Abgrenzungen vorgenommen wurden, die mit tiefverwurzelten Ressentiments verbunden waren. Stefan Bajohr dokumentiert in seinem Buch »Vom bitteren Los der kleinen Leute« Aussagen von Bewohnern: »Teilweise war es ein furchtbar böses Pack. Das war auf der Langen Straße so und das war auf der Weberstraße so.«[7] Ein anderer wußte zu berichten: »Der Klint, der Nickelnkulk, Werder, Kaiserstraße, Weberstraße: Das war böse. Da saßen die Frauen – fünf Kinder hatten sie neben sich, eines hatten sie bei sich – auf den Stufen vor dem Haus. Da hatten sie Wanzen und Schaben und wie diese widerlichen Käfer alle heißen. (...) Das war der niedrige Arbeiterstand.«[8]

Klint, Nickelnkulk, Kaiserstraße, Lange Straße und Weberstraße sind Namen, die man auch in der Meldekartei von Wilhelm und Luise Grotewohl findet.

Ein Mann, der in der Weberstraße aufwuchs, in der auch Otto Grotewohl den überwiegenden Teil seiner Kindheit verbrachte, erzählte: »Das waren alles ganz altertümliche Fachwerkhäuser, die damals wohl schon mindestens 200 Jahre gestanden haben. (Die Wohnungen) waren sehr schlecht. (...) Was meinen Sie, was da für Häuser standen auf der Scharrnstraße und auf der Weberstraße. Will ich in einem Wort sagen: Wanzenhütten!«[9]

Der Artikel »›'n Wochenlohn die Miete‹« von Barbara Händler-Lachmann legt zwar die Vermutung nahe, daß die genannten Zeitzeugen dazu neigen, ihre eigene Vergangenheit etwas zu dramatisieren,[10] doch es ist in diesem Zusammenhang nicht so sehr von Bedeutung, ob die Wohnungssituation in Grotewohls Heimatstadt im Vergleich zu Großstädten wie Berlin besser oder schlechter war. Ausschlaggebend ist, wie die Leute ihre Lebensumstände subjektiv erfahren haben und wie diese Erfahrung ihre Beziehungen und die Einstellung zu sich selbst prägte. So liest man in einem Tagebuch Otto Grotewohls, das vermutlich aus dem Jahre 1918 stammt: »Unter meinen Altersgenossen empfand ich die drückende Last unserer Familienverhältnisse als persönliche Schande. Die Folge war, daß ich ihre Gesellschaft mied und mich nur einigen tiefer Veranlagten vertraute.«[11]

Als die Mutter die Familie zum erstenmal verließ, war Otto gerade fünf Jahre alt. Die Spannungen zwischen Vater und Mutter dürften zu seinen frühesten Erinnerungen gezählt haben. Er beschrieb seine Kindheit rückblickend als tragisch[12] und stellte fest, »daß ich in meinen Kinder- und Jugendjahren zu sehr alles vermissen mußte, was nur von Ferne an geregeltes Familien- und häusliches Leben erinnert«[13]. Auch Martha, seine erste Frau, kam zu dem Schluß: »Ein richtiges Elternhaus hatte er nicht.«[14] Grotewohls ausgeprägtes Harmoniebedürfnis, seine Sehnsucht nach sozialem Halt und festgefügten Strukturen dürften hier ihren Ursprung haben.

Als der Vater wieder heiratete, fühlte sich Otto zugunsten der Kinder seiner Stiefmutter zurückgesetzt.[15] Einziger Lichtblick waren für ihn die Stunden, die er in der Wohnung seines Lehrers verbringen durfte. Dieser Mann weckte in ihm die Leidenschaft für Literatur und Malerei, die er sich zeitlebens bewahren sollte.[16] Auch sonst nutzte er jede Gelegenheit, um dem lähmenden »Druck häuslicher Qual«[17] zu entkommen. »Am Tag war ich auf meiner Arbeitsstelle, abends in der Fortbildungsschule oder im Christlichen Jünglingsverein«[18]. Letzterer wurde später durch die Arbeiterjugend ersetzt.

Otto Grotewohl ist nicht behütet aufgewachsen. Er mußte den Kampf seiner Eltern um das Leben von vier Kindern, um eine feste Bleibe und den Bestand ihrer Ehe miterleben. Einen Kampf, den seine Eltern in fast jeder Hinsicht verloren. Die Hauptschuld daran trug ihre materielle Not. Eine Not, die die Grotewohls hinderte, das Braunschweiger Altstadtviertel zu verlassen. Wie bereits erwähnt, galten die Leute aus diesem Bezirk selbst in der Arbeiterschaft als Unterprivilegierte, denen man mit Hohn und Spott, sogar mit Angst gegenübertrat. Wer unter solchen Bedingungen aufwachsen mußte, konnte leicht am Dasein verzweifeln. Um zu überleben, bedurfte es vor allem zweier Dinge: Solidarität und Utopie. Beides konnte man in diesem Bezirk finden, der einen so schlechten Ruf besaß. Doch war bekannt, wie gut trotz allem die Nachbarschaftshilfe und der Zusammenhalt funktionierten.[19] Für die Hoffnung auf ein besseres Morgen war die Sozialdemokratische Partei Deutschlands, die SPD, zuständig. Mit ihrer Ideologie, dem »wissenschaftlichen Marxismus«, gab sie den besitzlosen Massen die Hoffnung auf eine bessere Zukunft, die als geschichtliche Notwendigkeit in nicht mehr allzu ferner Zeit eintreten würde. Diese Idee besaß für die Arbeiterklasse eine verständliche Faszination, und so kann es nicht wundern, daß das Altstadtviertel eine Hochburg der Braunschweiger Sozialdemokratie war. Die Zugehörigkeit zur SPD mußte sich nicht unbedingt im Besitz eines Parteibuches ausdrücken, oftmals wurden Leute aus finanziellen Gründen nicht Mitglied.[20] Aber auf die eine oder andere Weise – durch Mitgliedschaft in der Gewerkschaft oder in einem der zahlreichen Freizeitvereine der SPD, durch ein Abonnement des SPD-Organs »Volksfreund«, ansonsten durch sein Wählervotum – bekundete man seine Sympathie für die sozialdemokratische Bewegung. Otto Grotewohls Weg in die Partei war deshalb nicht zwangsläufig, aber keineswegs ungewöhnlich. Er wurde bereits in der Jugendorganisation der SPD aktiv und begann 1908[21] mit dem Beitritt zum Arbeiterjugendverein seinen politischen Werdegang.

Jugendjahre

Eine weiterführende Schule konnte der junge Grotewohl trotz guter Zeugnisse[22] nicht besuchen, weil seine Familie das nötige Schulgeld nicht aufzubringen vermochte. Dieses Schulgeld erwies sich auch in seinem Fall als die letzte Barriere, die das Bürgertum denjenigen Arbeiterkindern in den Weg stellte, die sich trotz der schlechten Bedingungen zu Hause und in den Volksschulen[23] durch höhere Bildung eine bessere soziale Stellung erarbeiten wollten. Neben dem Schulgeld kritisierten die Sozialdemokraten den monarchistisch-klerikalen Geist, der das Bildungswesen durchdrang. Eine Trennung von Staat und Kirche wurde im Herzogtum Braunschweig nicht praktiziert. Die evangelisch-lutherische Kirche war Landeskirche, und eines ihrer mächtigsten Privilegien war die ihr obliegende Schulaufsicht. Sie nutzte die Möglichkeiten, Kinder weltanschaulich und geistig zu beeinflussen. So war der evangelische Religionsunterricht auch für Nicht- bzw. Andersgläubige obligatorisch[24] und die erzielte Note versetzungsrelevant. Der Geschichtsunterricht hingegen verherrlichte Monarchie und Militarismus.[25] Ein Artikel des SPD-Parteiorgans »Volksfreund« faßte am 22. Januar 1914 die Bedenken der Sozialdemokraten gegenüber dem bestehenden Schulsystem zusammen.

»Überhaupt steht es ja im Schulgesetz, daß die Schule die Kinder zu kirchengläubigen, frommen Christen und gehorsamen Untertanen heranziehen soll. Die Eltern kämpfen für die Befreiung aus der Unterdrückung, und ihre Kinder sollen sie dazu erziehen lassen, das Joch der Unterdrückten willig und gedankenlos zu tragen? Solange der Staat die Schule in den Dienst der Kirche und der Politik stellt, kann keine Harmonie zwischen Schule und Elternhaus gedeihen. Aus der Begründung des Schulgesetzes geht es deutlich hervor, daß die Regierung aus der Schule eine Waffe gegen die moderne Arbeiterbewegung und gegen jede freiheitliche Bewegung überhaupt machen will. Das läßt sich die Arbeiterschaft natürlich nicht gefallen.«

Neben der Abschaffung des Dreiklassenwahlrechtes gehörte bereits vor dem I. Weltkrieg die Reform des Schulwesens zu den wichtigsten politischen Forderungen der Braunschweiger Arbeiterbewegung. Diese Reformbestrebungen erreichten mit dem »Grotewohlschen Schulerlaß« 1922 ihren Höhepunkt und mündeten in den »Braunschweiger Kulturkampf«[26].

Der junge Grotewohl versuchte, seine mangelnde Schulbildung durch private Initiative wettzumachen, und bemühte sich in seiner Freizeit, seine literarischen Kenntnisse zu vertiefen und sein malerisches Können voranzutreiben. Als Kind sang er außerdem eine Zeitlang im Kirchenchor.[27] Das klingt zwar alles sehr nach dem Motto: »Mitglieder und Funktionäre der Partei und der aufstrebenden Jugendbewegung waren ›lesende Arbeiter‹, die sich größtenteils nach schwerster Arbeit in ihrer Freizeit mit unersättlichem Wissensdurst bildeten und schulten«[28]. Auf Grotewohl traf dieses Klischee tatsächlich zu. Er bemühte sich im Selbststudium um Weiterbildung, belegte über Jahre hinweg Kurse an der »Leibniz-Akademie« in Hannover (1922/23), der Hochschule für Politik in Berlin (1924/25) und besuchte neben der Handelshochschule auch die dortige Universität (1925 bis 1928).[29] Bernd Rother, ein Experte für die Geschichte der Braunschweiger Sozialdemokratie, kam zu der Einschätzung: »Neben dem MSPD-Führer und Rechtsanwalt Dr. Jasper war Grotewohl zweifelsohne der gebildetste Braunschweiger Sozialdemokrat der Weimarer Republik.«[30]

Am 28. April 1908 begann Otto Grotewohl seine vierjährige Lehrzeit als Buchdrucker bei der Braunschweiger Firma Johannes Heinrich Meyer.[31] Kurze Zeit später wurde er Mitglied des örtlichen Arbeiterjugendvereins und trat am 14. März 1912[32] in die SPD und den Verband der Deutschen Buchdrucker ein. Sein Betätigungsfeld blieb dennoch bis 1914 der Arbeiterjugendverein.[33] Seinen ersten Kontakt mit der sozialdemokratischen Jugendorganisation beschrieb Grotewohl in seinem Tagebuch so: »Da nahmen mich meine Lehrkollegen einmal mit in eine Versammlung der Arbeiterjugend. Es war ein Vortragsabend. Brenner (offensichtlich ein Name, W. T.) hielt einen Vortrag über materialistische Geschichtsauffassung. Es war ebenso unverständlich wie langweilig. Aber alles andere imponierte mir gewaltig. Wie ein junger Mensch die Versammlung leitet, wie verständige Beratungen sich an den Vortrag schließen. Ich war begeistert davon. Mit unruhiger Sehnsucht erwartete ich den nächsten Abend und den übernächsten, und dann war ich mittendrin.«[34]

Der »Bildungsverein jugendlicher Arbeiter« war erst Ende 1907 gegründet worden.[35] Für Friedhelm Boll stellt »der Verein (…) die in sich kohärenteste sozialdemokratische Subkultur«[36] dar. Damit war sie das ideale Umfeld für jemanden, der selbst aus zerrütteten Verhältnissen stammte und eine festgefügte soziale Beziehung suchte. Dazu noch einmal ein Auszug aus dem Tagebuch von Otto Grotewohl: »Von Anfang an verschrieb ich mich der Jugendbewegung mit Haut und Haaren, mit ganzer Seele. Ein dumpfes Gefühl sagte mir, daß hier die Wurzeln meiner Kraft liegen. Die Jugendbewegung wurde mir zur Lebensbedingung. Ich fühlte nicht mehr die Leere um mich zu Haus, nicht mehr jenes halbe Gefühl den Alten gegenüber. Viel mehr wurde mir von Tag zu Tag immer klarer: ›Hier bin ich Mensch, hier darf ich's sein!‹«[37]

Der Verein war eindeutig links orientiert.[38] Weit mehr als die politische Ausrichtung faszinierte Grotewohl aber das reichhaltige Bildungs- und Fortbildungsangebot. Er besuchte Vorträge über Geschichte, Heimatkunde und Naturwissenschaften, nahm an Wanderungen in die Umgebung teil, lernte Gitarre spielen und gehörte einer Kulturgruppe an, die Lieder, Volkstänze und Theateraufführungen als Rahmenprogramm zu Partei- oder Gewerkschaftsveranstaltungen organisierte.[39] Bei der Fülle an anderweitigen Aktivitäten kann es nicht verwundern, daß Grotewohl im Arbeiterjugendverein nicht zu den politisch Aktiven zählte.[40] Trotzdem machten ihn sein Eifer und sein Talent als Debattenredner bald bekannt. 1912 wurde er zum Vorsitzenden des Braunschweiger Ortsvereins der Arbeiterjugend gewählt[41] sowie in den Jugendausschuß der Stadt Braunschweig und in den Bezirksjugendausschuß für das Herzogtum Braunschweig.[42]

Grotewohl konnte innerhalb der Arbeiterbewegung also nicht nur eine festgefügte soziale Umgebung finden und seinen Drang nach Weiterbildung befriedigen, sondern er gewann durch die Übernahme von Ämtern an persönlichem Ansehen und erhielt, wie sich später erweisen sollte, Chancen zum sozialen Aufstieg. Letzteres führte dazu, daß Grotewohl zeit seines Lebens und darüber hinaus das Etikett »Karrierist« erhielt.[43] Ein Vorwurf, der zwar leicht zu erheben, aber nur schwer zu widerlegen ist, da man nicht ins Innere eines Menschen blicken kann. In seinem Fall stand hinter diesem Vorwurf oft genug Neid und der Versuch, den Politiker Otto Grotewohl zu verunglimpfen.

Er war eines jener typischen Parteimitglieder, die den revolutionären Kampf der Arbeiterklasse zwar im Munde führten, aber keinen Grund sahen, in dieser Richtung wirklich aktiv zu werden. Wie die meisten Sozialdemokraten stützte sich der junge Grotewohl im politischen Alltagsleben mehr auf einen reformistischen Schlagwortkatalog (Erringung der politischen Macht zur Schaffung einer sozialistischen Gesellschaft, Abschaffung des Dreiklassenwahlrechts, Gleichberechtigung der Frau, Arbeitszeitverkürzung, Verbot von Kinderarbeit usw.) als auf eine eigenständige Analyse der politischen Situation anhand der marxistischen Theorie.[44] Er ging wie so viele ganz in dem Milieu auf, das die Partei ihren Mitgliedern bot.

Die Sozialdemokratie hatte sich im Kaiserreich immer mehr zu einer Art »Subkultur« entwickelt, die ihre Mitglieder von der Wiege bis zur Bahre begleitete. Man kaufte in der Konsumgenossenschaft ein, las das örtliche Parteiorgan und verbrachte seine Mußestunden in einem der zahlreichen Freizeitvereine, z. B. dem Arbeitersportverein oder dem Arbeiterradfahrerbund. So löblich es war, daß den Menschen dadurch über ihren oft harten Alltag hinweggeholfen wurde – eine solche Abschottungspolitik gegen die gesellschaftliche Realität barg die Gefahr einer schleichenden Entpolitisierung der Arbeiterschaft.[45] Der revolutionäre Kampf wurde zwar noch in Veranstaltungen beschworen, schien aber eigentlich der Vergangenheit anzugehören. Auch Grotewohl pflegte dieses »Brauchtum«. Auf seine Initiative hin veranstaltete der »Jugendausschuß der Braunschweiger Arbeiterjugend regelmäßig Veranstaltungen zu den revolutionären Traditionen der Arbeiterbewegung, vor allem aus der Zeit des Wirkens von Wilhelm Bracke«[46]. Dort wurde meist eine selbstgefällige Nabelschau betrieben, speziell die Zeit der Sozialistengesetze (1878 bis 1890) romantisch verklärt und dadurch nicht unwesentlich dazu beigetragen, daß die Sozialdemokratie in das Dritte Reich hineintaumelte.

Auf Grotewohls Veranlassung fanden im Jugendheim des Vereins auch regelmäßig Vorträge und Veranstaltungen statt, die sich mit Kunst, Literatur und Wissenschaften befaßten.[47] Die Meinung, daß die »Arbeiterjugend (…) nahezu keine politischen Erfahrungen«[48] besessen habe, ist ebenso unbegründet wie die Kritik, der »Jugendleiter Otto Grotewohl« sei »vornehmlich seinen künstlerischen Neigungen«[49] nachgegangen. In seiner Spezialuntersuchung über die Massenstreikbewegungen in Braunschweig und Hannover 1906–1920 weist Friedhelm Boll nach, daß Braunschweig als »idealtypische Ausprägung des sozialdemokratischen Radikalismus«[50] angesehen werden kann und Persönlichkeiten wie Robert Gehrke oder Rudolf Sachs dafür sorgten, daß die Arbeiterjugend bereits vor 1914 auf Seiten der Parteilinken stand.[51] Wenn behauptet wird, sie habe erst während des I. Weltkrieges – als Otto Grotewohl Kriegsdienst leisten mußte – ihren Weg zum linken Flügel der Sozialdemokratie gefunden, wird indirekt unterstellt, eine solche Entwicklung wäre unter dem Vorsitz von Grotewohl nicht möglich gewesen.[52] Dieser junge Mann hat dies weder verhindert noch gefördert, er verhielt sich in polittheoretischen Fragen völlig indifferent, wie Voßke mehrfach belegt.[53] Die Mehrheit der Braunschweiger Arbeiterjugend scheint dieses »Defizit« ihres Vorsitzenden nicht gestört zu haben, sonst hätten sie ihn abgesetzt. Grotewohls Amtsführung orientierte sich streng am ursprünglichen Ziel des Arbeiterjugendvereins, ein Bildungsverein zu sein. Das Anliegen, das Bildungsniveau von Jugendlichen aus der Arbeiterschaft über das der Volksschule hinauszuheben, war grundsätzlich richtig. Sie hätten an die Aufgabe, künftig in leitenden Positionen tätig zu sein, herangeführt werden können, wenn genügend Zeit geblieben wäre. Der Verlauf der Revolution und das Schicksal des Freistaates Braunschweig sollten zeigen, daß es dort in der Arbeiterbewegung nicht an Revolutionären gemangelt hat,[54] sondern an Männern und Frauen, um Justiz, Verwaltung, Polizei und Militär zu reformieren und damit die Revolution zu vollenden.[55]

Soldat im I. Weltkrieg

Am 1. August 1914 brach der I. Weltkrieg aus. Obwohl das Ereignis nicht überraschend kam, zeigten sich die sozialistischen Parteien in Europa außerstande, wirksame Gegenmaßnahmen zu ergreifen. Vergessen waren all die frommen Schwüre, nicht in einen imperialistischen Krieg zu ziehen. Statt dessen ließen sich Teile der Arbeiterbewegung von der Kriegseuphorie mitreißen, andere fügten sich in das ihnen unvermeidbar scheinende Schicksal. Nur wenige begehrten von Anfang an gegen den Krieg auf. Otto Grotewohl zählte nicht zu ihnen. Er trug den Beschluß seiner Partei zum »Burgfrieden« ohne innere Überzeugung mit, wie ein von ihm verfaßtes Rundschreiben vom August 1914 belegt: »Noch einmal sind die Verhältnisse stärker gewesen, als unser aller Wille.«[56] Gleichzeitig kam seine Hilflosigkeit gegenüber der harten politischen Realität zum Vorschein, wenn er als Maßnahmen für die Zukunft zunächst nur empfahl: »Es können und müssen, um den Zusammenhalt nicht zu verlieren, gesellige Veranstaltungen und Wanderungen getroffen werden. Vor allen Dingen muß die ›Arbeiterjugend‹ weiter gelesen werden.«[57] Es bedurfte schon eines Anstoßes von außen, damit Grotewohl sich offen zu seiner pazifistischen Einstellung bekannte. Nachdem er als Vertreter Braunschweigs am 25. Oktober 1914 an einem Treffen der Deutschen Arbeiterjugend in Berlin teilgenommen hatte, appellierte er in einem Schreiben vom 6. November 1914 an die Mitglieder seines Bezirks, gemäß dem Beschluß der Konferenz die Teilnahme an der militärischen Jugendertüchtigung zu verweigern.[58] Grotewohl meldete sich auch nicht freiwillig zum Militärdienst wie so viele seiner Generation, sondern blieb in den ersten Kriegsmonaten in seiner Heimatstadt, wo er im Oktober 1914 über die Partei eine Anstellung bei der Allgemeinen Ortskrankenkasse (AOK) in Braunschweig erhielt.[59] Diese Tätigkeit ließ ihm zunächst mehr Zeit für seine Arbeit als Ortsvorsitzender der Arbeiterjugend, ehe er am 27. November 1914 das erstemal zum Militär eingezogen wurde.[60]

Grotewohl zeigte sich dem harten Leben als Rekrut nicht gewachsen. Bereits Mitte Dezember 1914 wurde er als »garnisonsverwendungsunfähig«[61] eingestuft und aus der Armee entlassen. Einem Freund schrieb er über seine Erfahrungen: »Es gibt Menschen, auf deren Gefühlsmechanismus man geradezu einen Paukenschlag setzen muß, um auch nur die geringste Gefühlswirkung hervorzubringen. Bei anderen genügt manchmal der leiseste Hauch, um ein ›zartbesaitetes Innere‹ in vollen Akkorden ausklingen zu lassen. In vollen Akkorden – je nach der Geschicklichkeit des spielenden Musikanten. Einmal gibt es eine wunderbar erbauliche Musik, ein anderes Mal aber schreckliche Mißtöne, so daß einem dabei Hören und Sehen vergeht. Nun denke Dir einmal so ein Musikstück, gespielt von der Hand eines ›königlich preußischen Unteroffiziers‹, der im Zivilleben vielleicht das ehrsame Geschäft eines Ochsenknechtes oder Schweinehirten vertritt. Mit seinen ungeschickten, brutalen Fingern wird er in wilder Freude zupfen und zerren, und jeder schrille Mißklang versetzt ihn in eine vergnügliche Stimmung, und er wird sein Spiel von Tag zu Tag ungestümer fortsetzen. Es dauert da nicht lange, und so ein Instrument ist vollständig ›verstimmt‹. Das ist noch schlimmer, wenn dieses Instrument noch neu oder ›jung‹, noch nicht ›eingespielt‹ ist. Es entstehen leicht ernste und schwere Schäden. Sieh an, so ein Instrument war also auch ich.«[62]

Der Brief zeigt, daß der Zwanzigjährige es verstand, seine Gefühle und Gedanken in stilistisch ansprechende Form zu fassen. Eine Fähigkeit, die ihm als Redner später einmal außerordentlich von Nutzen sein sollte.

Zurück in Braunschweig, begann Grotewohl die Arbeiterjugend zu reorganisieren. Ihm ging es nicht darum, aus seinem Bezirk die »Speerspitze« der parteiinternen Opposition zu machen, sein Hauptaugenmerk lag auch weiterhin auf dem bildungspolitischen Aspekt des Vereins.[63] Dabei hatte sich zu diesem Zeitpunkt das politische Klima in seiner Heimatstadt bereits gewandelt. Die Braunschweiger SPD, die im August noch dem Berliner Parteivorstand und seiner »Burgfriedenspolitik« gefolgt war, stand jetzt eindeutig und einmütig auf der Seite der Parteilinken, der Seite der Kriegsgegner. Eine Besonderheit war, daß es durch diesen politischen Schwenk nicht zu einer Entfremdung zwischen Parteispitze und Basis kam: »In Braunschweig sah sich die Arbeiterschaft mit ihren politischen und wirtschaftlichen Forderungen von ihrer Partei, die zunehmend auf Oppositionskurs ging, wirkungsvoll vertreten. Dies war keine Selbstverständlichkeit. In anderen Städten ging die Protestbewegung auf größere Distanz zu den bestehenden Partei- und Gewerkschaftsorganisationen.«[64]

Der »Volksfreund«, der ebenfalls die Burgfriedenspolitik toleriert hatte,[65] wurde nach der Ablösung des Chefredakteurs wieder zu einem Organ der Parteilinken.[66]

Deutschland hatte Ende 1914 den Krieg nicht gewonnen, wie einige Optimisten im Sommer geglaubt hatten, jeder Mann wurde benötigt, um den Menschen und Material verschleißenden Stellungskrieg durchstehen zu können. Am 2. Mai 1915 wurde Otto Grotewohl erneut zum Militär eingezogen.[67] Er wurde zweimal verwundet, davon einmal schwer. Am 30. Juli 1917 hatte sein Unterstand einen Volltreffer erhalten.[68] Grotewohl wurde verschüttet, erlitt dabei einen schweren Schock und verlor sogar vorübergehend die Sprache. Erst im Januar 1918 war er wieder einsatzfähig.[69] Da er während seiner Genesung auch einige Male nach Braunschweig fahren durfte, blieb er über die politische Entwicklung in seiner Heimatstadt einigermaßen auf dem laufenden. Am 19. Februar 1917 hatten dort die Anhänger des Berliner Parteivorstandes eine eigene Organisation gegründet. Dieser Partei der Mehrheitssozialisten (MSPD) schlossen sich aber nur etwa 100 der ca. 3000 Mitglieder des Braunschweiger SPD-Ortsvereins an, der Rest ging zur Unabhängigen Sozialdemokratischen Partei Deutschlands (USPD).[70] Im Land Braunschweig sah es nicht besser für die MSPD aus.[71] Verglichen mit den 38 SPD-Bezirken im ganzen Reich, stellte dies eine Ausnahme dar und unterstrich einmal mehr die traditionell linke Ausrichtung der Braunschweiger Sozialdemokraten.[72] Grotewohl verhielt sich zunächst abwartend, er entschied sich erst nach seiner Rückkehr aus dem Krieg für eine der beiden Parteien.

Novemberrevolution in Braunschweig

Otto Grotewohl trat bis 1920 in Braunschweig nicht öffentlich in Erscheinung. Dennoch müssen die Ereignisse jener Zeit kurz dargestellt werden, da sie einen prägenden Einfluß auf diesen Politiker haben sollten.

Am Abend des 7. November 1918 schwappte die revolutionäre Welle auch nach Braunschweig über. Nach der Ankunft aufständischer Matrosen aus den Küstenstädten formierten sich Soldaten und junge Arbeiter aus den Reihen des Spartakus spontan zu einem Demonstrationszug.[73] Die strategisch wichtigsten Punkte der Stadt – Schloß, Hauptbahnhof,

Kasernen und Gefängnis – wurden besetzt. Die staatliche Macht befand sich in Agonie. Am darauffolgenden Tag wurde in den Betrieben der Generalstreik ausgerufen. Etwa 20 000 fanden sich vor dem Braunschweiger Schloß zu einer Demonstration ein, auf der die Liste für einen Arbeiter- und Soldatenrat bestätigt wurde, die am Vorabend von den spartakistischen Vertrauensleuten in Betrieben und in der Armee aufgestellt worden war.[74] Am späten Nachmittag begab sich eine Delegation unter Führung des Spartakisten August Merges ins Schloß und drängte Herzog Ernst August zum Thronverzicht für sich und seine Nachkommen. Die Revolution hatte in Braunschweig gesiegt. Bereits am Abend des 8. November 1918 wehte die rote Fahne über dem herzoglichen Schloß.[75]

Nicht nur das Braunschweiger Bürgertum war angesichts des plötzlichen Zusammenbruchs des Militär- und Polizeiapparates wie gelähmt. Obwohl die Partei- und Gewerkschaftsführung auf der Seite der Parteilinken standen, verharrten der Vorstand der USPD und der MSPD bis zum 9. November in Passivität und überließen die Führung der Revolution den Arbeiter- und Soldatenräten.[76] Auch in Braunschweig zeigte sich, daß die sozialdemokratischen Parteien Deutschlands in den entscheidenden Augenblicken zu behäbig und zu unentschlossen waren, um ihrem ohnehin nur theoretischen revolutionären Anspruch gerecht zu werden. Wieder einmal ging die Initiative für den Streik nicht vom Partei- bzw. Gewerkschaftsvorstand aus, sondern war das Ergebnis einer spontanen Massenaktion.[77] Albrecht Lein kommt deshalb, gestützt auf Georg Eckert, zu dem Urteil, daß »das Reagieren auf politische Vorgänge ein traditionelles Verhaltensmuster der Sozialdemokratie und Gewerkschaftsbewegung war«[78].

Es gelang der USPD unter Führung von Sepp Oerter[79] jedoch schon bald, sich an die Spitze der Braunschweiger Arbeiterbewegung zu setzen: »Die Spartakisten wurden aus der Führung der Revolution verdrängt. Nach dem Abschwellen der Massenbewegung setzte sich die Routine der Funktionäre, deren traditionelle Handlungsmuster nun wieder wirksam werden konnten, durch, gerade weil breite Arbeiterkreise sich auf die als einzige politische Organisationen die Revolution überstehenden sozialdemokratischen Parteien wiederum oder weiterhin orientierten. Dies konnte um so widerspruchsfreier verlaufen, als auch die Führer der revolutionären Aktion weiterhin den traditionellen Organisationen angehörten.«[80]

Am 10. November 1918 wurde die Sozialistische Republik Braunschweig ausgerufen; August Merges ernannte man zwar zum Präsidenten, doch dieses Amt war mit repräsentativen Aufgaben verbunden. Die Macht lag beim Rat der Volkskommissare, der neuen Regierung, deren Leitung der USPD-Parteivorsitzende Sepp Oerter übernahm und in der seine Partei ein deutliches Übergewicht besaß.[81]

Aber so recht wußten die Revolutionäre mit dem Sieg nichts anzufangen, der ihnen so überraschend zugefallen war. Ein Artikel im »Volksfreund« vom 9. November 1918 brachte diese Ratlosigkeit zum Ausdruck: »Gewaltige Aufgaben stehen dem deutschen Volk bevor. (...) Wie die Riesenarbeit und die Riesenopfer zu bewältigen und zu überwinden sein werden, kann erst die angestrengte Arbeit in der Zukunft lehren.« Die Zukunft lehrte, daß die Sozialdemokraten außerstande waren, in Deutschland die Macht zu übernehmen, da es ihnen nicht gelang, die alten Strukturen aufzulösen und durch neue, sozialistische zu ersetzen. Selbst das Personal des alten Staatsapparats blieb nach der Revolution weitgehend im Amt.[82] Damit waren Voraussetzungen gegeben, die es dem national- konservativen Lager erlaubten, sich neu zu formieren und die Macht zurückzuerobern. Der Ruf zur Sammlung des bürgerlichen Lagers ging paradoxerweise von den neuen Machthabern aus[83]: Sie kündigten baldige Landtagswahlen an.[84] Da am 22. Dezember 1918 der sicher geglaubte Triumph der USPD ausblieb, wurden den revolutionären Kräften in Braunschweig die Mittel für die Umgestaltung der Gesellschaft bereits wieder aus der Hand genommen, die ihnen eben erst zugefallen waren.

Partei	Mandatsverteilung 1918[85]
USPD	14
MSPD	17
DDP	13
LWV	16

Die Mehrheitssozialisten hatte ihren Sieg der Tatsache zu verdanken, daß es ihnen bei diesen Wahlen erstmals gelungen war, »in nennenswertem Maße Stimmen bei Landarbeitern, Kleinbauern und dem Kleinbürgertum«[86] zu gewinnen. Um so überraschender war das starke Abschneiden des konservativen Landeswahlverbandes (LWV) und der linksliberalen Deutschen Demokratischen Partei (DDP).

Immerhin hatten die Wahlen eine ausreichende Mehrheit für eine sozialdemokratische Regierung gebracht, und am 18. Februar 1919 wurden sich MSPD und USPD über die Koalitionsvereinbarungen einig.

Die politische Debatte in Braunschweig drehte sich zunächst vor allem um die Frage des künftigen Regierungssystems. Mit den Wahlen waren in Braunschweig zwei konkurrierende Machtzentralen (Landtag und Arbeiter- und Soldatenräte) entstanden, deren Kompetenzen nicht eindeutig voneinander abgegrenzt waren. Während Mehrheitssozialisten und Bürgerliche entschieden für den Parlamentarismus eintraten, forderten die linken Kräfte in der Arbeiterbewegung weiterhin die Errichtung einer Räterepublik. Diese Auseinandersetzung führte im März 1919 zu der bis dahin hinausgezögerten Trennung der Braunschweiger Spartakisten von den Unabhängigen.[87] Die von den Spartakisten neuformierte Kommunistische Partei Deutschlands (KPD) agitierte sogleich entschieden für die Errichtung einer Räterepublik. Die Wahl zum Landes-Arbeiterrat am 23. März 1919, aus der die USPD als eindeutiger Sieger hervorging, wurde von den Kommunisten – die sich damals noch jeder Beteiligung an Wahlen enthielten – als Zeichen einer zunehmenden Radikalisierung der Arbeiterschaft gewertet. Als in Ungarn[88] und Bayern[89] Räterepubliken proklamiert wurden, hielten die Kommunisten in Braunschweig ihre Stunde für gekommen.[90] Sie riefen für den 9. April 1919 zum Generalstreik für die Errichtung einer Räterepublik auf. Aber die KPD überschätzte ihre Stärke und wurde von seiten der Arbeiterschaft nicht ausreichend unterstützt, um das gesetzte Ziel erreichen zu können. So mußte der Streik nach sechs Tagen ergebnislos abgebrochen werden. Ohne Folgen blieb der Ausstand jedoch nicht, denn er lieferte der Reichsregierung in Berlin, der neben Zentrum und DDP auch die MSPD angehörte, den willkommenen Vorwand, endlich in Braunschweig militärisch einschreiten zu können. In einer Erklärung, die die Reichsregierung am 15. April im Landtag verlesen ließ, wurde dieses Eingreifen damit begründet, daß »Braunschweig (…) sich seit dem Ende des vorigen Jahres politisch als Mittelpunkt der kommunistischen Bewegung und tatsächlich als der Herd aller Schwierigkeiten für die Durchführung der laufenden Arbeiten der Reichsregierung«[91] erwiesen habe. Sepp Oerter schickte zwar noch am gleichen Tag ein Telegramm nach Berlin, in dem er das Ende des Streiks mitteilte,[92] doch am 17. April erfolgte die Besetzung durch die Freikorpstruppen von Generalmajor Maercker. Die verfassungsmäßig gebildete Landesregierung wurde suspendiert, das Verfassungsorgan Landes-Arbeiterrat aufgelöst und Oerter trotz Abgeordnetenimmunität verhaftet. Die illegale Aktion der Reichsregierung war erfolgreich, denn mit dem Einmarsch der Freikorpstruppen endete in Braunschweig die revolutionäre Nachkriegsphase. »Der revolutionäre Teil der Braunschweiger Arbeiterschaft hatte mit dem 17. April die Macht verloren (…) die KPD (…), deren Anhänger bis zum März die USPD Braunschweig beherrscht hatten, verkümmerte [als eigenständige Partei, M. J.] zur kleinen Sekte. Sie waren in dreifacher Weise diskreditiert: Ihre politische Perspektive, die Räterepublik, war zumindest vorläufig irreal geworden, organisatorisch bedeutete ihre Existenz eine weitere Zersplitterung der Arbeiterschaft, ihre taktische Linie hatte sich als abenteuerlich erwiesen. (...) Die neue Machtstruktur entsprach einer parlamentarischen Verfassung: Sozialistische Regierung versus bürgerliche Opposition, beide konstituiert von den Parteiorganisationen, flankiert von den traditionellen Interessenverbänden, auf sozialistischer Seite insbesondere den Gewerkschaften. Rätestrukturen, auf welcher Basis auch immer, waren passé.«[93]

Obwohl sich vieles geändert hatte (z. B. Wahlrecht und Regierungsform), war der Freistaat Braunschweig – wie das Reich insgesamt – in dieser revolutionären Phase nicht zu der verheißenen sozialistischen Republik geworden. Die Braunschweiger Sozialdemokraten besaßen keine volle Handlungsfreiheit, das hatte der Einmarsch der Freikorpstruppen in aller Deutlichkeit unter Beweis gestellt. Aber sie nutzte ihre Spielräume auch nicht konsequent, z. B. versäumte sie es, Reformen (siehe hierzu den Abschnitt *Volksbildungsminister*) in die Wege zu leiten, und verließ sich zu sehr darauf, daß sie über einen längeren Zeitraum an der Macht bleiben würde und sich ihre Ideen langfristig durchsetzen könnten.

Nach dem Einmarsch der Maercker-Truppen mußte die MSPD/USPD-Regierung noch einen bürgerlichen Minister in die Regierung aufnehmen.[94] Zu diesem Zeitpunkt war die Koalition zwischen USPD und MSPD durch die Politik der Reichsregierung in Berlin ohnehin schwer belastet; die bürgertumsnahe Politik des Braunschweiger MSPD-Vorsitzenden Dr. Heinrich Jasper tat ein übriges, um die Spannungen zwischen den beiden Arbeiterparteien zu erhöhen. Im Juni 1919 kam es schließlich zum Bruch. In der Folgezeit regiert in Braunschweig eine Koalition aus MSPD und DDP, die von den Unabhängigen mit allen zur Verfügung stehenden Mitteln bekämpft wurde. Schließlich zog die USPD sogar aus dem Landtag aus, so daß die Regierung noch weiter in die Arme des Bürgertums getrieben wurde. Danach konnte der konservative LWV durch einen Boykott seinerseits den Landtag jederzeit beschlußunfähig machen. Die Regierung begegnete dieser Gefahr, indem sie am 5. September ein Mitglied des LWV in ihre Reihen aufnahm. Dieser Schritt signalisierte einen Tiefpunkt in der Geschichte der Braunschweiger Arbeiterbewegung. Mittlerweile hatten sich die Kräfteverhältnisse in dem kleinen Land wieder so weit verschoben, daß es dem bürgerlichen Lager gelang, einige Errungenschaften der Revolution rückgängig zu machen. So führte beispielsweise der Industrielle Büssing durch Aussperrung in seinem Werk die Akkordarbeit wieder ein, die nach der Novemberrevolution abgeschafft worden war.[95]

Über das Verhalten von Otto Grotewohl in dieser revolutionären Nachkriegsphase weiß man sehr wenig. Bekannt ist, daß er das Kriegsende an der

Westfront erlebte, wo er nach Angaben seiner ersten Frau Martha Mitglied eines Soldatenrates an der niederländischen Grenze war.[96] Weihnachten 1918 kehrte er schließlich nach Braunschweig zurück und lebte vorübergehend bei seinem Vater, ehe er im Februar 1919 eine eigene Wohnung bezog.[97]

Ob und in welcher Form Grotewohl in die revolutionären Ereignisse in Braunschweig involviert war, ist nicht zu klären. Er selbst behauptete 1948: »als in Braunschweig durch die rechtsreaktionären Freischaren unter Führung des General Maerker auf Arbeiter geschossen wurde, befand ich mich als Mitglied der Roten Garde auf Seiten der Beschossenen«[98]. Diese Truppen zogen jedoch kampflos ein,[99] und es ist zu vermuten, daß die Erklärung eine reine Schutzbehauptung war, da er sich zum damaligen Zeitpunkt gegen den Vorwurf zur Wehr setzen mußte, zu den rechtsradikalen Mitgliedern der Braunschweiger SPD gehört zu haben.[100] Daß Grotewohl Mitglied des Braunschweiger Arbeiter- und Soldatenrates gewesen ist, kann aufgrund der erhalten gebliebenen Dokumente mit einiger Wahrscheinlichkeit ausgeschlossen werden.[101]

Wann genau sich Otto Grotewohl der USPD angeschlossen hat, ist ebenfalls nicht bekannt. Dem Vernehmen nach soll dieser Schritt im Dezember 1918 erfolgt sein,[102] Belege dafür gibt es aber nicht. Obwohl gerade die Arbeiterjugend zu einer der wesentlichen Stützen der spartakistischen Bewegung in Braunschweig wurde,[103] folgte Grotewohl den Parteilinken nicht in die KPD nach. Ein solcher Schritt hätte nicht zu seiner bisherigen politischen Handlungsweise gepaßt. Da er niemals durch eine prononciert linke Haltung hervorgetreten war, hätte man ihm eher einen Übertritt zur MSPD zugetraut.[104]

Daß die Revolution in Braunschweig nicht nur aufgrund von äußeren Zwängen, sondern auch aufgrund von Unentschlossenheit und Uneinigkeit der Arbeiterschaft unvollendet blieb, sollte einen prägenden Einfluß auf Otto Grotewohls politische Konzeption nach 1945 haben. Die Enttäuschung über das Ergebnis der Braunschweiger Novemberrevolution stellte sich aber nicht erst im nachhinein ein. Otto Grotewohl war damals mit der politischen Entwicklung in Braunschweig so unzufrieden, daß er sich für einige Monate von politischer Arbeit zurückzog[105] und lediglich seiner Tätigkeit als Kassenbeamter in der AOK Braunschweig nachging. Er scheint in dieser Phase seinen politischen Standpunkt überdacht zu haben. Dies führte zu einer ersten leichten Radikalisierung seiner Haltung.[106] Außerdem entwickelte sich die Sozialpolitik neben der Bildungspolitik zu seinem Spezialgebiet.

Ende des Jahres 1919 wurde Grotewohl wieder in der Partei aktiv[107] und bereitete den Durchbruch in seiner politischen Laufbahn vor.

Politische Reifejahre
(1920–1933)

Debüt als Landtagsabgeordneter der USPD

Das Jahr 1920 stand zunächst ganz im Zeichen des Kapp-Putsches, der auch im Freistaat Braunschweig von den demokratischen Kräften mit einem Generalstreik beantwortet wurde. Nach dem Zusammenbruch des Putsches löste sich die MSPD vom bürgertumsfreundlichen Kurs ihres Vorsitzenden Jasper und machte den Weg frei für vorzeitige Neuwahlen.

Auf Platz 14 der USPD-Liste für die Landtagswahlen vom 16. Mai tauchte zum erstenmal der Name von Otto Grotewohl auf.[1] Kein sicherer Platz, denn wollte er in den Landtag einziehen, dann durften die Unabhängigen gegenüber 1918 keinen Sitz verlieren. Die Auszählung der Stimmen brachte folgendes Ergebnis:

Partei	Mandatsverteilung 1920	Mandatsverteilung 1918[2]
USPD	23	14
MSPD	09	17
DDP	05	13
LWV	23	16

Der Freistaat erhielt nach der Wahl eine rein sozialdemokratische Regierung, der mit Sepp Oerter der einzige USPD-Ministerpräsident im Reich vorstand. Die traditionelle Linksorientierung der Braunschweiger Arbeiterbewegung wurde durch den Wahlerfolg der Unabhängigen eindrucksvoll bestätigt. Gleichzeitig wurde den radikalen Kräften eine klare Absage erteilt, denn die KPD konnte keinen Sitz im Braunschweiger Landtag erringen.

Auf bürgerlicher Seite fand der Erfolg der USPD sein Äquivalent in den Zugewinnen des konservativen LWV. Hingegen war der Versuch von Jasper, Sozialdemokratie und demokratisches Bürgertum in Braunschweig einander näherzubringen, an den Wahlurnen klar gescheitert. Gerade die beiden Parteien, die für diesen Verständigungsversuch gestanden hatten, MSPD und DDP, mußten schwere Verluste hinnehmen. Die Polarisierung von Arbeiterschaft und Bürgertum sollte nach dem Aufkommen der Nationalsozialisten noch verhängnisvolle Konsequenzen zeitigen.

Am 8. Juni 1920 nahm die 2. Landesversammlung des Freistaates ihre Arbeit auf. Gleich an seinem ersten Tag als Landtagsabgeordneter wurde der junge Grotewohl – neben Sepp Oerter und Karl Koch – als Sprecher seiner Partei in den Finanzausschuß gewählt.[3] Da sowohl Oerter als auch Koch noch andere Aufgaben für die Partei zu erledigen hatten, stieg Grotewohl zum finanzpolitischen Sprecher seiner Fraktion auf und übernahm als redegewandtes Mitglied der stärksten Regierungspartei immer wieder die Rolle des Berichterstatters für den Ausschuß. Aber so kometenhaft, wie es auf den ersten Blick erscheint, begann Grotewohls Karriere im Landtag gar nicht. Profilieren konnte sich ein Unabhängiger zu diesem Zeitpunkt nämlich nur in dem Maße, wie es von dem alles überragenden Sepp Oerter zugelassen wurde. Der eigentliche Senkrechtstarter der Braunschweiger USPD war der junge Volksschullehrer Hans Sievers[4], der – ebenfalls neu im Landtag – gleich den Sprung auf einen Ministersessel schaffte. Das Ministerium für Volksbildung hätte auch Grotewohl gut zu Gesicht gestanden. Schließlich hatte er sich mit seinem bildungspolitischen Engagement als Vorsitzender der Arbeiterjugend für diesen Posten durchaus empfohlen. Doch Sievers war vom Fach, und das war in der an qualifizierten Kräften armen USPD von unschätzbarem Vorteil.[5]

Am 22. Juni 1920 ergriff Grotewohl zum erstenmal das Wort im Landtag. Er hatte schriftlich den Antrag gestellt, alle nichtbeamteten behördlichen Angestellten bei der Gewährung von Vorschüssen genauso zu behandeln wie die beamteten. In der anschließenden Debatte gab er eine kurze Erklärung für seine Partei ab.[6] Sein eigentliches Debüt als Redner hatte er am 14. Juli 1920.[7] Ein glänzender Einstand, denn Grotewohls Rede war geradlinig und scharfzüngig. An Anfang und Ende setzte Grotewohl ein Bekenntnis zum marxistischen Geschichtsbild.[8] Daß er gleich zweimal beteuerte, die Unabhängigen in Braunschweig stünden fest auf dem Boden des auf dem Leipziger Parteitag beschlossenen Aktionsprogramms, mußte die bürgerlichen Parteien beunruhigen.[9] Schließlich hatte sich die USPD in diesem Programm eindeutig für ein Rätesystem und gegen den bürgerlichen Parlamentarismus ausgesprochen sowie die proletarische Revolution und die Diktatur des Proletariats als Mittel zur Errichtung einer sozialistischen Demokratie bejaht.[10] Der Vortrag provozierte zahlreiche Zwischenrufe, und anschließend herrschte laut Protokoll »Anhaltende Unruhe«[11].

Auftritte wie dieser machen verständlich, warum Grotewohl sich sehr bald den Ruf eines herausragenden Redners seiner Partei erwarb. Bereits zwei Tage später sprach er während der Debatte über den Staatsetat erneut im Landtag, diesmal als Hauptredner seiner Fraktion.[12] Schon damals waren diese Debatten für Regierung und Opposition gleichermaßen eine Gelegenheit zur politischen Generalabrechnung. Am 16. Juli äußerte sich Grotewohl im Landtag erstmals zu zwei Themenbereichen, die sich zu Schwerpunkten seiner politischen Tätigkeit in Braunschweig entwickelten: die Bildungspolitik und die Neuordnung der Kommunalverfassungen. Er forderte in seiner Rede die Einführung der »Staatsschule«[13] und »eine durchgreifende Änderung der Kreisvertretungen«[14]. Als Minister hat er bewiesen, daß er wirklich gewillt war, diese Probleme anzugehen.

Er legte den Finger auf einen wunden Punkt der sozialdemokratischen Politik, dessen volle Bedeutung erst später zum Tragen kam: die zögerliche Umgestaltung von Justiz und Verwaltung. Erstere sei noch immer eine »Klassenjustiz«, in letzterer gebe es »Herde reaktionärer Umtriebe«, da die bisherigen Kreisdirektoren im Amt blieben.[15] Nicht besser ist das Bild, das Grotewohl fünf Monate später von der staatlichen Exekutive zeichnete. Zwar erklärte er in der Landtagssitzung vom 23. Dezember 1920 die Zustimmung seiner Partei zur Aufstockung der Polizeikräfte, erwähnte aber auch das tiefe »Mißtrauen« der USPD »gegen die Polizei, das Herrschaftsinstrument des alten Staates«, und mahnte deren Umgestaltung an, damit aus dieser Einrichtung zur »Herrschaftssicherung der besitzenden Klasse« ein Apparat »zum Schutz des Freistaates und des ganzen Volkes«[16] werde.

Grotewohls Bedenken deckten sich weitgehend mit denen, die gut zwei Wochen später Hans Sievers vorbrachte. Sievers gehörte wie Arno Krosse und Heinrich Röhrs inzwischen zur Fraktion der KPD.[17] Allerdings zog Grotewohl aus seinen Überlegungen andere Schlüsse als die Kommunisten, denn er wollte sich mit einer dezidiert linken Position zwar an der Spitze der innerparteilichen Opposition etablieren, aber keinesfalls aus dieser Partei ausscheren und wie Sievers, Krosse und Röhrs zur KPD übertreten; nicht einmal in diesen Verdacht wollte er kommen. Das wurde aus seiner Replik auf die oben erwähnte Rede von Hans Sievers deutlich. Grotewohl räumte am Ende ein, er sei »in dieser Beziehung auch durchaus mit Herrn Abgeordneten Sievers einer Meinung«[18], doch zunächst hatte er dessen Argumentation verspottet: »Es war das alte kommunistische Lied, das die kommunistischen Drehorgelmänner an jeder Straßenecke herunterleiern. Wir kennen die Melodie, wir kennen den geistigen Inhalt dieser Lieder, und wir nehmen auch solche Rede nicht so ernst, wie Herr Sievers und seine Freunde es vielleicht glauben.«[19] Es gab keinen Grund für derartige Überheblichkeit, denn die Haltung Otto Grotewohls und vieler seiner Parteigenossen in dieser Frage war paradox, ja gefährlich: »Wir wissen, daß es nicht möglich ist, eine Polizei gegen ein kapitalistisches Staatswesen einzurichten, die proletarische Aufgaben, wie Herr Sievers sagt, erfüllen kann. Das gibt es nicht. Ein kapitalistischer Staat wird in allen seinen Einrichtungen durch die kapitalistischen Grundregeln und durch die kapitalistische Geistesverfassung orientiert, und wir wissen, daß wir nicht eine Einrichtung aus dem Rahmen dieses Staates herausnehmen können.«[20]

Logische Folge hätte nur sein können, eine konsequente Umgestaltung des Freistaates nach sozialistischem Vorbild voranzutreiben und eine Verstärkung der Polizeikräfte zum damaligen Zeitpunkt abzulehnen, da diese jederzeit zu einer Waffe in der Hand der Konterrevolution werden konnten. Statt dessen wählte man einen Weg, der aufgrund der obigen Analyse eigentlich ausgeschlossen war: »Wir wissen, daß wir diese Gefahr abwenden können, und wir werden, um diese Gefahr abzuwenden, für die Erhöhung der Sicherheitswehr stimmen.«[21] Damit setzte die Braunschweiger Sozialdemokratie wieder einmal auf das Prinzip Hoffnung. In einer Art politischen Fatalismus – gestützt auf die Erkenntnisse des »wissenschaftlichen« Sozialismus, nach denen sich die Menschheit in ihrer Entwicklung zwangsläufig auf die sozialistische Gesellschaft zubewegt – baute man auf langsame Veränderung. Radikale Aktionen waren verpönt.

Das »Phänomen«, daß Grotewohl in seiner Argumentation den Kommunisten bzw. Parteilinken folgte, handelnd aber andere – mehrheitsfähige – Positionen bezog, konnte man bereits während der Debatte über die 21 Bedingungen zum Beitritt zur Kommunistischen Internationale beobachten. Der Wunsch, der Internationale beizutreten, war innerhalb der USPD weit verbreitet,[22] doch erschien vielen Mitgliedern unannehmbar, daß die nationalen Parteien »nur noch weisungsgebundene Sektionen«[23] der Moskauer Zentrale der III. Internationale sein sollten. Der Streit in dieser Frage führte zur erneuten Spaltung der Partei.

Grotewohl nahm an der innerparteilichen Kontroverse über dieses Thema aktiv teil. Auf einer Mitgliederversammlung des Braunschweiger Ortsverbandes der USPD am 22. September 1920 kritisierte er den Parteivorsitzenden Oerter, der kurz zuvor die Ablehnung der 21 Punkte mit der Forderung nach einem Gewaltverzicht von seiten der USPD verbunden hatte.[24] Oerters Haltung führe »geradewegs in das Lager der Rechtssozialisten«[25]. »Wenn die Umstände es erfordern, müssen wir zu Gewalt schreiten«[26], so Grotewohl auf der Veranstaltung. Wer nun erwartete, Grotewohl werde sich auch in der Frage des Beitritts zur III. Internationale gegen Oerter stellen, sah sich getäuscht. Hier folgte er wieder der Linie der Parteiführung und erklärte, schon Bebel und Liebknecht hätten den Lassalleschen Zentralismus abgelehnt. »Wir müssen uns auch die Selbstkritik bewahren. Wenn wir die Bedingungen annehmen, ist aber jede Opposition ausgeschlossen.«[27] Diese Meinung wurde im Land Braunschweig von der Mehrheit der Mitglieder geteilt.

Grotewohl hatte sich in einer hypothetischen Frage, der Frage einer möglichen Gewaltanwendung, auf die Seite der Parteilinken gestellt, die in diesem Punkt mit den Kommunisten übereinstimmten. Als eine konkrete Entscheidung anstand, schloß er sich der Parteimehrheit an. Ob aus Berechnung oder aus ehrlicher Überzeugung, sei dahingestellt; diese Haltung weist Grotewohl nicht als rechten bzw. linken Flügelkämpfer seiner Partei aus, sondern als einen pragmatischen Politiker. Er hat während der Weimarer Republik noch so manches Mal als Mittler zwischen den verschiedenen politischen Blöcken seiner Partei fungiert, und es ist nur seiner persönlichen Überzeugungskraft und seinem taktischen Geschick zu verdanken, daß er dabei nicht aufgerieben wurde.

Ein für den Oktober 1920 nach Halle einberufener außerordentlicher Reichsparteitag sollte schließlich über die Richtung der Gesamtpartei entscheiden. Grotewohl konnte als Delegierter der Gegner der 21 Bedingungen aus erster Hand miterleben, wie es zur Spaltung der USPD kam. Während der linke Flügel der Unabhängigen beschloß, sich den Kommunisten anzuschließen, wollte der Rest versuchen, die Partei weiterzuführen.

Im Freistaat hatte die Spaltung der Partei zur Folge, daß Hans Sievers, Arno Krosse und Heinrich Röhrs aus der USPD austraten und die Unabhängige Fraktion (Linke) bildeten. Auf diesem Weg gelangten die Kommunisten zu ihren ersten Landtagsmandaten. Die Braunschweiger Regierung verlor ihre Mehrheit im Landtag und war künftig auf die Tolerierung durch die Kommunisten angewiesen. Die prekäre wirtschaftliche Lage und die innerparteilichen Schwierigkeiten brachten die Regierungsarbeit zwischen Oktober 1920 und März 1921 weitgehend zum Erliegen.[28]

Der Grund, warum Grotewohl in der zweiten Hälfte des Jahres 1920 immer öfter auf der Seite der innerparteilichen Opposition zu finden war, ist leicht auszumachen. Nachdem Hans Sievers am 23. Oktober 1920[29] sein Amt als Volksbildungsminister niedergelegt und die Partei verlassen hatte, wurde nicht etwa Otto Grotewohl sein Nachfolger, sondern der Parteivorsitzende und Ministerpräsident Sepp Oerter zog das Amt zusätzlich an sich. Verständlicherweise fühlte sich Grotewohl nun übergangen. Was blieb ihm anderes übrig, als an der Spitze der parteiinternen Opposition auf sich aufmerksam zu machen?

Grotewohl verlor den Posten des Volksbildungsministers nicht mehr aus den Augen, vielmehr profilierte er sich innerhalb seiner Fraktion zunehmend »als Fachmann für den Schulbereich«[30]. Aber auch zu anderen Aufgaben dieses Ministeriums hatte er sehr detaillierte Vorstellungen. Sein Beitrag zu einer Debatte über die finanzielle Situation des Braunschweiger Landestheaters[31] zeigt, welches »kulturpolitische Sendungsbewußtsein« ihn schon in jungen Jahren auszeichnete. Man muß anmerken, daß Otto Grotewohl den Satz des englischen Philosophen und Lordkanzlers Francis Bacon: »Wissen ist Macht«, der in der deutschen Arbeiterbewegung durch Wilhelm Liebknecht popularisiert wurde, nie als eine Phrase betrachtet hat. Zeitlebens konnte er auf sich selbst als Beispiel für die Richtigkeit dieser Worte verweisen. Grotewohls Bildungshunger hatte den Grundstein für seine politische Karriere gelegt, die mit einem gesellschaftlichen Aufstieg gekoppelt war. Diese positiven eigenen Erfahrungen führten dazu, daß er den Bildungsaspekt von Kunst überbetonte. Kunst um der Kunst willen oder als Entspannung, als Amüsement – das war ihm fremd:

»Wir glauben (...), daß der Wert und die wirkliche Arbeit dieser Volksvorstellungen nicht erreicht werden kann, wenn geistlose Amüsierstücke in den Volksvorstellungen gespielt werden. Wir wissen, daß recht viele (...) Vereinigungen, Gewerkschaften und auch andere, selbst den Wunsch haben, daß diese Amüsierstücke gespielt werden. Aber es muß die Aufgabe der Intendantur sowie weiterer Kreise, die sich mit der Volksbildung befassen, sein, in einem Sinne auf diese Volksvorstellungen einzuwirken, daß sie aus diesem Niveau emporgehoben werden und in den geschlossenen Vorstellungen das bieten, war wir von ihnen erwarten, eine seelische und sittliche Stärkung jedes Besuchers.

Aus dem Grunde wären wir erfreut, wenn es gelingen möchte, durch eingehende kurze prägnante Vorträge vor den Vorstellungen jedem einzelnen Besucher ein Bild zu geben von dem, was er sieht. Wir glauben, daß diese geschlossenen Vorstellungen, wenn sie in diesem Sinne aufgezogen werden, sicherlich ein Mittel sein werden zur Erziehung der Theaterbesucher.«[32]

Grotewohl forderte bereits damals, die Kunst in den Dienst des Staates oder einer Partei zu drängen (»das bieten, was wir von ihnen erwarten«), um die Massen zu beeinflussen (»Erziehung der Theaterbesucher«). Eine Position, die er auch nach 1945 vertrat.

Noch deutlicher wird diese Tendenz in Grotewohls Beitrag zur Landtagsdebatte vom 15. Oktober 1921.[33] Die Aussprache drehte sich um die Frage, ob sich der Staat an der Einrichtung einer Kulturfilmbühne finanziell beteiligen sollte. Nachdem sich Grotewohl zunächst über das Niveau der in dem privaten Kino »Schauburg« gezeigten Filme ereifert hatte (»dieser gemeingefährliche Schund«[34]), plädierte er dafür.[35] Denn nur so sei es möglich, auf die Qualität der Filme Einfluß zu nehmen.[36] »Es wird niemals gelingen, den Kreis der Kinobesucher anzuhalten, bessere Filme sich anzusehen, wenn nicht von irgend einem Träger, der imstande ist, für diese Erziehungszwecke Mittel aufzubringen, besondere Mittel bereitgestellt werden.«[37] Überlasse man die Kultur den Gesetzen des freien Marktes, laufe die Entwicklung unweigerlich in eine andere Richtung, weil »in der kapitalistischen Wirtschaftsmethode jeder kulturelle Zweck dem Profit geopfert werden muß«[38].

Die von ihm angebotene Alternative, die Kunst am Gängelband von Politikern zu führen, stellt zweifellos keine Lösung des Problems dar. Grotewohls Reden zu diesem Themenbereich lassen jenen Esprit und Witz vermissen, der viele seiner frühen Debattenbeiträge ausgezeichnet hatte, sie wirkten schulmeisterlich. Man spürt, daß ihm das Problem wirklich am Herzen lag, aber er wurde zum Dogmatiker. Zwar schien er zu begreifen, daß seine Argumente ins Leere laufen (»Wir wissen, daß recht viele (...) Vereinigungen, Gewerkschaften und auch andere, selbst den Wunsch haben, daß diese Amüsierstücke gespielt werden.«, »Es wird niemals gelingen, den Kreis der Kinobesucher anzuhalten, bessere Filme sich anzusehen«), doch er mahnte sanften Druck an.

In der Diskussion über das »Volksschulwesen« äußerte sich Grotewohl wesentlich gradliniger und wirkungsvoller.[39] Er legte in seiner bis dato längsten Rede einen umfangreichen Reformkatalog für diesen Bereich vor und plädierte für die Abschaffung des Schulgeldes für weiterführende Schulen, da dadurch eine höhere Bildung von Arbeiterkindern oftmals aus rein finanziellen Gründen scheitere.[40] Er machte sich für die Anhebung der im Haushalt vorgesehenen Mittel zur schulischen Förderung von Arbeiterkindern stark,[41] forderte nachdrücklich die Einführung der »weltlichen Schule«[42], in der Religionsunterricht nur noch erteilt werden sollte, »wenn hierdurch ein geordneter Schulbetrieb nicht beeinträchtigt wird«[43], und rechtfertigte dies mit den Worten: »Wir stehen, das sagen schon alle Parteiprogramme der sozialistischen Parteien, auf dem Standpunkt, daß Religion Privatsache ist. Und weil wir auf dem Standpunkte stehen, daß Religion Privatsache ist, verlangen wir, daß auch nicht der Religionsunterricht in der Schule erteilt werden soll.«[44]

Grotewohl bemängelte auch den Zustand der Volksschule: sie wäre immer noch »die Armenschule«[45] und im Geschichtsunterricht verwende man immer noch die alten Schulbücher.[46] Das »Schneckentempo« bei der Reformierung des Schulwesens führte er auf den Sperrartikel der Reichsverfassung (siehe hierzu den Abschnitt *Volksbildungsminister*) sowie darauf zurück, daß es sich »bei allen Schulfragen um Weltanschauungsfragen«[47] handele, die den entschiedenen Widerstand des bürgerlichen Lagers hervorriefen. Finanzielle Engpässe dürften die Reform nicht behindern: »Sicherlich werden diese Reformen ungeheuerliche

Gelder kosten, aber, meine Damen und Herren, das Geld, das wir für diese Zwecke aufwenden, wird angelegt sein als ein dauernd werbendes Kapital.«[48]

Otto Grotewohl scheute sich nicht, die eigene Regierung öffentlich für ihr zögerliches Vorgehen zu kritisieren (»Wo bleibt die einheitliche staatliche Schulunterhaltung?«[49], »Die Lehrerbildung hat in der letzten Zeit allerdings auch keine wesentlichen Fortschritte gemacht.«[50], »Vor allem ist die Schularztfrage im letzten Jahre nicht so gefördert worden, wie wir es gewünscht hätten.«[51], »Wir verlangen, daß endlich einmal auf diesem Gebiete durchgreifende Arbeit getan wird«, »darum verlangen wir, (...) eingehende Prüfung seitens der Regierung«[52]).[53] Er wies anhand vieler Beispiele nach, wie groß der Handlungsbedarf im Bereich des Schulwesens war, und legte gleichzeitig detaillierte Pläne zur Abhilfe vor. Mit solchen Reden präsentierte sich Grotewohl als kompetenter Fachmann für die Lösung der anstehenden Aufgaben und bot sich somit für den Posten des Volksbildungsministers an. Es ist in der Tat unverständlich und nur mit der Machtgier von Sepp Oerter zu erklären, daß die USPD diesem Bereich, dem sie selbst so große Bedeutung beimaß, keinen eigenen Minister zuordnete.

In der Sitzung vom 23. November 1921 bemängelte Grotewohl, die Regierung habe Beschwerden über die Schulpolitik nicht beantwortet und sei bei öffentlichen Veranstaltungen nicht für die weltliche Schule eingetreten.[54] Er zählte in der Schulpolitik zu den Hardlinern, die den Kompromißkurs Oerters ablehnten.[55]

Sepp Oerters Sturz – Otto Grotewohls Aufstieg

Der Aufstieg von Otto Grotewohl zur Spitze der Braunschweiger USPD ist eng mit dem Sturz von Sepp Oerter verbunden,[56] der die Partei im Freistaat seit der Novemberrevolution nahezu unangefochten geführt hatte. Der LWV-Abgeordnete Blasius sprach nicht ganz zu Unrecht von einer »Diktatur Oerter«[57]. Tatsächlich neigte dieser zu undemokratischem Verhalten (Ämterhäufung[58] und selbstherrlichem Gebaren); in letzter Konsequenz sollte er dies durch seinen Übertritt zur NSDAP (1924) beweisen. Trotzdem war Oerter bei der Arbeiterschaft in höchstem Maße beliebt und zum Zeitpunkt seines Sturzes »zur populärsten Persönlichkeit der Landeshauptstadt«[59] aufgestiegen.

Der Fall Oerters, der sich in zwei Phasen vollzog, begann am 11. November 1921. Während der zweiten Lesung des Braunschweiger Staatshaushaltes kam es zu einem Eklat. Der Abgeordnete des Landeswahlverbandes Major a. D. Blasius hatte in seiner Rede der Regierung und vor allem Sepp Oerter Veruntreuung bzw. Verschwendung von Staatsgeldern sowie Amtsanmaßung vorgeworfen.[60] Die Beispiele, die Blasius anführte, waren zumeist hinlänglich bekannt, und so blieben die Regierungsparteien zunächst gelassen. Nachdem Blasius die sozialdemokratischen Minister darüber hinaus indirekt der Bestechlichkeit bezichtigte,[61] kam es zu dem Tumult, der schließlich zum Abbruch der Sitzung führte.

Zunächst vermuteten die Sozialdemokraten hinter den Angriffen eine »plumpe Wahlmache des Landeswahlverbandes«[62]. Tatsächlich sollte sich aber einer der Vorgänge, die Blasius erwähnte – ohne neue Beweise vorzulegen –, in der Folgezeit als ein echter Skandal erweisen: die Affäre »Otto Otto«. Im Sommer des Jahres 1921 war auf Veranlassung von Sepp Oerter dem Psychotherapeuten Otto Schlesinger (auch Otto Otto genannt) die Professorenwürde verliehen worden. Oerter handelte hierbei völlig eigenmächtig, ohne seine Kabinettskollegen zu informieren. Nachdem der Fall bekannt geworden war und für einigen Wirbel gesorgt hatte, wurde Schlesinger durch Kabinettsbeschluß der Professorentitel wieder aberkannt. Der Fall schien erledigt, zumindest bis Blasius den Vorgang im Landtag zur Sprache brachte.

Am 15. November rechtfertigte sich Oerter vor dem Plenum des Landtages.[63] Er wies die meisten Anschuldigungen in aller Form zurück,[64] mußte aber im Fall »Otto Otto« einräumen, seine Kompetenz als Volksbildungsminister überschätzt zu haben.[65] Das MSPD-Organ »Volksfreund« bescheinigte Oerter, es sei ihm »unbestreitbar gelungen, die Angriffe des Abgeordneten Blasius als gewissenlose Hetze ohne nennbaren sachlichen Untergrund«[66] zu entkräften. Als er am 18. November 1921 auch noch ein von dem LWV beantragtes Mißtrauensvotum überstand,[67] schien die Affäre endgültig erledigt.

Am Abend des 19. November gab es auf einer USPD-Veranstaltung in Blankenburg eine Überraschung. Nachdem Sepp Oerter seine Rede beendet hatte, ergriff Otto Schlesinger das Wort und warf ihm Bestechlichkeit und Erpressung vor.[68] Oerter versuchte zwar, durch einen Strafantrag gegen Schlesinger wegen »verleumderischer Beleidigung«[69] wieder in die Offensive zu gehen, man hatte aber im Lager des Koalitionspartners MSPD bereits begonnen, sich von ihm zu distanzieren.[70]

Die Landtagssitzung vom 24. November 1921 nahm einen dramatischen Verlauf. Der LWV-Abgeordnete Rudolf Kaefer ging gegen Ende seiner Rede noch einmal auf die Affäre »Otto Otto« ein und präsentierte nun anhand eines Briefes von Oerter an Schlesinger einen ersten Beweis für die dem Minister unterstellte Bestechlichkeit.[71] Otto Grotewohl beantragte nach Kaefers Rede eine Unterbrechung der Sitzung:

»Meine Damen und Herren, in ganz ungewöhnlicher Weise sind außerordentlich heftige und weittragende Anklagen gegen einen Herrn des Hauses, gegen einen Minister erfolgt. Es ist ganz selbstverständlich, glaube ich, daß Sie unsere Bitte in diesem Augenblick unterstützen werden, die Sitzung abzubrechen und den Regierungsparteien Gelegenheit zu geben, zu dem hier vorgebrachten Material, das gegen allen Brauch in ein schwebendes Verfahren eingreift, Stellung zu nehmen.«[72]

Oerter behauptete später, daß Grotewohl ihm damit die Möglichkeit genommen habe, sich zu verteidigen.[73] Zweifellos wären Oerters Chancen, die Abgeordneten beider Regierungsparteien hinter sich zu scharen, im Plenum des Landtages weitaus größer gewesen: Welche Partei läßt ihren Regierungschef schon während einer laufenden Parlamentssitzung fallen? Daß einige Abgeordnete der Regierungskoalition auf eine Ablösung Oerters drängten, hatte man jedoch schon auf einer MSPD-Versammlung am 21. November deutlich erkennen können. An der Spitze dieser Gruppierung stand Dr. Jasper, den Oerter einmal als seinen »intimsten Todfeind«[74] bezeichnet hatte. Aufgrund der neuen Vorwürfen gelang es Jasper, die MSPD-Fraktion gegen Oerter einzuschwören. Die Unabhängigen selbst scheinen völlig unschlüssig über ihre nächsten Schritte gewesen zu sein.[75] Erst als die MSPD ihren Koalitionspartner wissen ließ, sie werde ein Mißtrauensvotum einbringen, wenn Oerter nicht freiwillig zurücktrete,[76] ließen sie ihren Landeschef fallen. Dieser beugte sich dem Votum seiner Fraktion, obwohl er, das macht seine Abdankungsrede deutlich, keine Einsicht in ein eigenes Fehlverhalten zeigte. Hätte Oerter diese Rede vor der Sitzungsunterbrechung gehalten und – statt zurückzutreten – die Vertrauensfrage gestellt, hätte dies sicherlich zu einer Zerreißprobe in den Fraktionen der Koalitionsparteien geführt. Als er seinen Rücktritt von allen Regierungsämtern erklärte und im gleichen Zug sein Abgeordnetenmandat niederlegte, blieb der zu erwartende Jubel auf seiten der bürgerlichen Parteien aus. Im Protokoll heißt es: »Der Redner verläßt den Saal – Schweigen.«[77]

Welchen Anteil Otto Grotewohl an Oerters Sturz hatte, bleibt ungeklärt. Die Behauptung, Grotewohl habe in der Sitzungspause Oerter zum Rücktritt gezwungen, wird zwar immer wieder aufgestellt, ist aber nicht belegt.[78] Oerter selbst, der in der Folgezeit zu einem erbitterten Gegner Grotewohls wurde, erhob diesen Vorwurf nicht,[79] so daß sich dessen nachweisbare Beteiligung an dem Sturz des Ministerpräsidenten allein auf seine Beantragung einer Sitzungspause reduziert. Diesen Antrag hätte jedes Mitglied des Landtages stellen können, doch ihm kommt besondere Bedeutung zu, denn – gewollt oder ungewollt – wurde dadurch die Ernsthaftigkeit der Beschuldigungen unterstrichen. Was Grotewohl in diesem Falle als »Königsmörder« so verdächtig machte, ist die simple Tatsache, daß er als einer der Hauptnutznießer des Ergebnisses im zweiten Teil der Affäre alles daransetzte, den ehemaligen Chef der Braunschweiger USPD aus der Partei zu drängen.

Zweifellos gab es innerhalb der Regierungskoalition Kreise, die den Sturz von Oerter zumindest mitbetrieben, denn die zur Schau gestellte Verblüffung und Empörung, die vor allem Abgeordnete der MSPD nach der Rede Kaefers an den Tag legten, war eine Farce – da hatte Oerter völlig recht.[80] Zu diesem Zeitpunkt war nämlich der bewußte Brief schon in mehreren Zeitungen veröffentlicht worden. Die beiden Regierungsparteien hätten die Haltung der Koalition in dieser Angelegenheit rechtzeitig vor der Landtagssitzung klären können. Wenn man Grotewohl also nicht zum direkten »Verschwörerkreis« zählen möchte, so muß man ihn zumindest dem Kreis zurechnen, der durch sein Verhalten die Position von Oerter nicht stärkte, sondern schwächte. Ob er dies wissentlich tat, bleibt Spekulation. Die Verwirrung um die beschriebenen Vorgänge wird komplettiert, wenn man berücksichtigt, daß Oerter und Grotewohl sich in der Zeit vor dem Rücktritt des Parteichefs offensichtlich angefreundet hatten. Oerter, mit Superlativen nie sparsam, behauptete sogar vor dem Landtag, Otto Grotewohl sei sein »intimster Freund«[81] gewesen, und auch Grotewohl selbst bestätigte das herzliche Verhältnis zwischen beiden[82]. Folgt man der Darstellung von Oerter in seiner Verteidigungsschrift »Ich klage an«, die sich ausdrücklich gegen Grotewohl wandte, so zerbrachen die freundschaftlichen Bande zwischen beiden erst im Frühjahr 1922, in der zweiten Phase des Sturzes von Sepp Oerter.

Die Angelegenheit bietet also reichlich Stoff für unterschiedliche Verschwörungstheorien. Man sollte über all diesen Spekulationen nicht vergessen, daß Oerter letztendlich selbst für seinen Sturz verantwortlich war. Die Vorwürfe gegen ihn waren nicht aus der Luft gegriffen, und besonders der zweite Teil dieser Affäre läßt Zweifel am Charakter des Mannes aufkommen, dem die Braunschweiger USPD so viel zu verdanken hatte.

Der Schulerlaß des Volksbildungsministers

Nach Oerters Rücktritt gelang es rasch, die Regierungskrise beizulegen. Bereits am nächsten Tag wurde August Junke zum neuen Ministerpräsidenten[83] ernannt, und Otto Grotewohl rückte als Volksbildungsminister ins Kabinett nach.[84] Viel Zeit, sich zu bewähren, hatte die neue Regierung aber nicht, denn Neuwahlen standen bereits bevor. So blieb als letzte wichtige politische Aufgabe dieser Legislaturperiode die Verabschiedung der neuen Braunschweiger Verfassung. Ein Entwurf lag dem Landtag bereits seit April 1921 vor und wurde seitdem in einem speziellen Ausschuß besprochen.[85] Strittig war zwischen den Parteien vor allem der Artikel (Art.) 2, der sogenannte Sozialisierungsartikel, in dem der Staat darauf verpflichtet wurde, »durch Umgestaltung der gesellschaftlichen und wirtschaftlichen Verhältnisse alle Klassenunterschiede unter den Staatsbürgern zu beseitigen«[86]. Für die bürgerlichen Parteien war eine solche Festlegung natürlich völlig unannehmbar. Durch ihr geschlossenes Vorgehen konnten sie sich schließlich gegen die linke Mehrheit im Parlament durchsetzen und den Artikel kippen. Den Arbeiterparteien war es nämlich nicht gelungen, sich auf eine gemeinsame Linie zu einigen. Während die KPD die Verfassung insgesamt ablehnte, gab die MSPD den bürgerlichen Parteien nach und verzichtete auf den Artikel 2. Statt dessen wollte die MSPD »Sozialisierungen nur durch Landtagsmehrheiten, Gesetz für Gesetz, durchsetzen. Im Vertrauen darauf, daß die Wahlen solche Mehrheiten mit Sicherheit bringen würden, erlaubte sie (...), daß der umstrittene Sozialisierungsartikel ersatzlos gestrichen wurde.«[87] Zum einen kam hier erneut der politisch blinde Optimismus der Sozialdemokraten zum Ausdruck, zum anderen machte sich bei diesem Zugeständnis der MSPD an die bürgerlichen Parteien der wieder gewachsene Einfluß von Dr. Heinrich Jasper bemerkbar.

Der entscheidenden Abstimmung über die Verfassung blieben sechs USPD-Abgeordnete fern, unter ihnen auch Otto Grotewohl.[88] Den ursprünglichen Entwurf hatte er noch mit den Worten verteidigt: »Wir sehen ein, daß dieser Entwurf in der vorgelegten Form ausfallen mußte, da die Barrieren der Reichsverfassung ihre Beachtung finden mußten, da das Wort ›Reichsrecht bricht Landesrecht‹ unter den gegenwärtigen Kräfteverteilungen nicht aus der Welt zu schaffen ist.«[89] Nun brachte er seine Mißbilligung gegen die Streichung des Artikels 2 durch seine Abwesenheit in der Abstimmung zum Ausdruck. Eine Verhaltensweise, die man bei Grotewohl nicht zum letztenmal erleben sollte. Ein ehrliches Nein hätte für ihn schwerwiegende Konsequenzen gehabt. Schließlich gehörte er als Volksbildungsminister dem Staatsministerium an, das durch seine namentliche Unterzeichnung die Verfassung erst rechtskräftig machte. Wäre er als entschiedener Gegner der Verfassung aufgetreten, hätte er konsequenterweise als Minister seinen Hut nehmen müssen. Eben aus diesem Dilemma befreite sich Grotewohl, indem er sich einer Stellungnahme durch Absenz entzog. Damit signalisierte er dem linken Teil der Arbeiterschaft, daß er ihre Bedenken gegen die Verfassung teilte, und dem rechten Teil, daß er trotz allem eine verläßliche Größe im politischen Geschehen Braunschweigs war.

Nachdem die Verfassung im Parlament angenommen war,[90] löste sich der Landtag auf, und die Parteien begannen ihre heiße Wahlkampfphase. Trotz Spaltung und Oerters Rücktritt blieb Braunschweig auch nach der Wahl vom 22. Januar 1922 das einzige Land im Reich, in dem die USPD stärker war als die MSPD.[91]

Partei	Mandatsverteilung 1922	Mandatsverteilung 1920[92]
KPD	2	–
USPD	17	23
MSPD	12	9
DDP	6	5
LWV	23	23

Obwohl die Unabhängigen sechs Mandate einbüßten, gab es aufgrund der Zugewinne der Mehrheitssozialisten und der Tatsache, daß die Kommunisten erstmals in den Landtag gewählt wurden, immer noch eine knappe Mehrheit von 31 zu 29 Stimmen für die Parteien der Arbeiterbewegung. Am 21. Februar 1921 wurde die neue Regierung, die wieder aus zwei MSPD- und drei USPD-Ministern bestand, vom Landtag bestätigt. Otto Grotewohl war dieses Mal auf Listenplatz 5 in den Landtag eingezogen[93] und wurde erneut in das Amt des Volksbildungsministers berufen. Die Regierungsbildung stand aber bereits ganz im Schatten der neuesten Entwicklungen im Fall Oerter.

Trotz seines Sturzes war Sepp Oerter in der USPD sehr populär geblieben, hatte erneut für die Partei kandidiert und war auf Listenplatz 2 in den Braunschweiger Landtag eingezogen. Oerters Beliebtheit bei den Anhängern der Unabhängigen konnte nicht einmal schmälern, daß ihn am 31. Januar 1922 das Braunschweiger Landgericht zu vier Monaten Gefängnis wegen Bestechlichkeit verurteilte. Als Oerter das Gerichtsgebäude verließ, wurde er von einer großen Menschenmenge begrüßt,[94] und das USPD-Organ »Freiheit« tat den Richterspruch als Klassenurteil ab.[95] Wäre es nach den Unabhängigen gegangen, hätte Oerter vermutlich auch wieder ein Ministeramt erhalten, doch MSPD und KPD signalisierten Widerstand.[96]

Trotzdem blieb er als starker Mann im Hintergrund ein potentieller Unruheherd innerhalb der Regierungskoalition. Ein politisches Comeback von Oerter war nie auszuschließen und mußte von denen gefürchtet werden, die vermeintlich oder tatsächlich seinen Sturz mitbetrieben bzw. von ihm profitiert hatten. Für diese Gruppe gab es nur eine Möglichkeit: man mußte Oerter endgültig aus der Partei drängen. Daß auch Otto Grotewohl zu diesem Kreis zählte, machte sein entschiedenes Auftreten gegen

Oerter in den folgenden Wochen deutlich. Den Anlaß sollte Oerter seinen Gegnern aber wiederum selbst liefern.

Am 2. Februar 1922 erschien im »Volksfreund« der Artikel »Der Fall Oerter – Oerters Fall«, in dem die USPD aufgefordert wurde, sich endgültig von ihrem ehemaligen Ministerpräsidenten zu trennen. Zwei Tage später legte die MSPD während einer Kabinettssitzung einen handschriftlichen Brief von Sepp Oerter vor, der ihn auf das schwerste belastete. Oerter machte sich darin unverhohlen Gedanken über Art und Höhe der Entlohnung, die er dafür erhalten sollte, daß er sich weiterhin für die Interessen des Industriellen Wemmel einsetzte.[97] Da aus dem Brief hervorging, daß Oerter in der Vergangenheit sein Amt im Interesse Wemmels mißbraucht hatte, spielte keine Rolle, daß er ihn wohl nicht abgeschickt hatte. Die MSPD scheint sich bereit erklärt zu haben, die Veröffentlichung des Schreibens zu verhindern, wenn die USPD ihren ehemaligen Ministerpräsidenten von einem freiwilligen Rückzug aus der Politik überzeugen könne.[98] Noch am selben Tag trafen sich Grotewohl und Oerter zu einem Vier-Augen-Gespräch.[99] Da Oerter sein Landtagsmandat nicht freiwillig zurückgab, wurde ein parteiinternes Untersuchungsverfahren gegen ihn eingeleitet.[100] Am 7. Februar erhöhte die MSPD ihren Druck auf den Koalitionspartner: sie ließ der Fraktion eine Kopie des Oerter-Schreibens zukommen und forderte in einem Begleitschreiben, die USPD solle sich noch vor Abschluß des Untersuchungsverfahrens von Oerter trennen.[101] Obwohl Otto Grotewohl sowie die Landtagsabgeordneten August Wesemeier und Albert Genzen drohten, die Fraktion zu verlassen, wenn Oerter nicht ausgeschlossen werde,[102] zögerte die Partei.[103] Erst nachdem die MSPD den Brief am 9. Februar im »Volksfreund« abdrucken ließ, war die USPD zum nächsten Schritt bereit. In einer Mitteilung, die am 11. Februar 1922 sowohl die »Freiheit« als auch der »Volksfreund« veröffentlichten, forderte die Parteileitung Oerter auf, sein Landtagsmandat niederzulegen, und leitete gegen den ehemaligen Ministerpräsidenten ein Parteiausschlußverfahren ein.

Viel ist darüber spekuliert worden, wer der MSPD den Brief zuspielte. Oerter hatte Grotewohl im Verdacht: »Am 24. November nach der Niederlegung meines Amtes [als Ministerpräsident, M. J.] räumte ich mein Dienstzimmer nicht auf. Ich bat den unabhängigen Ministerialassistenten Gräf, meine persönlichen Sachen unter den Papieren herauszusuchen und mir zu übergeben. Dann bezog der Minister Grotewohl mein Zimmer. Für mich war der Zettel [der Briefentwurf an Wemmel, M. J.] weg; andere haben ihn gefunden und dem ›Volksfreund‹ in die Hände gespielt zur guten Stunde.«[104]

Tatsächlich hat das Schreiben nicht Grotewohl entdeckt, sondern

Elisabeth Kreth, die damals im Staatsministerium als Sekretärin arbeitete und mit dem Aufräumen des Zimmers beauftragt wurde.[105] Nach ihrer eigenen Aussage gab sie es an ihren späteren Mann Gerhard von Frankenberg weiter, der damals Leiter des staatlichen Presseamtes und MSPD-Mitglied war.[106]

Wie schon im ersten Teil trifft also auch hier Grotewohl keinerlei Schuld am Auslösen der Affäre. Aber diesmal besteht kein Zweifel über die Position, die er im weiteren Verlauf einnahm. Er gehörte eindeutig zu denen, die einen Verbleib von Oerter in der Partei fürchteten. Nachdem dieser nicht bereit war, freiwillig das Feld zu räumen, setzte Grotewohl alle ihm zur Verfügung stehenden Mittel ein, um den ehemaligen Braunschweiger USPD-Chef aus der Partei zu drängen. Nicht nur, daß er am 7. Februar die Fraktion vor die Wahl stellte, entweder sie schließe Oerter aus oder er verlasse die Fraktion, er nutzte auch sein Ministeramt voll aus, um Oerter vor der Partei zu diskreditieren. In einer Mitgliederversammlung nannte er ihn einen systematischen Lügner und präsentierte als Beweis eine Quittung aus Akten des Staatsministeriums.[107] Ohne die Stichhaltigkeit dieses Beleges anzuerkennen, beanstandete Oerter, daß Grotewohl Unterlagen des Staatsministeriums für private Zwecke mißbrauchte. Da Grotewohl im Einverständnis mit seinen Ministerkollegen handelte, wurde dieser Vorgang von einem Untersuchungsausschuß[108] später nicht beanstandet.[109] Der Ausschuß übersah jedoch völlig, daß auch diese Kollegen ein starkes Interesse an einer endgültigen Demontage Oerters hatten. Ihr Einverständnis war in diesem Fall eine Selbstverständlichkeit. Daß Grotewohl in seinem Kampf gegen Oerter keineswegs zu viel des Guten tat, bewies das knappe Ergebnis von 4 zu 3 Stimmen, mit dem der Parteiausschluß von Oerter letztlich erfolgte.[110] Wer glaubte, damit sei der Fall Oerter für die Braunschweiger Sozialdemokratie endgültig erledigt, sah sich getäuscht. Oerter weigerte sich weiterhin, sein Landtagsmandat abzugeben, und nahm statt dessen den Status eines Fraktionslosen an. Die sozialdemokratische Regierung verlor dadurch ihre Mehrheit im Parlament. In ihre kurze Amtszeit fiel eine Maßnahme, die in der Geschichte des Freistaates Braunschweig von überragender Bedeutung war und am 18. März 1922 den »Braunschweiger Kulturkampf«[111] einläutete. Die Rede ist von dem »Grotewohlschen Schulerlaß«. Um die Bedeutung dieses Erlasses und die Reaktionen, die er auslöste, besser zu verstehen, muß man die Hintergründe kurz beleuchten.

Wie erwähnt, gab es vor der Revolution 1918/19 in Braunschweig eine außerordentlich enge Bindung von evangelisch-lutherischer Kirche und Staat. Die Symbiose ging so weit, daß die Kirche nicht einmal eigene Verwaltungsstrukturen aufbaute. Finanziell lebte sie von Zuschüssen des

Staates und von der Kirchensteuer, über deren Höhe sie selbständig entscheiden konnte.

Als die Sozialdemokraten im Zuge der Novemberrevolution an die Macht kamen, war es eines ihrer vorrangigen Ziele, die Verflechtung aufzuheben.[112] Die Kirche verlor die Aufsicht über die Volksschulen (Gesetz über die Neuordnung der Volksschulaufsicht [§ 3] vom 21. November 1918[113]), da deren Kontrolle auf die staatliche Volksschulkommission[114] überging. Die neue Regierung stellte außerdem alle Geldzuwendung ein, die über das gesetzlich vorgeschriebene Maß hinausgingen. Die evangelische Kirche in Braunschweig stürzte dadurch in eine fiskalische Krise, denn sie konnte nicht – wie anderenorts – auf Grundbesitz zurückgreifen, und Inflation sowie Kirchenaustritte sorgten dafür, daß sich der finanzielle Bedarf nicht durch die Erhöhung der Kirchensteuern decken ließ. Viele Pfarrstellen blieben deshalb unbesetzt, und mancher Geistliche mußte sich einen Nebenerwerb suchen, um seinen Unterhalt bestreiten zu können.[115]

Der Verlust an Einfluß und die »existentielle Notlage«[116] führten dazu, daß die Kirche der neuen Regierung den Fehdehandschuh hinwarf.[117] Die Schulpolitik, die bei diesem Kampf im Mittelpunkt stand, diente der Kirche dabei als »Anlaß zu massiver Agitation in der Öffentlichkeit mit dem Ziel, das ›Kirchenvolk‹ (...) wachzurütteln«[118]. Dabei schürte man im Bürgertum geschickt die Angst vor einer politischen Indoktrination der Kinder und Jugendlichen.

Die Reformierung des Schulwesens in Braunschweig war nach 1918 aus zwei Gründen unvollendet geblieben. Zum einen lenkte der »politische Klärungsprozeß«[119] im Lande das Interesse von diesem Bereich ab, zum anderen waren den Gestaltungsmöglichkeiten der Landesregierungen durch die am 11. August 1919 verkündete Weimarer Verfassung enge Grenzen gesetzt. Bei den Beratungen zur Verfassung waren die Parteien nicht in der Lage gewesen, einen mehrheitsfähigen Gesetzentwurf zur Schulfrage auszuarbeiten. Der sogenannte Sperrartikel (Art. 174) legte fest, bis zum Erlaß einer endgültigen Regelung bleibe »es bei der bestehenden Rechtslage«[120]. In Hamburg oder Sachsen, wo die Regierungen ihre Schulgesetzgebung rechtzeitig geändert hatten, schützte der Sperrartikel deshalb nicht mehr den Vorkriegszustand, sondern die Neuregelung.[121] Um trotzdem nicht jede Gestaltungsmöglichkeit zu verlieren, arbeiteten die Braunschweiger Sozialdemokraten in der Folge mit Erlassen.[122] Ein juristischer Schachzug, der verfassungsrechtlich zumindest umstritten war und zu heftigen Kontroversen zwischen Regierung und Opposition im Landtag führte.[123]

Der »Grotewohlsche Schulerlaß« ließ die Kontroverse wieder aufflammen.

Grotewohl stützte sich dabei auf die Artikel 135 und 149 der Weimarer Verfassung: »Nach Artikel 135 der Reichsverfassung genießen alle Einwohner des Reiches volle Glaubens- und Gewissensfreiheit. Bei der Stellung des Religionsunterrichts in den öffentlichen Schulen und Lehranstalten des Landes haben sich eine Reihe unhaltbarer Zustände gezeigt, die zu einer Beeinträchtigung der Glaubens- und Gewissensfreiheit geführt haben. Wir weisen daher die beiden Landesschulämter in Übereinstimmung mit dem Artikel 149 der Reichsverfassung an, die nachfolgenden Bestimmungen den ihnen unterstellten Schulen und Lehranstalten zur Pflicht zu machen.«[124]

In der Schule sollte jede religiöse Beeinflussung (Schulgebete, religiöse Lesestücke, religiöse Schulfeiern und der Besuch kirchlicher Veranstaltungen) außerhalb des Religionsunterrichts untersagt werden. Die in diesem Fach erzielten Noten waren nicht mehr versetzungsrelevant.

Natürlich liefen Kirche und bürgerliche Parteien Sturm gegen die neue Verordnung, in der sie einen Verfassungsbruch erblickten.[125] Die evangelische Kirche rief schließlich den damaligen Reichsinnenminister Köster (SPD) an, um eine Rücknahme des Erlasses zu erwirken.

Auf seiten der Arbeiterbewegung herrschte weitestgehend Konsens über die Verordnung. Eine gleichzeitig von USPD, MSPD und KPD gestartete Kirchenaustrittskampagne führte zu einer wahren Flut von Austritten,[126] die teils aus Protest gegen die Erhöhung der Kirchensteuern, teils aber auch aus Sympathie für den Erlaß der Regierung zustande kamen.[127]

Anläßlich einer Landtagsdebatte über den Schulerlaß im Februar 1923 machte Grotewohl noch einmal deutlich, daß diese Auseinandersetzung kein rein pädagogischer Streit sei, sondern ein »Kampf um Weltanschauungen«, weil der »Religionsunterricht (...) in seiner gegenwärtigen Form und Fassung letzten Endes nichts weiter als ein politisches Zwangsmittel ist«[128]. Die Dispute um den Grotewohlschen Schulerlaß zogen sich bis in den Herbst 1923 hin, dann wurde er durch den Jasperschen Schulerlaß (20. Oktober 1923[129]) ersetzt. Zu diesem Zeitpunkt hatte die politische Linke die Mehrheit im Braunschweiger Landtag verloren. Darüber hinaus hatte der Reichsinnenminister, der den Grotewohlschen Erlaß zunächst insgesamt als verfassungskonform gebilligt hatte, Änderungen in Einzelpunkten angemahnt.

Der Streit über die Schulpolitik hielt während der gesamten Weimarer Republik an. Jeder Wechsel der Regierungsverantwortung von Sozialdemokraten zu Bürgerlichen und umgekehrt war von einem neuen Schulerlaß begleitet. Damit wurde dieser Bereich ein Paradebeispiel für die Unfähigkeit der beiden Gruppen, sich aufeinander zuzubewegen.

Die Regierung Junke überlebte die Veröffentlichung des Schulerlasses nur um 10 Tage. Der Sturz des Ministerpräsidenten am 28. März 1922 offenbarte, daß die USPD die Lücke nicht schließen konnte, die durch den Ausschluß ihres profiliertesten Mitgliedes, Sepp Oerters, entstanden war. August Junke mußte sein Amt niederlegen, nachdem Oerter bekanntgegeben hatte, daß der Ministerpräsident ihn – drei Wochen nach seinem Fraktionsausschluß – gebeten hatte, bei der Abfassung der Regierungserklärung behilflich zu sein.[130] Junke hatte Oerter völlig falsch eingeschätzt, denn dieser ließ in der verbleibenden Legislaturperiode nichts unversucht, um die sozialdemokratische Regierung in Schwierigkeiten und Mißkredit zu bringen.

Durch personelle Umbesetzungen konnte man die Regierungskrise zunächst beilegen. Otto Antrick wurde kommissarisch zum Vorsitzenden des Staatsministeriums ernannt, und Grotewohl übernahm neben dem Volksbildungsministerium auch noch das Justizressort.[131] Aber die Regierung war nicht mehr in der Lage, sich zu stabilisieren. Am 26. März 1922 trat Oerter mit neuen Beschuldigungen an die Öffentlichkeit, u. a. erhob er den Vorwurf der Veruntreuung von Staatsgeldern gegen die Minister August Junke, Otto Antrick und Otto Grotewohl. Der eingesetzte Untersuchungsausschuß legte am 24. April sein Ergebnis vor.[132] Bei Grotewohl wurden »keinerlei Belastungspunkte«[133] gefunden, wohl aber bei Antrick und Junke. Außerdem deckte der Untersuchungsausschuß Mißstände in der Braunschweiger Polizei auf.[134] Die daraufhin vom LWV beantragte Vertrauensfrage im Landtag überstand die Regierung nicht mehr.[135]

Politisches Intermezzo als Fraktionsvorsitzender der Vereinigten sozialdemokratischen Partei

Die USPD drängte danach auf Neuwahlen, um eine Klärung der politischen Lage herbeizuführen. Dies scheiterte jedoch am Widerstand der MSPD.[136] Den Mehrheitssozialisten unter Jasper gelang es, die LWV zu spalten und eine Große Koalition zu bilden. Am 23. Mai 1922 wurde die Regierung aus MSPD, DVP (Deutsche Volkspartei) und DDP durch den Landtag bestätigt.[137] Otto Grotewohl erwiderte am 24. Mai 1922 die Regierungserklärung für die USPD-Fraktion. Daß er durch Jaspers Schachzug ins politische Abseits gestellt worden war, verbitterte ihn sichtlich. So nannte er das Zustandekommen der Regierung einen Akt von politischem »Strolchentum«[138]. Für Jasper stellte diese Regierung die letzte Chance dar, seine Hoffnung auf eine Zusammenarbeit zwischen den demokratischen Kräften in der Arbeiterbewegung und dem Bürgertum doch noch in die Tat umzusetzen. Aber diesem Experiment war nur eine kurze Lebensdauer beschieden. Am 24. Juni 1922 löste die Ermordung des Außenministers Walter Rathenau durch Rechtsradikale einen Sturm der Empörung aus. In Braunschweig fanden große Protestkundgebungen statt, die von den Gewerkschaften, USPD, MSPD und KPD gemeinsam veranstaltet wurden.[139] Diese Demonstrationen stärkten das Zusammengehörigkeitsgefühl innerhalb der Arbeiterschaft und namentlich zwischen den beiden sozialdemokratischen Parteien. Die Regierung Jasper geriet dadurch zusehends unter Druck. Als dann klar wurde, daß die MSPD-Fraktion bereit war, ein Mißtrauensvotum der USPD gegen den Minister für Finanzen und Volksbildung Rudolf Kaefer (DVP) mitzutragen, bedeutete dies das Ende für die Große Koalition in Braunschweig. Kaefer, der als Mitbegründer des rechtsradikalen Stahlhelm für die MSPD nicht mehr tragbar war, zog am 13. Juli 1922 selbst die Konsequenz und trat von seinem Amt zurück.[140]

Am 20. Juli folgten MSPD und USPD dem Beispiel ihrer Reichstagsfraktionen in Berlin. Sie schlossen sich im Braunschweiger Landtag zu einer Arbeitsgemeinschaft zusammen.[141] Am darauffolgenden Tag wurde das Hospitantenverhältnis zwischen den Fraktionen der USPD und KPD aufgehoben.[142] Damit deutete sich bereits an, daß es nicht gelingen würde, die gesamte Arbeiterbewegung zu einigen. Im Land Braunschweig fiel dies weit weniger ins Gewicht als auf Reichsebene, da die Braunschweiger Kommunisten eine kleine Minderheit blieben und bei Landtagswahlen nie mehr als zwei Sitze erringen konnten.

Im September bzw. Oktober 1922 schlossen sich MSPD und USPD zur Vereinigten Sozialdemokratischen Partei Deutschlands (VSPD) zusammen. Grotewohl stand voll dahinter.[143] Er sah darin einen ersten Schritt auf dem Weg zur Einheit der Arbeiterbewegung. »In dieser Zeit war die Einigung des Proletariats eine glatte Selbstverständlichkeit. Alle Bedenken gegen die Einigung hüben und drüben müssen verstummen (...) Der Zusammenschluß der gesamten Arbeiterschaft muß erstrebt werden. Der Ruf: ›Proletarier aller Länder, vereinigt euch!‹ muß wieder neu belebt werden.«[144] Seine Hoffnung, die übrigen Teile der Arbeiterbewegung würden sich über kurz oder lang der neuen Partei anschließen, sollte sich als Illusion erweisen.

In der neuen Braunschweiger VSPD konnte Grotewohl seine führende Stellung behaupten, auch wenn er zunächst nicht in die Regierung zurückkehrte. Die Landtagssitzung am 21. Juli 1922, auf der er und Ewald Vogtherr trotz der Vorbehalte des Koalitionspartners DDP als neue Minister in das Braunschweiger Staatsministerium gewählt werden sollten, endete nach einer Wortmeldung von Sepp Oerter in einem Tumult und wurde vorzeitig abgebrochen.[145] Durch die darauffolgende Sommerpause und die schier endlosen Verhandlungen mit der DDP wurde am 28. November lediglich Ewald Vogtherr als neuer Minister für Justiz und Inneres gewählt.[146] Für Otto Grotewohl blieb die Rolle des Fraktionsvorsitzenden der VSPD, die er sehr offensiv gestaltet hat.[147]

Ende 1922 wurde der Alltag im Freistaat immer stärker durch die schwierige wirtschaftliche Lage überschattet. Wieder und wieder brachen durch die galoppierende Inflation Teuerungsunruhen aus. Die schlechten Lebensbedingungen führten zu einer Radikalisierung der Arbeiterschaft. Nun trat die Unzufriedenheit der Basis mit den bisher erreichten Reformen deutlich zutage. Am Jahreswechsel 1922/23 stand die Partei »phasenweise (...) offen gegen ihre Regierung«[148]. Die Parteilinke scheute nicht einmal mehr davor zurück, die »Mißachtung der gesetzlichen und verfassungsrechtlichen Beschränkungen beim Kampf gegen die Verelendung der Arbeiterklasse«[149] zu fordern. Auch Grotewohl schloß sich diesen Stimmen an. Am 29. November erklärte er während einer Landtagsdebatte: »Ich will bei dieser Gelegenheit auch betonen, daß es unsere Ansicht ist, daß wir (...) nicht vor den Stacheldrähten der Gesetze und vor den Stacheldrähten der Reichsverfassung haltmachen können und unser Volk verelenden lassen. (...) Es geht nicht in dieser Zeit, daß wir vom rein formaljuristischen Standpunkt aus den Dingen beizukommen versuchen, weil wir es dann einfach nicht können.«[150]

Damit stand er nach langer Zeit wieder einmal auf der Seite der Parteilinken. Als Minister bzw. Ministeranwärter hatte sich Grotewohl seltener an den Landtagsdebatten beteiligt. Er verzichtete auf scharfe Polemik und ging ganz in seiner Aufgabe auf. Fast überparteilich schien er sein Amt führen zu wollen.[151] Wenn er als Volksbildungsminister im Landtag gesprochen hatte, so zumeist in einem rein geschäftsmäßigen, sachlichen Stil. Nur wenn seine Ausführungen und Vorschläge auf den hartnäckigen Widerstand der Opposition stießen, zeigte Grotewohl etwas von seinem alten Biß. Ende 1922 war er im Grunde genommen genauso weit wie ein Jahr zuvor. Wieder hatte man ihn trotz guter Aussichten bei der Vergabe der Ministerposten übergangen. Wieder blieb ihm nichts anderes übrig, als sich mit Hilfe der innerparteilichen Opposition zu profilieren, dabei kamen ihm die augenblicklichen Spannungen zwischen Regierung und Parteibasis zugute. Phasen wie diese erklären, warum Ernst-August Roloff fälschlicherweise zu dem Urteil kam, Grotewohl sei Führer der sozialistischen Linken und ein dogmatischer Marxist gewesen.[152] Die wahren Hintergründe für Grotewohls »radikale Ausbrüche« wurden von ihm übersehen.[153]

Grotewohl reihte sich bei seinen Reden nicht nur in die Fraktion der Regierungskritiker ein, sondern konnte aufgrund der politischen Stimmung an der Basis auch scharfe Attacken gegen den Koalitionspartner DDP und ihren Minister Rönneburg fahren, die seine Wahl zum Minister verhindert hatten.[154] Er beging allerdings nicht den Fehler, in blinden Oppositionismus zu verfallen. In der Frage, wie man sich gegenüber der französischen Ruhrgebietsbesetzung verhalten sollte, bezog er wieder den besonnenen Standpunkt seiner Braunschweiger Parteiführung.[155] Während das Bürgertum die nationale Einheit beschwor und einen patriotischen Taumel à la August 1914 provozierte, gehörte Grotewohl zu denen, die mahnend ihre Stimme erhoben: »Meine Damen und Herren, wir halten diese Dinge für eine gefährliche Psychose, für eine gefährliche Kriegspsychose, wie wir sie 1914 hatten; wir sehen in diesen Dingen eine große Gefahr für das deutsche Volk. (...) Mit wem soll denn uns, die deutsche Arbeiterklasse, die Einheitsfront zusammenführen? Soll sie uns zusammenführen mit denen, die früher so oft durch Säbelrasseln die unangenehme Aufmerksamkeit der Welt auf Deutschland gelenkt haben? Soll sie uns zusammenführen mit denen, die während des Weltkrieges den Gewaltfrieden, den Siegfrieden und den Schwertfrieden verlangten? Soll sie uns zusammenführen mit denen, die heute noch Blut und Revanche schreien? Soll uns die Einheitsfront zusammenführen mit denen, die in ganz unverantwortlicher Weise im deutschen Volke heute den Glauben schüren und wecken, als wenn uns nur die Waffengewalt retten könnte? Soll uns die Einheitsfront zusammenführen mit den Blausäurespritzern, mit Helfferich und Wulle, mit Ehrhardt und Hitler; mit denen, deren Kassenschränke dauernd offen stehen für die in Deutschland hausenden Faschistengarden, soll uns die Einheitsfront zusammenführen mit denen, die dieses dunkle Treiben stillschweigend gewähren lassen? Dafür dankt die deutsche Arbeiterklasse.«[156]

Die Art und Weise, wie Otto Grotewohl Kritik und Zustimmung dosierte und sie zu seinem eigenen politischen Vorteil einzusetzen wußte, ließ den Vorwurf aufkommen, er sei ein Karrierist gewesen. Fraglos wollte Grotewohl Karriere machen und nahm dafür den einen oder anderen strategischen Schachzug in Kauf. Unlautere Mittel können ihm nicht bewiesen werden. Augenscheinlich überstieg sein Ehrgeiz das vertretbare Maß nicht. Einmal in Amt und Würden, ruhte er sich nicht auf den erreichten Lorbeeren aus, sondern brachte sich sowohl als Volksbildungsminister als auch etwas später als Minister für Justiz und Inneres mit seiner ganzen Persönlichkeit in diese Arbeit ein. Will man Grotewohl als Karristen bezeichnen, dann – zumindest bis zu diesem Zeitpunkt – wohl im positiven Sinne: als jemanden, dessen Ehrgeiz nicht nur der eigenen Person dient, sondern auch der Sache zugute kommt.

Der Minister für Justiz und Inneres
und die Kommunalreform in Braunschweig

Daß Otto Grotewohl doch noch in die Braunschweiger Regierung nachrückte, hatte er dem Ableben von Ewald Vogtherr »zu verdanken«. Am 28. Februar 1923 wurde er als Minister für Justiz und Inneres[157] ins Braunschweiger Staatsministerium nachgewählt.[158] Hyperinflation und Arbeitslosigkeit machten den Freistaat so gut wie unregierbar. In solchen Krisenzeiten stellte man sich in Braunschweig immer wieder die Frage, ob das Land überlebensfähig sei.[159] Es rumorte im gesamten Reich, eine neue Revolution konnte nicht ausgeschlossen werden. Arthur Rosenberg kam sogar zu dem Schluß: »Es hat nie in der neueren deutschen Geschichte einen Zeitabschnitt gegeben, der für eine sozialistische Revolution so günstig gewesen wäre wie der Sommer 1923.«[160] Die Regierung in Berlin reagierte auf die Situation mit der Verhängung des Ausnahmezustandes am 26. September 1923. In Braunschweig brachen im Oktober trotzdem Unruhen aus, die teilweise nur durch die Reichswehr niedergeschlagen werden konnten.[161] Aber die zweite, die sozialistische Revolution blieb aus, und »im Frühjahr 1924 war nicht Radikalisierung, sondern Resignation der charakteristische Zug der Arbeiterschaft«[162]. Unter dem Druck, zuerst die eigene Existenz sichern zu müssen, brach die Solidarität innerhalb dieser Schicht zusammen. Die daraus resultierende schwache Position der Gewerkschaften machte es den Arbeitgebern möglich, wieder in verstärktem Maße ihre Tarifvorstellungen durchzusetzen. Natürlich blieb die SPD von dieser Krise in der Arbeiterbewegung nicht verschont. Auch die Zustimmung zu ihr und ihrer Regierung sank. Diese konnte erst Anfang 1924 – als der Ausnahmezustand im Reich wieder aufgehoben wurde – Einsparungen zur Konsolidierung des Haushaltes durchsetzen. In den bis zur Landtagswahl verbleibenden Monaten wurde zudem die Kommunalverfassung reformiert. Federführend bei der Ausarbeitung der neuen Städte-, Landgemeinde- und Kreisordnung war Otto Grotewohl, der damit auch in seinem zweiten Ministeramt für einen politischen Meilenstein in der Geschichte des Freistaates Braunschweig sorgte und sich als tatkräftiger Landespolitiker erwies. Grotewohl gab sich hier wie schon beim Schulerlaß nicht mit der Rolle des Unterzeichners zufrieden. Er eignete sich die notwendigen »staatsrechtlichen Kenntnisse mühsam im Selbststudium und über Kurse wie an der Hannoveraner ›Leibniz-Akademie‹«[163] an. Damit gewann der Minster für Justiz und Inneres ein Stück Unabhängigkeit gegenüber seinen juristisch geschulten Beamten. Lehrte doch die Erfahrung, daß auf deren politische Loyalität nicht immer zu bauen war.

Die Verhandlungen über die Änderung der Kommunalverfassung zogen sich von Mai bis November 1924 hin. Am 22. Mai fand im Plenum des Braunschweiger Landtages die erste Lesung des Gesetzes statt, in der Grotewohl die Eckpunkte der Reform darstellte, die er voll Stolz als sein Werk betrachtete: »Bei meinem Amtsantritt fand ich die Vorarbeit zur Reform dieser Gesetze in einem Stadium, daß recht wenig damit anzufangen war.«[164] Durch die neue Kommunalverfassung wurde die Selbstverwaltung der Braunschweiger Kommunen gestärkt, die Möglichkeit des Volksentscheides auf Gemeinde- und Kreisebene eingeführt, die Legislaturperiode auf drei Jahre erhöht, der personelle Umfang der Körperschaften verringert und auf eine ungerade Zahl festgelegt, um ein Abstimmungspatt zu verhindern.[165]

Auch als das Reformpaket in den »Ausschuß für Gemeindeangelegenheiten« überwiesen wurde, blieb Grotewohl in dieser Sache engagiert.[166] Seine intensive Auseinandersetzung mit der Materie spiegelt sich im Buch »Die Verfassung der Gemeinden und Kreise im Freistaat Braunschweig« von 1925 wider, das eine ausführliche Einleitung von ihm enthält.[167] Die Publikation wurde »im Land Braunschweig das Standardwerk des Kommunalrechts«[168] – eine beachtliche Leistung für einen Volksschulabsolventen.

Nach der Verabschiedung der neuen Kommunalverfassung am 5. und 6. November 1924[169] war der Weg frei für die Neuwahl des Landtages. Die verheerende Niederlage der SPD bei den Reichstagswahlen vom Mai 1924 ließ nichts Gutes erwarten, und tatsächlich sollten die Sozialdemokraten am 7. Dezember zum erstenmal seit 1918 in die Opposition gedrängt werden. Obwohl die Verluste nicht so schlimm ausfielen wie auf Reichsebene,[170] reichte es für die bürgerlichen Parteien zu einer knappen Mehrheit.

Partei	Mandatsverteilung 1924	Mandatsverteilung 1922[171]
KPD	2	2
SPD[172]	19	–
DDP	2	6
WEL[173]	4	–
DVP	9	–
DNVP[174]	10	–
BNP[175]	1	–
NSDAP[176]	1	-

Neben dem Regierungswechsel sind zwei Dinge erwähnenswert. Erstens erreichte der Wahlkampf eine neue Dimension, da die Auseinandersetzungen zwischen den politischen Kontrahenten zum erstenmal durch die Kampforganisationen der Parteien Stahlhelm (Bürgertum), Reichsbanner Schwarz-Rot-Gold (SPD) und Rotfrontkämpfer (KPD) auch auf der Straße ausgetragen wurden. Zweitens erlangte die NSDAP erstmalig ein Abgeordnetenmandat für den Braunschweiger Landtag. Ihrem Abgeordneten Arthur Riese sollte sogleich eine Schlüsselrolle zufallen, denn die bürgerlichen Parteien waren entschlossen, »die Demokraten [DDP, M.J.] für ihre bisherige Unterstützung der SPD zu ›bestrafen‹«[177] und nicht an der Regierung zu beteiligen. Die Nationalsozialisten profitierten bereits bei ihrem ersten Auftreten im Landtag von der tiefen Kluft zwischen Bürgertum und Arbeiterklasse in Braunschweig, denn bei 24 Mandaten für die bürgerlichen Parteien und 23 für DDP, SPD und KPD kam dem NSDAP-Abgeordneten die Rolle des »Züngleins an der Waage« zu. Durch die Einbindung in die Parlamentarische Arbeitsgemeinschaft (PAG) der bürgerlichen Parteien wurde die NSDAP im Freistaat sofort gesellschaftsfähig.

Daß dieses Bündnis allein von dem Willen getragen war, SPD und DDP von der Regierung fernzuhalten, läßt sich an der Beteiligung der NSDAP ablesen. Denn die Nationalsozialisten verfolgten zu diesem Zeitpunkt noch die Strategie, Wähler in der Arbeiterschaft zu gewinnen. Ihr Kurs lag deshalb deutlich weiter links als nach 1928. Zu diesem Zeitpunkt änderte Hitler seine Strategie und begann, die Schichten der Bauern und des Mittelstandes zu umwerben, wodurch die sozialistischen Forderungen immer mehr durch nationalistische ersetzt wurden.[178] Die Hoffnungen der SPD, die PAG würde bereits bei der Wahl der Regierung wieder auseinanderfallen, erfüllte sich nicht, und so wurde am 24. Dezember 1924 die bürgerliche Regierung unter Leitung von Gerhard Marquordt vom Braunschweiger Landtag bestätigt.[179]

Taktieren als Bezirksvorsitzender

Zwar fanden sich die Sozialdemokraten nach der Wahl auf den angeblich härteren Oppositionsbänken wieder, doch sah die Zukunft für die Partei gar nicht so schlecht aus. Sie blieb in Braunschweig bis 1933 die unumstrittene Führerin der Arbeiterbewegung. Die junge SPD-Fraktion[180] besaß mit Dr. Heinrich Jasper einen erfahrenen Kopf an ihrer Spitze. Von der Last der Regierungsarbeit befreit, fand sie und ihre Parteibasis auch endlich wieder zu einer einheitlichen politischen Linie,[181] was die Arbeit von Grotewohl als Bezirksvorsitzendem der SPD wesentlich erleichterte. Er hatte dieses Amt am 2. November 1924 von Gustav Gerecke übernommen und behielt es bis 1933. Da leider die Protokolle der Bezirksvorstandssitzungen aus diesen Jahren nicht erhalten blieben[182] und Grotewohl als Reichstagsabgeordneter (Ende 1925 bis Anfang 1933) keine Karriere machte, gibt es über sein politisches Wirken von 1924 bis 1933 wesentlich weniger direkte Quellen als über die vier Jahre zuvor.

Durch die Aufgabenteilung zwischen Jasper und Grotewohl etablierte sich nun jene Doppelspitze, die die Geschicke der SPD in Braunschweig bis zur Machtübernahme durch die Nationalsozialisten weitestgehend bestimmen sollte. In den neuen Landtag war Grotewohl auf Listenplatz 3 eingezogen[183] und wurde für seine Fraktion Mitglied im Ältestenrat, Haushaltsausschuß und Verwaltungsausschuß des Landestheaters.[184] Obwohl nun Jasper als der Führer der SPD-Landtagsfraktion fungierte,[185] arbeitete Grotewohl in diesem Gremium zunächst sehr rege mit. Allerdings handelte es sich bei seinen Beiträgen nicht mehr um programmatische Reden, sondern zumeist um kurze Statements, die sich oftmals mit rein verfahrenstechnischen Dingen beschäftigten. Es gab in den Landtagsdebatten der Jahre 1924 bis 1927 mehr als genug Stoff für Diskussionen zwischen Opposition und Regierung, denn die Bürgerlichen nutzten die Chance, um die »Fehlentwicklungen« von sechs Jahren sozialdemokratischer Politik mit aller Macht wieder zu korrigieren. Die SPD ihrerseits ließ keine Gelegenheit aus, bloßzustellen, wie labil das Bündnis des PAG war. Neben der Kultur- und Sozialpolitik bot die Finanzpolitik der bürgerlichen Regierung genügend Angriffspunkte für die Opposition, da die Verschuldung weiter aus dem Ruder lief. Das Verhalten in der Personalpolitik zeitigte die weitreichendsten Auswirkungen auf die weitere Entwicklung in Braunschweig.[186] Hatten die Sozialdemokraten in den Jahren zuvor nämlich kaum in das personelle Gefüge der Verwaltung eingegriffen, so machte die Regierung Marquordt ungeniert die zaghaften Versuche einer Republikanisierung der Beamtenschaft wieder zunichte. Otto Grotewohl[187], Hans Sievers[188] und Heinrich Jasper[189] brachten die Erbitterung der Opposition über dieses Vorgehen sehr deutlich zum Ausdruck. Sie zeigten, daß hier die Ursache für die »Parteibuchwirtschaft«[190] der letzten Jasper-Regierung (1927–1930) lag, die die Gräben zwischen Bürgertum und Arbeiterschaft noch vertiefte und jede Hoffnung auf eine Allianz der demokratischen Kräfte gegen den Nationalsozialismus zerstört hatte.

Die ersten Monate von Grotewohls Amtszeit als Bezirksvorsitzender waren von der oben erwähnten Harmonie in der Partei geprägt. Erst ab Ende 1926 kamen Mißtöne auf. Getragen wurde der Protest vom Ortsverein Braunschweig. Man bemängelte, daß der mittlerweile straff organisierte Parteiapparat die Mobilität der Basis lähme, und forderte, die Tagespolitik sollte stärker den programmatischen Grundsätzen der Partei Rechnung tragen.[191] Die innerparteiliche Opposition um Persönlichkeiten wie Dr. Friedrich Lube und Dr. Gerhard von Frankenberg wollte durch personelle Umbesetzungen der »intellektuellen und organisatorischen Unbeweglichkeit«[192] vor allem des eigenen Ortsvereines Herr werden. Da sich die Kritik der »Rebellen« also nur indirekt gegen Grotewohl selbst richtete, blieb diesem genügend Raum, sein taktisches Geschick auszuspielen. Auf einer Bezirkskonferenz der Sozialistischen Arbeiterjugend (SAJ) am 30. Januar 1927 schlug er sich auf die Seite der Opposition, als er bemängelte: »Die Partei ist jetzt ein rationeller Betrieb geworden. Sie strömt agitatorische Wirkung aus und zieht neue Arbeitermassen heran, nach innen hin erkaltet sie aber.«[193] Die konkrete Forderung der Opposition nach personellen Konsequenzen unterstütze er jedoch nicht. Statt dessen befürwortete er eine Erneuerung der Partei durch Rückbesinnung auf die weltanschaulichen Fragen, um eine »Entseelung der sozialistischen Bewegung«[194] zu vermeiden.

Wir treffen hier also wieder auf Grotewohls Taktik, sich der oppositionellen Meinung anzuschließen, ohne jedoch deren konkrete Forderungen zu unterstützen. Er wäre dadurch in einen unlösbaren Konflikt gekommen, trug er als Bezirksvorsitzender und Reichstagsabgeordneter doch Mitschuld an dem Kurs und der Entwicklung der Partei, die sich hier auf dem Prüfstand befand. Grotewohl schaffte es erneut, sich in eine »Mittlerrolle zwischen den Blöcken«[195] zu manövrieren. Wie geschickt er diese Rolle gewählt hatte und wie glaubhaft er sie ausfüllte, konnte man erkennen, als der Braunschweiger Ortsverein versuchte, seine Position auch auf Bezirksebene durchzusetzen.[196] Hier scheiterten die »Rebellen« nämlich bei dem Versuch, nach dem Vorstand des Ortsvereins Braunschweig auch den Bezirksvorstand für das Land umzubesetzen. Es sollte sich zeigen, daß der Protest allein von Mitglieder in der Landeshauptstadt ausging. Dieser Ortsverein umfaßte zwar ca. 40 Prozent der Mitglieder im Freistaat, stellte aber auf den Bezirksparteitagen nur etwa 15 Prozent der Delegierten.[197] Durch seine Haltung als Bezirksvorsitzender war Grotewohl für beide Gruppen auf dem Parteitag wählbar geblieben. Er ging als integrative Figur sogar gestärkt aus diesem innerparteilichen Machtkampf hervor: Anfang 1928 wurde er anstelle von Paul Junke auf Platz 1 der Reichstagswahlliste für den Kreis 16 (Südhannover-Braunschweig) gesetzt, der als »Hauptwidersacher des erneuerten Ortsvereins Braunschweig«[198] galt.

Grotewohls eigene Position geriet nur einmal wirklich in Gefahr. Am 10. August 1928 beschloß die Große Koalition unter Leitung von SPD-Reichskanzler Hermann Müller den Bau des Panzerkreuzers A. Ein Vorhaben, das von den Sozialdemokraten während des Reichstagswahlkampfes wenige Monate zuvor noch strikt abgelehnt worden war. Der Sturm der Entrüstung, der sich nun nicht nur in der Braunschweiger SPD-Basis erhob, richtete sich dieses Mal auch gegen Otto Grotewohl. Dieser war – wohl wissend um die Stimmung – zusammen mit seinem Reichstagskollegen Paul Junke gar nicht erst auf dem Treffen des Braunschweiger Ortsvereins am 22. August erschienen. In Abwesenheit wurde beiden durch die Versammlung das Mißtrauen ausgesprochen.[199] Ein Votum, das erst Ende des Jahres offiziell wieder aufgehoben wurde,[200] von dem aber weder Grotewohl noch Junke Notiz nahm. Statt sich der eigenen Parteibasis zu stellen, zogen es beide vor, kurze Zeit später ihre Haltung in dieser Frage dem Bezirksvorstand zu erläutern.[201] Unter Parteifunktionären konnten sie viel eher hoffen, Gehör zu finden, als bei der aufgebrachten Parteibasis. Tatsächlich verurteilte der Bezirksvorstand die Haltung der SPD-Reichsminister, sprach aber gleichzeitig Junke und Grotewohl das Vertrauen aus.[202] Politisch waren beide damit gerettet, und die negative Stimmung an der eigenen Basis saß man aus. Eine Taktik, die übrigens auch der Parteivorstand in Berlin anwandte, als er alle Forderungen nach einem außerordentlichen Parteitag mißachtete und statt dessen eine Kommission einsetzte, die mit der Ausarbeitung eines grundsätzlichen Papiers über die Haltung der SPD in Wehretatsfragen beauftragt wurde. Über die Vorlage sollte dann auf dem nächsten ordentlichen Parteitag abgestimmt werden. Damit wurde ein innerparteilicher Entscheidungsfindungsprozeß in Gang gesetzt, der zwar im Ortsverein Braunschweig immer noch auf reges Interesse stieß,[203] aber lange nicht mehr die Intensität hatte wie zu Beginn der Auseinandersetzung. Langsam kühlten sich die Gemüter ab, und am Ende rückte auch der Ortsverein Braunschweig von seiner klaren Unterstützung des linken Parteiflügels ab und nahm eine weniger radikale Haltung ein.[204] Zu verhindern war der Bau des Panzerkreuzers ohnehin nicht mehr, als im Mai 1929 der SPD-Parteitag stattfand. Otto Grotewohl, der als einer von dreißig Delegierten der Reichstagsfraktion an diesem Magdeburger Parteitag teilnehmen durfte, entzog sich einer klaren Stellungnahme, indem er der Abstimmung über die Richtlinien zur Wehrpolitik fernblieb.[205]

Es stellt sich die Frage nach dem Hintergrund für dieses Verhalten von Grotewohl, der bei allen übrigen Abstimmungen mit dem Parteivorstand votierte. Im Vorfeld hatte er sogar öffentlich sein Desinteresse an diesem Thema zur Schau gestellt, als er auf der Blankenburger Kreiskonferenz eigenmächtig entschied, nicht über »Gegenwartsfragen der deutschen Sozialdemokratie«, sondern über Sozialpolitik zu sprechen, weil es Wichtigeres gäbe als die Diskussion über die Richtlinien zur Wehrpolitik.[206]

Daß Grotewohl ausgerechnet bei dieser Abstimmung zufällig abwesend war, ist wenig wahrscheinlich. Immerhin hatte ihm sein Ortsverein vor etwa einem dreiviertel Jahr das Mißtrauen wegen seiner Haltung in dieser Frage ausgesprochen. Er mußte also damit rechnen, daß man ihn in diesem Punkt noch einmal zur Rechenschaft ziehen würde. Deshalb liegt die Vermutung nahe, daß Grotewohl einer klaren Stellungnahme hier auswich, weil er einerseits auf die Stimmung in seinem eigenen Ortsverband Rücksicht nehmen mußte und andererseits seine ohnehin gespannten Beziehungen zum Parteivorstand nicht noch stärker belasten wollte. Der Abstimmung einfach fernzubleiben stellte für ihn sicherlich den einfachsten Ausweg aus dieser Zwickmühle dar. Taktisch mag dieses Verhalten geschickt gewesen sein, von einem überzeugten Pazifisten hätte man in einer solchen Frage etwas mehr politisches Standvermögen erwarten können.

»Lehrling« im Reichstag

Wiederum war es ein Todesfall, der es ermöglichte, daß Grotewohls Karriere 1925 einem neuen Höhepunkt entgegenstreben konnte. Am 20. November rückte er für die verstorbene SPD-Abgeordnete Elise Bartels als Vertreter des Wahlkreises 16 (Südhannover-Braunschweig) in den Reichstag nach. Nachdem er am 16. März 1926 sein Landtagsmandat in Braunschweig niedergelegt hatte, konzentrierte er sich in seiner parlamentarischen Arbeit ganz auf seine Tätigkeit als Reichstagsabgeordneter in Berlin. Aber Grotewohls politischer Aufstieg sollte sich in der Metropole nicht fortsetzen, denn in der stark hierarchisch gegliederten SPD-Reichstagsfraktion war kein Raum für junge Gipfelstürmer. Hier mußte man sich mühsam und schrittweise nach oben dienen, und so dauerte es über ein Jahr, ehe er am 11. März 1927 das erstemal im Reichstag sprechen durfte.[207] Auf einem seiner Spezialgebiete, der Sozialpolitik, hatte er es schließlich geschafft, sich als ein Sprecher seiner Fraktion zu etablieren. Bereits im April und Juli sprach er erneut vor dem Plenum.[208] Jedesmal war er gut vorbereitet und erntete für seine Debattenbeiträge zumindest von seiner eigenen Fraktion lebhaften Beifall. Nichts schien gegen einen langsamen Aufstieg des fleißigen Mannes innerhalb der SPD-Fraktion zu sprechen, doch er hielt sieben Monate später, am 10. Februar 1928, seine vorletzte Rede im Reichstag.[209] Grotewohl hatte bis 1933 nur noch ein einziges Mal, am 14. April 1930,[210] die Gelegenheit, für seine Partei zu sprechen. Der Bericht eines Zeitzeugen, Heinrich Hoffmann, bietet eine Erklärung für diesen Karriereknick an: »In meiner damaligen Eigenschaft als Bundesredakteur des Reichsbundes der Kriegsgeschädigten,

Kriegsteilnehmer und Kriegshinterbliebenen (...) war ich in den Jahren 1930 bis 1933 sehr oft Gast auf den Tribünen des Reichstages und im Reichstag-Restaurant. (...) Dadurch hatte ich Gelegenheit, schon damals mit Otto Grotewohl Bekanntschaft zu machen und gelegentlich mit ihm und anderen jüngeren Mitgliedern der SPD-Reichstagsfraktion zu Mittag oder Abend zu essen. Gehörte Otto doch zu den Genossen in der Fraktion, die von den ›Alten‹ als ›Lehrling‹ oder als ›junge Leute‹ betrachtet und stets zurückgesetzt oder zumindest am Gängelband geführt wurden (...). Als Otto einmal gewagt hatte, in der Fraktionssitzung gegen den Stachel zu löcken und sich danach noch beim Genossen Max Westphal beschwerte, fiel er beim Vorstand der Fraktion völlig in Ungnade. Scheidemann, Keil, Hoch, Schöpflin, Roßmann u. a. sorgten dafür, daß Otto im Reichstag kaum in Erscheinung treten konnte.«[211]

Otto Grotewohl blieb aber dennoch bis zur Auflösung des Reichstages 1933 Mitglied der SPD-Fraktion.

»Politik bleibt draußen!«
Grotewohl wird Präsident der Landesversicherungsanstalt

Nach seiner ersten Wahl zum Volksbildungsminister im Jahr 1921 hatte Otto Grotewohl seine Anstellung als Kassenbeamter bei der Braunschweiger AOK aufgegeben und sich ganz der Politik verschrieben. Das Auf und Ab seiner Partei war damit für ihn auch zur existentiellen Frage geworden. So war er nach dem Sturz der USPD/MSPD-Koalition im Mai 1922 kurzzeitig »erwerbslos«[212], ehe er als Sekretär für Betriebsräte im Braunschweiger Bezirksvorstand des Allgemeinen Deutschen Gewerkschaftsbundes eine Anstellung fand. Nach der Wahlniederlage von 1924 stellte sich für ihn erneut die Frage nach seiner materiellen Existenz, da er mit 30 Jahren noch »nicht pensionsberechtigt«[213] war. Die Partei ließ ihn auch dieses Mal nicht im Stich. In den folgenden Jahren konnte er seinen Unterhalt durch »freiberufliche Tätigkeit als Mitarbeiter von sozialpolitischen und gewerkschaftlichen Zeitschriften«[214] verdienen. Ab Ende 1925 kamen zu diesen Honoraren noch die Diäten als Reichstagsabgeordneter hinzu. Seinen beruflichen Höhepunkt erreichte Grotewohl aber zweifellos 1928, als er zudem Präsident der Landesversicherungsanstalt in Braunschweig wurde. Auch diesen Posten hatte Grotewohl seiner Partei zu verdanken, die nach den Landtagswahlen am 27. November 1927 wieder die Regierung in Braunschweig stellte.

Partei	Mandatsverteilung 1927	Mandatsverteilung 1924[215]
KPD	2	2
SPD	24	19
DDP	2	2
WEL	4	4
HuG[216]	2	–
DVP	8	9
DNVP	5	10
NSDAP	1	1

Mit 24 Abgeordneten besetzten die SPD-Parlamentarier genau die Hälfte der Sitze im Braunschweiger Landtag. Nach einem »organisatorisch perfekten Wahlkampf«[217.], in dem die SPD modernste technische Mittel (Diavorträge, »Rotes Volkskino« und Lautsprecherwagen) einsetzte, war es ihr gelungen, die Schlappe von 1924 wettzumachen und die Macht im Freistaat zurückzuerobern. Desillusioniert von der Politik der bürgerlichen Regierung Marquordt, waren die Sozialdemokraten entschlossen, ihre Macht dieses Mal offensiver für ihre Ziele einzusetzen, als sie das bis 1924 getan hatten. Da ihr zur absoluten Mehrheit eine Stimme fehlte, stand sie vor der Frage, mit einer anderen Partei eine Koalition einzugehen oder sich tolerieren zu lassen. Schließlich entschloß man sich für eine Tolerierung durch die KPD und handelte damit gegen den ausdrücklichen Wunsch des SPD-Parteivorstandes in Berlin, der eine Koalition mit der DDP vorgeschlagen hatte.[218] Die Sitzungsprotokolle des Bezirksvorstandes der Braunschweiger SPD aus dieser Zeit sind, wie oben erwähnt, nicht erhalten geblieben, deshalb kann man leider nicht feststellen, welche Position Grotewohl in dieser Frage bezogen hat. Es ist jedoch wahrscheinlich, daß er zumindest mit Genugtuung auf diesen Affront gegen die Berliner Parteispitze reagiert hat. Schließlich waren die Wahlerfolge seines Heimatbezirks in den letzten Jahren der Weimarer Republik die einzigen Anlässe, aus denen er politisches Selbstvertrauen schöpfen konnte.[219]

Mit dem guten Wahlergebnis im Rücken und der bereits vor dem Wahlkampf signalisierten Bereitschaft der KPD, eine SPD-Regierung zu tolerieren, waren die Sozialdemokraten in der Lage, aus einer Position der Stärke heraus mit den Kommunisten zu verhandeln. Sie stellten es den Kommunisten frei, sich für oder gegen eine sozialdemokratische Regierung im Freistaat zu entscheiden, wohl wissend, daß die in Braunschweig ohnehin schwache KPD sich nicht dagegen aussprechen konnte. Folgerichtig stimmten die beiden KPD-Abgeordneten am 14. Dezember 1927 für das Kabinett von Jasper.[220] Während ihrer Amtszeit geriet die Regierung nie in eine einseitige Abhängigkeit von den Kommunisten, sondern suchte sich wechselnde Mehrheiten.[221]

Die SPD-Regierung ging bei dem erneuten Versuch, die kommunale Verwaltung zu demokratisieren, entschlossen ans Werk, wollte sie doch ihre Versprechen in die Tat umsetzen. Auf den Protest der bürgerlichen Parteien reagierte der sozialdemokratische Innenminister Steinbrecher mit den Worten: »Sie können in der Personalpolitik schreiben und reden, soviel Sie wollen, (...) handeln tun wir.«[222] Das Verhalten der SPD wird vor dem Hintergrund der Politik der Marquordt-Regierung sicherlich verständlicher, doch bleibt festzuhalten, daß sie während ihrer Regierungszeit manches Mal doch über das Ziel hinausschoß.[223] Roloffs Vorwürfe gegen die Personalpolitik der Sozialdemokraten (»Parteibuchwirtschaft«[224]) sind aber angesichts der Fakten nicht aufrechtzuerhalten. Am Ende der SPD-Regierungszeit hatten in Braunschweig 30 Sozialdemokraten und 49 Demokraten höhere Beamtenpositionen inne. Bei insgesamt 542 Stellen war dies immer noch eine verschwindende Minderheit.[225]

Einer, der von den personellen Umbesetzungen durch die Jasper-Regierung profitierte, war Otto Grotewohl. Nach »mündlicher Aufforderung durch den Herrn Minister des Innern«[226] reichte er am 1. September 1928 seine Bewerbung um das Amt des Präsidenten der Landesversicherungsanstalt (LVA) in Braunschweig ein. Seine Ernennung zum 1. Oktober 1928 war also eine reine Formsache. In seiner Antrittsrede versprach Otto Grotewohl gutwillig: »Politik bleibt draußen!«[227] Dieser fromme Wunsch ließ sich nicht realisieren; seine Ernennung wie auch sein Rücktritt am 1. April 1933 waren eindeutig politisch motiviert.

Grotewohls Hauptinteresse während seiner Tätigkeit als Präsident der LVA »galt dem Ausbau der Sozialversicherung sowie der Bewahrung der bisher von der Arbeiterbewegung erkämpften Ziele«[228]. An seiner Amtsführung gab es zunächst auch von seiten der Konservativen[229] keinerlei Beanstandungen. Als jedoch im Herbst 1930 die bürgerlichen Parteien in Zusammenarbeit mit der NSDAP eine regierungsfähige Mehrheit zustande brachten, waren Grotewohls Tage als Präsident gezählt.

Grotewohl im Dritten Reich
(1930–1945)

Flucht aus Braunschweig

Die letzten Monate der Regierung Jasper waren bereits vom Beginn der Weltwirtschaftskrise überschattet. Es konnte daher nicht überraschen, daß SPD bei der Landtagswahl am 14. September 1930 ihr Regierungsmandat erneut verlor. Gewinnerin der Wahl war die NSDAP, die durch eine Koalition mit der Bürgerlichen Einheitsliste (BEL)[1] zur Regierungspartei mit eigenem Minister[2] aufstieg.

Partei	Mandatsverteilung 1930	Mandatsverteilung 1927[3]
KPD	2	2
SPD	17	24
DDP	1	2
WEL	–	4
HuG	–	2
DVP	–	8
DNVP	–	5
BEL	11	–
NSDAP	9	1

Die Braunschweiger SPD betrachtete die Nationalsozialisten als Hauptgegner,[4] konnte aber ihre Regierungsbeteiligung nicht verhindern. Im Freistaat traf eine traditionell linke Arbeiterbewegung auf ein sehr konservatives Bürgertum.[5] Eine Verständigung beider Grppen scheiterte, weil die politischen Ereignisse der letzten Jahre die ohnehin schwer überbrückbaren Gegensätze zwischen ihnen noch vertieft hatten.[6] Die SPD hatte zwar schon 1925 eine Protestkundgebung gegen eine Veranstaltung der NSDAP[7] organisiert, auf der auch Hitler und Goebbels sprachen, schätzte sie jedoch in mehreren Punkten falsch ein:

1. Beständigkeit: Otto Grotewohl erklärte am 15. November 1924 auf einem Gautag des Reichsbanners: »Der Zug abenteuernder Landsknechte, die mit Hitler und Ludendorff noch am 09. November 1923 durch die Straßen von München ziehen konnten, wird der letzte gewesen sein, der die Republik bedrohte. Niemals soll wieder die Zeit kommen, in der Pistole und Handgranate die gebräuchlichsten politischen Kampfmittel sind.«[8]

Nach dem guten Abschneiden der linken Parteien bei den Braunschweiger Kommunalwahlen vom 1. März 1931[9] und den Verlusten der NSDAP bei den Reichstagswahlen vom 6. November 1932[10] dachten viele Sozialdemokraten, der »Nazi-Spuk« neige sich bereits seinem Ende zu. In völliger Verkennung der Lage glaubten sie zur Jahreswende 1932/1933, der Sozialismus stehe – zum erstenmal seit langer Zeit – wieder auf der »Tagesordnung«[11] der Politik. In seiner Silvesterausgabe 1932 titelte der »Volksfreund«: »1932: Faschismus geschlagen – 1933: Sozialismus erringen«. Selbst nach der Ernennung von Hitler zum Reichskanzler hofften die Sozialdemokraten, »die Zeit der Ernte«[12] stehe kurz bevor. Die Nationalsozialisten bewertete man als »letztes Aufgebot des Kapitalismus«, das, einmal an der Macht, schnell mit seinem Latein am Ende sein würde. Braunschweiger KPD-Mitglieder meinten sogar, in ihrer Partei mehre sich eine »revolutionäre Stimmung«[13]. Als am 30. Januar 1933 die Nationalsozialisten die Macht in Deutschland übernahmen, zeigte sich weder in der SPD noch in der KPD – deren Aufruf zum Generalstreik bei der Arbeiterschaft kaum Widerhall fand – eine revolutionäre Stimmung.[14]

2. Durchsetzungswille: Die Sozialdemokraten unterschätzten den unbedingten Willen der NS-Bewegung, ihre Ziele durchzusetzen. Ihre Ankündigung, das demokratische System beseitigen zu wollen, wurde nicht ernst genug genommen. Obwohl die Braunschweiger SPD seit 1930 beobachten konnte, was die Nationalsozialisten vom Rechtsstaat und seinen Spielregeln hielten, hatte sie keine Maßnahmen für eine Untergrundtätigkeit getroffen.[15] Für die Zeit nach der »Machtergreifung« hatten die Genossen Zustände wie unter den Sozialistengesetzen prophezeit. Eine kontraproduktive Einschätzung, die auch von Otto Grotewohl geteilt wurde.[16] Die Sozialdemokraten hatten diese Phase längst romantisch verklärt. Grotewohl bezeichnete sie als »Heldenzeitalter der Arbeiterbewegung«[17], war doch die SPD ideell und organisatorisch gestärkt daraus hervorgegangen. Angst und Schrecken rief die Erinnerung an den Kampf gegen die Sozialistengesetze also bei den Genossen nicht wach und animierte daher auch nicht zu präventiven Maßnahmen.

Die bürgerlichen Parteien schätzten die Nationalsozialisten ebenfalls völlig falsch ein. Man glaubte, in der NSDAP einen aufrichtigen Partner gegen die Sozialdemokratie gefunden zu haben,[18] und war bei den Koalitionsverhandlungen 1930 zu fast jedem Zugeständnis bereit gewesen. Bis zu ihrer Auflösung Mitte 1933 konnten oder wollten die bürgerlichen Parteien ihren Irrtum nicht korrigieren. Braunschweig wurde das zweite Land neben Thüringen, das einen Minister aus den Reihen der Nationalsozialisten erhielt, und es war das einzige Land, in dem die NSDAP von 1930 bis 1933 an der Regierung beteiligt war.[19]

Das neue Kabinett begann sogleich, die personalpolitischen Entscheidungen der Jasper-Regierung weitgehend rückgängig zu machen. Auch Otto Grotewohl war als Präsident der Landesversicherungsanstalt hiervon betroffen. Sein Fall zeigt, daß sich die bürgerlich-faschistische Regierung nicht mehr damit zufriedengab, mißliebige Sozialdemokraten auf andere Posten bzw. in den Ruhestand zu versetzen.

Am 23. Dezember 1931 ging in Grotewohls Büro ein Brief des Braunschweiger Innenministeriums ein, in dem der Vorwurf erhoben wurde, die Landesversicherungsanstalt habe auf nicht ordnungsgemäßem Wege dem sozialdemokratischen Sportverein »Freie Turnerschaft« eine Bürgschaft besorgt.[20] Der Vorgang trägt also von Beginn an einen politischen Beigeschmack. Grotewohl versuchte, in Schreiben vom 24. und 31. Dezember 1931 glaubhaft zu machen, daß die Vergabe des Kredites und sein Verhalten völlig korrekt waren.[21] Während der Sachverhalt noch intern geprüft wurde, kamen die Vorwürfe am 08. Januar 1932 über die Presse an die Öffentlichkeit.[22] Das war der Startschuß für »eine öffentlichkeitswirksam geführte, politisch begründete Kampagne gegen Otto Grotewohl«[23], der noch am selben Tage ein formelles Dienststrafverfahren gegen sich selbst beantragte.[24]

Quelle der Vorwürfe war ein anonymes Schreiben, das bereits am 12. August 1931 beim Reichsversicherungsamt (Abteilung für Kranken- und Invalidenversicherung) in Berlin eingegangen war und Grotewohls Amtsführung in mehreren Punkten beanstandet hatte.[25] Am 6. November informierte das Amt Innenminister Klagges (NSDAP):

»Die in der anonymen Eingabe gerügten Punkte sind einer eingehenden Prüfung unterzogen worden. Soweit erforderlich, hat eine Prüfung an Ort und Stelle durch einen Beamten des Reichsversicherungsamtes stattgefunden, am 21. August 1931 auch eine unvermutete Prüfung der Rechnungsführung.

Zu beanstanden war im wesentlichen nur, daß bei der Hingabe eines Darlehens von 100 000 RM an den Verein ›Freie Turnerschaft‹ in Braunschweig es unterlassen worden ist, die nach § 27 c der Reichsversicherungsordnung erforderliche Genehmigung des Reichsversicherungsamts einzuholen. Mit Rücksicht auf die inzwischen bei dem Schuldner eingetretenen Zahlungsschwierigkeiten und die geldliche Lage der Landesversicherungsanstalt ist dem Vorstand von dem Reichsversicherungsamt aufgegeben worden, das Darlehen bei der Stadt Braunschweig, die selbstschuldnerische Bürgschaft dafür übernommen hat, zur Rückzahlung zu kündigen. Die übrigen Punkte boten dem Reichsversicherungsamt zu einem Einschreiten im Aufsichtswege keinen Anlaß.«[26]

Aus handschriftlichen Bemerkungen auf der Rückseite des Dokumentes

Otto Grotewohl, 1932

geht hervor, daß das Braunschweiger Innenministerium auf Hinweis des Landtagsabgeordneten Groh die anonyme Anzeige selbst erhoben hatte.[27] In einem handschriftlichen Bericht wurde dem Innenminister am 10. Januar 1932 nach sorgsamer Prüfung mitgeteilt: »Aus den Akten ergibt sich (...) kein Anhalt dafür, daß für den Entschluß des Vorstandes [der Landesversicherungsanstalt das Darlehen zu vergeben, M. J.] politische Momente zum Nachteil der Anstalt entscheidend gewesen sind.«[28]

Die Anschuldigung war somit entkräftet. Allerdings erbrachte die Untersuchung neue Beweise für schwere formale Fehler bei der Vergabe des Kredites, die dem Präsidenten der Anstalt angelastet wurden. So stellte sich heraus, daß für das Darlehen gar keine Bürgschaft der Stadt vorlag, wie ursprünglich vorgesehen[29] und bisher von allen Beteiligten immer angenommen worden war. Eine Zusage hierfür ging zwar ein,[30] sie galt allerdings nur vorbehaltlich einer Zustimmung des Braunschweiger Ministers des Inneren.[31] Nachdem diese fernmündlich durch einen Angestellten der Landesversicherungsanstalt vom damaligen Innenminister Sievers (SPD) eingeholt worden war, bewilligte Grotewohls Stellvertreter Dr. Schneider die Zahlung des Darlehens.[32] Grotewohl zeichnete nach seiner Rückkehr den Vorgang ohne Überprüfung ab.[33] Als der Fehler aufgedeckt wurde, war der Braunschweiger Stadtrat noch geneigt, die Bürgschaft zu übernehmen, erhielt aber vom nun zuständigen Innenminister Klagges keine Genehmigung mehr.[34] Begründet wurde dies sowohl mit der schlechten Wirtschaftslage[35] als auch damit, daß es sich bei der »Freien Turnerschaft« um einen sozialdemokratischen Verein handle und die Sache deshalb »eine reine Parteiangelegenheit zwischen der sozialdemokratischen Freien Turnerschaft, dem sozialdemokratischen Präsidenten der Landesversicherungsanstalt und dem sozialdemokratischen Oberbürgermeister der Stadt Braunschweig«[36] sei. Klagges stellte diese Behauptung wider besseres Wissen erneut in den Raum und verlangte, die Landesversicherungsanstalt solle gegen Grotewohl gerichtlich vorgehen, bevor er endgültig entscheide, ob die Stadt die Bürgschaft übernehme.[37]

Die politische Entwicklung hat den Ausgang des Verfahrens entscheidend beeinflußt. 1931 war die Braunschweiger NSDAP faktisch bereits die bestimmende Partei in der Regierung, rein formal aber nur der Juniorpartner der bürgerlichen Parteien gewesen. Sie nutze extensiv alle legalen und illegalen Möglichkeiten, wurde jedoch vor 1933 gelegentlich noch durch den Reichsinnenminister in Berlin gebremst. Als Grotewohls Verfahren 1934 abgeschlossen war, hielten die Nationalsozialisten die Macht in Deutschland bereits fest in ihren Händen, und Klagges war zum unumschränkten Alleinherrscher in Braunschweig aufgestiegen. Die mit dem Fall betrauten Gremien hatten Grotewohls Amtsführung zunächst gedeckt, aber je länger sich das Verfahren hinzog, desto geringer wurden seine Chancen, recht zu bekommen, da die zuständigen Stellen immer häufiger von Nationalsozialisten besetzt waren. Der Vorstand der Landesversicherungsanstalt Braunschweig erklärte noch am 12. Januar 1932, die Bewilligung für den Kredit sei »ordnungsgemäß durch Beschlüsse des Gesamtvorstandes der Landesversicherungsanstalt erfolgt«[38], und auch das Reichsversicherungsamt stellte drei Tage später klar, es habe im »Erlaß vom 6. November 1931 – II⁵ 2992/31 – lediglich darauf hingewiesen, daß die Hingabe des Darlehens an den Verein ›Freie Turnerschaft‹ nach § 27c der Reichsversicherungsordnung der Genehmigung der Aufsichtsbehörde bedurft hätte. Zur Beanstandung (…) hat dem Reichsversicherungsamt weder dieser Vorgang noch die sonstigen Ergebnisse der vom Reichsversicherungsamt am 21. und 22. August 1931 vorgenommenen Prüfung der Geschäftsführung der Landesversicherungsanstalt Anlaß gegeben.«[39] Der Ausschuß der Landesversicherungsanstalt bestätigte dies am 18. Januar 1932.[40]

Enttäuscht von diesen Stellungnahmen, forderte Klagges nun selbst Akteneinsicht.[41] Mit Zustimmung des Reichsversicherungsamtes[42] begann eine breitangelegte Untersuchung, die sich bis in den Herbst des Jahres 1932 hinzog.[43] Belastendes gegen Grotewohl wurde nicht gefunden, wie aus einem handschriftlichen Exposé an den Braunschweiger Innenminister vom 13. Oktober 1932 hervorgeht.[44]

In der Anklageschrift, die das Dienststrafverfahren gegen Otto Grotewohl am 2. November 1932 endlich eröffnete, tauchten erneut Anschuldigungen auf, die sich durch die eben abgeschlossenen Untersuchungen bereits als unbegründet erwiesen hatten.[45] Daß Grotewohl dieses Verfahren selbst beantragt hatte, blieb unerwähnt. Statt dessen wurde »mit sofortiger Wirkung die vorläufige Amtsenthebung Grotewohls verfügt«[46]. Der Protest des LVA-Vorstandes vom 9. November 1932 hatte keinen Erfolg.[47]

Im offiziellen Dienststrafverfahren mußten noch einmal die Akten geprüft und Zeugen vernommen werden. Die Verteidigung Grotewohls übernahm am 11. November Dr. Jasper, der Fraktionsvorsitzender der SPD im Braunschweiger Landtag und ein anerkannter Rechtsanwalt war.[48] Am 29. November 1932 wurden die Voruntersuchungen für abgeschlossen erklärt. Ein Schreiben an Klagges zog am 21. Januar 1933 folgendes Fazit: »Fasse ich die Ergebnisse (…) zusammen, so komme ich zu der Auffassung, daß die Dienststrafbehörden im vorliegendem Falle auf Dienstentlassung nicht erkennen würden. In diesem Zusammenhange darf ich auch noch darauf hinweisen, daß die Zeugenaussagen durchweg für den Präsidenten Gr.[otewohl, M. J.], was die allgemeine Art und Weise seiner Dienstführung anlangt, günstig sind. Diese Tatsache ist deshalb besonders ins Gewicht fallend, als bisher ein klarer Nachweis für die Verfehlungen des Präsidenten Gr.[otewohl, M. J.] nicht gelungen ist und das Gericht vielleicht deshalb nach dem Satze ›Im Zweifel für den Angeklagten‹ verfahren wird. Ich darf bitten, nunmehr einen Kabinettsbeschluß darüber herbeizuführen, ob das Verfahren eingestellt und gegebenenfalls eine Ordnungsstrafe verhängt werden soll (§ 102 Abs. 1 StBG) oder ob die Sache vor die Dienststrafkammer verwiesen werden soll (§ 105 StBG).«[49]

Einer Rehabilitierung Grotewohls schien kaum noch etwas im Wege zu stehen, doch die Ernennung von Adolf Hitler zum deutschen Reichskanzler am 31. Januar sollte den endgültigen Ausschlag in diesem Verfahren geben. Zwei Monate später, am 24. März 1933, wurde durch die Verabschiedung des »Gesetzes zur Behebung der Not von Volk und Staat« (Ermächtigungsgesetzes) das Schicksal der Weimarer Republik besiegelt. Die Terrorwelle, die das ganze Land überrollte, nahm in Braunschweig besonders krasse Formen an. Klagges war bemüht, Braunschweig zum »nationalsozialistischen Musterländle« zu machen. Durch die neue Machtfülle war es für ihn eine Kleinigkeit, das Verfahren gegen Grotewohl zu dem gewünschten Abschluß zu bringen.

Am 13. April 1933 erhob die Landesversicherungsanstalt auf Drängen von Klagges eine Zivilklage gegen ihren ehemaligen Präsidenten, der aufgrund der »Änderung der politischen Verhältnisse«[50] sein Amt am 1. April niedergelegt hatte und bereits untergetaucht war.[51] Grotewohls Anwalt Dr. Jasper hatte man in »Schutzhaft« genommen.[52] Das Verfahren, eigentlich für den 5. Mai 1933 anberaumt, mußte »infolge Neubesetzung des Gerichts«[53] auf den 29. September 1933 verschoben werden. Damit waren die letzten Aussichten auf ein gerechtes Verfahren geschwunden. Am 24. November 1933 erging das Urteil. Grotewohl wurde für schuldig befunden, seine Sorgfaltspflicht als Vorgesetzter verletzt zu haben,[54] und zu einer Strafe von 6 500 RM nebst Zinsen verurteilt.[55] Er legte am 5. Januar 1934 zwar Berufung gegen das Urteil ein,[56] zog diese am 7. März 1934 aus finanziellen Gründen jedoch wieder zurück.[57] Seine vergeblichen Bemühungen, sich als Kaufmann eine neue Existenz aufzubauen, hatten zu diesem Zeitpunkt bereits alle finanziellen Rücklagen aufgebraucht.[58] Schon der Berufungsbegründung[59] war ein »Zeugnis zur Erlangung des Armenrechts«[60] beigelegt worden.

Zweifellos trug Grotewohl als Leiter der Landesversicherungsanstalt die Verantwortung für die nicht korrekt eingeholte Bürgschaft. Ein freiwilliger Rücktritt wäre durchaus zu erwägen gewesen, schließlich handelte es sich bei dieser Kreditvergabe – gemessen am finanziellen Rahmen der LVA – um einen bedeutenden Vorgang. Die Hintergründe des Verfahrens waren eindeutig politischer Natur. Grotewohls Kampf um sein Amt ist nicht allein damit zu erklären, daß er an seinem Posten hing. Er wußte, hier stand seine Integrität als Politiker auf dem Spiel.

Dieses Gefecht wurde zwar nicht primär in Braunschweig verloren, aber eben auch dort. Nicht zuletzt dem Bezirksvorsitzenden Otto Grotewohl ist anzulasten, daß die SPD keine Maßnahmen für die Arbeit in der Illegalität getroffen hatte. Man eiferte in der Partei der NSDAP und ihrer Taktik sogar nach. Auf dem Bezirksparteitag im Juni 1932 schlug Paul Junke vor, von nun an sollten sich die Sozialdemokraten mit der erhobenen Faust und dem Kampfruf »Freiheit« grüßen.[61] Peinlicher Höhepunkt der Veranstaltung war der Schwur, mit dem Otto Grotewohl seine Rede beendete und zu dem die Delegierten aufzustehen hatten: »Solange noch euer Arm sich zur Faust emporreckt, solange noch über unsere Lippen das Wort: Freiheit! kommt, solange wird in Deutschland der Faschismus nicht siegen.«[62] Ein gemeinsamer Gruß, ein Schwur und vermehrte Aufmärsche der SPD signalisierten, daß nicht nur das Bürgertum von der militärischen Organisation und dem religiös-mythischen Pathos der Nationalsozialisten beeindruckt war. Auch die Sozialdemokraten waren nun bemüht, »nach außen hin (...) einheitlich« aufzutreten, »wie die Hakenkreuzler es tun«.[63] Die innerparteiliche Diskussion kam zum Erliegen.[64]

Am 11. und 12. Februar 1933 konnte die Braunschweiger SPD noch einmal einen Bezirksparteitag durchführen. Danach richtete sich im Land die Notverordnung »Zum Schutze von Volk und Staat« (28. 2. 1933), auch »Reichstagsbrandverordnung« genannt, auf Anweisung von Innenminister Klagges nicht nur gegen die KPD – wie es in der Verordnung vorgesehen war –, sondern auch gegen die SPD. Am 9. März 1933 wurden in Braunschweig Reichsbanner und Eiserne Front verboten und das »Volksfreund«-Gebäude besetzt. Führende Sozialdemokraten wie Grotewohl (der bei den Wahlen vom 5. März noch einmal als Reichstagsabgeordneter bestätigt worden war), Steinbrecher oder Sievers setzten sich ab, wohl wissend, daß sie in Braunschweig ihres Lebens nicht mehr sicher waren. Ob Grotewohl am letzten Treffen des Bezirksvorstandes am 17. März 1933 teilgenommen hat, läßt sich nicht mehr feststellen.[65] Der genaue Termin, an dem er seine Heimatstadt verlassen hat, ist ebenfalls unbekannt. Ende März hatte die SPD in Braunschweig aufgehört zu existieren. In einem »beispiellosen Terror, der selbst jedes von der SA im Reich gesetzte Maß noch überstieg«[66], war sie »in einer Orgie der Gewalt untergegangen«[67]. Anfang April konnte Klagges nach Berlin melden, daß Braunschweig als erstes Land einen reinen nationalsozialistischen Landtag hatte.

Grotewohl fand zunächst Unterschlupf bei Freunden in Blankenburg[68], ehe er nach Hannover ging, wo angeblich für kurze Zeit eine Art »Braunschweiger Exilvorstand« existierte.[69] Die Schritte, die hier besprochen und geplant wurden, sind nicht dokumentiert. Am 23. März 1933 nahm er an der Reichstagssitzung in der Kroll-Oper teil, in der gegen die Stimmen

der SPD das »Gesetz zur Behebung der Not von Volk und Reich« verabschiedet wurde. Einige Tage später soll Grotewohl ein letztes Mal eine Sitzung der SPD-Reichstagsfraktion besucht haben.[70]
In Braunschweig wurde Grotewohl seit dem 12. April 1933 mit Arrestbefehl gesucht,[71] aber er siedelte noch im gleichen Monat nach Hamburg über.[72] Hier lebten nicht nur sein Schwager, sondern auch eine ganze Reihe von Braunschweiger Genossen und anderer Sozialdemokraten, die hofften, »unter der liberalen Verfassung der Freien und Hansestadt Hamburg Schutz vor dem faschistischen Terror«[73] zu finden. Im August 1933 zogen auch seine Frau Martha und der zehnjährige Sohn Hans in die Elbmetropole.

Die Akte Plumenbohn und ihre Folgen

Nachdem es Otto Grotewohl nicht gelungen war, in Hamburg als Kaufmann Fuß zu fassen, folgte er Anfang 1938 dem Ruf von Erich W. Gniffke[74] nach Berlin, der früher als Geschäftsmann und Reichsbannerführer in Braunschweig gelebt hatte. Auch als der Fall »Erich Plumenbohn«[75] seinen Anfang nahm, hielt Grotewohl sich in der Reichshauptstadt auf.
Am 29. Juni 1938 wurde Erich Plumenbohn, ein Parteigenosse Grotewohls, in Braunschweig von der Geheimen Staatspolizei (Gestapo) festgenommen und verhört.[76] Die Anklage lautete zunächst auf Verstoß gegen das Heimtückegesetz. Plumenbohns Aussagen ließen die Gestapo hoffen, sie hätten möglicherweise eine viel wichtigere Person gefaßt, als sie zunächst vermuteten: »Auf Grund der Persönlichkeit des Besch.[uldigten, M. J.] und den Verbindungen, die er als alter SPD-Mann mit seinen ehemal. [ehemaligen, M. J.] Gesinnungsfreunden noch hat, muß eine Aufrechterhaltung des organisatorischen Zusammenhalts der verbotenen SPD angenommen werden. Es erscheint daher notwendig, eingehende Ermittlungen in dieser Hinsicht anzustellen. Es dürfte wohl ausgeschlossen sein, daß die Verbindungen des Besch.[uldigten, M. J.] mit anderen Personen, die früher der SPD führend angehört haben, so harmlos sind, wie der Besch.[uldigte, M. J.] es hinzustellen versucht.«[77]
Erich Plumenbohn wurde in Untersuchungshaft genommen[78] und die Anklage gegen ihn um das Delikt der »Aufrechterhaltung des organisatorischen Zusammenhalts verbotener Parteien«[79] erweitert. Parallel dazu leitete die Gestapo am 16. August 1938 in Braunschweig, Hamburg und Berlin eine Verhaftungswelle ein, bei der sie achtzehn verdächtige Personen festnahm,[80] unter anderem auch Otto Grotewohl.[81]
Plumenbohn hatte während seiner Vernehmung zugegeben, daß er sich

im »März-Mai 1933«[82] mit mehreren ehemaligen Braunschweiger SPD-Genossen getroffen hatte, die damals in der Hansestadt lebten,[83] u. a. Paul Junke, Hans Sievers, Rudolf Löhr (der letzte Ortssekretär der SPD in Braunschweig vor 1933[84]) und Otto Grotewohl.[85]

Die Akte Erich Plumenbohn, die im Niedersächsischen Staatsarchiv einzusehen ist, enthält eine Vielzahl von Verhören eines weitgestreuten Kreises von Zeugen und Verdächtigen. Bei den Vernehmungen zeigten sich die Beschuldigten zumeist sehr gut auf die Situation vorbereitet, erzählten stereotype Phrasen: Der Befragte erklärte, daß er nicht mehr politisch aktiv sei, Genossen – wenn überhaupt – rein zufällig traf und dann nur sehr kurz über persönliche Dinge sprach. Diese wenig ergiebigen Verhöre frustrierten die Ermittler, wie aus einem Aktenvermerk vom 18. August 1938 hervorgeht: »Es sind (...) keine Zufälle, daß sämtliche Personen so angeblich harmlose Verbindungen untereinander haben. Es ist vielmehr so, daß nach den hier jahrelang gemachten Erfahrungen und nach der modernen Methode und Taktik der SPD gerade diese (...) aufrecht erhalten und sogar gefördert werden. (...) Nur auf Grund dieser modernen Tarnung und Taktik der SPD ist es erklärlich, daß bei keiner der Personen neues staatsfeindliches Material gefunden wurde. (...) Der Vorsitzende des Sondergerichts in Braunschweig hat (...) niedergelegt, daß das gegenseitige Besuchen natürlich zur Feststellung einer strafbaren Handlung nicht genügt. Es muß in diesem Zusammenhang darauf hingewiesen werden, daß fast ausschließlich sämtliche Personen in mittleren bzw. höheren Verwaltungsbeamtenposten tätig waren. Erfahrungsgemäß haben diese Art Personen von der Gesetzeskunde weitgehendste Kenntnis. Sie wissen daher, daß nach den reinen Buchstaben des Gesetzes ihnen eine staatsfeindliche Betätigung nicht nachgewiesen werden kann. Gerade deshalb scheint eine besonders eingehende Beleuchtung dieser Zusammenhänge erforderlich, da es sich im vorliegenden Falle, wie schon erwähnt, um Spitzenfunktionäre handelt.«[86]

Obwohl die Untersuchungen weitestgehend ergebnislos verliefen, erging am 18. August 1938 gegen vierzehn der achtzehn Festgenommenen Haftbefehl wegen »Verbrechen gegen die Neubildung von Parteien vom 14. Juli 1935«[87]. Otto Grotewohl wurde in das Kreisgefängnis Braunschweig überführt,[88] wo er während seiner Untersuchungshaft einsaß. In den vorliegenden Vernehmungsprotokollen wurde er nur vereinzelt erwähnt. Obwohl dabei nichts wirklich Belastendes zutage gefördert wurde, ging die Gestapo davon aus, daß Gniffke und Grotewohl »als Köpfe der illegalen Verbindung anzusehen sind«[89], die den Namen »Heibackogruppe« erhielt, benannt nach dem Heißluftherd »Heibacko«, den Gniffkes Firma vertrieb.

Otto Grotewohl stritt nicht ab, sich mit ehemaligen Genossen getroffen zu haben. Er behauptete lediglich, daß diese Verbindungen alle »rein geschäftlicher und freundschaftlicher Natur waren«[90]. Wie Grotewohl in der Untersuchungshaft behandelt wurde und welche Spuren der Fall Plumenbohn bei ihm hinterließ, beschreibt Nora Kuntzsch[91]: »Erst Anfang März 1939, sieben Monate nach seiner Verhaftung, wurde Otto Grotewohl wieder aus dem Gefängnis entlassen. Ostern saß er dann mit Frau und Sohn bei uns am runden Tisch und genoß ›Migges‹ [Spitzname für die Mutter von Nora Kuntzsch, Marta Fuchs, M.J.] vorzügliches Essen. Er war nicht mehr ganz der Alte, sein Humor, sein Optimismus hatten einen bitteren Unterton bekommen. Er erzählte: ›Die ersten Verhöre hier bei der Gestapo in der Leopoldstraße waren die schlimmsten. Sie ließen mich stundenlang mitten im Zimmer auf einem Stuhl hocken, unter heißem Scheinwerferlicht, und immer neue Gestapo-Leute kamen herein, beguckten mich und schrien höhnisch: ‹Minister, Minister!› und wollten sich totlachen. Rausgekriegt haben sie aber nichts aus mir, trotz aller Drohungen und Beschimpfungen. Allmählich wurde ich immer ruhiger, ich erkannte, daß sie nichts in der Hand hatten, daß niemand von den anderen Verrat geübt hatte. Ich wußte, daß ich wieder herauskommen würde.‹«[92]

Die Leiter der Untersuchung vermuteten eine Zeitlang sogar, Otto Grotewohl sei der eigentliche »Chef« der gesamten Gruppe. In dem Bericht über sein Vernehmungsprotokoll ist zu lesen, daß bei Grotewohl »fast alle Fäden der Verbindungen zusammenliefen«[93], und ein amtliches Schreiben vom 5. September 1938 trug den Vermerk »Strafsache gegen den Otto Grotewohl und andere«[94]. Zwei Tage später wurde jedoch Erich Gniffke als der führende Kopf der Verbindung entlarvt. Gniffke war 1935 und 1937 in Kopenhagen mit ehemaligen Genossen zusammengetroffen.[95] Diese beiden Treffen erweckten bei der Gestapo größtes Mißtrauen. In seinem Fall betrieb man besonders intensive Nachforschungen. Auch Gniffkes Familie wurde mehrmals verhört.[96] Sein Vater Gustav und seine Frau Lisbeth zeigten sich dem Druck schließlich nicht mehr gewachsen.[97] Erich Gniffkes Aussage, er sei seit 1933 politisch nicht mehr tätig gewesen, wurde widerlegt.[98] In einem vorläufigen Schlußbericht wurde Gniffke eindeutig als Drahtzieher der Gruppe identifiziert, über die man mittlerweile einen kompletten Überblick gewonnen hatte:

Die Organisationsstruktur der Heibackogruppe[*]

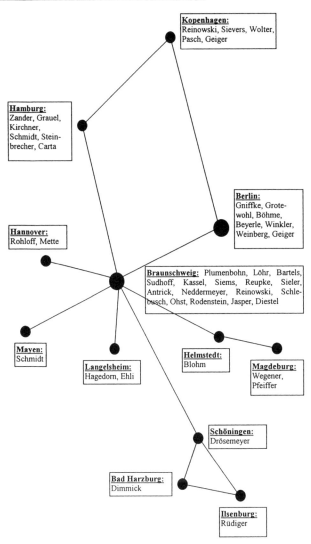

[*] Die Grafik ist einer Darstellung aus den Gestapoakten zum Fall »Plumenbohn« nachempfunden. Vgl. NdsStA WF: 42 B Neu 7, Nr. 1290, Bd. VI, S. 347.

»Gniffke, als der wirtschaftlich Stärkste von seinen festgenommenen ›Freunden‹ ist ohne Zweifel in der Lage, infolge seines Berufes als reisender Kaufmann, einen bestimmten Kreis früherer politischer Gesinnungsfreunde wenn auch nur lose in ihrer ablehnenden Haltung zum 3. Reich beieinander zu halten.«[99]

Der Fall »Erich Plumenbohn« war zum Fall »Erich Gniffke« geworden. Am 24. November 1938 schloß man die Ermittlungen ab.[100] Acht Inhaftierte, »bei denen weder dringender Tatverdacht noch Verdunklungsgefahr oder Fluchtverdacht«[101] bestand, wurden wieder auf freien Fuß gesetzt. Das Verfahren wurde am 8. Dezember 1938 durch den Oberstaatsanwalt in Braunschweig an den Volksgerichtshof in Berlin weitergeleitet,[102] da man gegen die Beschuldigten den »Verdacht der Vorbereitung zum Hochverrat«[103] erhob. Ein Verdacht, der sich aber nicht erhärtete. Es folgten weitere Entlassungen, und am 23. Februar 1939 wurde das Verfahren nach Braunschweig zurückgegeben.[104] Am 3. März 1939 kamen auch Otto Grotewohl und fünf weitere Angeklagte, unter ihnen Erich Gniffke[105], wieder frei,[106] »weil den Beschuldigten nicht hinreichend nachzuweisen ist, daß sie im Rahmen der zwischen ihnen festgestellten Beziehungen oder durch Verbindungen zu anderen früher marxistisch gesinnten Personen hochverräterische Ziele verfolgt haben«[107].

Am 4. April 1939, nach mehr als neun Monaten Untersuchungshaft, wurde als letzter Beschuldigter Erich Plumenbohn freigelassen, da in seinem Verfahren keine höhere Gesamtstrafe als sechs Monate zu erwarten war.[108]

Die Untersuchungen haben in diesem Fall für die meisten Verdächtigten einen glimpflichen Ausgang genommen. Trotzdem sollte man den Vorfall nicht als Lappalie abtun. 656 zumeist doppelseitig bedruckte Aktenseiten plus beschlagnahmtes Material wie Briefe, Postkarten, Fotos usw. lassen nur erahnen, welche Angst und welches Leid die Beschuldigten und ihre Angehörigen in dieser Zeit durchgemacht haben müssen. Drei der Verdächtigen unternahmen in der Haft Selbstmordversuche[109], von denen einer tödlich endete.

Weder Held noch Mitläufer.
Grotewohl während des II. Weltkrieges

Nach seiner Entlassung aus der Untersuchungshaft durfte Grotewohl auf Anweisung der Gestapo nicht mehr in derselben Firma wie Gniffke arbeiten.[110] Dieser war als umtriebiger Geschäftsmann schon bald in der Lage, seinem Freund eine neue Anstellung in einer Firma für Brauereibedarf zu beschaffen.¹¹¹ Später erhielt Grotewohl durch Vermittlung des Architekten Hugo Bartels, ebenfalls ein alter Sozialdemokrat, eine Anstellung bei der Hallenbäderbau GmbH in Berlin-Wilmersdorf, wo er bis 1945 blieb. Da der Betrieb seit Kriegsbeginn Lazarette einrichtete, wurde Grotewohls Tätigkeit als »kriegswichtig« eingestuft und man zog ihn nicht zur Wehmacht ein.¹¹² Auch diese Arbeit erforderte viele Reisen, so daß er weiterhin Kontakt zu früheren SPD-Mitgliedern aufrechterhalten konnte. Ende 1939 fiel Grotewohl erneut in die Hände der Gestapo. Als am 8. November 1939 im Münchner Bürgerbräukeller ein Sprengstoffattentat auf Hitler verübt wurde, geriet er wegen seiner Geschäfte in der bayerischen Metropole in den weiteren Kreis der Verdächtigen. Knapp einen Monat, vom 10. November bis 8. Dezember 1939, blieb er im Gewahrsam der Gestapo.¹¹³ Als er sich bei SS-Wärtern über die unmenschliche Behandlung beschwerte,¹¹⁴ büßte Grotewohl einen Vorderzahn ein. Mit dem Anschlag, der von dem Schreiner Georg Elser im Alleingang geplant und durchgeführt worden war, hatte er nichts zu tun gehabt. Er zählte auch nicht zum Kreis der Verschwörer des 20. Juli 1944. Der Verhaftung im Rahmen der »Aktion Gewitter«¹¹⁵, die nach dem gescheiterten Attentat auf Hitler ausgelöst wurde, konnte er sich nur durch sein Untertauchen entziehen, ebenso seiner Einberufung zum Volkssturm 1945.¹¹⁶ Am 8. Mai 1945 endete mit der deutschen Kapitulation der II. Weltkrieg in Europa und die Herrschaft die Nationalsozialisten über Deutschland.

Otto Grotewohl stand keineswegs in der ersten Reihe der deutschen Widerstandskämpfer. Aber er war weder ein Mitläufer des NS-Regimes, noch hatte er sich ihm gegenüber völlig passiv verhalten, und das ist mehr, als die meisten Deutschen in dieser Zeit getan haben. Grotewohl schwor seiner politischen Überzeugung nicht ab, seine »zersetzende« Tätigkeit beschränkte sich zwar weitgehend auf das Aufrechterhalten von Kontakten zu alten Genossen, doch auch dies konnte im NS-Staat bereits lebensgefährlich sein, wie die fast zustande gekommene Anklage wegen Hochverrats im Fall »Plumenbohn« beweist. Um so ungerechter erscheinen Darstellungen wie die folgende in der westdeutschen Presse:

»Im Gegensatz zu anderen Führern der SPD ging Grotewohl 1933 nicht in die Emigration. Er blieb im Lande und nährte sich redlich. Zunächst als Bezirksvertreter der Firma des früheren Reichsbannerführers Gniffke in Hamburg und Berlin. 1938 wurde er wegen illegaler Umtriebe verhaftet, im März 1939 aber wieder entlassen, während Gniffke in Haft blieb.

Eine neue, gewiß nicht schlecht bezahlte Tätigkeit fand er als Geschäftsführer der Hallenbäderbau-GmbH in Berlin. Nach dem 20. Juli 1944 wollte man ihn erneut verhaften, doch es gelang ihm unterzutauchen. Zum Kreis der Verschwörer gehörte er jedenfalls nicht.«[117]

Während Willy Brandt in den 60er Jahren angefeindet wurde, weil er in die Emigration gegangen war, warf man Otto Grotewohl also genau das Gegenteil vor. Zudem deutet der Autor des Artikels einen Verrat Grotewohls gegenüber Gniffke an, um dann abschätzig hervorzuheben, daß Grotewohl nicht zum führenden Kreise des deutschen Widerstands gehörte. Im Zeichen des Ost-West-Konfliktes wurde auch in Westdeutschland die Wahrheit manches Mal geopfert, wenn es darum ging, einen politischen Gegner zu diskreditieren.

Der Weg in die Sozialistische Einheitspartei (1945–1946)

Die »Stunde Null«

Die Bezeichnung »Stunde Null« für die unmittelbare Nachkriegszeit in Deutschland ist ein oft verwendeter Begriff, der ebenso treffend wie irreführend ist. Das gilt auch für Otto Grotewohl. Tatsächlich war der 8. Mai 1945 in seinem Leben eine einschneidende Zäsur, doch es ist falsch, den Politiker Grotewohl nach 1945 völlig von dem vor 1945 abzutrennen, wie es in der Fachliteratur immer wieder geschehen ist. Sein zukünftiger Weg stellte in entscheidenden Punkten eine Reaktion auf das bisher Erlebte dar. Grotewohls Fazit aus den Ereignissen der letzten Jahre hieß: Der »Bruderkampf« zwischen Kommunisten und Sozialdemokraten muß beendet werden, denn die Spaltung war die entscheidende Ursache für die Unfähigkeit der deutschen Arbeiterbewegung, die »Machtergreifung« des Nationalsozialismus zu verhindern. Nur die Wiederherstellung der Einheit der Arbeiterklasse konnte seiner Meinung nach die Garantie dafür bieten, daß Deutschland nicht noch einmal das gleiche Schicksal wie nach 1918 ereilen würde, als die Kräfte der Reaktion nach einer kurzen Übergangsphase wieder die Macht im Staate übernommen hatten.

Der Weg dieses Sozialdemokraten führte nicht vorrangig aus karrieristischen Beweggründen in die SED (Sozialistische Einheitspartei Deutschlands). Er faßte diesen Entschluß aufgrund einer selbstgewonnen, tiefempfundenen inneren Einsicht und nicht erst unter dem späteren Druck von KPD und SMAD (Sowjetische Militäradministration in Deutschland). Sein Sohn Hans erklärte in einem Interview mit Heinz Voßke[1]: »Gegen Ende des Krieges war es [die Einheit der Arbeiterbewegung, M.J.] für ihn schon die ganz eindeutige historische Lehre, aus der man die Konsequenz ziehen«[2] mußte. Auch Grotewohl äußerte dies in privaten Gesprächen.[3] Dokumente oder Aussagen, die diese Einschätzung widerlegen, gibt es nicht.

Viele Sozialdemokraten und Kommunisten kamen in den Jahren der nationalsozialistischen Herrschaft zu ähnlichen Einsichten: »Damals – in der Illegalität, und das hieß in der Vereinzelung – begann ein geistiger Wandlungsprozeß, der vor alten Tabus nicht haltmachte, der neue Glaubensstärke gab. Denn der Sozialismus, den man vor 1933 in zahllose theoretische Betrachtungen aufgelöst hatte, wurde in der unmittelbaren Bedrohung wieder zum schlichten, aber alles umgreifenden Ziel:

zur Befreiung vom Joch der Diktatur in jeder Form (...) Aus dem Willen zum Sozialismus mußte eine neue, gemeinsame Organisation erwachsen, die frei sein sollte von den Schwächen der Weimarer Zeit. Sie sollte eine vollkommene Verkörperung jener großen Idee sein, die von der reformistisch-revisionistischen SPD von Weimar ebenso mangelhaft vertreten worden war wie von der pseudo-revolutionären, parteiegoistischen KPD. (...) Im Bewußtsein ebneten sich deshalb die Unterschiede der ›Richtungen‹ ein – die sozialistische Bewegung in ihrer Urform wurde gleichsam wiederentdeckt: wieder hatte man nichts als die Ketten zu verlieren, und der Name der Bewegung spielte keine große Rolle mehr. ›Die Firma ist uns gleich‹ – wir ›wollen nur Sozialisten sein‹. Das war die einfache Formel, auf die sich die Frage der illegalen und die der zukünftigen Organisation bringen ließ. Sozialdemokraten und Kommunisten konnten sie gleichermaßen akzeptieren: beide glaubten, jetzt den Blick freibekommen zu haben für die Gemeinsamkeiten, die größer schienen als die trennenden Doktrinen.«[4]

Dies galt vor allem für jene KPD- und SPD-Mitglieder, die zwischen 1933 und 1945 in Deutschland gelebt hatten. Sie waren es, die in allen Zonen antifaschistische Komitees bildeten. Deren Mitglieder einte das Ziel, die Überreste des Faschismus zu beseitigen und Deutschland als demokratischen Staat wiederzuerrichten. Weder die Besatzungsmächte noch die Exilvorstände der Parteien hatten Vertrauen in diese parteiübergreifenden Komitees, da sie mit Ausnahme ihres antifaschistischen Konsenses »kaum (...) ein umrissenes politisches Konzept als klare Orientierung«[5] besaßen und nicht so leicht zu steuern waren wie getrennt voneinander operierende Gruppierungen. Aufgrund des allseitigen Drucks waren sie bereits im Sommer 1945 – bis auf wenige Ausnahmen – wieder von der politischen Bühne verschwunden.[6]

Die Idee, die hinter den antifaschistischen Ausschüssen stand, findet man in abgewandelter Form im demokratischen Block der Parteien und Massenorganisationen (im folgenden antifaschistischer Block) wieder, der am 14. Juli 1945 in der sowjetischen Besatzungszone gegründet wurde. Ein solcher Block sei notwendig, um zu verhindern, daß die neugegründeten Parteien in ihre antagonistische Haltung zurückfielen, lautete eine weitere Erkenntnis, die Otto Grotewohl aus der jüngsten deutschen Geschichte schlußfolgerte. Sie kam bereits in dem ersten politischen Dokument zum Ausdruck, das von ihm nach dem II. Weltkrieg erhalten ist: seinem Vorschlag zum Gründungsaufruf der SPD.[7]

Der Zentralausschuß der SPD

Otto Grotewohl hatte erfahren müssen, daß er für eine Arbeit in der freien Wirtschaft gänzlich ungeeignet war. Er kündigte am 30. April 1945 seine Stellung als kaufmännischer Direktor der Firma Hallenbäderbau GmbH und trat am 6. Juni einen Posten als Dezernent für Finanzen und Steuern im Bezirksamt Berlin-Schöneberg/Friedenau an.[8] In diesem Metier hatte er sich vor 1933 – als Minister oder Präsident der Landesversicherungsanstalt – am besten bewährt. Er engagierte sich sofort nach dem Zusammenbruch des Nationalsozialismus wieder politisch. Er gehörte jenem Kreis an, der sich zunächst zu rein informellen Gesprächen in den Büroräumen von Erich W. Gniffke (Berlin-Schöneberg) traf.[9]

Später bildete diese Gruppe den Zentralausschuß (ZA) der SPD, der eine Reaktion auf die Reorganisation der KPD am 11. Juni 1945 darstellte.[10] Bereits Mitte Juli 1945 gab er die Stellung im Bezirksamt auf und widmete sich ganz seiner Arbeit im Zentralausschuß.[11] Ursprünglich wollten einige Mitglieder des ZA den getrennten Wiederaufbau von kommunistischer und sozialdemokratischer Partei bereits im Vorfeld verhindern. So hatte der spätere ZA-Vorsitzende Max Fechner[12] nach eigenen Angaben bereits Ende April 1945 versucht, mit Walter Ulbricht[13] Kontakt aufzunehmen, um mit ihm Gespräche über eine mögliche Fusion von Kommunisten und Sozialdemokraten zu führen. In einem Brief an Ulbricht schrieb Fechner: »Ich hätte gerne mit Dir darüber gesprochen, wie es möglich wäre, endlich die so ersehnte Einheitsorganisation der deutschen Arbeiterklasse zu schaffen. Meine politischen Freunde und ich stehen auf dem Standpunkt, daß bei der ersten Möglichkeit sich wieder politisch betätigen zu können, über alle Vergangenheit hinweg der neu zu beschreitende Weg ein gemeinsamer sein muß zwischen KPD und SPD. Ich möchte sagen, daß es bei Beginn der politischen Tätigkeit leichter sein wird, die Einheit zu schaffen, als wenn wir erst bei den Nachwirkungen der Kriegshandlungen angelangt sind.«[14]

Max Fechner behauptete stets, den Brief bereits am 28. April 1945 an Ulbricht abgeschickt zu haben, der zu diesem Zeitpunkt noch in Moskau war. Daß Fechner von seiner bevorstehenden Rückkehr wissen konnte, gilt als unwahrscheinlich.[15] Ulbricht bestritt später, das Schreiben erhalten zu haben.[16]

Ab Mitte Mai 1945 versuchten die Berliner Sozialdemokraten, direkte Gespräche zum Thema Zusammenarbeit zu initiieren. Die Kommunisten ließen jedoch bereits vereinbarte Termine immer wieder platzen. Am 12. Juni verkündete das ZA-Mitglied Gustav Dahrendorf[17] auf einer Versammlung in Berlin: »(Die) neue SPD ist da. Sie tritt lieber heute als morgen wieder ab zugunsten einer einigen und geschlossenen sozialistischen Bewegung aller Werktätigen.«[18] Dieses Angebot wurde am 15. Juni im Gründungsaufruf der SPD erneuert: »Wir wollen vor allem den Kampf um die Neugestaltung [Deutschlands, M.J.] auf dem Boden der organisatorischen Einheit der deutschen Arbeiterklasse führen! Wir sehen darin eine moralische Wiedergutmachung politischer Fehler der Vergangenheit, um der jungen Generation eine einheitliche politische Kampforganisation in die Hand zu geben.«[19]

Der Aufruf wurde in einer Kommission unter Vorsitz von Erich Gniffke erarbeitet, der Max Fechner, Gustav Dahrendorf, Hermann Harnisch, Karl J. Germer, Helmuth Lehmann, Karl Litke, Fritz Neubecker, Josef Orlopp und Otto Grotewohl angehörten.[20] Grotewohl hatte mit Fechner auch einen eigenen Entwurf vorgelegt, der insgesamt vage blieb und sich in konkreten politischen Fragen zu sehr an dem Entwurf der KPD orientierte. Hier ist er aber trotzdem von Interesse, weil in ihm Gedanken zum Ausdruck kommen, die entscheidend für Grotewohls politische Handlungen blieben und Aufschluß über Diskrepanzen zwischen ihm und der Mehrheit des ZA geben.

Otto Grotewohl und Max Fechner schlugen vor, bei der demokratischen Neugestaltung Deutschlands unmittelbar politische Verantwortung zu übernehmen. »Wir begrüßen diese Maßnahme [die Zulassung von politischen Parteien in der sowjetischen Besatzungszone, M.J.] auf das Freudigste, weil sie dem deutschen Volk die Möglichkeit gibt, unter Beweis zu stellen, daß es von dem ernsten Willen beseelt ist, sich durch Wiedergutmachung und innerer Reinigung bald wieder in den Kreis der Völkerfamilie einzureihen.«[21] Der Gründungsaufruf des ZA bekundete ebenfalls die Bereitschaft, sofort Verantwortung für den Aufbau Deutschlands zu übernehmen, doch wurde dies als Selbstverständlichkeit empfunden. Ein besonderer Dank an die Besatzungsmacht ist deshalb in dem Aufruf nicht enthalten.[22] Fraglich ist, ob die Mehrheit im Ausschuß die Anerkennung der »Erklärung in Anbetracht der Niederlage Deutschlands und der Übernahme der obersten Regierungsgewalt hinsichtlich Deutschlands durch die Regierungen des Vereinigten Königreichs, der Vereinigten Staaten von Amerika und der Union der Sozialistischen Sowjetrepubliken und durch die Provisorische Regierung der Französischen Republik, 5. Juni 1945«[23] billigte, die den Besatzungsmächten das Recht einräumte, die politische Tätigkeit der Parteien in ihrer jeweiligen Besatzungszone zu kontrollieren. Otto Grotewohl hatte diesen Anspruch der Siegermächte bei verschiedenen Gelegenheiten ausdrücklich akzeptiert.

Der Grotewohl/Fechner-Entwurf betonte außerdem die Bereitwilligkeit der Sozialdemokraten, in einem antifaschistischen Block mit allen

Parteien auf das engste zusammenzuarbeiten. »Jedes eigensüchtige Parteigeschrei, wie es das politische Schlachtfeld der Weimarer Republik erfüllte«, sollte im Keime erstickt werden, »da es nur den in den Schlupflöchern verkrochenen Kräften der Reaktion Mut geben würde, sich wieder hervorzutrauen.«[24] Dieser Punkt ging in den ZA-Entwurf ein, er bezog sich direkt auf den Gründungsaufruf der KPD, der sich als Plattform für die Schaffung eines antifaschistischen Blocks verstand.[25] Eine Zusammenarbeit von KPD und SPD im Rahmen des antifaschistischen Blocks betrachteten Grotewohl und Fechner als »die erste Stufe der Entwicklung zu einer völligen organischen Einheit der gesamten werktätigen Bevölkerung«[26]. Nachfolgenden Generationen sollte eine einheitliche Kampforganisation in die Hände gegeben werden.[27] In diesem Punkt ergab sich eine gewisse Diskrepanz zum Entwurf des ZA, der bereits zum »Kampf um die Neugestaltung auf dem Boden der organisatorischen Einheit der deutschen Arbeiterklasse«[28] aufrief, also eine unmittelbare Vereinigung von SPD und KPD forderte.

Otto Grotewohl und Max Fechner akzeptierten die »10 Nahforderungen für den politischen Tageskampf«[29] des KPD-Gründungsaufrufes »rückhaltlos«[30] (Vollständige Liquidierung der Überreste des Hitlerregimes, Kampf gegen den Hunger, Herstellung der demokratischen Rechte, Wiederaufrichtung der Selbstverwaltungsorgane, Schutz der Werktätigen gegen die Willkür von Unternehmern, Enteignung der Nazibonzen und Kriegsverbrecher, Liquidierung des Großgrundbesitzes, Verstaatlichung von lebenswichtigen Betrieben, friedliches Zusammenleben mit anderen Völkern, Anerkennung der Pflichten zur Wiedergutmachung)[31]. Eigene Ideen zur Wirtschaft fehlten, da beide Verfasser auf diesem Gebiet keine Experten waren. Grotewohl blieb in diesem Bereich immer auf die Zuarbeit von anderen angewiesen.[32]

Der ZA hingegen, der das Manifest der KPD »auf das wärmste«[33] begrüßte, stellte den zehn Nahforderungen der Kommunisten eigene Vorschläge gegenüber. Während sich die KPD zu einer völlig ungehinderten »Entfaltung des freien Handels und der privaten Unternehmerinitiative auf der Grundlage des Privateigentums«[34] bekannte, trat die SPD wesentlich vehementer für Sozialisierungsmaßnahmen ein. In Punkt acht ihres Gründungsaufrufs heißt es: »Verstaatlichung der Banken, Versicherungsunternehmungen und der Bodenschätze, Verstaatlichung der Bergwerke und der Energiewirtschaft, Erfassung des Großgrundbesitzes und der lebensfähigen Großindustrie und aller Kriegsgewinne für die Zwecke des Wiederaufbaus. Beseitigung des arbeitslosen Einkommens aus Grund und Boden und Miethäusern. Scharfe Begrenzung der Verzinsung aus mobilem Kapital, Verpflichtung der Unternehmer zur treuhänderischen Leitung der ihnen von der deutschen Volkswirtschaft anvertrauten Betriebe. Beschränkung des Erbrechtes auf die unmittelbaren Verwandten.«[35]

Die Kommunisten wollten mit ihrer Deklaration einen Minimalkonsens anbieten, auf den sich alle neugegründeten Parteien einigen konnten. Dieser bündnispolitische Aspekt veranlaßte sie, weder weitreichende Sozialisierungsmaßnahmen noch gar die Übernahme des sowjetischen Gesellschaftsmodells zu fordern. Letzteres wurde sogar ausdrücklich abgelehnt: »Wir sind der Auffassung, daß der Weg, Deutschland das Sowjetsystem aufzuzwingen, falsch wäre, denn dieser Weg entspricht nicht gegenwärtigen Entwicklungsbedingungen in Deutschland.«[36] Statt dessen bekannte sich die KPD zur »parlamentarisch-demokratischen Republik«[37].

Die SPD formulierte ihren Gründungsaufruf offensiver; sie ging davon aus, daß sie durch eine organisatorische Vereinigung mit den Kommunisten zur dominierenden politischen Macht in Deutschland würde und damit die Arbeiterbewegung die weitere Entwicklung des Landes bestimmen könne. Der Zentralausschuß hat die Differenz zwischen SPD und KPD in einer solch wichtigen Frage wie der wirtschaftlichen Ausgestaltung des zukünftigen Deutschlands niemals thematisiert. Wenn man einerseits die Aussage der Kommunisten in diesem Punkt als rein taktisches Zugeständnis wertete, wie konnte man dann andererseits ihrem Bekenntnis zur parlamentarischen Demokratie Glauben schenken, an die sich die Einheitsparteibefürworter in der Folgezeit klammern sollten?

Dem talentierten Redner Grotewohl fiel die Rolle des ZA-Sprechers zu.[38] Als er auf der ersten Nachkriegs-Funktionärsversammlung der SPD in Berlin am 17. Juni 1945 den Gründungsaufruf des Ausschusses erläuterte,[39] erkannte er – »trotz der Schwere dieser Bedingungen« – ausdrücklich an, daß die neugegründeten Parteien zunächst nur »unter Kontrolle der Sowjetischen Militärischen Administration« tätig sein durften, da den Deutschen die Befreiung vom Faschismus nicht selbst gelungen sei, »sondern sie als ein Geschenk der siegreichen Armeen« entgegengenommen wurde. Grotewohl zitierte aus der bereits erwähnten »Erklärung in Anbetracht der Niederlage Deutschlands«: »Die alliierten Vertreter werden Deutschland die zusätzlichen politischen, verwaltungsmäßigen, wirtschaftlichen, militärischen und sonstigen Forderungen auferlegen, die sich aus der vollständigen Niederlage ergeben. (…) Alle deutschen Behörden und das deutsche Volk haben den Forderungen der alliierten Vertreter bedingungslos nachzukommen und alle solchen Proklamationen, Befehle, Anordnungen und Anweisungen uneingeschränkt zu befolgen.«

Die nahe Zukunft sah Grotewohl als eine Bewährungsprobe des deutschen Volkes in diesen eng gesteckten Grenzen an. »Wir verstehen es, wenn die Völker dieser Erde dem deutschen Volk mit Mißtrauen begegnen. Aus den Erfahrungen von 1914 bis 1918 und von 1933 bis 1945 hält die Weltöffentlichkeit dem deutschen Volke die berechtigte Frage entgegen, ob es nun endlich die Kraft finde, die Wiederkehr von Vertragsbrechern, Friedensstörern, internationalen Unruhestiftern, brutalen Gewaltmenschen und wahnwitzigen Amokläufern ein für allemal zu verhindern.«

Eine undifferenzierte Kollektivschuldthese lehnte er ab, denn »es hieße, die besten Gemüter und Geister in Deutschland verkennen, wenn man auch diese für den Zustand völliger politischer Verrottung verantwortlich machen wollte«. Doch deutsche Vergangenheit sollte in keiner Weise verdrängt werden; im Gegenteil, Grotewohl forderte dazu auf, »immer wieder und wieder an den Anfang unserer politischen Aufklärungsarbeit die Schilderung der nackten Scheußlichkeiten des Nazismus zu stellen«. Er hoffte, eine offensive Auseinandersetzung mit dem Thema könnte verhindern, daß die Schatten des Naziterrors das Verhältnis zu anderen Völkern dauerhaft belasten: »Die Schuldfrage tritt um so eher von der Tagesordnung der Geschichte ab, als sie durch Bekennermut und Sühne bereinigt wird.« Deshalb trat er auch für eine »Wiedergutmachung jener Schäden und Verwüstungen« ein, »die das Hitlerregime über alle Staaten Europas« gebracht hatte.

Otto Grotewohl war bereits im Juni 1945 dagegen, das Parteiensystem nach Weimarer Muster wiederentstehen zu lassen. »Wir werden es zu verhindern wissen, daß sich in dieser Republik wieder Dutzende von Parteien und Grüppchen etablieren, die ihre engstirnigen Interessen den großen Aufgaben des Volkes voranstellen wollen.« Nicht freier Parteienpluralismus zählte also zu seinen obersten Maximen, er betrachtete vielmehr den oben erwähnten antifaschistischen Block – die Bündelung aller demokratischen Kräfte in einer gemeinsamen Organisation – als das politische Modell der Zukunft.

Ausführlich ging er auf den Schutz der Demokratie in Deutschland ein. In dieser Frage folgte er der harten Linie des ZA-Gründungsaufrufs[40]: »Die neue Demokratie muß kraftvoll sein und unnachsichtig alle niederschlagen, welche die Demokratie nur nutzen, um sie zu schmähen und zu zertrümmern. In der neuen, antifaschistisch-demokratischen Republik können demokratische Freiheiten nur denen gewährt werden, die sie rückhaltlos anerkennen. Auch die Freiheit der Meinungsäußerung in Wort, Bild und Schrift hat vor den Selbsterhaltungsinteressen des Staates und vor der Ehre und Achtung des einzelnen Staatsbürgers haltzumachen.«[41] In Reden und Schriften der folgenden Jahre hat Grotewohl dieses Thema immer wieder erörtert. Seine Position dazu fand schließlich Niederschlag in der ersten Verfassung der DDR – Artikel (Art.) 6[42] –, an deren Ausarbeitung er federführend beteiligt war.

Das Verhältnis der Parteien untereinander blieb im Aufruf des ZA verschwommen: »In der Einheit liegt die größte Kraftentfaltung der arbeitenden Bevölkerung und aller freiheitliebenden Kreise. Wir sind darum bereit und entschlossen, mit allen gleichgesinnten Menschen und Parteien zusammenzuarbeiten. Ja, wir sind bereit, den Kampf um die Neugestaltung auf dem Boden der organisatorischen Einheit der deutschen Arbeiterklasse zu führen. Wir betonen das besonders nachhaltig, weil wir der Ansicht sind, daß wir das historische Recht verlieren würden, auch nur einen einzigen Schritt auf politischen und wirtschaftlichen Wegen zu wandeln, wenn wir in diesem Augenblick nur egoistisch unser eigenes Parteigebilde sehen würden.«[43]

Diese Sätze waren wohl speziell an die Kommunisten und die Arbeiterklasse adressiert, zumal es im SPD-Gründungsaufruf hieß: »In dieser entscheidenden Stunde ist es wiederum die geschichtliche Aufgabe der deutschen Arbeiterklasse, Trägerin des Staatsgedanken zu sein.«[44] Gegen eine solche Auslegung sprechen jedoch sowohl der Appell an alle »aufbauwilligen Kräfte«[45], im antifaschistischen Block zusammenzuarbeiten, als auch die Auffassung von der Einheit »aller freiheitliebenden Kreise (…) und Parteien«. Demzufolge hätten die Arbeiterparteien nur dann das Recht, den Sozialismus aufzubauen, wenn ein parteiübergreifender Konsens erreicht werden könnte. Tatsächlich scheint Grotewohl unmittelbar nach dem Krieg diesen Standpunkt vertreten zu haben, der in späteren Jahren – auch von ihm selbst – als »rechtssozialistisch« gebrandmarkt wurde. So schrieb er in einem Artikel für die erste Ausgabe des SPD-Organs »Das Volk« am 7. Juli 1945: »Die Sorgen um den nackten Existenzkampf des deutschen Volkes einen uns mit allen antifaschistischen Kreisen und Parteien, die ehrlich Hand anlegen wollen an den Wiederaufbau. Was uns eint, ist stärker als das, was uns trennt! Unser Herz und unsere Sehnsucht streben weit voraus in das Land der sozialistischen Gesellschaft, aber unser klarer Blick und unsere ruhige Hand liegen sachlich und nüchtern auf den realen Aufgaben der Lebenserhaltung und des Wiederaufbaues.«

Und auf einer SPD-Kundgebung am 14. September 1945 erklärte er: »Alle Wirtschaftsformen – freie, gemischtwirtschaftliche, öffentliche und sozialistische – müssen Anwendung finden, wo sie zur Erreichung der gesteckten Ziele geeignet sind.«[46] Aufgrund dieser Aussagen muß man Grotewohl zu den eher konservativen Vertretern im ZA rechnen. Eine ähnliche Haltung hatten führende Sozialdemokraten um Friedrich

Ebert nach dem I. Weltkrieg eingenommen, als sie ein Bündnis mit den Konservativen schlossen, um zunächst einmal die Ordnung im Staate aufrechtzuerhalten. Die Sozialisierung der Gesellschaft, seinerzeit zugunsten dieser Allianz zurückgestellt, rückte dadurch in immer weitere Ferne.

Bereits am 17. Juni 1945 erhob Grotewohl über den zu gründenden antifaschistischen Block einen indirekten Führungsanspruch für seine Partei: »Der Sozialdemokratischen Partei Deutschlands fällt dabei die geschichtliche Aufgabe zu, frei von allen Schatten der Vergangenheit zu klären und zu sammeln.«[47] (Wenige Monate später war das Selbstbewußtsein der Sozialdemokraten so weit gestiegen, daß er diesen Führungsanspruch wesentlich dezidierter vertreten konnte.) Er kündigte zudem an, die Arbeiterklasse werde sich zunächst nicht organisatorisch vereinigen:

»In kameradschaftlicher Übereinstimmung mit unseren kommunistischen Freunden haben darum der Zentralausschuß der Sozialdemokratischen Partei Deutschlands und das Zentralkomitee der Kommunistischen Partei Deutschlands einen gemeinsamen Arbeitsausschuß gebildet, der die Arbeiterorganisationen in Stadt und Land zu gemeinsamer Arbeit aufruft. Alle maßgeblichen politischen Fragen sollen in voller Gleichberechtigung beraten und durchgeführt werden. Alle ideologischen Probleme sollen in freundschaftlicher Aussprache geklärt werden, bis aus gemeinsamer Arbeit und gemeinsamem Gedankengut gleichsam zwangsläufig die Parteischranken fallen und sich die Einheit der Organisation entwickelt.

Die Einheitsorganisation soll nicht aus Deklamationen, sondern aus Aktionen herauswachsen!«[48]

Wie diese und andere Passagen zeigen, ließ Grotewohl bei seinem ersten großen Auftritt für den ZA seine eigene Interpretation des Dokuments sehr deutlich mit einfließen.

Am 17. Juni bestätigten etwa 1000 SPD-Funktionäre den Zentralausschuß als provisorische Parteiführung.[49] Bis dahin hatte seine Legitimation allein auf Max Fechners Behauptung basiert, er und Richard Weimann seien die einzigen Überlebenden eines vom Parteivorstand kurz vor der Emigration ernannten Ausschusses, der während der Illegalität (1933–1945) für die Aufrechterhaltung der Verbindungen zwischen den Sozialdemokraten zuständig gewesen war. In Fortsetzung dieses Auftrages fühlte sich Max Fechner und mit ihm der Zentralausschuß dazu berufen, den Neuaufbau der SPD zu organisieren. Eine nicht unumstrittene Behauptung. So bezweifelt Albrecht Kaden in seinem Buch »Einheit oder Freiheit«, daß es ein solches Mandat je gegeben habe: »Die Behauptung Fechners, daß er und Richard Weimann, Mitglieder des Zentralausschusses der SPD bis zur Verschmelzung mit der KPD im April 1946, ein

Mandat des alten, 1933 gewählten Parteivorstandes besessen hätten, wurde mir gegenüber von Weimann selbst (...) als unrichtig bezeichnet.«[50] Fechner vertrat seine Version auch auf der Konferenz von Wennigsen in Gegenwart der Abgesandten des Londoner Exilvorstandes der Partei.[51] Ein Streit über diese Frage ist im Grunde genommen müßig, da sie für die Autorisierung des ZA durch die Funktionärskonferenz – die strenggenommen ebenfalls keine demokratische »Legitimation« für einen solchen Akt aufzuweisen hatte – nicht ausschlaggebend gewesen sein dürfte. Entscheidender war wohl, daß der ZA in der quasirevolutionären Situation vom Juni 1945[52] die Initiative zur Neugründung der SPD ergriffen und sich in Berlin konstituiert hatte. Letzteres verlieh ihm zusätzliche Autorität, denn nicht nur in der SBZ hielten SPD-Mitglieder es für selbstverstandlich, daß die Parteiführung ihren Sitz in Berlin hatte. Da in den westlichen Besatzungszonen die Gründung von Parteien noch eine ganze Weile untersagt blieb,[53] drohte dem ZA zunächst keinerlei offizielle Konkurrenz.

Der ZA hatte bei seinen Vereinigungsangeboten an die KPD völlig selbständig gehandelt. Als nach und nach Kontakte zu den regionalen SPD-Vertretern hergestellt werden konnten, zeigte sich, daß längst nicht alle Genossen diesen Kurs befürworteten. Die Meinung darüber, in welchem Umfang eine Zusammenarbeit mit den Kommunisten möglich wäre, differierten erheblich, je nachdem, wie sich das persönliche Verhältnis zwischen den Vertretern von SPD, KPD und SMAD entwickelte.

Am 20. Juni 1945 konstituierte sich der provisorische geschäftsführende Vorstand des ZA.[54] Man wählte drei gleichberechtigte Vorsitzende und ordnete ihnen jeweils ein Arbeitsgebiet zu: Otto Grotewohl (Politik), Max Fechner (Organisation) und Erich W. Gniffke (Geschäftsführung).[55] Der ZA beauftragte Ende Juni Hermann Harnisch mit der Leitung der Berliner Parteiorganisation und meldete bei den sowjetischen Militärbehörden den Anspruch an, als Zentralinstanz für die in der gesamten sowjetischen Besatzungszone entstehenden SPD-Gruppierungen anerkannt zu werden. Nach dem Einzug der drei westlichen Alliierten (3. Juli 1945) war Berlin erneut zum Dreh- und Angelpunkt des politischen Geschehens in Deutschland geworden. Dadurch wuchs auch das Selbstvertrauen des ZA. Nach Aussage von Erich Gniffke trat man bei der Kontaktaufnahme mit den westlichen Alliierten »ohne Einschränkung als ›zentrale Instanz der Partei‹ auf«[56]. Den Sowjets war ein solches Selbstverständnis der in ihrer Zone entstandenen Parteien nur recht: »Primärinteresse sowjetischer Deutschlandpolitik war es offensichtlich, mit der noch autonom zu kontrollierenden Parteienbildung in der früheren Reichshauptstadt ein Präjudiz für Gesamtdeutschland zu schaffen und vor Beginn der Beratungen über die weitere Behandlung Deutschlands auf der anstehenden Potsdamer Konferenz wichtige politische Daten zu setzen.«[57]

Auch in den westlichen Besatzungszonen entstanden vor der Potsdamer Konferenz (17. Juli – 2. August 1945) örtliche Parteigruppen. Bereits am 5. Mai 1945 wurde Dr. Kurt Schumacher[58] zum Vorsitzenden des neugegründeten SPD-Ortsvereins Hannover gewählt,[59] obwohl die formelle Anerkennung von politischen Parteien in der britischen Besatzungszone noch bis zum 15. September (kommunale Ebene) bzw. 10. Dezember 1945 (zonale Ebene) auf sich warten ließ. Von Juli bis August 1945 ließ sich Schumacher außerdem »von den einzelnen Bezirks- und Landesorganisationen [der westlichen Besatzungszonen, M. J.] durch ein schriftliches ›Mandat‹ mit der ›politischen und organisatorischen Führung der Partei im gesamten Reich‹ beauftragen«[60]. Man dachte also auch im »Büro Schumacher« zunächst noch gesamtdeutsch.

Im nachhinein ist es als schwerer taktischer Fehler anzusehen, daß die in Ostdeutschland gegründeten Parteien so vehement Anspruch auf reichsweite Führung erhoben. Dies mußte bei den Parteifreunden in den westlichen Besatzungszonen das Gefühl hervorrufen, bevormundet und ignoriert zu werden. Aber nicht nur in diesem Fall und nicht nur in der SBZ ergriffen deutsche Politiker allzu unbedarft die Hand der jeweiligen Alliierten, ohne die Konsequenzen zu bedenken. Hüben wie drüben fanden sich Entscheidungsträger, die durch ihr Handeln einseitige Aktionen der jeweiligen Besatzungsmacht zusätzlich legitimierten und damit an eine der unseligsten deutschen Charaktereigenschaften anknüpften, den Untertanengeist. Die deutsche Spaltung war letzten Endes eine Folge des Kalten Krieges,[61] den die Siegermächte zu verantworten haben. Trotzdem bleibt festzuhalten, daß sich die deutschen Politiker frühzeitig mit dieser Entwicklung abfanden und sich den jeweiligen Blockinteressen beugten.[62]

Aktionseinheit und antifaschistischer Block

Am 19. Juni 1945 kam es zu einem ersten offiziellen Treffen von Vertretern der KPD und SPD in der SBZ. Auf Drängen von Gustav Dahrendorf ging der ZA in diese Verhandlungen mit dem Ziel, die Kommunisten zum Zusammenschluß beider Parteien zu bewegen. Otto Grotewohl hatte sich in dieser Diskussion einer eindeutigen Stellungnahme enthalten.[63] Das Ansinnen der Sozialdemokraten wurde jedoch von Walter Ulbricht abgelehnt. Der Wortführer der kommunistischen Delegation schlug statt dessen vor, »im Kampf um die gestellten antifaschistischen Aufgaben sich näherzukommen«[64]. In der gemeinsamen Erklärung[65] wurde der Abschluß eines Aktionsabkommens bekanntgegeben. Ein Arbeitsausschuß, dem je fünf Vertreter beider Parteien angehörten, sollte gemeinsame Veranstaltungen organisieren und ideologische Differenzen zwischen beiden Arbeiterparteien klären.[66] Erprobt werden sollte die Zusammenarbeit von Kommunisten und Sozialdemokraten im antifaschistischen Block[67], der am 14. Juli 1945 gegründet wurde.

Am 21. und 23. Juni trafen Mitglieder des ZA erstmals mit den führenden Persönlichkeiten der sowjetischen Militäradministration in Deutschland zusammen, u. a. mit Marschall Shukow.[68] Dieses Treffen übte auf Grotewohl starken Einfluß aus. Vermutlich hatte er die antisowjetischen Ressentiments der übergroßen Mehrheit der Deutschen geteilt. In Karlshorst begegnete er aber sowjetischen Vertretern, die durch ihre Bildung und ihr Auftreten zu beeindrucken wußten. Der Inhalt der Gespäche vertiefte diesen positiven Eindruck. So berichtete er bei einem Treffen mit Leipziger SPD-Funktionären am 26. August 1945 über die Zusammenkunft mit Shukow: »Wir haben bei der Anmeldung der Partei beim Marschall Shukow eine Äußerung von ihm erhalten, die für die gesamte parteipolitische Entwicklung von erheblicher Bedeutung ist. Marschall Shukow hat uns erklärt: ›Meine Herren, ich bin hier mit dem Auftrag nach Berlin und in das Okkupationsgebiet geschickt und habe den Auftrag aus Moskau, hier ein demokratisches Staatsleben zu entwickeln. Ich weiß genau, daß ich mich dabei in erster Linie nicht auf die Kommunistische Partei stützen kann, sondern daß ich auf Sie angewiesen bin, denn ich weiß, daß Sie die Massen hinter sich haben.‹«[69]

Grotewohl bezeichnete diese Aussage als »eine Erkenntnis, die für unsere politische Einwirkungsmöglichkeit manche Tür aufmacht«[70]. Sie vermochte aber nicht alle seine Zweifel auszuräumen. (Vgl. S. 97–99.) Die SPD durfte sich zu diesem Zeitpunkt nach seiner Einschätzung durchaus Hoffnungen machen, statt der KPD von den Sowjets auf lange Sicht als wichtigster Gesprächspartner in Deutschland akzeptiert zu werden. Wäre sie zur Kooperation mit den Sowjets bereit, schien es möglich, die eigenen Vorstellungen in wichtigen Punkten durchzusetzen. Grotewohl plädierte für eine solche Politik des Gebens und Nehmens: »Genossen! Wenn wir (…) wirklich sichtbare politische Ausnutzung schaffen wollen, dann müssen wir uns aber darüber klar sein, daß wir auf diesem Wege gebunden sind an die Dinge, die in der Deklaration über die völlige militärische Niederlage Deutschlands niedergelegt sind. Das heißt, wer aus innerer Überzeugung glaubt, nicht Befehlsempfänger sein zu können oder zu dürfen – und es gibt solche Genossen –, der muß daraus die notwendige Schlußfolgerung ziehen, er kann nicht politisch tätig sein. Diese Grundlage der Deklaration ist eindeutig und klar, sie enthält die zwingende Bestimmung, daß wir in Deutschland alle Befehle, Erlasse, Anordnungen und Deklarationen, welcher Art sie auch seien, kulturell, politisch, wirtschaftlich oder was sonst, entgegenzunehmen haben. Diese Bindung müssen wir in der praktischen Verwaltungsarbeit versuchen, angenehm zu gestalten und zu lockern. Also unsere ganze Politik ist im Grunde genommen ein einziges, vorsichtiges und taktvolles Abtasten und Suchen und Revidieren.«[71]

Unter den gegebenen Umständen hieß dies, man mußte, um den Interessen des eigenen Volkes dienen zu können, sich mit der jeweiligen Besatzungsmacht arrangieren, ihr als verläßlicher Partner erscheinen und in der Bevölkerung um Vertrauen für sie und ihre Entscheidungen werben. Der pragmatisch orientierte Grotewohl hatte das erkannt und war bereit, danach zu handeln. Auch in den westlichen Besatzungszonen konnte es sich damals kein Politiker erlauben, gegen den ausdrücklichen Willen der Alliierten zu handeln.

Die Gründung eines antifaschistischen Blocks in der SBZ wurde in westdeutschen Veröffentlichungen vornehmlich auf das Drängen von KPD und SMAD zurückgeführt.[72] Wie bereits erwähnt, waren aber nicht allein Kommunisten und Sowjets am Zustandekommen einer solchen Organisation interessiert. In Braunschweig hatte Grotewohl erlebt, wie das ewige Hin und Her zwischen Sozialdemokraten und Konservativen die Politik gelähmt hatte. Dies sollte künftig durch die Zusammenarbeit im Block verhindert werden. Auch galt es mit Hilfe des Blockes auszuschließen, daß sich Parteien jeder Verantwortung für die im Nachkriegsdeutschland entstandene Situation entzogen. Wieder bot die Weimarer Republik mit ihrer rechten Polemik gegen »Novemberverbrecher« und »Erfüllungspolitiker« ein abschreckendes Beispiel. Jeder, der langfristig politische Verantwortung anstrebte, sollte sofort in die Pflicht genommen werden und niemand die Chance haben, das mühsam Erreichte zu verhöhnen. In seiner Rede auf der ersten gemeinsamen Veranstaltung der antifaschistischen Einheitsfront (12. August 1945) brachte Grotewohl seine Erwartungen an den Block auf den Punkt: »Am Anfang der Weimarer Republik stand ein buntscheckiges Parteiensystem mit zentrifugaler Fliehkraft, am Anfang der antifaschistisch, demokratischen Republik aber steht eine politische, zentripedale Sammelkraft.«[73]

Die anderen Parteien in der SBZ (CDU[74] und LDP[75]) waren prinzipiell bereit, in der für Deutschland so schwierigen Aufbauphase mit der KPD und der SPD zusammenzuarbeiten. In den Gründungsaufrufen der Parteien waren in wichtigen Punkten Gemeinsamkeiten erkennbar. So sprach sich beispielsweise die CDU ebenfalls für die Verstaatlichung von Schlüsselindustrien aus.[76]

Der Gründungsaufruf des antifaschistischen Blocks ging »kaum über das in dieser Situation politisch Selbstverständliche hinaus«[77], die fünf beschlossenen Hauptaufgaben (Säuberung Deutschlands von den Überresten des Nationalsozialismus, gemeinsame Anstrengungen zum Wiederaufbau, Herstellung von Rechtssicherheit, Sicherung des Friedens, Wiedergewinnung des Vertrauens aller Völker[78]) deckten sich mit den Programmen der Parteien, und die organisatorischen Bestimmungen blieben vage.[79] Die fraglos wichtigste Festlegung der am 27. Juli 1945 verabschiedeten Geschäftsordnung dürfte Punkt 4 gewesen sein: »Die Beschlußfassung erfolgt auf dem Wege der Vereinbarung, somit nicht durch Abstimmung. Die so erfolgten Vereinbarungen sind bindend für alle Parteien.«[80]. Jeder Partei wurde ein Vetorecht gegen Beschlüsse des Ausschusses eingeräumt, doch Entscheidungen gegen die KPD wären schwer möglich gewesen, da sie sich indirekt gegen die sowjetische Besatzungsmacht gerichtet hätten. Bereits während der Auseinandersetzungen um die Bodenreform sollte sich erweisen, daß dieses Einspruchsrecht nur formaler Natur war: Als die CDU auf ihren Bedenken gegen die entschädigungslosen Enteignungen im Zuge der Reform beharrte, setzten die Sowjets kurzerhand den damaligen Vorsitzenden der Partei, Dr. Andreas Hermes, ab.

Obwohl die Blockpolitik für die innere Entwicklung der SBZ eine wichtige Rolle spielte, erreichte sie bis 1949 nie die ihr zugedachte Bedeutung. Das hatte vor allem zwei Gründe:

1. Schon bald zeichnete sich ab, daß der Block keinen Modellcharakter für ganz Deutschland besitzen würde. Statt dessen erschwerte die Mitarbeit im Block – mit Ausnahme der KPD – die Kooperation mit den Schwesterparteien in den westlichen Besatzungszonen, da sie als Beweis für die Unselbständigkeit der östlichen Parteiteile gewertet wurde. Besonders gravierende Folgen sollte die Bereitschaft zur Zusammenarbeit mit den Kommunisten für das Verhältnis zwischen der Ost- und der West-SPD haben. So lehnte der westdeutsche SPD-Führer Dr. Kurt Schumacher die Zusammenarbeit im Block bereits Mitte August 1945 strikt ab. In seinen »Politischen Richtlinien« schrieb er: »Abzulehnen sind auch alle Versuche einer überparteilichen Organisation, durch die die Sozialdemokratische Partei und andere mitmachende Parteien gebunden wären, die Kommunistische Partei aber freie Hand zur Führung bekäme. In Deutschland spielt sich das in Gestalt der (…) ›Antifaschistischen Front‹ ab, die lediglich den kommunistischen Versuch darstellt, Nichtkommunisten für kommunistische Zwecke einzusetzen und für die Kommunistische Partei zu erziehen.«[81]

2. Die Gründungsväter hatten »die politische Bedeutung des Gremiums unter Besatzungsbedingungen überschätzt«[82]. Die Regierungsgewalt in der SBZ blieb weiterhin eindeutig in den Händen der sowjetischen Besatzungsmacht. Sie konnte alle Maßnahmen selbständig treffen, ob sie diese – zum Zwecke einer zusätzlichen Legitimation[83] – dem Blockausschuß vorlegte und ob und wie sie auf dessen Stellungnahme reagierte, blieb ihr überlassen.

Ihre volle Bedeutung sollte die Blockpolitik erst in der DDR (Deutsche Demokratische Republik) entfalten, als sie die Entwicklung einer Parteiendemokratie in diesem Staat – der ein Einparteiensystem nach sowjetischem Vorbild für sich immer ablehnte – verhinderte. Schon bei der Gründungssitzung hatte der CDU-Vorsitzende Andreas Hermes auf diese Gefahr hingewiesen, als er die von der Union gewünschte Namensänderung von »Block der antifaschistisch-demokratischen Parteien« in »Einheitsfront der antifaschistisch-demokratischen Parteien« begründete.[84] Erich Gniffke erinnerte sich: »Er [Hermes, M. J.] wie auch die hier erschienenen Delegierten [der CDU, M. J.] begrüßen grundsätzlich die Zusammenarbeit aller demokratischer Parteien zur Lösung der schwierigen Gegenwartsaufgaben. Er habe jedoch den Auftrag, gegen die Bezeichnung ›Block der antifaschistisch-demokratischen Parteien‹ Einspruch zu erheben, weil er und seine politischen Freunde in der ›Block-Bezeichnung‹ eine feste Bindung erblicken, die mit der beabsichtigten Einrichtung einer parlamentarischen Demokratie im Widerspruch stände.«[85]

Die einengende Wirkung der Blockpolitik wird im Rahmen der Verfassungsdiskussion (siehe hierzu den Abschnitt *Ministerpräsident der DDR*) noch einmal zu erörtern sein. Grotewohl, der zur SPD-Delegation auf der Gründungskonferenz gehörte, gab während der Verhandlungen am 12. Juli 1945 der Zeitung »Krasnaja Swesda« sein erstes Interview nach dem II. Weltkrieg. Bei dieser Gelegenheit betonte er das Selbstverständnis des Zentralausschusses, die legitime Vertretung der gesamten deutschen Sozialdemokratie zu sein. Auf die Frage, wie er die ablehnenden Haltung des sozialdemokratischen Exilvorstandes zu einer Zusammenarbeit mit den Kommunisten beurteile, antwortete Grotewohl: »Uns in Berlin ist nicht bekannt, welche Stellung die ehemaligen sozialdemokratischen Führer, die sich jetzt im Ausland befinden, einnehmen. Wenn gewisse Meldungen in der Auslandspresse stimmen sollten, so können wir damit nicht identifiziert werden (…) Nur wir [der Zentralausschuß, M. J.] haben das Recht, im Namen der Sozialdemokratischen Partei Deutschlands zu sprechen.«[86]

Das Potsdamer Abkommen

Das Potsdamer Abkommen hat Otto Grotewohls politische Haltung nach 1945 entscheidend beeinflußt. In seinem Nachlaß befindet sich neben handschriftlichen Notizen und einer stichwortartigen diktierten Zusammenfassung der Resultate u. a. eine komplette Ausgabe der CDU-Zeitung »Neue Zeit« vom 4. August 1945 mit dem Text des Abkommens. Die Notizen sind leider undatiert, es darf jedoch angenommen werden, daß sie noch im August ausgearbeitet wurden, auch wenn Grotewohl das Potsdamer Abkommen in seiner Rede am 12. August 1945 nicht erwähnte.

Die Siegermächte demonstrierten in Potsdam nach außen hin noch einmal Geschlossenheit. Im Schlußkommuniqué hieß es: »Auf der Konferenz wurde eine Übereinkunft erzielt über die politischen und wirtschaftlichen Grundsätze der gleichgeschalteten Politik der Alliierten in bezug auf das besiegte Deutschland in der Periode der alliierten Kontrolle.«[87] Ziel der alliierten Politik war die Beseitigung des deutschen Militarismus und Nazismus.[88] Zu diesem Zweck forderten die Siegermächte:
- eine vollständige Demilitarisierung Deutschlands,
- Entfernung aller Nationalsozialisten und Kriegsverbrecher aus leitenden Positionen im privaten und öffentlichen Bereich,
- Erziehung der Bevölkerung in einem demokratischen Geist, bei gleichzeitiger Anerkennung der in ihrem Namen begangenen Verbrechen.[89]

Die Maßnahmen galten als Bedingungen dafür, daß Deutschland eines Tages in die Völkergemeinschaft zurückkehren könnte. Besonders wichtig schien Grotewohl die Feststellung, Deutschland solle diesen Schritt aus »eigenen Anstrengungen«[90] heraus vollziehen, wenn auch unter der Kontrolle der Alliierten und ohne deutsche Zentralregierung.[91] Seine Hoffnung, daß die Deutschen in freier Selbstbestimmung über ihre politische Entwicklung bestimmen könnten, wurde jedoch enttäuscht. Jede Besatzungsmacht behielt sich vor, »in ihrer Besatzungszone nach den Leitsätzen ihrer entsprechenden Regierung«[92] zu handeln. Ein Passus, der sich für die staatliche Einheit Deutschlands als verhängnisvoll erwies. Die zusätzliche Bemerkung, man wolle »in den ganz Deutschland betreffenden Fragen«[93] gemeinsam handeln, bot keine Grundlage dafür, den zonalen Eigenentwicklungen erfolgreich entgegenzuwirken.

Wie die politische Macht durch lokale Selbstverwaltung, so sollte auch die wirtschaftliche Struktur Deutschlands nach dem Willen der Siegermächte dezentralisiert werden. Das bedeutete »Vernichtung der bestehenden übermäßigen Konzentration der Wirtschaftskraft, dargestellt insbesondere durch Kartelle, Syndikate, Trusts und andere Monopolvereinigungen«[94]. Diese Vereinbarung interpretierte Grotewohl – und nicht nur er – dahingehend, daß die Verstaatlichung wichtiger Industriebereiche vom Potsdamer Abkommen nicht nur gedeckt, sondern sogar gefordert wurde, um rechtskonservativen Kreisen ihre finanziellen Machtmittel aus den Händen zu schlagen und zu verhindern, daß in Deutschland noch einmal ein Hitler seinen politischen Kampf mit Geldern aus der Industrie betreiben konnte. Man könnte vermuten, die Passage sei auf Drängen der Sowjetunion eingefügt worden. Jörg Fisch bietet in seinem Buch »Reparationen nach dem Zweiten Weltkrieg« eine ganz andere Erklärung an: »Dieses unrealistische und extrem planwirtschaftliche Vorgehen war nun nicht etwa den Westmächten von den Sowjets aufgedrängt, sondern vielmehr von Amerikanern und Briten verlangt worden. Das wirft ein Licht auf deren Politik. Es konnte ihnen nicht um eine möglichst gute Funktionsfähigkeit der deutschen Wirtschaft gehen, denn es ist kaum anzunehmen, daß sie plötzlich zu Anhängern rigoroser Planwirtschaft geworden waren. Leitendes Kriterium war für sie (…) die Schwächung, nicht der Wiederaufbau Deutschlands.«[95]

Amerikaner und Briten änderten ihre Haltung erst, als der Schaden dieser Politik den Nutzen überstieg.

»Entscheidend war zunächst noch das Motiv der Sicherheit vor Deutschland und seine Schwächung. Deshalb Insistenz auf Demontagen und die Ablehnung von Reparationen aus laufender Produktion, die unter Umständen den Wiederaufbau vorangetrieben hätten. (…) Doch diese Politik erwies sich mit der Zeit als kostspielig. (…) Dem Gewinn aus der Ausschaltung der Konkurrenz standen die Kosten gegenüber, die das Durchfüttern des untätig gehaltenen Konkurrenten mit sich brachte. (…) [Der britische Außenminister, M. J.] Bevin meinte am 21. Oktober 1946 im Kabinett, die Kosten für die britische Zone wären wesentlich niedriger, ›wenn wir nicht absichtlich seinen (Deutschlands) wirtschaftlichen Wiederaufstieg begrenzen würden, im Interesse unserer Sicherheit und des Schutzes der britischen Industrie und des Exports.‹«[96]

Die Siegermächte erklärten im Potsdamer Abkommen, Deutschland sei »als ein einziges wirtschaftliches Ganzes« zu behandeln.[97] Sie wollten während der Besatzungszeit die deutsche Wirtschaft »nur in den Grenzen, die notwendig sind«[98], kontrollieren und dafür sorgen, daß trotz der Reparationen »dem deutschen Volk genügend Mittel« belassen wurden, um »ohne eine Hilfe von außen zu existieren«[99]. Daß die deutschen Interessenvertreter in politischen Belangen keineswegs über das Wohl ihres Landes selbst entscheiden konnten und die Wirtschaft in den ersten Nachkriegsjahren zu keinem Zeitpunkt vor Eingriffen und Beschränkungen durch eine der Siegermächte sicher war, ist an vielen Beispielen belegt.

Ungeachtet gemeinsamer Absichtserklärungen signalisierte das Potsdamer Abkommen eindeutige Risse in der Anti-Hitler-Allianz. So war über die genaue Höhe der Reparationen keine Übereinkunft erzielt worden.[100] Otto Grotewohl kommentierte dies in seinen Unterlagen mit der Bemerkung: »Faß ohne Boden!«[101]. Über einen Friedensvertrag mit Deutschland wurde gleichfalls keine endgültige Einigung erzielt; die Siegermächte die beschlossen, dieses Problem an einen durch das Potsdamer Abkommen geschaffenen Außenministerrat zu delegieren.[102] Der dort auszuhandelnde Friedensvertrag für Deutschland sollte später »durch die für diesen Zweck geeignete Regierung Deutschlands angenommen werden, wenn eine solche Regierung gebildet sein wird«[103]. Grotewohl hob in einer seiner handschriftlichen Notizen die Worte »für diesen Zweck geeignete Regierung« hervor und fügte die Frage an: »Wer bestimmt das?« und »Wann?«[104] Ebenfalls sehr unpräzise war die Festlegung in puncto deutsche Ostgebiete. Zwar einigte man sich darauf, eine endgültige Regelung erst im Friedensvertrag zu treffen, doch die Zustimmung der Amerikaner und Engländer zur Deportation der Deutschen aus Polen (sowie der Tschechoslowakei und Ungarn) setzte bereits eindeutige Zeichen.[105] Nicht ganz zu Unrecht sollte der sowjetische Außenminister Molotow diese Zustimmung später als stillschweigende Anerkennung der Oder-Neiße-Linie auslegen, denn die Vertreibung von Millionen Deutschen aus ihrer ostpreußischen Heimat bei gleichzeitiger Ansiedlung von Polen in diesen Gebieten konnte nicht ernsthaft als provisorische Maßnahme gedacht gewesen sein. Otto Grotewohl klammerte sich in seiner ersten Analyse daran, daß in bezug auf die deutschen Ostgebiete das Wörtchen »endgültig« nicht gefallen sei.[106] In den folgenden Monaten trat er öffentlich als ein entschiedener Gegner der Abtrennung der Ostgebiete von Deutschland auf, dann fügte auch er sich in das Unvermeidliche und akzeptierte ihren Verlust.

Grotewohl befürchtete, daß sich der Abschluß des Friedensvertrages verzögern könnte. Schon den Plan der Siegermächte, zunächst mit Italien, Rumänien, Bulgarien, Ungarn und Finnland Friedensverträge abzuschließen, deutete er in diese Richtung.[107] Ein Friedensvertrag als festen Rahmen für die politische und wirtschaftliche Entwicklung des Landes war aber in seinen Augen zwingend notwendig. Aus dem Vertragswerk sollte klar hervorgehen, wieviel Reparationen Deutschland bis zu welchem Zeitpunkt zahlen mußte, wann es wieder vollständig souverän würde bzw. welche Bedingungen es dafür erfüllen müßte, wie lange die Besatzungstruppen in Deutschland stationiert bleiben sollten, wer dafür wieviel zu bezahlen hatte und schließlich, ob Deutschland Gebiete abtreten müsse. Grotewohl war bereit, bis zum Abschluß dieses Friedensvertrages das

Potsdamer Abkommen für sein politisches Handeln als Leitlinie zu akzeptieren. In seiner ersten öffentlichen Stellungnahme zur Konferenz sagte er: »Der politische Weg des deutschen Volkes in eine bessere Zukunft ist uns klar vorgezeichnet. Er ergibt sich aus den Befehlen der Besatzungsarmeen und aus den Beschlüssen der Konferenz von Potsdam, jenen Beschlüssen, die den Rahmen der Wiedergutmachung des deutschen Volkes gezogen haben. (...) Das uns gegebene Recht zum Wiederaufbau Deutschlands und zur Wiedererrichtung politischer Parteien gibt uns die Möglichkeit, eine Garantie zu schaffen, daß der Kampf gegen den Faschismus nicht zu einer tauben und leeren Mystik, sondern zum Erfolg führt.«[108] Und 14. September 1945 erklärte er in einer Rede: »Das Statut von Berlin [gemeint war das Potsdamer Abkommen, M.J.] ist bis zur Unterzeichnung des Friedensvertrages die Quelle, aus der wir für die weitere Orientierung allein schöpfen können.«[109]

Grotewohl knüpfte zu große Erwartungen an die Vereinbarungen der Siegermächte.[110] Er nahm für die SBZ bzw. DDR in Anspruch, die im Potsdamer Abkommen gestellten Forderungen (Demilitarisierung, Entnazifizierung und Demokratisierung) erfüllt zu haben, und forderte die Alliierten auf, ihre Versprechen einzuhalten, Deutschland als staatliche Einheit zu behandeln und einen Friedensvertrag mit ihm abzuschließen. Erst sehr spät erkannte er, daß das Abkommen von Potsdam den Siegermächten Handhabe bot, ihre Besatzungszone nach eigenen Vorstellungen zu formen und Deutschland dadurch zu spalten.

Das Konzept der Ostorientierung

Durch den Kontakt zu den Kommunisten wurden den Sozialdemokraten in der SBZ ihre theoretischen und programmatischen Defizite deutlich vor Augen geführt. Auf Anregung von Grotewohl begann der ZA im Juli 1945 mit der Ausarbeitung von Denkschriften[111], die der deutschen Sozialdemokratie ihren künftigen Weg weisen sollten.[112] Dazu zählte die sogenannte Ostorientierung, die zu einem wichtigen Baustein in Grotwohls politischer Konzeption wurde.[113] Die hochkarätige Besetzung des Ausschusses mit Grotewohl, Dahrendorf und Klingelhöfer[114] wies auf die zentrale Bedeutung hin, die die Berliner SPD-Führung Programm und Strategie der Partei sowie der Frage nach dem Partner zur Verwirklichung ihrer politischen Ziele beimaß.

Ausgangspunkt der Ostorientierung[115] war die Einschätzung, daß es nach dem II. Weltkrieg nur noch zwei beherrschende Mächte gab: die USA und die UdSSR. Und beide, bedingt durch ihr unterschiedliches Gesellschafts-

und Wirtschaftssystem, in einem »antagonistischen«[116] Verhältnis zueinander standen Die Frage war, welcher Macht sich die SPD zuwenden sollte. Der ZA wollte mit dieser Analyse eine richtungsweisende Entscheidung für die gesamte Partei und ganz Deutschland treffen: »Die Frage der Ostorientierung geht die ganze deutsche Arbeiterklasse an. Sie ist keine Frage der russischen Besatzungszone, sondern eine Frage Deutschlands.«[117]

Die USA mit ihrem kapitalistischen Wirtschaftssystem konnten kein Interesse daran haben, das niedergerungene Deutschland als künftigen wirtschaftliche Konkurrenten wieder aufzubauen. Deshalb blieb als logische Schlußfolgerung nur die Orientierung in Richtung Osten, in Richtung Sowjetunion, zumal die UdSSR gegen das kapitalistisch-imperialistische Deutschland lediglich einen Verteidigungskrieg geführt hatte: »Die Sowjetunion hat nicht an der dauernden Niederhaltung eines geschlagenen Konkurrenten ein Interesse, der sich nie wieder erheben darf, weil er sich nur als Konkurrenz wieder erheben konnte, sondern an der Beseitigung der Machtgrundlagen einer Bourgeoisie, die von neuem einen Verteidigungskrieg notwendig machen könnte.«[118]

Man könne bei dem Versuch, Deutschland wieder aufzubauen, auf die UdSSR rechnen. Voraussetzung sei allerdings die Garantie, daß von dem neuen Deutschland keine militärische Gefahr mehr für die Sowjetunion ausgehe. Diese Garantie liege in der Beseitigung der Machtgrundlagen der deutschen Bourgeoisie; im Klartext bedeutete dies nichts anderes als Verstaatlichung der Großindustrie. Da ein hochentwickeltes Deutschland immer noch von »entscheidender Bedeutung«[119] für den gesamten europäischen Sozialismus sei, so die Analyse des Zentralausschusses, müßte die Sowjetunion sogar ein Interesse am Wiederaufbau des Deutschen Reiches unter gewandelten politischen Vorzeichen haben.

In der UdSSR könnten Imperialismus und Faschismus nicht aufkommen, der Staat betreibe eine ehrliche Friedenspolitik.[120] Allein aus geographischen Gründen sei er am Wohlergehen Europas stärker interessiert als die USA, »zumal dem amerikanischen Finanzkapital im ausgebluteten Europa weniger profitable Geschäfte winken als in der übrigen Welt«[121]. Und schließlich erwartete man im ZA, daß es der sozialistischen Besatzungsmacht »leichter fallen« würde »als den westlichen Beherrschern Deutschlands, der deutschen Arbeiterklasse in der Schuldfrage gerecht zu werden«[122].

Am Ende des Dokuments erscheint die Beweislast zugunsten der Sowjetunion erdrückend und die Ostorientierung Deutschlands zwangsläufig. Das eingangs formulierte Ziel war damit erreicht – »Die Untersuchung der Lage Deutschlands im Jahre 1945 (...) muß es ausschließen, daß zwei

Lösungen möglich sind.«[123] – und die Absolutheit der Thesen fraglos beabsichtigt.

Dieses Konzept war nicht nur eine Reaktion auf die besonderen Umstände in der SBZ und keineswegs einmalig. So befaßte sich beispielsweise eine Denkschrift Carlo Schmids[124] vom 19. Juli 1945 ebenfalls mit diesem Thema. Schmid erörterte, warum »die natürliche Bereitschaft des schwäbischen Volkes, sein Leben im Sinne einer westlichen Orientierung einzurichten«, nachlasse.[125]

1. Geographische Lage: »Der Sog der bis nach Thüringen vorgeschobenen russischen Macht sei schon nach dem politischen Gravitationsgesetz so groß, daß er (...) notwendig Westdeutschland werde ansaugen müssen«[126].
2. Politische Erfahrungswerte: »In Anbetracht der immer schwieriger werdenden europäischen Probleme würden die angelsächsischen Nationen sich wie nach 1918 faktisch und ideologisch aus dem europäischen Raum zurückziehen, was sich jetzt schon in ihrer geringen politischen und organisatorischen Aktivität zeige, während im Gegensatz dazu die Russen eine konstruktive Aufbauarbeit trieben und es schon verstanden hätten, führende Persönlichkeiten politisch zu aktivieren.«[127]
3. Wirtschaftliche Überlegungen: »Die Lage in den Deutschland benachbarten Ländern sei so, daß diese ohne aktive amerikanische Hilfe sich das ihnen Fehlende durch dauernde Wegnahmen aus Deutschland würden beschaffen müssen. (...) Diesen Gedanken könne nur dadurch abgeholfen werden, daß die USA Frankreich eine materielle und vor allem auch organisatorische Hilfe leiste, was aber offenbar nicht deren Absicht sei oder außer ihrem Vermögen liege.«[128]

Carlo Schmid kam zu dem Schluß: »Die vorstehend geschilderten Fakten und die darauf aufgebauten Gedankengänge drohen langsam aber sicher (...) die Entscheidung für ein Leben im Schatten Rußlands als den einzigen Ausweg aus der Hoffnungslosigkeit erscheinen zu lassen. Arbeit, Brot und die Zuversicht, in einem neuen System eine erträgliche Lebensexistenz zu finden, erscheinen seinen aktiven Gliedern allmählich nur auf Grund dieser Entscheidung gewährleistet zu sein.«[129]

Daß solche Gedanken tatsächlich nur bei den »aktiven Gliedern« aufkamen, ist einem Bericht des US-Geheimdienstes vom 12. August 1945 zu entnehmen: »Am unpopulärsten sind zweifellos die Russen. Auch heute halten 92 Prozent der Befragten die Russen für ein ›minderwertiges‹ Volk.«[130] Diese alten Ressentiments, die durch Übergriffe von sowjetischen Soldaten auf die deutsche Zivilbevölkerung während der Besatzungszeit zusätzliche Nahrung erhielten, veranlaßten den ZA, seine

Denkschrift als »Geheim«[131] einzustufen. Otto Grotewohl erwähnte die Konzeption mit keinem Wort, als er am 26. August 1945 vor Leipziger Funktionären ein äußerst freimütiges Referat hielt. Wie realistisch die Einschätzung des ZA war, offenbarte sich bei Gustav Dahrendorfs Auftritt in der sächsischen Metropole zweieinhalb Wochen später: »es kam zum Eklat – die dortigen SPD-Funktionäre wollten nichts von einer ›Ostorientierung‹ hören«[132].

In der Studie Carlo Schmids wie im Programm des ZA war die Ostorientierung wirtschaftlich motiviert und zielte auf die sicherheitspolitischen Interessen der UdSSR ab. Sie sollte dem ehemaligen Aggressor als »Dank« für die Anlehnung wieder auf die Beine helfen. Der Zentralausschuß formulierte das sehr deutlich:

»Die deutsche Arbeiterklasse kann (...) ihre Aufgabe [innerhalb des europäischen Sozialismus, M. J.] nicht erfüllen, wenn der Wiederaufbau Deutschlands entweder gar nicht oder nur mit kapitalistischer Auslandshilfe möglich sein sollte, statt mit der Hilfe der Sowjetunion. Sie muß die Freiheit für sich beanspruchen, für den Wiederaufbau die Voraussetzungen zur menschenwürdigen Reproduktion ihrer Arbeitskraft die Unterstützung da zu suchen, wo sie sie findet. Die Sowjetunion hat es in ihrer Macht, daß wir diese Hilfe bei ihr suchen und finden. (...) Sie hat es in der Hand, die deutsche Arbeiterklasse für sich zu gewinnen. (...) Sie wird die Ostorientierung, zu der die deutsche Arbeiterklasse bereit ist, als eine Verpflichtung ihrerseits zur Kenntnis nehmen.«[133]

Neben dieser wirtschaftlichen Komponente berührte das Konzept auch die Frage der Vereinigung von KPD und SPD. Der ZA hoffte, die Sowjetunion werde die Bereitschaft der SPD, Deutschland auf einen russophilen Kurs zu führen, mit der Garantie einer autonomen Entwicklung honorieren: »Es kann der Sozialdemokratischen Partei Deutschlands nicht gut zugemutet werden, ehrlich die Einheit mit einer Partei zu erstreben, die ersichtlich eine Doppelrolle spielt, die Rolle des Demokraten, die ihr niemand glaubt, und die Rolle des Beauftragten der Sowjetunion, die jeder für gegeben erachtet. Solange dieses Doppelspiel währt, so lange muß die Sozialdemokratische Partei Deutschlands an der Aufrichtigkeit zweifeln, mit der ihre Aufbauarbeit am neuen Deutschland von der Sowjetunion begrüßt zu werden scheint. Solange ist die Sozialdemokratische Partei Deutschlands auch an dem vollen Einsatz ihrer ostorientierten Haltung bei den Massen ihrer Anhänger behindert, solange muß die Sozialdemokratische Partei auch ihren Weg als selbständige Partei weitergehen.«[134]

Die Ost-SPD wollte zwar weiterhin in Zusammenarbeit mit allen anderen Parteien und enger Kooperation mit den Kommunisten einen antifaschistisch-demokratischen Staat aufbauen, pochte von nun an aber deutlich auf ihren Führungsanspruch. Die Ostorientierung sollte einen Keil zwischen SMAD und KPD treiben und letztere dazu zwingen, die Bedingungen der Sozialdemokraten bei der Schaffung der Einheitspartei zu akzeptieren. Das seit der Gründung am 15. Juni 1945 stetig gewachsene Selbstvertrauen des ZA fand in Grotewohls Rede auf der außerordentlichen SPD-Funktionärskonferenz am 14. September 1945 seinen deutlichsten Ausdruck.

Der ZA trieb in diesen Wochen seine Konsolidierung unermüdlich voran. So hatte Grotewohl sich am 17. August schriftlich mit dem Exilvorstand der Partei in London in Verbindung gesetzt.[135] Am 20. August, dem Tag, an dem die Ostorientierung verabschiedet wurde, fand das erste Gespräche mit der amerikanischen Besatzungsmacht statt,[136] auch mit dem Büro Schumacher in der britischen Besatzungszone wurden erste Kontakte aufgenommen.

Am 26. August nahm Grotewohl am ersten Bezirksparteitag der Leipziger SPD teil. Weitaus kritischer als auf der großen Kundgebung im Kino »Capitol« äußerte er sich im »intimen« Zirkel der örtlichen Parteifunktionäre zur politischen Situation. Er bat, seine Informationen »nicht unbedingt als propagandistisches Material zu verwenden und zu werten, das ihr nach draußen verbreitet und darlegt«[137].

Nachdem er freimütig über Probleme der Versorgung, Infrastruktur und Sicherheit gesprochen hatte, berichtete er vom Treffen mit Shukow. Zwar setzte er Hoffnungen in den Marschall, äußerte aber zugleich Mißtrauen gegenüber den Sowjets. Als man Übergriffe des sowjetischen Militärs gegen die deutsche Zivilbevölkerung anprangerte, habe er befürchtet, »wir würden aus dieser Verhandlung nicht nach Hause gehen«[138]. Shukows Versprechen, gegen die Ausschreitung vorzugehen – »Ich lasse diese Leute erschießen und aufhängen, wo ich sie kriege!«[139] –, zog er sogar ins Lächerliche mit der Bemerkung eines sowjetischen Hauptmanns: »Großer General befiehlt und kleiner russischer Soldat macht nicht!«[140] Sein Resümee lautete: »Das sind eben Dinge aus einer anderen Welt. Das sind Dinge von einer Lebensebene, die wir nicht begreifen.«[141] Es ist nicht anzunehmen, daß Grotewohl mit den antisowjetischen Ressentiments seiner Zuhörer Stimmung machen wollte, er dürfte sie zu dieser Zeit geteilt haben. Kurt Schumacher, der ihn während der Konferenz von Wennigsen im Oktober 1945 möglichst in die Nähe von Kommunisten und SMAD bringen wollte, erklärte einem britischen Beobachter nach dem Treffen, Otto Grotewohl sei »definitely not pro-Russian«[142].

Wie stark sich Grotewohls damalige Haltung von seiner späteren Position unterschied, zeigt seine Attacke gegen Polen: »Die nationalistischen

Ansprüche unseres östlichen Nachbars Polen sind ins Ungemessene gesteigert. Polen hat noch nie in seiner ganzen Geschichte eine besondere staatenbildende Kraft bewiesen. (Sehr richtig!) Polen hat noch nie bewiesen, daß es vor allem in der Lage ist, die einfachsten organisatorischen Voraussetzungen für ein Staatswesen zu schaffen. Und dieses Polen nimmt sich im Gegensatz zu den Konferenzen auf der Krim das Recht heraus, einseitig und so, wie es will, die Grenzen nach dem Westen hin für sich zu bestimmen.«[143]

Mit deutlicher Ironie warf Grotewohl den Kommunisten ihre Abhängigkeit von den Weisungen aus Moskau vor: »Bedauerlicherweise haben wir in diesem Punkte nicht die normalerweise zu erwartende Unterstützung unserer kommunistischen Freunde gefunden. Sie haben vermutlich die richtige Parole noch nicht dafür erhalten.«[144] Auf Druck von KPD und SMAD mußte, so Grotewohl, jeder Hinweis darauf, daß die Sozialdemokraten die Oder-Neiße-Grenze nur als vorläufig anerkannten, aus der Entschließung bei der ersten Veranstaltung des Blocks (12. August 1945) gestrichen werden.[145] Sein Engagement in dieser Frage war so groß, weil er den Verbleib Ostpreußens als eine lebenswichtige Frage für die deutsche Bevölkerung ansah: »wenn wir die landwirtschaftlichen Gebiete [Ostpreußens, M. J.] restlos verlieren sollten, dann weiß ich nicht, wie wir die Ernährung des deutschen Volkes sicherstellen sollen«[146].

Wieder hob er den Führungsanspruch der SPD hervor: »Die einzige Partei und die einzige Schichtung innerhalb des deutschen Volkes, die in maßgeblicher Weise befähigt ist, diesen [deutschen, M. J.] Verwaltungsapparat überhaupt zum Laufen zu bringen und zu erhalten, stellt heute die Sozialdemokratie dar.«[147] Zugleich drängte er auf baldige »Wahlen unter scharfer Trennung der einzelnen Parteien (...). (Erneute lebhafte Zustimmung) Wir müssen Wert darauf legen – aus außenpolitischen wie auch aus innerpolitischen Gründen –, ein solches Stimmungsbild zu bekommen.«[148]

Einer solchen Wahl sah die ganze Ost-SPD voller Optimismus entgegen. Der Leipziger Kreisvorsitzende Trabalski merkte zu diesem Thema an: »Namentlich die Erfahrungen in den letzten Monaten zeigen und beweisen immer und immer wieder, daß unsere Partei das Sammelbecken werden könnte (...), daß der Boden für unsere Parteiorganisation so gut ist, daß wir tatsächlich in die Lage versetzt werden können, (...) wie früher die stärkste Partei Deutschlands zu werden.«[149] Das Verhältnis zur SMAD schätzte Trabalski als kritisch ein, da sie »unsere Partei in der Stärke nicht gern sehen möchten, sondern es lieber sehen würden, wenn andere starker würden. Das erschwert uns die Arbeit. Es kann klar und deutlich hier gesagt werden, unsere Kundgebung haben wir mit Ach und Krach erst vorgestern genehmigt bekommen.«[150] Die Wahl werde die Sowjets hoffentlich endgültig davon überzeugen, daß sie nur mit der SPD als Partner eine erfolgreiche Deutschlandpolitik betreiben könnten.

Otto Meier, Chefredakteur der SPD-Zeitung »Das Volk«, berichtete von Schwierigkeiten beim Aufbau einer parteieigenen Presse. Die Kommunisten würden durch die sowjetische Besatzungsmacht »augenscheinlich bevorzugt«[151]. Neben Beschränkungen in Format und Auflage beklagte er vor allem die Zensur: »Wir haben in Berlin von unserer Redaktion aus täglich das Vergnügen, uns mit dem Chef der Zensurbehörde für das sowjetisch besetzte Gebiet herumstreiten zu müssen, der persönlich und sehr genau jeden Tag die umbrochenen Bogen ansieht und Zeile für Zeile liest (...) Wenn Ihr einmal die Zensurbogen sehen würdet, so würdet Ihr mehr Rot als Schwarz darauf finden.«[152] Unter diesen Umständen sei die Herausgabe einer sozialdemokratischen Zeitung alten Stils, also eines reinen Parteiorgans, gar nicht möglich.[153]

Grotewohl versicherte den Funktionären, der ZA stelle ein »Provisorium«[154] dar, bis auf einer Reichsparteitagskonferenz ein neuer Parteivorstand gewählt werden könne. Sein Ausspruch: »Wenn wir zu einer Reichskonferenz oder zu einem Reichsparteitag kommen sollten, so werden wir sagen: Wenn würdigere, wenn einflußreichere, wenn bessere Genossen da sind, wir haben uns hier nicht als Leute gefühlt mit irgendeinem Führungsanspruch. Wir treten (...) beiseite« war nicht nur äußerst pathetisch, sondern auch demagogisch, denn der ZA verstand sich sehr wohl als die legitime Führungsinstanz der SPD und sollte in der Zukunft auch nicht bereit sein, diesen Anspruch aufzugeben.

Am Schluß begnügte sich der Referent mit lakonischen Worten: »Ich glaube, Euch im großen und ganzen eine Entwicklung gezeigt zu haben, die uns zwar keineswegs befriedigt, die uns aber die Notwendigkeit unserer Arbeit klar erkennen läßt.«[155]

Der Führungsanspruch der Ost-SPD

Otto Grotewohls Rede auf der außerordentlichen SPD-Funktionärskonferenz am 14. September 1945 ist unter dem in der Berliner »Neuen Welt« abgedruckten Titel »Wo stehen wir, wohin gehen wir?« bekannt geworden. »Das Volk« berichtete über das Referat in drei (!) Ausgaben.[156] In ihren einleitenden Bemerkungen hob die Zeitung hervor: »Wo ehemals so manches Programm unserer Partei und ebenso der Gewerkschaften verkündet oder aufgestellt wurde, sind nun wieder Richtlinien vorgezeichnet worden für die künftige Parteiarbeit und das Zusammenwirken mit den Gewerkschaftseinrichtungen wie mit der KPD in allen Fragen, die der Neuaufrichtung unseres Staats- und Wirtschaftslebens dienen.«[157]

Grotewohl äußerte sich zu Beginn über die Fehler der Arbeiterklasse während der Weimarer Republik. »1918 war Deutschland eine Demokratie geworden, eine Demokratie im vollen Sinne des Wortes, in der alle Gewalt vom Volk ausgehen sollte. Die Verfassung bot die Handhabe zu allem, was das Volk wollte.«[158] Die Arbeiterbewegung habe nicht erkannt, daß die Hochbourgeoisie diese Demokratie sofort zu untergraben begann,[159] und es versäumt, die proletarisierten Schichten des mittleren Bürgertums an sich zu binden.[160] Jenen Teil der Bevölkerung, der später das Wahlvolk der NSDAP bilden sollte.

Dieses Versagen führte er auf den damaligen Bruderkampf der Arbeiter und die fehlende Erfahrung mit einer Demokratie zurück: »Wir wußten ja nicht einmal, daß auch eine Demokratie berechtigt und verpflichtet ist, zur Abwehr einer Verfassungsgefährdung Gewalt anzuwenden.«[161] Erkannte Grotewohl also eine Mitschuld der Arbeiterbewegung am Niedergang der Weimarer Republik an, so lehnte er eine Verantwortung für den Krieg eindeutig ab: »Die deutsche Großindustrie und die NSDAP sind schlechthin schuldig am Krieg. Das deutsche Reich als Staat und das deutsche Volk als Staatsbevölkerung mögen als verantwortlich erklärt werden; das ist das Recht des Siegers. Auch Reparationen sind das Recht des Siegers. Große Teile der Arbeiterklasse (aber können nicht als schuldig erklärt werden. Sie haben sich innerlich Hitler nie gebeugt und nie dem Kriege zugestimmt. Sie haben im Kampf gegen Hitler die schwersten Opfer gebracht. Sie) nahmen die Demokratie aus den Händen der Sieger entgegen, erfüllten freudig ihre Pflicht und begrüßten die Sieger als ihre Befreier. (...) (In der Schuldfrage am Kriege aber darf die organisierte Arbeiterklasse Deutschlands ebenso frei ihr Haupt erheben wie die Österreichs, der Tschechoslowakei, Frankreichs, Italiens und Jugoslawiens. Der von ihren Angehörigen geführte ständige Kampf gegen Hitler und die von ihr gebrachten unzähligen Opfer berechtigen sie dazu.)«[162]

Nur eine starke, organisierte Arbeiterschaft könne garantieren, »daß der Kampf gegen Faschismus und Militarismus [in Deutschland, M.J.] zum Erfolg führt«[163]. Damit sie »eine Verantwortung übernehmen kann«, dürfe sie »die Freiheit ihrer Organisationen und Organe sowie Einfluß und Mitwirkung in allen Verwaltungen beanspruchen«[164]. Der ZA betrachtete sich als unverzichtbaren Partner der Besatzungsmächte und definierte die SPD als stärkste politische Kraft in Deutschland, deren Anziehungskraft weit über die Arbeiterklasse hinausgehe. So behauptete

Grotewohl kategorisch: »Das politisch interessierte Bürgertum wird seine Blickrichtung auf die Sozialdemokratische Partei nehmen.«[165]

In bezug auf die KPD vertrat Grotewohl keine grundsätzlich neue Haltung, die Bildung einer einheitlichen Arbeiterpartei besaß jedoch nicht mehr die höchste Priorität. Wichtiger schien zunächst die reichsweite, organisatorische Wiederherstellung der SPD: »Die erste Stufe zur politischen Einheit muß nach der Errichtung politischer Parteien in den westlichen Gebieten in der Schaffung einer einheitlichen Sozialdemokratischen Partei für Gesamtdeutschland liegen.«[166] Reichsparteien bildeten für Grotewohl die Voraussetzung für die Reichseinheit,[167] die zu diesem Zeitpunkt »die elementarste aller politischen Fragen«[168] war, zumal er sie als gefährdet ansah. In einer gestrichenen Passage seiner Rede hatte er hierzu erklärt: »Zu alledem kommt, daß die so auseinander geratenen Wirtschaftsverhältnisse Deutschlands in vier verschiedenen Besatzungszonen sogar strukturell verschieden sich gestaltet haben und, mindestens im Ost- und Westgebiet, sogar vielfach nach entgegengesetzt gerichteten Zielen dirigiert werden. Es fehlt also nicht nur die einheitliche Leitung, sondern auch die einheitliche Ausrichtung.«[169]

Der schleichenden Spaltung des Reichs könnten die Deutschen nur erfolgreich entgegenwirken, wenn sie ihre Kräfte bündelten. Die Einheit, egal ob in Form der Reichseinheit, reichsweiten Parteiorganisation, von Aktionsausschuß oder Block, war für Grotewohl immer ein zentrales Motiv. Mit Blick auf die sozialdemokratischen Genossen in den Westzonen mahnte er einen baldigen Reichsparteitag[170] an: »Wichtig ist (…), daß die deutsche Arbeiterklasse durch ihre einheitliche Sozialdemokratische Partei sich einen Sprecher schaffen muß, der berechtigt und berufen ist, im Namen der gesamten deutschen Arbeiterklasse und des gesamten deutschen Volkes mit den Alliierten und damit mit der Welt einmal wieder zu reden.«[171] Er formulierte zugleich den Führungsanspruch seiner Partei in bezug auf die Arbeiterbewegung und Deutschland als Ganzes:

»Bei völlig klarer Überlegung und bei richtiger Einschätzung des internationalen politischen Kraftfeldes dürfte die Rolle der Sozialdemokratischen Partei für jeden klar werden. Ich will nur einige Fragen aufwerfen:

1. Werden die gegenwärtigen bürgerlichen Parteien Deutschlands etwa allein von der Sowjetunion als die berufenen Vertreter des deutschen Volkes gewertet werden?
2. Wird die Kommunistische Partei Deutschlands etwa allein von den westlichen Mächten als die Gesamtvertretung der deutschen Arbeiterklasse und des deutschen Volkes gewertet werden?

Ich überlasse die Beantwortung dieser Frage jedem einzelnen, um erkennbar werden zu lassen, welche Rolle der Sozialdemokratischen Partei Deutschlands als Gesprächspartner zufallen wird. Sie ist klar: Die Sozialdemokratische Partei Deutschlands hat die Aufgabe, für die politische Willensbildung als Sammellinse zu wirken, in der sich die Ausstrahlungen der übrigen Parteien und Anschauungen des politischen Lebens in Deutschland treffen.«[172]

Ungeheures Selbstbewußtsein sprach aus diesen Worten. Grotewohl degradierte die Kommunisten in seiner politischen Konzeption zu Randfiguren eines Szenarios, in dessen Mitte (übermächtig) die SPD stand.

Die Passage, die sich mit dem Verhältnis der SPD zu den anderen Parteien der SBZ beschäftigte, fand verständlicherweise die meiste Aufmerksamkeit. Weitere Themen seines breitgefächerten Referats können hier nur kurz erwähnt werden. So kritisierte er mit scharfen Worten in einer von der Zensur weitgehend gestrichenen Passage die Abtrennung der deutschen Ostgebiete (»Das deutsche Staatsgebiet wird amputiert.«[173]) und das dadurch verursachte Flüchtlingschaos. Die in der SBZ durchgeführte Bodenreform begrüßte er dagegen ausdrücklich. Sie läute das Ende »des verderblichen Einflusses der Junker auf die Geschichte Deutschlands« ein und sei längst überfällig gewesen: »Sein [Hitlers, M. J.] Schrei nach Lebensraum, der Deutschland in den Krieg stürzte, hätte befriedigt werden können, ohne daß ein deutscher Soldat die Grenzen Deutschlands zu überschreiten brauchte. Das deutsche Volk hätte mehr Lebensraum gehabt, wenn der deutsche Grund und Boden gerechter verteilt worden wäre.«[174]

Breiten Raum nahmen Maßnahmen zum wirtschaftlichen Wiederaufbau und eine geschichtsphilosophische Deutung des deutschen Weges in den Faschismus ein. Auch den kulturpolitischen Bereich sparte er nicht aus. Eindringlich appellierte er beispielsweise an die Wissenschaftler, sich aktiv am Neubau der Gesellschaft zu beteiligen. »In der Demokratie ist Politik der höchste Beruf, und keine Wissenschaft erfüllt ihren Auftrag ganz, wenn sie nicht letztlich diesem Berufe dient. Niemand schreibt der Wissenschaft ihre politische Entscheidung vor, aber sie muß sich dazu entscheiden, daß sie nicht beiseite stehen, sondern ihren politischen Beruf erfüllen will. Es steht niemand das Recht zu, von den olympischen Höhen der Wissenschaft zu sagen: ›Ich bin ein unpolitischer Mensch.‹ Ein solcher Standpunkt ist kein Staatsbürgerrecht, sondern nur ein Spießbürgerrecht.«[175]

Das Zitat ist ein Beispiel für Grotewohls gefährlichen Hang zur Verabsolutierung, den er in späteren Jahren beibehalten sollte. Allerdings ist ein Unterschied, ob ein Politiker ohne staatstragendes Amt die oben zitierte Erklärung abgibt oder ein hochrangiger Funktionär in einem Staat, dessen Apparat auf jeden Bereich der Gesellschaft Zugriff hat und dazu tendiert, politisch Andersdenkende als bedrohliche Feinde aufzufassen und zu behandeln. Dann wird aus einem solchen eindringlichen Appell – gewollt oder nicht – eine Drohung.

Für äußerst wichtig hielt Grotewohl eine umfassende Reorganisierung des Erziehungs- und Schulwesens.[176] Trotz aller zu erwartenden Schwierigkeiten lehnte er die angebotene Übernahme der Schulaufsicht durch die Kirchen strikt ab: »Die Schule ist eine Einrichtung des Staates und untersteht somit ausschließlich der staatlichen Verwaltung und Kontrolle.«[177] Er wandte sich auch gegen den Religionsunterricht als Pflichtfach in der Schule. In diesem Punkt hatte er seine Meinung gegenüber der Braunschweiger Zeit überhaupt nicht verändert.

Diese Rede, durch die er definitiv zur politischen Führungsfigur der Ost-SPD aufstieg,[178] markierte darüber hinaus einen wichtigen Einschnitt in der Programmatik des ZA: Die Berliner Sozialdemokraten hatten sich von Einheitsparteianhängern ohne Wenn und Aber zu Einheitsparteibefürwortern unter bestimmten Bedingungen gewandelt. Für die Abkehr von ihrem ursprünglichen Ziel lassen sich folgende Gründe aufführen:

1. Es zeichnete sich ab, daß die SPD – auch in der sowjetischen Besatzungszone – weitaus populärer war als die KPD, die als Partei Moskaus galt. Bei der russophoben Haltung der deutschen Bevölkerung kam dies einer Stigmatisierung gleich.
2. Das Verhältnis der SPD zur sowjetischen Militäradministration in Deutschland beurteilte Grotewohl als sehr günstig. Er hoffte, die Sowjets würden doch die Sozialdemokraten anstelle der Kommunisten als Partner bei der Neugestaltung Deutschlands akzeptieren.
3. Die Sozialdemokraten sahen sich als einzige politisch unbelastete Kraft: sie seien für alle Siegermächte akzeptabel und könnten als Mittler zwischen den unterschiedlichen Besatzungsmächten fungieren und damit die besten Voraussetzungen für die Erhaltung der Reichseinheit bieten.
4. Der ZA konnte sich zu diesem Zeitpunkt noch Hoffnungen machen, seinen Führungsanspruch sowohl in der SPD als auch in einer sozialistischen Einheitspartei, die nicht paritätisch aufgebaut sein, sondern von Anbeginn ein eindeutig sozialdemokratisches Antlitz haben würde, und in Deutschland als Ganzem durchzusetzen.

Neue Nahrung hatte diese Hoffnung durch die Einladung zur Wennigsener Konferenz erhalten. Die Berliner Sozialdemokraten glaubten, Maßnahmen zur Überwindung der zonalen Teilung der Partei initiieren zu können. Die Forderung nach einer reichsweiten Konstituierung von SPD und KPD vor einer Vereinigung beider Parteien war hier also noch kein Hinhalteargument. Erst die Konferenz von Wennigsen sollte der Grotewohl-Konzeption (Reichspartei vor Einheitspartei) den Boden entziehen. Zunächst schien der ZA sogar Erfolg mit seinem neuen Kurs zu haben. Wilhelm Pieck[179], der Vorsitzende der KPD, hatte am 14. September Grotewohls Ausführungen gehört. Fünf Tage später rückte er in einer Rede von der bisher geforderten Parität bei der Besetzung von Stellen innerhalb der zukünftigen Einheitspartei ab:

»Wir sagen unseren Genossen, daß es nicht auf die zahlenmäßige Vertretung (...) ankommt, sondern auf die Festigkeit unserer Politik und den besten Erfolg unserer gemeinsamen Arbeit.

So kann auch die Frage der Parität nicht zu einem Streit zwischen Sozialdemokraten und Kommunisten (...) werden.«

Unverhohlen drohte er eine Offensive der KPD zur Verschmelzung von Kommunisten und Sozialdemokraten an: »Für die Durchführung der großen, vor unserem Volke stehenden Aufgaben müssen sehr ernste Voraussetzungen geschaffen werden (...) Dazu gehört vor allen Dingen die Überwindung der verhängnisvollen Spaltung der Arbeiterklasse. (...) Die Kommunistische Partei hat es sich zur Aufgabe gestellt, alle Schwierigkeiten und Hemmungen aus dem Weg zu räumen, die in der Vergangenheit diese Einigung hinderten. (...) Sie wendet sich mit aller Schärfe gegen jeden Versuch, die sich anbahnende Einheit aufzuhalten.«[180]

Mit welcher Akribie sich die Kommunisten von nun an auf die angestrebte Vereinigung mit den Sozialdemokraten vorzubereiten begannen, beschreibt Wolfgang Leonhard in seinem Buch »Die Revolution entläßt ihre Kinder«:

»In der Schulungsabteilung fanden wir uns plötzlich mit der seltsamen Aufgabe betraut, aus den Schriften von August Bebel, Wilhelm Liebknecht und, falls möglich, sogar von Kautsky und Hilferding Zitate zu finden, die für die Einheitskampagne zu brauchen waren. (...) Während wir bisher die Hauptschuld an der Niederlage der Arbeiterbewegung in der Weimarer Republik der SPD zugeschrieben hatten (...), wurde jetzt die Bedeutung der Fehler beider Parteien gleichgestellt.

Die Niederlage sei deshalb möglich gewesen, hieß es nun, weil es keine einheitliche Arbeiterbewegung gegeben habe.«[181]

Wirklich zum Zuge kam die Einheitskampagne der KPD aber erst, nachdem sich Grotewohls Hoffnungen auf baldige Bildung einer reichsweiten SPD zerschlagen hatten und auch die SMAD eindeutig in diese Richtung drängte.

Reichseinheit vor Reichspartei.
Die Konferenz von Wennigsen

Kurt Schumacher hatte die Wennigsener Konferenz ursprünglich als ein Treffen zwischen Funktionären der drei westlichen Besatzungszonen und den Mitglieder des Londoner Exilvorstandes geplant. Eine Einladung von Vertretern des Zentralausschusses war zunächst nicht vorgesehen. Schumacher setzte den Begriff Reichskonferenz in Anführungszeichen, als er die Idee zu dem Treffen in einem Brief vom 21. August 1945 erstmals erwähnte: »Zum Zwecke der geistigen, politischen, organisatorischen und personellen Ausrichtung ist eine möglichst baldige ›Reichskonferenz‹ für die gesamten nicht russischen besetzten Gebiete nötig.«[182] Dem Schreiben waren sowohl die »Richtlinien« als auch der Aufruf »Für ein neues besseres Deutschland«[183] beigefügt, beides programmatische Schriften aus dem Jahre 1945, in denen Schumacher seine politische Konzeption darlegte. Wichtigster Unterschied zu den Vorstellungen des Zentralausschusses war, daß er eine Zusammenarbeit mit den Kommunisten entschieden ablehnte.

Die antikommunistische Haltung Schuhmachers läßt sich bis in die 20er Jahre zurückverfolgen. Ungewöhnlich an seinem Standpunkt war die absolute Konsequenz, mit der er an dieser Position festhielt. Während gerade bei Kommunisten und Sozialdemokraten, die durch die Hölle der Konzentrationslager gegangen waren, oftmals das Zusammengehörigkeitsgefühl wieder geweckt wurde, scheint Schumacher weder während seiner zehn Jahre im KZ noch nach dem II. Weltkrieg derartige Regungen gehabt zu haben. Neben politischen Differenzen dürfte für seine ablehnende Haltung gegenüber den deutschen Kommunisten auch die tiefverwurzelte antirussische Einstellung verantwortlich gewesen sein, die bis in sein Elternhaus im preußischen Culm (nahe der Grenze zum damals noch zaristischen Rußland) zurückreicht. Schumacher war ohne weiteres bereit, Hunderttausende von sozialdemokratischen Genossen abzuschreiben,[184] nur weil sie im sowjetisch besetzten Teil Deutschlands lebten. Da Sachsen, Thüringen und Berlin zu den Hochburgen der Sozialdemokratie zählten, war seine Haltung war um so unverständlicher.

In einem Schreiben vom 28. August 1945, in dem das Treffen als eine »Art ›Reichskonferenz‹«[185] bezeichnet wird, erwähnte Schuhmacher zum erstenmal Bemühungen um Kontakt zu den ostdeutschen Sozialdemokraten. Im Einladungsschreiben an den ZA (30. August 1945) spricht er von einer »Konferenz der drei Westgebiete«[186], zu der auch Mitglieder des Londoner Exilvorstandes eingeladen seien.

Kurt Schumacher ging es auf dieser Konferenz vor allem darum, seine

Stellung als SPD-Führer in den drei westlichen Besatzungszonen zu untermauern. Als er an den ZA schrieb, hatten zwar die meisten Bezirke das »Büro Schumacher« bereits als Führungsinstanz anerkannt und damit seine politische Konzeption gebilligt, dennoch wurde mitunter für eine organisatorische Vereinigung mit den Kommunisten plädiert, z. B. nach Schumachers Referat am 5. Oktober vor den SPD-Funktionären der britischen Zone in Wennigsen.[187]

Um zu verhindern, daß der ZA die Idee der Einheitspartei in den Westzonen neue belebte, strebte Schumacher eine Teilung der Einflußsphären an: »Genau wie es der Wunsch aller deutschen Sozialdemokraten ist, ein einiges Deutsches Reich zu erhalten, wollen wir auch die einige und einheitliche Sozialdemokratische Partei Deutschlands. (…) Trotzdem ergeben sich zwangsläufig eine Reihe von Schwierigkeiten aus den verschiedenartigen Verhältnissen, wie sie aus den Differenzierungen in der Praxis der Besatzungsmächte resultieren. (…) Die Sozialdemokratische Partei Deutschlands, soweit sie die Besatzungszonen der Westmächte umfaßt, hat nicht auf dem Punkt der Bezirksorganisation stehen bleiben können. Im Interesse der geistigen und taktischen Ausrichtung, wie auch der organisatorischen Angleichung hat sie sich in Hannover eine vorläufige zentrale Stelle schaffen müssen. (…) So wie Ihr für die russisch besetzte Zone einen parteipolitischen Lebensmodus habt finden müssen, der alle Eure Gebiete umfaßt, so arbeiten wir auch an der Gemeinsamkeit für die drei westlichen Besatzungszonen. Zu diesem Zweck haben wir für das gesamte Gebiet eine Konferenz der drei Westgebiete zusammengerufen.«[188]

Er war fest entschlossen, jedem Vorstoß in Richtung institutioneller Zusammenarbeit von ZA und »Büro Schumacher« entgegenzutreten. Das Ziel, die Führung der Gesamt-SPD zu übernehmen, hatte er zu diesem Zeitpunkt bereits aufgegeben.[189] Ein neuer Parteivorstand könne nur auf einer Reichskonferenz der SPD bestimmt werden, an der Vertreter aller vier Besatzungszonen und die Mitglieder des Exilvorstandes teilnehmen müßten. Daß eine solche Konferenz unter den gegebenen Umständen möglich sei, verneinte Schumacher bis zum Einheitsparteitag der SED im April 1946 konsequent. Schumacher war sich damals offenbar nicht sicher, daß über die Vereinigung mit der KPD und den künftigen Parteikurs in seinem Sinne entschieden würde. Vor allem bei der Wahl des neuen Parteivorsitzenden mußte er fürchten, Grotewohl zu unterliegen. Immerhin konnte die seit fast vier Monaten offiziell zugelassene Ost-SPD von Berlin aus operieren, dem traditionellen Sitz der SPD-Führung. Bevor sich Schumacher in diese Auseinandersetzung wagte, galt es für ihn, seine Ausgangsposition zu verbessern.

Er glaubte in seinem Einladungsschreiben an den ZA hinreichend erklärt zu haben, daß: a) die Konferenz von Wennigsen keine Reichskonferenz, sondern eine Tagung von Mitgliedern der drei westlichen Besatzungszonen war; die Wahl eines neuen Parteivorstandes also nicht auf dem Programm stand, und b) die Vertreter des ZA nur als Gäste, ohne beschließende Funktion, geladen waren. Nach der Übermittlung der Einladung an den ZA durch den Frankfurter Journalisten Hans Etzkorn interpretierte man jedoch in Berlin die Wennigsener Konferenz zunächst als echten Parteitag,[190] zu dem man, wie die Vertreter der anderen Besatzungszonen, je drei Vertreter pro Parteibezirk zur Konferenz entsenden sollte.[191] Folgerichtig ging die Ost-SPD daran, Bezirksdelegiertenwahlen in ihrer Zone durchzuführen.[192] Auch die sowjetische Besatzungsmacht signalisierte, daß sie keinerlei Bedenken gegen die Teilnahme einer größeren Delegation von Funktionären der Ost-SPD hatte.[193] Als Schumacher davon erfuhr, bat er Etzkorn eindringlich, dieses Mißverständnis zu klären: Er beteuerte, »für einen Parteitag oder für etwas einem Parteitag Ähnliches würden wir unter keinen Umständen die Erlaubnis [der britischen Besatzungsbehörden, M. J.] erhalten, zumal die Zulassung der Sozialdemokratischen Partei in den westlichen Besatzungszonen noch nicht perfekt ist und z. B. in der britischen Kontrollzone kreisweise erfolgt«[194]. Seine Bedenken waren eine Schutzbehauptung. Daß die britische Besatzungsbehörde lediglich Delegierte aus ihrer Zone zuließ und eine Zusammenkunft mit Vertretern der anderen Zonen zum separaten »privaten« Treffen deklarierte, kann zu einem Großteil Schumachers »ungeschicktem« Vorgehen bei der Beantragung der Konferenz zugeschrieben werden,[195] und trotz des Drängens des ZA lotete er niemals die Bereitschaft der Westalliierten aus, eine SPD-Reichskonferenz zuzulassen. Seine Beteuerung in dem Schreiben an Etzkorn: »Wir warten selbst auf den Augenblick, wo wir mit all den Genossen aus der russischen Besatzungszone zusammenkommen können«[196], war nur vorgeschoben, schließlich hatte er diesem erlaubt, den Brief an den ZA weiterzureichen.[197]

Über Schumachers Mißtrauen und seine ablehnende Haltung gegenüber dem ZA gab bereits sein Rundschreiben zur »Erringung der Parteieinheit«[198] Auskunft, das am 15. September 1945 an die Bezirksvorstände der Westzonen verschickt wurde. Das Verhältnis zum Londoner Exilvorstand sei ungetrübt, so konnte man dort lesen, doch es gelte, den Führungsanspruch des »»Zentralausschusses««[199] abzuwehren. Dieser sei aufgrund der unterschiedlichen Gegebenheiten in der östlichen und den westlichen Besatzungszonen »politisch gefahrvoll«[200]. Der ZA handle möglicherweise unter Druck der sowjetischen Besatzungsmacht: »Wir wissen dabei freilich nicht, inwieweit die Geltungmachung dieses zentralen Anspruches unserer Berliner Genossen sich aus dem Zwange ihrer besonderen Verhältnisse ergibt. In jedem Fall müssen wir ihn abwehren.«[201]

Schumacher stufte die Mitglieder des ZA noch immer als die entschlossenen Verfechter einer baldigen Vereinigung mit der KPD ein, oder besser gesagt, er mußte, wenn er deren Einfluß auf die SBZ beschränken wollte, die Unterschiede zwischen Ost- und West-SPD möglichst deutlich herausstreichen. Daß der ZA spätestens mit Grotewohls Rede vom 14. September 1945 eine Kurskorrektur vollzogen hatte, wurde schlichtweg übergangen. Schumacher schätzte in einer Aktennotiz am 20. September 1945 sogar ein, die Rede sei »stark auf die Zustimmung der Kommunisten zugeschnitten«[202].

Der ZA war dennoch fest entschlossen, in Wennigsen konkrete Schritte zur Überwindung der zonalen Grenzen zu unternehmen: »Auf der Sitzung des ZA am 1. Oktober 1945 bereitete man sich mit einigem Optimismus auf die bevorstehende Konferenz vor. Otto Grotewohl nahm Stellung zur Vorbereitung der Fahrt nach Hannover und erläuterte die dort zu vertretende taktische Linie, die darin bestehen sollte, zu konkreten Vereinbarungen über die Bildung einer gesamtdeutschen Parteiführung zu gelangen. Das schloß auch Kompromißbereitschaft in Programmfragen ein, indem auf der Konferenz nicht die grundsätzlichen Unterschiede, sondern die Gemeinsamkeiten herausgestellt werden sollten.«[203]

Die Delegation (Grotewohl, Dahrendorf, Fechner) wollte versuchen, Schumacher, einige andere Vertreter der West-SPD sowie Mitglieder des Londoner Exilvorstandes zum Eintritt in den Zentralausschuß zu überreden, um damit – wenigstens interimsweise – dessen Verantwortlichkeit für das ganze Reichsgebiet zu bekunden. Dadurch hätte Grotewohl als (vorläufiger) Parteivorsitzender auftreten und ein wirklich potenter Gesprächspartner für die SMAD werden können; die SPD wäre so (möglicherweise) zu einer Art Klammer für die Einheit Deutschlands geworden. Diese Überlegungen stießen bei Schumacher auf keinerlei positive Resonanz, mußte er doch – wohl nicht zu Unrecht – fürchten, daß ein solcher Schritt die spätere Entscheidung über den Parteivorsitz präjudiziere.

Bereits das erste Gepräch, daß die Delegierten des ZA nach ihrer Ankunft am Abend des 4. Oktober 1945 in Wennigsen mit den Mitgliedern des Londoner Exilvorstandes führte,[204] signalisierte, daß die Mehrheit ihren Führungsanspruch nicht anerkennen würde.[205] Am nächsten Tag kam es parallel zur Tagung der Delegierten zu einem Treffen von Vertretern der anglo-amerikanischen Besatzungszonen und den Vertretern des ZA.[206] Grotewohl nutzte diese Zusammenkunft, um in einer kurzen Rede Eigenwerbung für den ZA zu betreiben.[207] Er schönte die politische

Situation und den organisatorischen Stand der Ost-SPD und verstieg sich sogar zu der Behauptung: »Ich glaube, versprechen zu können, daß wir für Euch die politische Freiheit erkämpfen«[208]. Zuvor hatte er, nicht ohne Häme, auf die Beschränkungen der Konferenz durch die britische Besatzungsmacht angespielt. In der sowjetischen Besatzungszone gäbe es Ähnliches nicht. Trotzdem blieb das Gros der Delegierten skeptisch. »Nach einem Tag in Wennigsen mußte es (...) für Grotewohl offensichtlich geworden sein, daß ohne Schumachers explizite Unterstützung die Chance einer Legitimierung – und Erweiterung – des ZA als Reichszentrale der SPD in Berlin gleich Null war.«[209] Während des ersten Treffens zwischen den Vertretern des Londoner Exilvorstandes, der ZA-Delegation und Kurt Schumacher plus einigen seiner Freunde in der Nacht vom 5. auf den 6. Oktober soll Grotewohl endgültig die Aussichtslosigkeit seines Unterfangens erkannt haben, in Wennigsen den ZA zur Zentralinstanz der Partei machen zu können.[210] Allerdings hoffte die Berliner Delegation noch, zumindest die Einrichtung eines Koordinationsorgans für die Partei und eine förmliche Anerkennung für die in der Ostzone durch den ZA geleistete Arbeit erreichen zu können.[211]

Obwohl die Positionen in der nächtlichen Sitzung grundsätzlich geklärt schienen, kam es während eines weiteren Treffens am folgenden Tag zu einem heftigen Zusammenstoß zwischen Otto Grotewohl und Kurt Schumacher. Dieser hatte zu Beginn eine gekürzte Fassung des Referates vorgetragen, das er vor den Delegierten der britischen Besatzungszone gehalten hatte. Seine Standpunkte in bezug auf die Einheit der Arbeiterbewegung und die Einheit der Partei lauteten:
1. Keine Zusammenarbeit mit den Kommunisten aufgrund ihrer Abhängigkeit von der UdSSR, da dies nur die Gefahr in sich berge, daß eine sozialdemokratische Partei eine kommunistische Führung erhielte.
2. Keine einheitliche Parteiführung unter den jetzigen Umständen, sondern eine für die Ostzone und eine gemeinsame für die drei Westzonen, damit die jeweilige Parteiführung den unterschiedlichen Gegebenheiten in den Zonen Rechnung tragen könne.

Nach Schumacher ergriff Grotewohl das Wort. Er betonte die Gemeinsamkeiten mit Schumacher.[212] Und tatsächlich bestand wirklicher Dissens allein in der Frage, ob und in welchem Maße eine Zusammenarbeit mit der KPD möglich sei. Während Schumacher den Wunsch zur Einheit der Arbeiterbewegung einerseits bejahte, andererseits aber die einzige Möglichkeit hierfür »in der Gewinnung der kommunistischen Anhänger für die Sozialdemokratie«[213] sah, hielt Grotewohl an der organisatorischen Vereinigung von KPD und SPD fest, obwohl er Schumachers Kritik an den Kommunisten durchaus zustimmte.[214]

Da diese Rede die Delegierten offensichtlich beeindruckt hatte, sah sich Schumacher zu einem deutlicheren Konfrontationskurs genötigt. Er lehnte noch einmal in aller Schärfe eine Zusammenarbeit mit den Kommunisten ab und warf dem ZA vor, schon sein Name lege die Vermutung nahe, »daß andere als sozialdemokratische Einflüsse sich bei seiner Gründung geltend gemacht«[215] hätten. Nun entspann sich eine hitzige Debatte, die schließlich dazu führte, daß die Konferenz bereits gegen Mittag abgebrochen wurde, obwohl sie bis 17 Uhr genehmigt war.[216]

Noch unter dem Eindruck der Auseinandersetzung wurde im kleinen Kreis die Aufteilung der Interessensphären beschlossen, die letzten Endes alles beim alten beließ. Den vollen Wortlaut der Vereinbarung machte das »Büro Schumacher« den Genossen in den Westzonen in einem Schreiben Mitte Oktober 1945 zugänglich. Dort war zu lesen:

»1) Solange das Deutsche Reich in einzelne getrennte Besatzungszonen zerfällt und es die Vorschriften der Militärregierungen nicht gestatten, ist eine organisatorische Einheit der Sozialdemokratischen Partei nicht gegeben.

2) Bis zur Verwirklichung der Reichseinheit und damit der Parteieinheit wird der Zentralausschuß in Berlin als die Führung der Sozialdemokratischen Partei in der östlichen Besatzungszone angesehen. Der politische Beauftragte der drei westlichen Besatzungszonen ist der Genosse Dr. Schumacher – Hannover.

3) Über alle gemeinsame Interessen berührenden Fragen soll durch möglichst häufige persönliche Rücksprache und sonstigen Kurierverkehr die größtmögliche Übereinstimmung und Abstimmung der gegenseitigen Politik durch die Genossen Grotewohl und Dr. Schumacher erfolgen.«[217]

Die Vereinbarung trug ganz die Handschrift von Schumacher. Sein Ziel, den Status quo zu erhalten, wurde durch die oben zitierte Festlegung voll erreicht, und seine Konzeption »Reichseinheit vor Reichspartei« obsiegte gegenüber dem Modell von Grotewohl, das die Reichspartei als Klammer für die Reichseinheit sah. Die vom Zentralausschuß gewünschte enge Zusammenarbeit, wie sie in Punkt drei der Erklärung vereinbart wurde, sollte sich aufgrund von Schumachers Haltung schon bald als Leerformel erweisen. Zufrieden konnte er in einem Brief an Carl Severing schreiben: »Praktisch liegen die Dinge so, daß die politischen Gefahren, die sich aus den Ansprüchen der Berliner Genossen hätten ergeben können, abgewehrt worden sind.«[218] Schumacher hatte jedoch nicht nur die eigene Position festigen können, sondern zugleich erreicht, daß die Themen Vereinigung mit den Kommunisten und SPD-Reichsparteitag vorerst – zumindest für die West-SPD – vom Tisch waren. Der

Preis, Spaltung der SPD, schmälerte den Erfolg in seinen Augen nicht. Er wertete das Ergebnis der Konferenz als Sieg über die Sowjets (»a ›victory‹ over the Russians«[219]). Nach seiner Ansicht mußte eine Partei in der SBZ ohnehin über kurz oder lang zu einem Instrument sowjetischer Außenpolitik werden. Der ZA stellte in dieser Hinsicht für ihn keine Ausnahme dar.

Schumacher hatte durch die Abspaltung der Ost-SPD für die Sozialdemokraten der drei westlichen Besatzungszonen Bewegungsfreiheit gewonnen. Nachdem die Gefahr gebannt war, mittels des Faustpfandes Ost-SPD von sowjetischer Seite unter Druck gesetzt zu werden, brauchte er kaum noch Rücksicht auf die Wünsche und Empfindlichkeiten der sowjetischen Militäradministration zu nehmen und konnte sich in seinen Reden deutlich von ihr und den Kommunisten abheben. Angesichts der russophoben Grundeinstellung des größten Teils der deutschen Bevölkerung war dies ein absolutes Muß, wenn man sich die Chance auf einen erfolgversprechenden Wahlkampf in den Westzonen erhalten wollte. Zu verlieren hatte Schumacher bei dieser Taktik nichts. Sollte es wider Erwarten doch möglich sein, in der sowjetischen Besatzungszone eine eigenständige sozialdemokratische Politik zu betreiben, stünde einer späteren Fusion beider SPD-Teile nichts im Wege. Dann hätte die West-SPD den organisatorischen Rückstand gegenüber dem ZA aufgeholt, und er – Schumacher – brauchte als Führer des größeren Teils der SPD einen gemeinsamen Parteitag nicht mehr zu fürchten. Schumacher hielt sich daher – im Gegensatz zu Otto Grotewohl – strikt an die Vereinbarungen von Wennigsen.

Für den ZA sollte sich durch diese Konferenz der Handlungsspielraum dramatisch verengen. Von hier aus führte der Weg der Ost-SPD in den Berliner »Admiralspalast«, wo am 21./22. April 1946 der Vereinigungsparteitag der SED stattfand. Das Ergebnis war für den ZA so niederschmetternd, daß er glaubte, seine Anhänger über den tatsächlichen Verlauf des Treffens täuschen zu müssen. So erwähnte Max Fechner in seinem Artikel »Hannover. Ein Beitrag zur Klarheit« die zwischen Grotewohl und Schumacher getroffene Vereinbarung über die Teilung der Einflußsphären mit keinem Wort. Statt dessen behauptete er:

»Nach erfolgtem Organisationsaufbau im westlichen Gebiet wird diese Arbeit gekrönt werden durch einen Parteitag, der die endgültige Parteileitung wählen wird.

Bis dahin gilt das Mandat, das die Mitglieder des Zentralausschusses für ihre illegale Tätigkeit aus der Hand des Parteivorstandes 1933 erhalten haben. (...) Das geschaffene Vertrauensverhältnis zwischen Ost und West bietet inzwischen Gewähr für einheitliche politische und organisatorische Arbeit.

Wer die sozialdemokratische Bewegung kennt, zweifelt nicht einen Augenblick daran. Wer darüber anders berichtet, tut das in Unwissenheit oder wider besseres Wissen.«[220]

Auch gegenüber Wilhelm Pieck versuchte Fechner in einem Gespräch am 15. Oktober 1945 den Eindruck zu erwecken, die Konferenz sei für den ZA »sehr günstig«[221] verlaufen.

Über die tiefe Enttäuschung, die das Treffen bei Grotewohl persönlich auslöste, berichtet sein Mündel Nora Kuntzsch, das er im Anschluß an die Konferenz besuchte: »Otto kam und ich fragte ihn. Erst antwortete er nicht darauf, aber am Abend dann hat er mir gesagt, Schumacher habe ihn auf unglaubliche Weise behandelt, wie einen lästigen Bittsteller und Verräter. Er habe ihn verhöhnt, und er könne nicht mit Schumacher zusammenarbeiten.«[222]

Die Konferenz hatte dem ZA schwer geschadet. Besonders weitreichende Folgen hatte Punkt zwei der Übereinkunft, in dem klargestellt wurde, es werde vor einer Reichseinheit keine Reichspartei geben. Nun erhöhten die Sowjets ihren Druck in Richtung zonaler Vereinigung von SPD und KPD. Bis Wennigsen hatten sie hoffen können, über den ZA Einfluß auf die gesamte SPD und damit auf ganz Deutschland zu erlangen. Da zur Jahreswende 1945/46 immer deutlicher wurde, daß die Zonengrenzen auf absehbare Zeit bestehen bleiben, begannen sie, ihre Besatzungszone stärker nach den eigenen politischen Vorstellungen zu organisieren. Grundsätzlich verfolgten die westlichen Besatzungsmächte eine ähnliche Linie, allerdings nicht mit der gleichen Vehemenz wie die Sowjets. Bei ihren Umgestaltungsmaßnahmen konnten sie an westliche Wertevorstellungen anknüpfen, die auch in Deutschland immer Geltung besessen hatten und in den letzten zwölf Jahren durch die Exzesse des Nationalsozialismus überdeckt worden waren. Die Sowjets hingegen standen vor der Aufgabe, einen grundsätzlichen Wandel der Gesellschaft herbeizuführen, der naturgemäß auf erheblichen Widerstand stieß.

Angesichts der Bedeutung, die dem zweiten Punkt der Wennigsener Übereinkunft zukam, wiegt der Verdacht, den Harold Hurwitz in seinem Buch »Demokratie und Antikommunismus in Berlin nach 1945« äußert, um so schwerer. Hurwitz glaubt, die vom Büro Schumacher verbreitete Fassung entsprach hier nicht dem tatsächlichem Inhalt der Vereinbarung. Als Beweis zitiert er Günter Markscheffel, der als Vertreter der »SPD-Groupe en France«[223] an dem Treffen teilgenommen hat und dessen Darstellung des Konferenzverlaufs als glaubwürdig angesehen wird[224]: »Die beiden Gen[ossen] verständigen sich, Mittel und Wege zu finden, die zu einer engeren Zusammenarbeit führen können, sämtliche Gebietszonen unternehmen alle notwendigen Schritte, um so schnell wie möglich die Einberufung eines Gesamtparteitages herbeizuführen.«[225] Seine Ausführungen sind insofern plausibel, weil eine solche Vereinbarung es Grotewohl sehr viel eher ermöglicht hätte, dem Abkommen zuzustimmen. Für diese Version spricht auch die Empörung, die sich im ZA breitmachte, als er die Verlautbarung des »Büros Schumacher« zu Gesicht bekam. Die Berliner nahmen die für kurze Zeit unterbrochenen Kontakte bald wieder auf, denn sie brauchten die Hannoveraner. Der ZA konnte auf diese vermeintliche oder tatsächliche Fälschung nicht offensiv reagieren, weil er zuvor die Existenz einer solchen Vereinbarung bestritten hatte. Schumacher – wie verwerflich man die Intention auch bewerten mag, mit der er seinen Genossen in der SBZ begegnet war – trug nicht allein Verantwortung für das Ergebnis der Wennigsener Konferenz. Anstatt den Delegierten klarzumachen, wie sehr man auf die Unterstützung aus der Westzone angewiesen war, um den Kampf um die eigene Unabhängigkeit erfolgreich fortführen zu können, hatten Grotewohl, Dahrendorf und Fechner die politische Freiheit und organisatorische Stärke der Ost-SPD aufgewertet. Diese Rechtfertigung des eigenen Führungsanspruchs rief Mißtrauen hervor. Auch einer Übernahme der SPD-Führung durch Schumacher allein scheint man sich eindeutig widersetzt zu haben.[226] Der ZA fühlte sich damals so stark, daß er der Aufteilung der Interessensphären zustimmte und darauf spekulierte, den eigenen Führungsanspruch auf einem Reichsparteitag durchsetzen zu können.

Die Konferenz in Wennigsen leitete sechs Monate nach dem Ende des II. Weltkrieges und fast vier Jahre vor der staatlichen Teilung Deutschlands die Spaltung der deutschen Sozialdemokratie ein. Die SPD-Funktionäre fühlten sich damals so stark, daß sie nicht auf Druck irgendeiner Besatzungsmacht, sondern vor allem, um die eigenen Pfründen zu sichern, gegen das Wohl der Partei handelten.

Die KPD drängt auf Vereinigung

In Wennigsen hatten sich Grotewohls Hoffnungen, als Führer der Sozialdemokraten aller Zonen – von der einseitigen Umklammerung durch die sowjetische Besatzungsmacht befreit – Verhandlungen über einen Zusammenschluß mit der KPD führen zu können, zerschlagen, auch wenn man dies im ZA zunächst noch nicht wahrhaben wollte. Die SMAD unterstützte immer eindeutiger die Vereinigungsbemühungen der KPD, denn die Bereitschaft der Sozialdemokraten zu einer baldigen Vereinigung nahm ab, und die Amerikaner hatten im September 1945 für Januar

1946 in ihrer Zone Gemeindewahlen angekündigt.[227] Da der KPD die Gefahr drohte, als politische Randgruppe entlarvt zu werden, forcierten die Kommunisten ihre Bemühungen um eine organisatorische Vereinigung mit der SPD und die Aufstellung von gemeinsamen Kandidatenlisten für die bevorstehenden Wahlen. Beide Forderungen stießen zunächst beim ZA auf Ablehnung,[228] doch die Risse zwischen der Fraktion der Einheitsbefürworter und der Einheitsskeptiker wurden immer größer.

Der ZA konnte sich dem Werben der Kommunisten auf Dauer nicht entziehen. Der Druck, dem die Partei nun auf allen Ebenen ausgesetzt war, drohte sie zu spalten. In dieser Krise trat Grotewohl die Flucht nach vorn an und suchte die Öffentlichkeit. Gelegenheit zu einem Befreiungsschlag gab ihm eine Veranstaltung der SPD anläßlich des Jahrestages der deutschen Novemberrevolution 1918.[229] Daß die SPD auf einer eigenen Kundgebung bestand, obwohl die Kommunisten eine gemeinsame Feier geplant hatten, verdeutlicht das schlechte Klima, das zwischen beiden Parteien zu diesem Zeitpunkt herrschte.[230]

Grotewohls kurze Einschätzung der Revolution von 1918 stand im krassen Widerspruch zu seiner späteren Analyse (siehe hierzu *Grotewohl legitimiert die Stalinisierung der SED*). Er räumte ein, daß die Sozialdemokratie in der Weimarer Republik »schwere Fehler«[231] gemacht hatte, kam aber zu dem Schluß: »Wir haben die Revolution von 1918 nicht ehrlos verloren. Im Gegenteil! Was die deutsche Sozialdemokratie von 1918 an, besonders von 1924 bis 1932 geschafft und geleistet hat, wird einst in den Blättern der politischen Geschichte mit Anerkennung verzeichnet werden.«[232] Grotewohl war damals gar nicht an einer eingehenden Analyse der Novemberrevolution interessiert, zumal er noch die Auffassung vertrat, daß die Lage nach Ende des I. und des II. Weltkrieges nichts gemein hatten. Ihm ging es um die Analyse der augenblicklichen Situation und eine Perspektive für Deutschland, ein Land, in dem die Arbeiterklasse unfrei und das Volk isoliert war und das zudem durch Gebietsverluste amputiert war.[233] Er nannte Nahziele für die SPD-Politik: die Sozialisierung der Wirtschaft, den demokratischen Wiederaufbau Deutschlands (das er sich nicht als Staatenbund oder Bundesstaat, sondern als einen Staat mit einer starken Zentralgewalt vorstellte) und die Einheit der Arbeiterbewegung als Mittel, um diese Ziele durchzusetzen. Der Kapitalismus habe in Deutschland keine Basis mehr, während Möglichkeiten für einen sozialistischen Aufbau vorhanden seien. Allein am Mut mangle es, diesen Schritt zu vollziehen. »Wir trauen uns das noch nicht, weil in den Büchern, die wir gelesen haben, dieser Fall nicht vorgesehen war und weil die Tatsache zu überraschend vor uns steht, daß die Kapitalistenklasse gar nicht mehr existiert, nachdem sie den Grund ihrer

Existenz, nämlich ihr Kapital zum weitaus größten Teil durch eigenes Versagen und eigene Schuld verloren hat.«[234]

Nun sei die Stunde der »deutschen Arbeiterschaft als der Avantgarde der arbeitenden Menschen«[235] gekommen, ein neues Deutschland zu errichten. Grotewohl machte sich an dieser Stelle Schumachers Auffassung vom »Sozialismus als Tagesaufgabe« zu eigen. Er signalisierte dem westdeutschen SPD-Führer Kompromißbereitschaft, während er sich eindeutig gegenüber den Kommunisten abgrenzte, die in ihrem Gründungsaufruf die Errichtung eines sozialistischen Staates abgelehnt hatten, weil diese Forderung den gegenwärtigen Entwicklungsbedingungen in Deutschland nicht entspreche.

Bei der Neugestaltung ihres Landes sollten die Deutschen, so forderte Grotewohl, ihr zukünftiges Staatswesen frei von jeder Einflußnahme durch die Besatzungsmächte wählen können: »Aus der Tatsache, daß wir verschiedene Besatzungsmächte haben, (...) kam es zu Vorschlägen, daß das Deutschland der Zukunft alles mögliche sein könne, ein Staatenbund, ein Bundesstaat oder ein ganz loses föderales Gebilde. Nur zu einem einzigen Vorschlag, zu dem selbstverständlichsten Vorschlag, zu dem vielleicht bürgerliche Ängstlichkeit nicht den Mut und deutscher Untertanengeist nicht den Verstand hat, zu dem Vorschlag kommt es nicht, daß Deutschland, wenn es einmal sich wieder selbst regieren darf, nichts anderes sein kann, als ein einheitlicher freier Volksstaat. Ein Volksstaat, der seine Gesetze sich einheitlich und seine Verfassung sich selbständig gibt, aus der Freiheit und der Selbstverantwortlichkeit seiner Bürger für ihren Staat.«[236]

Grotewohl war enttäuscht, daß im Potsdamer Abkommen die Eigenverantwortlichkeit der Deutschen beim Wiederaufbau ihres Landes begrenzter gefaßt war, als er erwartet hatte. Von einer bloßen Kontrolle der Alliierten über ein sich ansonsten autonom entwickelndes politisches System konnte in keiner der Besatzungszonen die Rede sein. Die sich abzeichnende Entwicklung, daß sich die Siegermächte darüber hinaus das Recht nehmen würden, über die staatliche Gestalt des neuen Deutschland zu entscheiden, lehnte er strikt ab.

Grotewohl betrachtete weiterhin die Einheit der Arbeiterbewegung als notwendige Voraussetzung für die Neugestaltung Deutschlands, rückte jedoch die organisatorische Einheit von SPD und KPD in weite Ferne: »Wenn (...) die Stunde zu einem demokratischen Aufbau des neuen deutschen Volksstaates unter der entscheidenden Führung der deutschen Arbeiterklasse gekommen ist, (...) so hat die Arbeiterklasse politisch sich zu einer demokratischen Macht zu entwickeln, wie die Geschichte bei einer Volks- und Klassenbewegung sie noch nicht kannte. Und hier liegt der wirkliche, der tiefste und der geschichtlich zwingende Grund für die Forderung, daß die politische deutsche Arbeiterbewegung eine einheitliche deutsche Arbeiterbewegung sein muß und daß diese deutsche einheitliche Arbeiterbewegung eines Tages über alle kleinlichen und organisatorischen Hemmungen und Reibungen hinweg in einer Organisation zusammengefaßt sein muß.«[237]

Seine Aussage, »die Einigung der deutschen Arbeiterbewegung kann nur das Werk und das Ergebnis des sozialistischen und demokratischen Aufbaus sein und des Willens, diesen Aufbau in leidenschaftlicher Hingabe und kameradschaftlicher Leistungskonkurrenz gemeinsam zum erfolgreichen Ende zu führen«[238], unterstrich, daß eine Verschmelzung von KPD und SPD erst in einem wiedervereinigten Deutschland stattfinden könnte. Die Forderung nach einer zonalen Vereinigung von KPD und SPD, von den Kommunisten nach Wennigsen immer öfter und immer lauter vorgebracht, lehnte Grotewohl entschieden ab.

»Die schnellste Schaffung einheitlicher Reichsparteien der deutschen Arbeiterklasse ist eine gebieterische Notwendigkeit. Eine zonenmäßige Vereinigung würde vermutlich die Vereinigung im Reichsmaßstab nicht fördern, sondern nur erschweren und vielleicht das Reich zerbrechen. Die Einheit und die Einheitlichkeit des gesamten Staats- und Wirtschaftsgebiets Deutschlands zu wahren und zu erhalten, ist aber eine der höchsten Aufgaben der deutschen Arbeiterklasse. Für diese zukünftige Einheit und Einheitlichkeit des deutschen Staats- und Wirtschaftsgebiets ist die Schaffung einheitlicher Reichsparteien der deutschen Arbeiterbewegung schlechthin die entscheidende Voraussetzung.«[239]

Für die nächste Zeit sah seine Konzeption lediglich eine Zusammenarbeit beider Parteien vor. Damit bewegte er sich im Rahmen von Kurt Schumachers Argumentation, der in seinen »Richtlinien« den Kommunisten eine Zusammenarbeit in allen sozialen Fragen angeboten hatte. Von dem Geist, der einst Gustav Dahrendorf nach sofortiger Vereinigung verlangen ließ, war nichts mehr zu spüren. Während eines Gesprächs mit Helmuth Lehmann notiert Wilhelm Pieck: »(Grotewohl, Gniffke) wollen nichts mehr hören von Einigung«[240].

Grotewohls Mahnung, »die Einheit der Arbeiterbewegung kann unmöglich auch nur im geringsten das Ergebnis eines äußeren Drucks oder indirekten Zwanges sein. Sie muß aus dem Bewußtsein völliger freier Selbstbestimmung auch des letzten und einfachsten Klassengenossen zustande kommen«[241], war eindeutig an die Kommunisten und die sowjetische Militäradministration gerichtet, die SPD nicht durch Taktiken wie »Einheitsfront von unten« oder gezielte Eingriffe in ihre Autonomie zu einer Entscheidung zu nötigen.

Gegen Ende seiner Rede ging Grotewohl auf die hohe Belastung des demokratischen Aufbaus durch die Reparationen ein: »Wir wollen alle Voraussetzungen zum dauernden Frieden schaffen. Wir wollen auch alle Fragen der Wiedergutmachung gewissenhaft durchführen (...) Aber, diese Bitte richten wir an die Welt, man lasse uns genügend Land, um uns zu ernähren, genügend Rohstoffe zur Produktion unseres eigenen Bedarfs, und man lasse uns den Großbetrieb, der nicht der Kriegswirtschaft dient, als einzige Form zur rationellen Verwertung der Arbeitskraft, um einmal zur Sicherung unserer zu schmalen Ernährungsgrundlage wieder zu einer Aus- und Einfuhr zu kommen.«[242]

Niemals vor- oder nachher in seiner politischen Karriere hat sich Grotewohl öffentlich so weit vorgewagt wie in dieser Rede. Daß er in jeder Beziehung ein Fiasko erlitt, dürfte ihn nicht unwesentlich geprägt und einige politische Courage gekostet haben.

Wollte er »Schumacher und der westdeutschen Sozialdemokratie beweisen, wie groß sein Spielraum in der SBZ«[243] war, so scheiterte er, weil von dieser Seite eine positive Reaktion auf die Rede ausblieb.

Wollte er KPD und SMAD schocken und verhindern, daß sie die Ost-SPD weiter in Richtung Einheitspartei drängten, so ließ die Rede im Endeffekt den Druck sogar noch anwachsen.

Wollte er sich durch seinen Vortrag als wahrer Vertreter des deutschen Volkes, als eine Art Volkstribun profilieren, so war er gescheitert, da die Rede der breiten Masse gar nicht zugänglich gemacht wurde.

Darüber hinaus sorgten die Ausführungen für Konflikte in den eigenen Reihen. Grotewohl hatte die anderen Mitglieder des ZA (mit Ausnahme von Max Fechner) über den Inhalt seiner Rede nicht informiert und wurde wegen des Gehalts und des Zeitpunkts seiner Darlegungen scharf kritisiert.[244] Diese Spannungen waren ein Hebel, an dem die SMAD ansetzte, als sie nach der Rede ihr Engagement für die Einheitspartei forcierte, denn die SPD drohte zu einer unkontrollierten Gefahr für ihre Besatzungspolitik zu werden. Durch Einzelgespräche mit den Mitgliedern des Zentralausschusses versuchte die SMAD, einen Keil in das Führungsgremium der Ost-SPD zu treiben,[245] wohl wissend, daß allein die Parteidisziplin diesen »zusammengewürfelten Haufen« nach außen geschlossen auftreten ließ. Der zweite Hebel, den die SMAD ansetzte, war weit schmerzhafter für den ZA: Zensur. Davon machten auch die westlichen Siegermächte Gebrauch: Die Westberliner Tageszeitungen nahmen keine Notiz von der Rede, obwohl Pressevertreter und Repräsentanten der Alliierten anwesend waren.[246] Dies läßt den Schluß zu, daß sie die Kritik an Gebietsabtrennungen, Reparationen und politischer Bevormundung auch auf sich bezogen.

Die Sowjets verboten nach dem 11. November die Verbreitung der Grotewohl-Rede in Presse und Rundfunk der Ostzone. Die bereits gedruckte Dienstagsausgabe der sozialdemokratischen Parteizeitung »Das Volk« vom 13. November mit einer teilweisen Wiedergabe wurde von den Sowjets kurzerhand konfisziert.[247] Die Zeitung erschien mit einem neuen Titelblatt und ohne einen Hinweis auf die Rede. Dieser Vorgang markierte das endgültige Ende der Zeitung »Das Volk« als Quelle für Parteiinformationen. Wie alle anderen Medien durfte sie ab sofort nur noch Informationen verbreiten, die klar auf dem Vereinigungskurs von KPD und SMAD lagen. Die innerparteiliche Diskussion der Ost-SPD war dadurch auf das schwerste gestört. Das organisatorische Defizit war nicht allein auf die Benachteiligung beim Aufbau der Partei durch die Sowjets zurückzuführen. Erst jetzt legte der ZA beispielsweise fest, in jedem Kreis ein Parteisekretariat zu eröffnen, um die Mitglieder enger zusammenzuschließen. Gustav Klingelhöfer beauftragte man mit dem Aufbau eines vertraulichen Netzwerkes für die parteiinterne Kommunikation. Daß dies bisher vernachlässigt worden war, stellte eine grobe Fahrlässigkeit dar, die fatale Folgen hatte.[248] Kaum orientiert über die Haltung ihrer Parteiführung in Berlin, standen die lokalen SPD-Führer den Kommunisten und Sowjets allein gegenüber, die mit Zuckerbrot und Peitsche in Richtung Vereinigung drängten. Wenn die Sowjets hierbei physische Gewalt gegenüber Sozialdemokraten anwandten, so darf man diese Exzesse nicht als die Regel betrachten. »Trotz der dirigistischen Methoden arbeitete die Sowjetische Militärverwaltung zumindest in der Anfangszeit nicht sehr effektiv. Die Chefs regionaler Kommandanturen ignorierten häufig die Anordnung ihrer vorgesetzten Dienststellen und führten in den ersten Monaten sowjetischer Besatzungsherrschaft ein nahezu autokratisches Dasein.«[249]

Die endgültige Entscheidung für die Bildung der Einheitspartei fiel in Moskau erst im Januar/Februar 1946.[250] Frühere Zwangsmaßnahmen in Richtung Vereinigung der beiden Arbeiterparteien gingen mehr auf Disziplinlosigkeit zurück. Man muß sich in diesem Zusammenhang noch einmal vor Augen führen, daß die Sowjets aufgrund des Potsdamer Abkommens die unumschränkte Befehlsgewalt in der Ostzone besaßen. Hätten sie sich bereits vor dem oben genannten Termin für eine Einheitspartei entschieden, wäre die Vereinigung zweifellos nicht erst im April 1946, sondern schon 1945 erfolgt, bzw. sie hätten von vornherein nur eine Einheitspartei lizenziert.

Grotewohl wartete nach dem 11. November vergeblich auf ein positives Echo aus Hannover, zugleich mußte er die negativen Reaktionen von KPD und SMAD registrieren, die ihn in dieser Form wohl überraschten. Leute wie Wilhelm Pieck, Marschall Shukow u. a., die sich um ihn bemühten, ihm Respekt zollten und mit denen er menschlich gut auskam, hatte er durch sein Verhalten verprellt, nur um sich einem Menschen anzubiedern, der ihn offensichtlich wenig schätzte: Dr. Kurt Schumacher. Grotewohl scheint sein Verhalten rasch als Fehler bereut zu haben. Ende November übergab er – quasi als ein Zeichen der Versöhnung – eine gekürzte Fassung der Ostorientierung an die Sowjetische Militäradministration in Karlshorst, in der die Angriffe gegen die KPD fehlten.[251] Die SMAD ließ Grotewohl aber ins Leere laufen und reagierte nicht auf die vermeintliche Trumpfkarte.

In dieser schwierigen Situation richtete der ZA seine Hoffnungen erneut auf die West-SPD. Da er sich ohnehin niemals damit abgefunden hatte, daß durch die in Wennigsen getroffene Vereinbarung sein Anspruch auf Führung der gesamten SPD erloschen sein sollte, hielt er sich nicht an die vereinbarte Teilung der Interessensphären. Bereits vor der Konferenz von Wennigsen hatte der Zentralausschuß mit Wilhelm Buch einen eigenen Verbindungsmann in der amerikanischen Besatzungszone besessen.[252] Nun unternahmen Otto Grotewohl und Gustav Dahrendorf eine Reise in die amerikanische Besatzungszone (16.–26. November 1945)[253], um die geknüpften Kontakte zu vertiefen. Sie besuchten Stuttgart, München, Frankfurt am Main und Regensburg. Alle Orte waren mit Bedacht gewählt, denn die dortigen SPD-Organisationen waren damals noch nicht so eng mit dem Büro Schumacher verbunden wie die im britischen Besatzungsgebiet. Obwohl sie bei ihren Genossen im Westen sehr freundlich aufgenommen wurden, kam Dahrendorf in seinem Bericht zu dem Schluß: »Die Bereitwilligkeit zur Zusammenarbeit ist durchweg gering.«[254]

Auch mit Schumacher selbst versuchte der Zentralausschuß Mitte Dezember 1945 wieder ins Gespräch zu kommen. Seit dem Treffen von Wennigsen waren mehr als zwei Monate vergangen, ohne daß es zu den dort vereinbarten persönlichen Rücksprachen zwischen den beiden Führungsinstanzen der SPD gekommen war. Schumacher blieb damit ganz auf der Linie, die er nach der Konferenz gegenüber britischen Beobachtern vertreten hatte, als er zum Thema Kontakte erklärte: »That this would in effect mean that Grotewohl would have to come to see him in the British Zone, since he himself would, of course, not venture to Berlin.«[255] Er hatte die Teilung selbst inszeniert, da er der Unterstützung des ZA nicht bedurfte, hatte er kein Interesse daran, sein Vorgehen mit der Führung der Ost-SPD abzusprechen. Für diese hingegen spitzte sich die Lage seit Wennigsen immer mehr zu. Auf Drängen der SMAD hatte der ZA für Ende Dezember einem Treffen mit den Kommunisten zum Thema »Vertiefung der Aktionseinheit« zustimmen müssen. Um die eigene Verhandlungsposition zu verbessern, wollte man Schumacher doch noch zum Eintritt in den ZA überreden. Diesmal schienen die Aussichten, eine für beide Seiten befriedigende Übereinkunft zu finden, gar nicht schlecht. Schließlich hatte Grotewohl in seiner Novemberrede signalisiert, daß man in Berlin bereit war, sich der »Schumacher-Linie« anzunähern. Um Schumacher den Eintritt schmackhafter zu machen, wollte man sogar die Führung des ZA von drei (Grotewohl, Gniffke, Fechner) auf zwei (Grotewohl und Schumacher) Mitglieder reduzieren[256]. Außerdem wollte man Schumacher überreden, seine antisowjetische Agitation zu zügeln.[257] Aber selbst diese Hoffnung sollte enttäuscht werden.

Eine ZA-Delegation, bestehend aus Otto Grotewohl und Erich W. Gniffke, fuhr zunächst nach Braunschweig. Hier wollte Grotewohl warten,[258] während Gniffke in Hannover die Gesprächsbereitschaft Schumachers sondieren sollte. Gniffke konnte Schumacher und Herbert Kriedemann – einen Sekretär Schumachers – aber in keinem der beiden Punkte zu einer Annäherung bewegen. Die Unterredung wurde schließlich ergebnislos abgebrochen.

Wer für das Scheitern des Treffens am 17. Dezember 1945 letztendlich verantwortlich war, geht aus der Schilderung Gniffkes nicht klar hervor.[259] Es hat den Anschein, er habe den gebotenen Nachdruck bei den Verhandlungen vermissen lassen.[260] Ob er Schumacher über den Vorschlag einer Doppelspitze und die veränderte politische Haltung des Zentralausschusses präzise informiert hat und warum er sein Angebot, das Gespräch am Nachmittag fortzusetzen, ohne neue Terminvereinbarung ausschlug, bleibt unklar. Eine Absprache der beiden führenden SPD-Politiker über die in der anstehenden Konferenz mit der KPD zu beziehende Parteilinie entfiel somit.

Die sogenannte Sechziger Konferenz fand am 20. und 21. Dezember 1945 in der Berliner Parteizentrale der SPD statt. Sie ist in ihrer Bedeutung für die Zukunft der Ost-SPD das Pendant zum Treffen in Wennigsen, brachte aber kein eindeutiges Ergebnis hervor und wurde deshalb zum Zankapfel zwischen Politologen und Historikern in Ost und West. Während sie aus Sicht der DDR als der Durchbruch auf dem Weg zur SED gefeiert wurde, interpretierte man sie im Westen als ein letztes gescheitertes Aufbäumen der Ost-SPD gegen eine drohende Zwangsvereinigung.

Die Kommunisten verfolgten mit dieser Konferenz das Ziel, die Vereinigung von SPD und KPD voranzubringen. Dies hatte mehrere Gründe:
a) Die Aufbauphase der KPD war weitgehend abgeschlossen. Die Mitglieder waren in Schulungen auf das Zusammengehen mit den Sozialdemokraten ideologisch vorbereitet worden, und an allen wichtigen

Stellen der Verwaltung waren Vertrauensleute bzw. Parteimitglieder untergebracht.[261]

b) In der SPD mehrten sich die Stimmen, die einer Vereinigung mit den Kommunisten ablehnend gegenüberstanden. Wollte die KPD die Vereinigung der beiden Arbeiterparteien noch nach dem Prinzip der Parität durchsetzen, so durfte sie nicht warten, bis die Fraktion der Einheitsgegner innerhalb der Ost-SPD – und vor allem im Zentralausschuß – die Oberhand gewinnen würde.

c) Nach dem schlechten Abschneiden der Kommunisten bei den Wahlen in Österreich (Oktober: 16,9 Prozent) und Ungarn (November: 5,4 Prozent) mußte die KPD fürchten, das Resultat der für Januar in der amerikanischen Besatzungszone angekündigten Kommunalwahlen könne ihrer Forderung nach paritätischer Ämterbesetzung innerhalb einer zukünftigen Einheitspartei den Boden entziehen und den Einheitsgegnern Auftrieb geben.[262]

d) Außerdem war anzunehmen, daß die SPD in Zukunft ihre Mitgliederstärke gegenüber der KPD noch ausbauen würde.[263]

Die Situation der Ost-SPD war wesentlich komplizierter. Trotz gewisser Fortschritte konnte sie sich mit dem Organisationsgrad der KPD bei weitem nicht messen. Dies machte sich besonders schmerzlich bemerkbar, nachdem die Kommunisten auf lokaler Ebene wieder ihre Strategie »Einheitsfront von unten« anwandten. Erich Gniffke benannte in einem Bericht vom 3. Oktober 1945[264] – also noch vor der Konferenz von Wennigsen – Ursachen für die Disproportionen zwischen SPD und KPD im Bereich der Parteiorganisation:

»Dieses Mißverhältnis ist darauf zurückzuführen, daß bei der SPD das ehrenamtlich tätige Element im Funktionärskörper überwiegend ist, während kommunistischerseits selbst im kleinsten Ort der Parteiapparat großzügig aufgebaut ist. In vielen mittleren Orten (20000–30000 Einwohner) hat man auf kommunistischer Seite 3–4 hauptamtlich bezahlte Sekretäre, während bei uns manchmal ein hauptamtlich eingesetzter Genosse tätig ist, in der Hauptsache aber immer nur ehrenamtlich tätige Genossen eingesetzt sind. (...) Zwangsläufig kann der SPD-Apparat die kommunistische Aktivität nicht auffangen. Die Vorschläge, die von seiten der KPD gemacht werden, kommen nicht zur Bearbeitung. Sie können einfach nicht zur Beachtung kommen, weil nur bei einem ungefähr gleich großen Organisationsapparat erst die Möglichkeit vorliegt, die seitens der KPD gemachten Vorschläge aufzufangen, zu kompensieren und schließlich auch seitens der SPD Initiative zu entfalten. Besonders in den mittleren und kleinen Städten und vor allem in den kleinen Orten liegt die Führung fast ausschließlich bei der KPD.«[265]

Die Ursachen sah er nicht allein im engen Zusammenspiel von KPD und sowjetischer Kommandantur gegen die SPD.[266] In dem einen oder anderen Fall mangle es an Kooperationsbereitschaft, weil ältere SPD-Genossen »noch zu sehr in der Vorstellungswelt von vor 1933«[267] lebten. Gniffke kam zu dem Fazit: »Aus allem ergibt sich die Feststellung, daß gegenwärtig vielfach die Voraussetzung für eine gute Zusammenarbeit (...) fehlt. Es ist darum auch außerordentlich schwer, die SPD-Funktionäre zu einem vorbehaltlosen Eingehen auf unseren Kurs zu bringen. Es wird in der Hauptsache die Aufrichtigkeit der KPD bestritten. Man nimmt die Mitteilung, daß die zentralen Instanzen sich einig sind und vertrauensvoll zusammenarbeiten, zur Kenntnis, meist aber mit einem Gesichtsausdruck, von dem man den Zweifel ablesen kann.«[268]

Der Bericht macht deutlich, daß die führenden Leute im ZA damals noch eindeutig für die Wiederherstellung der Einheit der Arbeiterklasse eintraten. Diese Haltung begann sich aber zu wandeln, wie die Entschließung belegt, die der Zentralausschuß am 15. Dezember 1945 als Verhandlungsgrundlage für die Sechziger Konferenz verabschiedete: »Bis zum Vollzug ihrer organisatorischen Vereinigung werden die beiden Parteien ihre volle organisatorische Selbständigkeit aufrecht erhalten.«[269] Einer Vereinigung auf der Ebene von »Ortsvereinen, Kreisverbänden, Unterbezirken, Bezirksverbänden sowie Landes-, Provinzial- und Zonenverbänden« wurde eine klare Absage erteilt. »Bevorzugung oder Benachteiligung« durch die »Besatzungsmächte« haben zu unterbleiben, hieß es. Auch der Wunsch, durch Wahlen das Stärkeverhältnis zwischen beiden Parteien zu bestimmen, wurde fixiert: »Beide Parteien halten es für richtig, mindestens bei den ersten kommenden Wahlen allgemein auf gemeinsame Listen zu verzichten.«

Vermutlich ging dieses Papier auf einen Kompromiß zwischen Einheitsbefürwortern und -gegnern innerhalb des ZA zurück, obwohl eine so klare Unterscheidung schwer zu treffen ist, wie Grotewohls Grundsatzreferat auf der Sechziger Konferenz zeigt. Er beteuerte zunächst, die Einheit der Arbeiterklasse sei notwendig[270], und führte im folgenden all jene Probleme auf, die ihr aus Sicht der SPD noch im Wege standen. So schien ihm das Bekenntnis der KPD zu einer unabhängigen, nationalen Politik und zur parlamentarischen Demokratie nicht wirklich glaubwürdig.[271] Grotewohl wies in diesem Zusammenhang auf den Widerspruch zwischen der demokratischen Programmatik und dem zentralistischen, antidemokratischen Parteiaufbau der KPD hin. Die KPD habe in letzter Zeit fälschlicherweise den Eindruck zu erwecken versucht, die Initiative zur Einheit der Arbeiterbewegung gehe allein auf sie zurück.[272] Ausführlich schilderte er die zahlreichen Versuche der Sozialdemokraten, mit den Kommunisten über eine Vereinigung beider Parteien zu diskutieren. Doch schließlich habe das Zentralkomitee (ZK) der KPD die organisatorische Einheit als verfrüht abgelehnt: »Seit dem 19. Juni 1945, an dem die Komm(unistische) Partei unser Angebot des sofortigen Zusammengehens der deutschen Arbeiterklasse abgelehnt hatte, waren gestern genau 6 Monate vergangen. (...) in diesen 6 Monaten haben wir leider erfahren müssen, daß die Komm(unistische) Partei anders handelt, als wir zu handeln bereit waren, und anders behandelt wird als die Soz(ial)dem(okratische) Partei. Das hat die Voraussetzungen zum Zusammenschluß und zur Zusammenarbeit nicht gerade verbessert. In unseren Mitgliedschaften ist eine tiefgehende Mißstimmung gegen die komm(unistische) Bruderpartei zutage getreten, und Zweifel sind aufgetaucht, ob die von der Komm(unistischen) Partei angestrebte Einheit von denselben Gefühlen der Kameradschaftlichkeit getragen ist wie die der Soz(ial)dem(okratischen) Partei. Unser Zentralausschuß läßt sich von solchen Stimmungen nicht leiten. Wir halten es aber für nötig, daß die Dinge so ausgesprochen werden unter uns, wie sie sind, und daß alle Unklarheiten zwischen uns beseitigt werden.«[273]

Die folgenden zehn Kritikpunkte waren weniger moderat formuliert. Grotewohl faßte darin seine Vorwürfe an die Kommunisten präzise zusammen. Mehrfach erklärte er, die Punkte zählten nicht zur Verhandlungsgrundlage für diese Konferenz,[274] gäben »aber den Sorgen, die in weiten Kreisen unserer Mitgliedschaft bestehen, sehr klaren Ausdruck«[275]. Vor allem monierte er, daß die KPD von der sowjetischen Besatzungsmacht nicht nur beim organisatorischen Aufbau (Versorgung mit Räumen, Autos, Papier für Druckerzeugnisse usw.), sondern auch bei der Besetzung von Stellen auf allen Ebenen der Verwaltung bevorzugt werde,[276] und verwies auf »Zeugnisse eines undemokratischen Drucks auf Sozialdemokraten«[277]. Punkt fünf enthielt sogar eine unverhohlene Drohung: »Der ZA der SPD erklärt weiter, daß er entschlossen ist, die Vertreter der SPD aus allen verantwortlichen Stellungen in den Organen der Selbstverwaltung zurückzuziehen, wenn nicht alsbald die (...) bezeichneten Voraussetzungen der Zusammenarbeit und der Einheit erfüllt werden.«[278] Außerdem wurde betont, daß man am Ziel einer einheitlichen Arbeiterpartei festhalte, aber erst nach Beseitigung der genannten Kritikpunkte und nach Herstellung der Reichseinheit der SPD Schritte zur Vertiefung der Aktionseinheit unternommen würden.[279]

Grotewohl erläuterte, warum er gemeinsame Listen für die anstehenden Kommunalwahlen ebenso ablehnte wie eine »Einheitsfront von unten« oder eine zonale Vereinigung beider Parteien, und sprach sich zudem gegen eine Ämterparität in einer möglichen Einheitspartei aus: »Erst durch die Wahl mit getrennten Listen kann das Stärkeverhältnis der beiden Arbeiterparteien festgestellt und dem Gesichtspunkt der Gerechtigkeit und Parität, die unmöglich eine mechanische Parität sein kann, Rechnung getragen werden.«[280] Daß man Wilhelm Piecks Angebot, auf die Parität unter Umständen zu verzichten, im Hochgefühl des Septembers 1945 niemals ernsthaft erwogen hatte, sollte sich als Fehler erweisen. Später waren die Kommunisten zu einer so weitgehenden Konzession nicht mehr bereit.

Angesichts der Fülle von Problemen sollte diese Konferenz eine Kommission einsetzen, die über die weitere Zusammenarbeit beider Parteien zu beraten hätte.[281] Grotewohl schloß sein Referat mit einer Bitte, die unerfüllt blieb: »In der Beurteilung unserer Stellungnahme erbitten wir von den komm(unistischen) Freunden genau dasselbe, was wir getan haben am 19. Juni 1945, als unser Vorschlag auf sofortige organisatorische Vereinigung der beiden Parteien von den Kommunisten abgelehnt wurde. Damals haben wir uns den Auffassungen der komm(unistischen) Genossen gebeugt und haben sie kameradschaftlich anerkannt, sind den Weg der gemeinsamen Aktion gegangen. Wir haben unsere gemeinsamen Beschlüsse gefaßt. Wir sind leider auf diesem Wege nicht mehr zueinander gekommen, sondern in den unteren Ausläufern der Organisation haben sich Schwierigkeiten gebildet, die wir heute wieder beseitigen müssen (…) Wir bitten nur darum, daß dasselbe Recht der Beurteilung, das wir kameradschaftlich Euch am 19. Juni eingeräumt haben, dem wir uns gebeugt haben, auch heute von Euch in der gleichen Kameradschaft uns zugebilligt wird.«[282]

Diese Rede war nicht frei von Widersprüchen. Insgesamt moderat im Stil, beinhaltete sie eine scharfe Kritik am Verhalten der KPD. Der Vortrag war von Gustav Klingelhöfer ausgearbeitet worden, die zehn Punkte stammten von Gustav Dahrendorf. Grotewohl trug diese Punkte vor, distanzierte sich aber wiederholt von ihnen und entband dadurch die Kommunisten davon, sich rechtfertigen zu müssen. Er und wohl auch die Mehrheit im Zentralausschuß wollten mit der Konferenz keinesfalls die Tür für eine Vereinigung von KPD und SPD zuschlagen, ebensowenig wollten sie durch eine sofortige organisatorische Vereinigung mit den Kommunisten auf dem Boden der sowjetischen Besatzungszone die Option auf einen SPD-Reichsparteitag aufgeben. Noch immer hoffte man, daß beides möglich sei, und versuchte deshalb auf Zeit zu spielen, wie Grotewohls Schlußwort auf der Konferenz zeigt: »Wir werden auch viele Widerstande im Westen noch zu überwinden haben, die Ihr nicht habt. Aber, Genossen, verlaßt Euch darauf: wir werden sie überwinden (Bravo!) oder wir werden die Schlußfolgerungen daraus ziehen, daß die Entwicklung im Westen, wenn sie sich nicht nach Richtlinien vollzieht, die wir alle für nötig halten, vor einer neuen Situation steht, [die, M. J.] neue Entschlüsse für uns erforderlich macht.«[283]

Grotewohl ließ hier erstmals erkennen, daß seine Geduld mit Schumacher nicht unerschöpflich war und er eine zonenmäßige Vereinigung nicht mehr ausschloß, falls mit den Westzonen keinerlei Einigung zustande kam. Er nahm zu diesem Zeitpunkt eine Mittlerrolle ein, vertrat sowohl den Standpunkt der Einheitsgegner, indem er erklärte, daß für ihn Vereinigung unter den augenblicklichen Umständen nicht in Frage kam, als auch die Haltung der Einheitsbefürworter, weil er weiterhin an der Einheitspartei festhielt.

Wegen der Bedenken gegenüber der KPD, die im Grotewohl-Referat und in den anschließenden Diskussionsbeiträgen der SPD-Vertreter laut wurden, schien ein Scheitern der Sechziger Konferenz unvermeidlich. Um so überraschender war es, als Max Fechner den zweiten Verhandlungstag mit der Erklärung eröffnete, »die Kommissionen, die (...) schon die Vorbereitungen für diese Konferenz getroffen«[284] hatten, seien über Nacht zu einer Einigung gekommen. Vermutlich haben sich beide Parteivorstände in der Nachtsitzung zu dieser gemeinsamen Erklärung durchgerungen, weil sie verhindern wollten, daß am zweiten Konferenztag noch mehr »Porzellan« zerschlagen wird. Über die Heftigkeit der Auseinandersetzung gibt am besten Wilhelm Piecks Vermerk an Grotewohl zum stenographischen Protokoll Auskunft: »Ich bitte Dich, das Stenogramm in Deine persönliche Verwahrung zu nehmen, damit es nicht in andere Hände außerhalb Eures engeren Kreises kommt.«[285]

Tatsächlich löste das »Sechziger Treffen« keines der zwischen den beiden Parteien entstandenen Probleme. Die Klärung von ideologischen Gegensätzen, die beispielsweise Walter Ulbricht im Juni 1945 so dringlich gefordert hatte, stand nicht einmal auf der Tagesordnung. Die verabschiedete Entschließung[286] der Konferenz sollte dennoch eine sehr wichtige Rolle im Vereinigungsprozeß von KPD und SPD spielen.

Der Kompromiß war wie üblich auf der Grundlage des KPD-Entwurfs für die Konferenz erzielt worden. Aus diesem Entwurf wurden lediglich jene Abschnitte herausgestrichen, denen die SPD nicht zustimmen wollte: die Aufstellung von gemeinsamen Kandidatenlisten für die kommenden Gemeindewahlen und die Forderung nach einer Einheit von unten, das heißt die Freigabe von Vereinigungen auf Orts-, Kreis- und Bezirksebene. Außerdem wurde das Bekenntnis zur demokratischen Republik um den Begriff »parlamentarisch« ergänzt.

Zu Beginn der gemeinsamen Entschließung bewerteten beide Parteien die Entwicklung seit der Niederlage des Hitlerregimes als positiv. Möglich sei das durch die gute Zusammenarbeit mit den anderen Parteien im antifaschistischen Block, vor allem aber durch die Kooperation von KPD und SPD geworden. Der folgende Satz mußte für jene, die den Inhalt der gestrichenen Passagen nicht kannten, mißverständlich sein: »Die Organisationsleitungen werden Anweisungen an die Organisationen über die weitere Zusammenarbeit der Genossen in beiden Parteien geben.«[287] Das klang, als seien sich die Führungen von KPD und SPD auf dieser Konferenz über eine Vereinigung bereits einig geworden und würden den unteren Parteiorganisationen die neuen Leitlinien demnächst mitteilen. Dieser Eindruck mußte sich noch verstärken, weil vermerkt war, daß beide Parteien für zukünftige Wahlen gemeinsame Programme aufstellen wollten. »Die Aufstellung gemeinsamer Wahlprogramme soll die Garantie bilden, daß der Wahlkampf nicht zu einem Kampf zwischen SPD und KPD wird, sondern als gemeinsamer Kampf der beiden Arbeiterparteien für eine Arbeitermehrheit geführt wird!«[288] Kein Wort darüber, daß es trotz der gemeinsamen Wahlprogramme keine gemeinsamen Kandidatenlisten geben würde, die Parteien also ihre organisatorische Selbständigkeit bewahren sollten.[289] Der Entschließung konnte man dann gar Eckpfeiler des zukünftigen Programmes der einheitlichen »Partei der sozialistischen Bewegung«[290] entnehmen.

»Grundsätzlich soll im Programm dieser Partei im Minimum die Vollendung der demokratischen Erneuerung Deutschlands im Sinne des Aufbaues einer antifaschistisch-demokratischen, parlamentarischen Republik mit gesetzlich gesicherten weitgehenden politischen, wirtschaftlichen und sozialen Rechten der Arbeiter und Werktätigen festgelegt werden; im Maximum soll das Programm die Verwirklichung des Sozialismus auf dem Wege der Ausübung der politischen Herrschaft der Arbeiterklasse im Sinne der Lehren des konsequenten Marxismus sein, wie sie im ›Kommunistischen Manifest‹, im Eisenacher Programm der Deutschen Sozialdemokratie und in der Kritik von Marx und Engels zum Gothaer Programm festgelegt sind.«[291]

Die neue Partei sollte unabhängig sein und die Interessen des deutschen Volkes vertreten.[292] Sie sollte auf dem Prinzip der innerparteilichen Demokratie basieren und sich im Sinne eines positiv verstandenen Internationalismus für Frieden, Demokratie und gegen Rassenhaß und Chauvinismus einsetzen.[293] Gleichzeitig sollte sie zur Einheit des Reiches beitragen: »Die baldige Verwirklichung der politischen und organisatorischen Einheit der Arbeiterbewegung ist eine dringende nationale Notwendigkeit; denn wie jede Zerklüftung in unseren Reihen die Aufspaltung Deutschlands begünstigen müßte, so bedeutet jeder weitere Schritt zur Festigung der Arbeitereinheit die Stärkung der Einheit Deutschlands!«[294]

Henry Krisch faßt den Eindruck, den die gemeinsame Entschließung von KPD und SPD hinterließ, zusammen:
»Although the SPD thus secured the omission of the most objectionable Communist clauses, the SPD's own views on such crucial issues as the timing and scope of unification or the future nature of interparty relations were nowhere evident. The consequence of this failure was that the Conference resolution awakened the impression that the SPD had acceded to the KPD schedule and conception of the future party.«[295]

Da das Ergebnis der Konferenz von beiden Parteien sehr unterschiedlich interpretiert wurde, war die Art und der Nachdruck, mit dem sie ihre Sicht unter das Volk brachten, wichtiger als das Resultat selbst. Hier war der SPD-Zentralausschuß dem ZK der KPD aufgrund von organisatorischen Mängeln und Zensurmaßnahmen durch die SMAD klar unterlegen.

Entscheidung für die Einheitspartei

Die Kommunisten hatten auf der Konferenz ihr Ziel, eine »verbindliche, auch terminliche Festlegung«[296] für eine Vereinigung von KPD und SPD zustande zu bringen, nicht erreicht. Deshalb nutzten sie die gemeinsame Entschließung der beiden Parteien zu diesem Treffen, um ihrer Vereinigungskampagne neuen Schwung zu verleihen. Der Druck, den die Kommunisten mit Hilfe der SMAD bereits seit Sommer auf die lokalen SPD-Gruppierungen ausgeübt hatten und der sich jetzt noch erhöhte, schien durch das Ergebnis der Konferenz nachträglich sogar eine Art »Legitimation« erhalten zu haben. Ab Mitte Januar setzte die KPD zusätzlich das Gerücht in Umlauf, es stehe bereits ein Termin für die Vereinigung fest, der 1. Mai 1946. Erst jetzt erkannte der Zentralausschuß, daß seinerseits Handlungsbedarf bestand, und versuchte, seine Interpretation des Konferenzergebnisses vor allem unter das eigene Parteivolk zu bringen. Man war mit dem Verlauf und dem Ergebnis der Konferenz offensichtlich zufrieden gewesen. Gustav Klingelhöfer erinnerte sich: »In dieser Erklärung [zur Sechziger Konferenz, M.J.] war alles gesichert, was wir auf der Konferenz verlangt hatten.«[297] Zu spät erkannte die Parteiführung den schweren taktischen Fehler, der begangen worden war, als man die strittigen Punkte lediglich aus der KPD-Vorlage streichen ließ, ohne sie explizit anzusprechen. Die Irritation in den untergeordneten Parteiinstanzen, die nun von seiten der KPD und der jeweiligen örtlichen sowjetischen Kommandantur gedrängt wurden, sich auf eine schnelle Vereinigung festzulegen, war nach dem Bekanntwerden der Entschließung groß. Der ZA wurde mit Anfragen aus den verschiedenen Bezirken überhäuft. In dieser Situation mußte Grotewohls Auftritt auf der Veranstaltung zum Geburtstag von Wilhelm Pieck kontraproduktiv wirken. Harold Hurwitz beschreibt in seinem Buch »Demokratie und Antikommunismus in Berlin nach 1945«, wie dies von der SMAD und den Kommunisten propagandistisch genutzt wurde: »Ganz anders, als Klingelhöfer empfahl, sorgte Otto Grotewohl dafür, daß dem Politikum dieses Tages auch sein eigener Stempel aufgedrückt wurde: Es kam zu der legendären Geste, einem Händedruck, der als Foto festgehalten, als Symbol der Entscheidung für die Einheit für immer zur Geschichte der SED gehören wird. Grotewohl begleitete diese Geste mit den Worten: ›Wir haben zwar keinen Ehrenbürgerbrief zu überreichen, aber einen Händedruck, der nicht nur für heute Bedeutung haben, sondern einmal für alle Zeiten währen soll.‹ Er hatte sich also noch nicht festgelegt; ›einmal‹ heißt nicht ›sofort‹. Aber die Äußerung wurde etwas anders wiedergegeben; in der ›Deutschen Volkszeitung‹ [Organ der KPD, M. J.] hieß es: ›(…) sondern so lange, bis diese Hände sich nicht mehr trennen werden‹, und in der ›Täglichen Rundschau‹ [Organ der SMAD, M. J.]: ›Die Hände sollen nie wieder getrennt werden.‹ Über die Feier wurde in den Organen von KPD und SMAD mit außerordentlichem Aufwand berichtet, im ›Volk‹ dagegen nur einmal auf der vierten Seite.«[298]

Wie bei der Entschließung der Sechziger Konferenz war auch hier nicht so sehr entscheidend, was gesagt wurde bzw. wie es gemeint war, sondern wie es interpretiert und propagandistisch umgesetzt wurde. Grotewohls Verhalten war aus Parteisicht unverantwortlich und wohl nur mit seinem bedauerlichen Hang zum Pathetischen zu erklären.

Erst zu Beginn des Jahres 1946 waren sich die Führer der Ost-SPD der Verwirrung der Parteibasis bewußt geworden und versandten Materialien an die Landesausschüsse und Bezirksvorstände. Zu Recht kommt Klaus-Peter Schulz zu der Einschätzung: »Der Zentralausschuß ließ (…) in einem Zeitabschnitt, in dem Tage eine halbe Ewigkeit zählten, das Schiff steuerlos treiben, bis es zu spät war.«[299] Die Sendung enthielt eine Liste mit den Streichungen aus dem ursprünglichen KPD-Entwurf. Dadurch konnte – wenn auch verspätet – den SPD-Mitgliedern signalisiert werden, daß sich SPD und KPD auf dieser Konferenz eben doch nicht im völligen Einklang befunden hatten.

Am 15. Januar 1946 wurde im ZA die aktuelle Lage analysiert. Die verabschiedete Entschließung bestätigte ausdrücklich die Vereinbarungen der Sechziger Konferenz und zeigte, daß der ZA das Treffen seinerseits als Sieg wertete. Angeblich hatte die Entschließung der Sechziger Konferenz klargestellt, daß eine organisatorische Vereinigung der beiden Arbeiterparteien zum jetzigen Zeitpunkt auf Bezirks-, Provinz-, Länder oder Zonenebene ausgeschlossen sei. Auch gemeinsame Kandidatenlisten für die anstehenden Wahlen seien nicht vorgesehen. Der Versuch, den Beschluß vom 15. Januar durch eine Veröffentlichung im Parteiorgan »Das Volk« auf dem schnellsten Wege zu verbreiten, scheiterte an der sowjetischen Zensur. Er wurde deshalb an alle Landes-, Bezirks- und Kreisverbände sowie an die Ortsvereine mit der erneuten Bitte verschickt, sie umgehend den Mitgliedern zugänglich zu machen.

Die Entschließung vom 15. Januar zeigte, daß der ZA die Situation völlig verkannte. Die Phase, in der man auf Zeit spielen konnte, war bereits vorbei. Während Kommunisten und Sowjetische Militäradministration eindeutig auf die baldige Vereinigung von KPD und SPD drängten, hatte sich die West-SPD unter Führung des »Büro Schumacher« Anfang Januar 1946 klar von den Genossen in der Ostzone distanziert. Auf Funktionärskonferenzen der amerikanischen und britischen Zone hatte Kurt Schumacher eine nahezu gleichlautende Erklärung verabschieden lassen, in der es heißt:

»Der Zentralausschuß in Berlin hat die Führung nur für die östliche Besatzungszone, die Partei der westlichen Zonen wird von dem politischen Beauftragten dieser Zonen in Hannover geführt. Dementsprechend sind Abmachungen und Beschlüsse der Partei in der östlichen Besatzungszone nicht bindend oder richtungsweisend für die Sozialdemokratische Partei in den westlichen Zonen (...) Zu den Mitteilungen über eine bevorstehende organisatorische teilweise oder völlige Einigung zwischen Kommunisten und Sozialdemokraten erklärt die Sozialdemokratische Partei der britischen Kontrollzone, daß die in Berlin oder sonstwo in der östlichen Zone getroffenen Vereinbarungen als nur aus den besonderen Verhältnissen und machtpolitischen Gegebenheiten in der Ostzone hervorgehend zu betrachten sind.«[300]

In Hannover wertete man das Ergebnis der Sechziger Konferenz als einen Durchbruch zur organisatorischen Vereinigung von KPD und SPD. Darauf deutet auch eine Äußerung Kurt Schumachers am 25. Dezember 1945 gegenüber seiner damaligen Sekretärin, Annemarie Renger, hin: »Wir müssen von hier aus handeln; die in Berlin können sich nicht mehr wehren.«[301] Für diese Lagebeurteilung zeichnete der Zentralausschuß selbst verantwortlich:

1. Man hatte offensichtlich den Parteifreunden in den Westzonen keine eigene Interpretation der Sechziger Konferenz zukommen lassen. Grotewohl meinte Anfang Januar 1946 in einem Interview zur Entschließung der West-SPD, eine solche Stellungnahme könne »sich im wesentlichen wohl nur aus der unzureichenden Information unserer Freunde in den westlichen Gebieten«[302] ergeben. War dies der Fall, dann traf die Hauptschuld niemand anderen als den Berliner ZA.

2. Schumacher sah seine Position als Führer der West-SPD durch die gemeinsame Entschließung von KPD und Ost-SPD noch einmal gefährdet. Der ZA hatte mit Absicht nicht erwähnt, daß er lediglich für die Sozialdemokraten in der sowjetischen Besatzungszone sprachbefugt war, um jede zonenmäßige Vereinigung zu verhindern und seinen Führungsanspruch auf die Gesamt-SPD nicht preiszugeben. Schumacher meinte, die ZA-Mitglieder hofften, so die Einheitssympathisanten im Westen gegen ihn mobilisieren und schließlich doch noch die ganze Partei auf den eigenen Kurs bringen zu können, und folgerte in dem oben erwähnten Gespräch mit Annemarie Renger: »Wir müssen von hier aus etwas in Gang setzen, damit diese [Einheits-, M. J.] Bewegung sich nicht im Westen fortsetzt.«[303] Die daraufhin ausgearbeitete Resolution der West-SPD wurde fast einstimmig verabschiedet. Schumachers Zweifel an seiner Position innerhalb der West-SPD waren zu Beginn des Jahres bereits völlig unbegründet.[304]

In der Ost-Parteileitung konnte in dieser Phase kein Konsens mehr über den Kurs in der Vereinigungsfrage erzielt werden. Im Endeffekt blockierte man sich selbst. Die Streitigkeiten in diesem Punkt sollten auf dem Treffen der Führung der Ost-SPD am 10. und 11. Februar 1946 offen zutage treten. Zwei Begegnungen in den ersten Februartagen sorgten dafür, daß Grotewohl seine Mittlerrolle aufgab und nun für die baldige Einheitspartei plädierte.

Anfang Februar schaltete sich Marschall Shukow – knapp einen Monat vor seiner Ablösung – noch einmal persönlich in die Vereinigungskampagne ein. In einem Gespräch mit Grotewohl machte er deutlich, daß das Festhalten des ZA an der Einberufung eines Reichsparteitages nicht mehr glaubwürdig sei. Da im Januar die Errichtung einer Zentralverwaltung für ganz Deutschland an dem Einspruch Frankreichs gescheitert war, würden die Zonengrenzen in ihrer jetzigen Form – aller Voraussicht nach – auf unbestimmte Zeit bestehenbleiben. Zudem habe die Resolution der West-SPD vom Januar 1946 noch einmal bewiesen, wie deutlich dort die Idee eines Reichsparteitages für die nahe Zukunft abgelehnt wurde. Ein weiteres Beharren auf seiner jetzigen Position entlarve den ZA als Einheitsgegner. Bis Ende des Monats, so das Ultimatum Shukows, müsse sich Grotewohl entscheiden, ob er aufgrund der Gegebenheiten einer zonalen Vereinigung von KPD und SPD zustimme oder versuchen wolle, seine bisherige Politik fortzusetzen. Für den Fall des Einlenkens stellte er in Aussicht:

»Gegenüber Deutschland: Die UdSSR verpflichtet sich, die territoriale Integrität des deutschen Staates zu bewahren und die Abtrennung von Ruhr und Saar zu verhindern. Gegenüber der Ostzone: Die ›wilden‹

Demontagen werden eingestellt. Von den 4 000 in die Sowjetunion zu transportierenden Fabriken werden 3 600 auf deutschem Boden bleiben. Die Rote Armee wird unmittelbar nach der Fusion die Zone verlassen, wobei eine provisorische Zonenregierung unter Vorherrschaft der Einheitspartei eingesetzt wird (als Prototyp einer zukünftigen Reichsregierung zu verstehen).

Gegenüber Grotewohl: Shukow bietet Grotewohl die Absetzung Ulbrichts an. Das heißt, daß Grotewohl der wirkliche Führer der Partei sein wird. Auf lange Sicht wird die sowjetische Regierung die Kandidatur von Grotewohl zum Reichskanzler unterstützen.«[305]

Die verbleibende Zeit nutzte Grotewohl zu einem weiteren Zusammentreffen mit Schumacher. Noch immer hatte er die Hoffnung nicht ganz aufgegeben, mit dem Führer der West-SPD zu einer Übereinkunft zu kommen. In einem Brief vom 30. Januar 1946 an den KPD-Vorsitzenden Wilhelm Pieck beklagte er sich darüber, daß dieser in einem für die erste Nummer der Zeitschrift »Einheit« geplanten Artikel Schumacher scharf angriff:

»Ich bin etwas überrascht, daß Du in diesem Aufsatz persönliche Angriffe gegen unseren Genossen Schumacher und Hoegner [Vorsitzender des SPD-Landesverbandes Bayern, M.J.] in dem Sinne bringst, daß Schumacher und Hoegner in eine Linie mit der deutschen Reaktion gestellt werden. (...) Ich bitte Dich, die genannten (...) Formulierungen wegfallen zu lassen oder entsprechend zu ändern, da sie entweder der Kameradschaftlichkeit und den Tatsachen nicht entsprechen oder, was viel schlimmer ist, die dringend notwendigen Verhandlungen mit unseren westlichen und süddeutschen Genossen von vornherein erschweren oder ganz zum Scheitern verurteilen. Auf diese Verhandlungen kann ich nicht verzichten, die Gründe kennst Du genau, darum muß ich auf der Berücksichtigung meiner Einwände gegen Deine Formulierungen bestehen.«[306]

Das Treffen zwischen Grotewohl/Dahrendorf und Schumacher/Kriedemann fand am 8. Februar 1946 in Braunschweig statt. Bei dieser Zusammenkunft »sollte versucht werden, Schumacher für die Linie zu gewinnen, die der Zentralausschuß während der Sechziger Konferenz eingenommen hatte, um den Sowjets und den Kommunisten das Argument zu entreißen, daß die ›Einheit‹ sich wegen des Widerstandes der West-Zonen-SPD nicht in ganz Deutschland verwirklichen lasse und also zunächst in der Sowjetzone allein hergestellt werden müsse«. [307] Grotewohl und Dahrendorf informierten die Vertreter der Westzonen zunächst ungeschminkt über ihre Lage und erklärten, es gäbe keine Möglichkeit mehr, die Vereinigung mit der KPD länger hinauszuzögern.[308]

Als Schumacher ihnen daraufhin riet, die Partei aufzulösen, erklärten die beiden ZA-Mitglieder, dazu sei es zu spät, da sie nicht mehr die volle Kontrolle über die einzelnen Parteiinstanzen besäßen.[309] Nötigenfalls würden diese untergeordneten Parteiebenen auf eigene Faust die Fusion mit den Kommunisten durchführen.»Nach Ansicht von G.[rotewohl, M. J.] und D.[ahrendorf, M. J.] ist die Einheitspartei in der Ostzone jetzt unvermeidlich. In dieser Einheitspartei kommt es G.[rotewohl, M. J.] darauf an, ›sozialdemokratisches Gedankengut organisatorisch zusammenzufassen und politisch zum Einsatz zu bringen.‹«[310]

Grotewohl und Dahrendorf rechtfertigten nachdrücklich die Ziele der sowjetischen Besatzungsmacht: »Die Berliner Genossen behaupteten, daß es sich für Rußland bei der Betreibung der Einheit nicht um den Versuch der Bolschewisierung Deutschlands handle, sondern nur um politische Garantien für die Sicherheit Rußlands. Die Russen hätten klar erkannt, daß die KPD keine politische Garantie sei, weil sie keinen maßgebenden politischen Faktor darstelle. Die Russen hätten wiederholt betont, daß sie nicht bereit seien, alle Ansichten der KP über die Sozialdemokraten zu teilen. Die Russen betreiben die Einigung der Arbeiterparteien unter dem Gesichtspunkt ihrer nationalen Sicherung. Ebenso sei die Bodenreform und die Industriereform kein Versuch der Bolschewisierung, sondern gehöre nach der Auffassung der Russen auch zu den Maßnahmen zur Sicherung Rußlands.«[311]

Mit einer solchen Deutung der sowjetischen Außenpolitik stießen die beiden Berliner Sozialdemokraten bei Schumacher auf taube Ohren. Für ihn war die Sowjetunion eine imperialistische Macht, deren Hegemonieansprüchen man mit allen Mitteln entgegenzutreten hatte. Deshalb lehnte er es ab, sich für einen Reichsparteitag stark zu machen oder seine Polemik gegen die UdSSR zu zügeln. Er war nicht bereit, von seiner bisherigen Haltung abzurücken, um den – in seinen Augen – von vornherein zum Scheitern verurteilten Versuch Grotewohls, innerhalb der Einheitspartei sozialdemokratische Werte durchzusetzen, zu unterstützen. Die einzige Möglichkeit, Schumacher in die Probleme der Ost-SPD einzubinden, hätte wohl darin bestanden, ihm die alleinige Führung der Gesamtpartei anzubieten.

Mit welcher Geringschätzung man in Hannover die Vertreter des ZA mittlerweile behandelte, verdeutlicht ein Brief Herbert Kriedemanns vom 14. Februar 1946. Er berichtete Jupp Kappius in Bochum über die Braunschweiger Zusammenkunft: »Es war keine aufgeregte Diskussion, und alle meine wochenlang aufgesparten ärgerlichen Formulierungen habe ich unbenutzt wieder mit nach Hause gebracht. Erinnerst Du Dich noch, wie sie in Wennigsen ankamen, welche Forderungen sie stellten, welchen Anstrich sie sich gaben? Das ist alles vorbei. Es ist eine verfluchte Sache, wenn so kleine Leute ihre Pfoten in eine so große Angelegenheit stecken.«[312]

Otto Grotewohl mußte nun entscheiden, ob er entweder dem Rat Schumachers folgen und die SPD auflösen oder die Partei in die Vereinigung mit der KPD führen sollte.

Dem Aufruf zur Selbstauflösung wären damals nicht mehr alle Sozialdemokraten nachgekommen, da der ZA bereits die Kontrolle über die Partei verloren hatte. Dieser Schritt hätte zwar für den Augenblick einen beträchtlichen symbolischen Wert als Zeichen des Protestes gehabt. Auf längere Sicht mußte sein Nutzen aber als zweifelhaft erscheinen, bedeutete er doch den Verzicht auf jeglichen Versuch, in Zukunft sozialdemokratische Politik in der Ostzone zu machen.

Da Grotewohl Schumachers Ansicht – es sei unmöglich, unter den Sowjets eine unabhängige Politik zu betreiben – nicht teilte, mußte ihm die Selbstauflösung nicht als zwingende Notwendigkeit erscheinen, sondern sogar als Fehler. Grotewohl war nicht der einzige im ZA, der die westliche Besatzungspolitik keineswegs als die bessere Alternative bewertete. Dafür gab es mehrere Gründe: die fehlende Unterstützung der Politik des ZA in Berlin, die deutschlandpolitischen Konzeptionen der westlichen Führungsnation USA – etwa der Morgenthau-Plan (»Germany's road to peace leads to the farm«[313]) –, die zunächst rigide Besatzungspolitik (»Deutschland wird nicht besetzt zum Zwecke seiner Befreiung, sondern als ein besiegter Feindstaat. (...) Die Verbrüderung mit deutschen Beamten und der Bevölkerung werden Sie [die Befehlshaber der amerikanischen Streitkräfte, M. J.] streng unterbinden.«[314]), die inkonsequente Entnazifizierung und der schleppende Aufbau der Parteien. Zur Jahreswende 1945/46 schätzte der ZA ein, »daß man politisch gesehen in Berlin und in der Sowjetzone viel weiter gekommen sei«[315] als in den westlichen Besatzungszonen.

Auch aufgrund dieser Analyse mußte es Otto Grotewohl wichtiger erscheinen, die Ost-SPD zusammenzuhalten, als sie aufzulösen. Denn einer geeinten SPD stände die Möglichkeit offen, die zahlenmäßig kleinere KPD zu majorisieren und so einer Einheitspartei ein sozialdemokratisches Gesicht zu geben.

Darüber hinaus hatte das Problem für Grotewohl eine ganz persönliche Komponente. Löste er die Ost-SPD auf, hätte er in den Westen übersiedeln müssen. Die Fortsetzung seiner politischen Karriere dort in einer von Schumacher geführten SPD wäre mehr als fraglich gewesen. Wagte er hingegen den Schritt zur Einheitspartei, konnte er auf lange Sicht seine Vision von der Wiederherstellung der Einheit der Arbeiterklasse vielleicht doch noch verwirklichen. Neben der Massenbasis der SPD sprachen weitere Faktoren dafür, daß die Chancen so schlecht nicht standen. Schließlich hatte sich sein Verhältnis zur sowjetischen Besatzungsmacht in den letzten Monaten insgesamt gut entwickelt, und mit dem KPD-Vorsitzenden Wilhelm Pieck verband ihn sogar eine freundschaftliche Beziehung.

Die Mitglieder des ZA machten sich ihre Entscheidung für oder gegen eine Vereinigung mit der KPD nicht leicht. In einem Schreiben an Grotewohl vom 4. Februar 1946 erörterte Gustav Klingelhöfer die Problematik.[316] Grotewohl, der den Brief vermutlich erst nach seiner Rückkehr von dem Treffen mit Schumacher zu Gesicht bekam,[317] versah das Dokument mit einer Reihe von Randbemerkungen, die über sein eigenes Urteil Aufschluß geben.

Klingelhöfer stellte fest, daß die KPD weiterhin allein im Interesse der Sowjetunion handeln werde: »Der ausfallende Haß von Pieck und Ulbricht gegen Schumacher (...) ist sofort erklärlich, wenn das außenpolitische Interesse der Sowjetunion beachtet und die Bindung der KPD an dieses Interesse berücksichtigt wird. Die Sowjetunion will die Einheit jetzt in der Zone und sehr bald, um eine Wirkung Schumachers in den Osten auszuschließen, aber noch mehr, um durch ›das Beispiel‹ in der Zone in die westliche SPD die Diskussion um die Einheit, d. h. die Spaltung zu tragen. Um dies zu erreichen, ist der Führung der Sowjetadministratur jedes Mittel willkommen, von der Schmeichelei bis zum luxuriösen Geschenk, von der Ausnutzung der Unorientiertheit bis zur versteckten oder offenen Drohung, so daß in der Tat das Bild vom ›goldenen Käfig‹ sehr aktuell ist. Die KP ist voll und ohne jedes Bedenken um die Konsequenz, wobei nur bei Pieck gewisse moralische Rückfälle manchmal sichtbar werden, in die Linie eingeschwenkt.«[318] Die Sowjetunion wolle eine zonale Vereinigung von SPD und KPD »unter allen Umständen«[319] bis zum 1. Mai 1946 herbeiführen, da die Wahlniederlagen der KPD in der amerikanischen Besatzungszone am 20. und 27. Januar und die bevorstehende Kommunalwahl in der britischen Besatzungszone im Mai eine Bedrohung für ihre Konzeption darstellten.

Seit der von ihm mitverfaßten Novemberrede sah Klingelhöfer die SPD, zum Teil durch eigenes Verschulden, auf einem Rückzug. Die Sowjetunion habe »ob zu Recht oder zu Unrecht, seitdem in die Einheitlichkeit des Zentralausschusses Zweifel gesetzt und danach verfahren. Wir selbst waren in dieser von uns selbst verschuldeten Situation gezwungen, eine der wenigen uns zur Verfügung stehenden Aktiven im Kampf um die Führung in der Einheitsfrage und im Spiel mit der sowjetischen Außenpolitik, unsere positive Stellungnahme zur Ostorientierung, als

Beschwichtigungsmittel (!) zu opfern, also ohne jeden Nutzen für die Partei.«[320]

Das Ergebnis der Sechziger Konferenz wertete Klingelhöfer mittlerweile als Niederlage für den ZA, der sich selbst aus dem Dilemma befreien müsse. Er warnte ausdrücklich vor »der Urabstimmung der Mitglieder. Zunächst wäre es eine Flucht der Führung aus der Verantwortung. Die Führung der SPD steht so im Rampenlicht der Weltöffentlichkeit, daß sie allein es wagen kann, in freier Entschließung Ja oder Nein zu sagen. Sie mit äußeren Mitteln oder mit einem Befehl zu einem Entschluß zwingen zu wollen, hat Konsequenzen, die niemand auf sich nehmen kann. In den Bezirken wäre das, wie wir wissen, fast schon möglich, ohne allzusehr aufzufallen; in der anonymen Sphäre der Mitglieder aber ist der Erfolg des Zwanges sicher. Es ist um so sicherer, als uns weder eine freie Presse, noch eine freie Agitation zur Verfügung steht.«[321]

Trotz allem – und das macht deutlich, wie tief der Wunsch nach einer Einheitspartei verwurzelt war – schloß Klingelhöfer die Vereinigung nicht aus, im Gegenteil: »In einem einheitlichen Staatsgebiet mit einheitlichen gesellschaftlichen Produktionsverhältnissen ist die Einheit der Arbeiterklasse in einer sozialistischen Partei oder mindestens als Aktionseinheit notwendig.«[322] Er forderte lediglich, die wahren Absichten und Beweggründe der Kommunisten zu berücksichtigen.[323] »Bleibt die Entscheidung den Reichsparteitagen überlassen, so ist die Entscheidung auch nicht leicht. Aber wir teilen dann die Verantwortung mit der Gesamtpartei.«[324] Otto Grotewohl hat den letzten Satz unterstrichen und mit zwei Ausrufungszeichen versehen, nur allzugern hätte er die schwierige Entscheidung über die Vereinigungsfrage einem Reichsparteitag der SPD überlassen.

Klingelhöfer behauptete, die Zweifel, ob die KPD »deutsch oder russisch«[325] sei, wären das entscheidende Hindernis auf dem Weg zur Einheit der deutschen Arbeiterklasse. »Wir haben gesehen, daß diese Zweifel berechtigt sind: die KPD geht heute nur von der Einheitlichkeit der deutschen Produktionsverhältnisse aus, sie will die Staatseinheitlichkeit des deutschen Volkes, sie will auch die formelle Souveränität Deutschlands und damit die formelle Freiheit der deutschen Arbeiterklasse, sie ist deshalb auch patriotisch und läßt sich in ihrem Patriotismus von niemanden übertreffen, sie will auch wie die SPD die Demokratisierung Deutschlands und die Bekämpfung aller imperialistischen und faschistischen Gefahren, – sie will die Diktatur der Arbeiter-, Bauern- und Soldatenräte, sie will die parlamentarisch-demokratische Republik und sie will für den Übergang zum Sozialismus eventuell auch einen eigenen Weg, sie will alles das in allen Ländern auch nach den Bedingungen dieser Länder – aber sie will alles das nicht nur und allein im Interesse dieser Länder, die KP will alles das auch im Interesse der Außenpolitik der Sowjetunion und, darauf kommt es an, nach den Wünschen der sowjetischen Außenpolitik. Die KP erkennt mit anderen Worten die Souveränität und die Vordringlichkeit des Eigeneninteresses ihrer eigenen Länder nicht voll an, auch nicht des eigenen Klasseninteresses.«[326]

Grotewohl fragte: »Steht die Außenpolitik der UdSSR uns so feindlich gegenüber? Was sagt die Denkschrift: Ostorientierung? War das alles falsch?«[327] und »Ist das nicht in Rußland u.[nd, M.J.] Deutschland für die Arbeiterklasse das gleiche?«[328] In der Tat waren Klingelhöfers Bedenken hinfällig, wenn man an den Thesen der Ostorientierung festhielt und annahm, daß die sowjetische Außenpolitik und die deutsche Arbeiterklasse die gleichen Ziele hatten: die Sozialisierung der deutschen Gesellschaft und Erhaltung des Weltfriedens. Grotewohls Kommentar ließ erkennen, daß er die Ostorientierung als Grundlage seines politischen Handelns ansah. Auch Klingelhöfer räumte ein, »daß wir als sozialistische Partei mit der sozialistischen Sowjetunion solidarisch verbunden sein wollen und daß unsere Ostorientierung es zu keinem Gegensatz zur KPD und zur sowjetischen Außenpolitik kommen zu lassen braucht, wenn die KPD in der Einheitspartei auf den Führungsanspruch verzichtet und die Sowjetunion der Einheitspartei die selbständige Entscheidung der außenpolitischen Fragen Deutschlands vertrauensvoll überlassen würde.«[329] Er fügte hinzu: »Die Hilfe der Sowjetunion ist Deutschland, auf die Dauer gesehen, sicherer als die kapitalistischer Länder.«[330] Grotewohl versah diese Äußerung ebenfalls mit zwei Ausrufungszeichen.

Der Schlußfolgerung, die SPD müsse sich auf jeden Fall einer zonenmäßigen Vereinigung widersetzen, stellte Grotewohl entgegen: »Haben wir denn nicht die Einheit gefordert? Sogar ohne Rücksicht auf Zonenfrage?« Klingelhöfers Haltung schließe eine Einigung aus, weil die Gründe, die gegen eine Vereinigung auf zonaler Ebene gesprochen hätten (»Bindung der KPD an die sowjetische Außenpolitik«[331]), auch auf Reichsebene dagegen sprechen würden.

Der Brief darf als ein Spiegelbild der zwiespältigen Haltung der meisten ZA-Mitglieder gelten. Die Mehrheit betrachtete die Einheit der Arbeiterklasse noch als Ziel, einem Teil war dieses Ziel bereits ferne Utopie, während andere, wie Grotewohl, auch in der augenblicklichen Lage eine Fusion von KPD und SPD noch für möglich hielten. Eine Diskussion, die im ZA sicher auf unbestimmte Zeit weitergeführt worden wäre, wenn nicht im Februar 1946 von außen eine Entscheidung erzwungen worden wäre.

Der ZA konnte vor dem Treffen mit dem SPD-Landesvorsitzenden keine einheitliche Linie finden. Die Meinungen reichten von Zustimmung für den Termin (Grotewohl) über Festhalten an der bisherigen Taktik (Gniffke) bis hin zum Vorschlag, die Partei aufzulösen (Dahrendorf). So gab die Geschlossenheit, mit der die Vertreter der Landesvorstände für den von der KPD vorgeschlagenen Termin eintraten, den Ausschlag.

Mit den Landesvorständen hatte sich die sowjetische Militäradministration eine besondere Möglichkeit der Einflußnahme geschaffen. Diese Parteigremien waren auf ihren Befehl zusätzlich zur traditionellen Bezirksgliederung der SPD in der Ostzone eingerichtet worden.[332] »Von hier aus konnten dann (...) die Zentren sozialdemokratischen Selbstbehauptungswillens, nämlich die schon relativ stabilisierten Parteiorganisationen in den Großstädten, so etwa in Leipzig, Chemnitz, Magdeburg und Rostock, relativ leicht in ihrer Opposition gehemmt und mundtot gemacht werden. Die Kommandanturen wiesen einfach darauf hin, daß die Parteien im Landesmaßstab genehmigt worden seien und daher den Weisungen des Landesvorstandes nachzukommen hätten.«[333]

Diese Gremien waren mit moskautreuen Leuten wie Heinrich Hoffmann besetzt worden. Der Landesvorsitzende der thüringischen Sozialdemokraten spielte auf der Konferenz als entschiedener Befürworter des Vereinigungstermins eine wichtige Rolle. Er löste auf Drängen der Sowjets Dr. Hermann Brill, den Verfasser des »Buchenwalder Manifestes«, ab, der sich vom Einheitsbefürworter zum Einheitsgegner entwickelt hatte.

Die Konferenz der Führung der Ost-SPD am 10. Februar 1946 verlief äußerst turbulent. Der Zentralausschuß brach unter dem Druck, eine klare Entscheidung zu treffen, endgültig auseinander und spaltete sich in eine Fraktion der Befürworter und eine Fraktion der Gegner der Einheitspartei. In einer ersten Abstimmung fand sich zunächst eine Mehrheit für die Ablehnung des Vereinigungstermins, als daraufhin die Landesvorsitzenden von Thüringen und Sachsen drohten, sich vom ZA loszusagen, entschloß man sich, ein zweites Mal abzustimmen. Diesmal kam es zu einem Patt, und die Entscheidung wurde auf den nächsten Tag verschoben.

Obwohl Otto Grotewohl bereits am 10. Februar[334] seine Zustimmung zum Vereinigungstermin der KPD in einem Interview erklärt hatte, scheint er an beiden Verhandlungstagen seine altbekannte Mittlerrolle eingenommen zu haben. Seine Aussagen waren widersprüchlich. Definitiv war seine Entscheidung, in jedem Fall bei den Genossen in der Ostzone zu bleiben.[335]

Die Einheitsbefürworter ließen keinen Zweifel mehr daran, daß sie die Vereinigung mit der KPD bis zum 1. Mai 1946 vollziehen würden. Notfalls wollten sie dafür eine Spaltung der Partei in Kauf nehmen. Heinrich

Hoffmann verkündete noch vor der entscheidenden Sitzung der Parteispitze am Vormittag des 11. Februars vor dem ebenfalls in Berlin stattfindenden Gewerkschaftskongreß, die Landesverbände von KPD und SPD in Thüringen würden am 7. April 1946 in Gotha zur Herstellung der Einheitspartei schreiten. Triumphierend konnte Walter Ulbricht dem Gewerkschaftskongreß verkünden: »Gewisse Leute haben uns gefragt: Aber diese Vereinigung geschieht doch unter Druck? Ich sage ganz offen: Jawohl, sie geschieht unter Druck! Seht mal an, diese Thüringer haben die Vereinigung beschlossen, ohne uns vorher zu fragen (große Heiterkeit). Ich sage ganz offen: Sie haben einen Druck auf uns ausgeübt, auf den Vorstand der SPD und der KPD! (Stürmischer Beifall.) Und die Sachsen haben einen Druck auf uns ausgeübt: Man hat dort ein gemeinsames Organisationskomitee für die Vereinigung der beiden Parteien geschaffen. Aus Halle – Merseburg kommt eine gleiche Mitteilung. Der Druck ist gegenwärtig schon so stark, daß sich die beiden Zentralvorstände in diesen Tagen darüber beraten werden, zu welchem Termin die Vereinigung vollzogen werden soll.«[336]

Als am gleichen Tag die Spitze der Ost-SPD erneut über den Vereinigungstermin abstimmte, fand sich eine Mehrheit für den KPD-Termin. Otto Grotewohl fuhr von der Sitzung direkt zum Gewerkschaftskongreß, um dort das Ergebnis bekanntzugeben. »Der Zentralausschuß der Sozialdemokratischen Partei Deutschlands ist nach Beratung mit den Vertretern der Bezirke zu dem Entschluß gekommen, der Mitgliedschaft der Partei alsbald die Einheit der beiden Arbeiterparteien zur Entscheidung vorzulegen. Der Zentralausschuß wird daher, nachdem die Verhandlung mit den Vertretern der westlichen Besatzungszonen ergeben haben, daß die Einberufung eines Reichsparteitages auf absehbare Zeit nicht möglich ist, sofort einen Parteitag für die sowjetische Besatzungszone einschließlich Berlins einberufen. Dieser Parteitag, dem Bezirks- und Landesparteitage vorangehen, soll über eine Vereinigung der beiden Parteien entscheiden.«[337]

Damit waren die Weichen endgültig gestellt. Der angekündigte zonale Parteitag der Ost-SPD, der abschließend über die Vereinigung mit den Kommunisten entscheiden sollte, hatte nur noch formalen Charakter. Die Entscheidung würde bereits auf den Bezirks- und Landesparteitagen fallen, auf denen die Delegiertenwahlen für den Parteitag stattfinden sollten. Deren Ausgang war nach Lage der Dinge vorhersehbar, war doch in der »Abgeschiedenheit« der Provinzen den Kommunisten und der sowjetischen Militärbehörde im Bedarfsfall Tür und Tor für jede Art der Manipulation geöffnet. Außerdem sahen viele Genossen keinen Sinn darin, die Streitigkeiten mit den Kommunisten und der Besatzungsmacht fortzusetzen. Erich Gniffke konstatierte nach einer Reise durch die Ostzone, die er Anfang 1946 unternommen hatte: »Überall mußte ich hören: Beschließt in der Zentrale endlich die Vereinigung, sonst machen wir sie örtlich. Wir wollen endlich Ruhe haben.«[338]

Ein weiteres Beispiel dafür, wie schwer die Mitglieder des Berliner Zentralausschusses sich ihre jeweilige Entscheidung in der Frage der Vereinigung machten, ist der Brief, den Gustav Dahrendorf am 17. Februar 1946 an Gniffke und Grotewohl richtete. Dahrendorf, einst ein entschiedener Verfechter einer sofortigen organisatorischen Vereinigung mit den Kommunisten und mittlerweile deren Gegner, erläuterte in dem Schreiben seinen Entschluß, die Ostzone zu verlassen und in den Westen überzusiedeln.

»Diese Entscheidung ist mir wahrlich nicht leicht gefallen, so wie ich weiß, daß Ihr Euch nicht leichten Herzens entschieden habt (...) Für uns alle stand eine eminent politische Frage zur Entscheidung, die nur politisch entschieden werden konnte (...) Meine Hoffnung ist, daß keine Zwangsläufigkeiten, die sich ergeben können und werden, ohne daß wir sie heute schon übersehen können, die hohe menschliche Achtung berühren werden, die ich gerade und vor allem vor Euch beiden empfinde. Ich will und werde sie mir bewahren (...) Herzlich Euer Gustav.«[339]

Da die Schreiben von Dahrendorf und Klingelhöfer während bzw. unmittelbar nach der Entscheidung des Zentralausschusses angefertigt wurden, besitzen sie große Authentizität. Der Vorwurf, jene Mitglieder des ZA,

Delegiertenkonferenz/Zonenkonferenz des FDGB in Berlin, Februar 1946; im Präsidium (von links): Otto Grotewohl, Jakob Kaiser und Stadtrat Jendretzki

die die Ost-SPD in die Einheitspartei geführt haben, seien ausnahmslos Karrieristen oder gar Verräter gewesen, erscheint als ungerechtfertigt. Die beiden Schreiben lassen auch erkennen, daß der ZA selbst in seiner Entscheidung für oder gegen eine Vereinigung mit der KPD frei war. Diese Entscheidung wurde ihm allerdings durch äußere Faktoren aufgedrängt. Maßgeblich war hierbei die in Wennigsen eingeleitete Spaltung der SPD und das kategorische Nein zu einem Reichsparteitag durch Schumacher. Beides verbaute dem ZA die Möglichkeit, sich weiterhin die Optionen Reichs- und Einheitspartei offenzuhalten und auf Zeit zu spielen. Für KPD und SMAD war damit klar ersichtlich, daß eine zonale Vereinigung das Maximum des im Augenblick Möglichen war. Da die Stimmung in der Ost-SPD eher gegen ein Zusammengehen mit den Kommunisten tendierte, produzierten sie die krisenhafte Situation des Februars 1946. Dem ZA blieben zwei Möglichkeiten: entweder die Ost-SPD möglichst geschlossen in die Einheitspartei einzubringen und darauf zu hoffen, daß sich die zahlenmäßig stärkeren sozialdemokratischen Parteimitglieder gegenüber der kadermäßig geschulten kommunistischen Minderheit durchsetzten, oder die Partei durch ein Nein zur Vereinigung zumindest partiell aufzulösen. Ein teilweises Auseinanderbrechen der Ost-SPD war in keinem Fall zu verhindern.

Wer als Einheitsgegner konnte, verließ nach dem 11. Februar 1946 die SBZ, wie Gustav Dahrendorf oder Gustav Klingelhöfer. Der Abwanderungsprozeß ehemaliger Weggefährten und Freunde von Otto Grotewohl erreichte 1948 mit der Übersiedlung Erich Gniffkes in den Westen seinen Höhepunkt. Grotewohl geriet auch deshalb in den fünfziger Jahren zunehmend in eine politische und menschliche Isolation. Auch die SPD-Verbände in den Westsektoren von Berlin stellten sich nun offen gegen die Parteiführung in Ostberlin und riefen zur Urabstimmung über den Kurs der Partei auf.

Diese Abstimmung ist das einzig authentische Barometer über die damalige Stimmung in der SPD. Der Urnengang blieb in Ostberlin und in der SBZ untersagt. Es gibt keinen Grund anzunehmen, daß die SPD-Mitglieder dort bzw. in den westlichen Besatzungszonen eine grundsätzlich andere Position vertraten. Zur Abstimmung standen zwei Fragen:

»Bist Du für den sofortigen Zusammenschluß beider Arbeiterparteien? Ja/Nein;

Oder bist Du für ein Bündnis beider Parteien, welches gemeinsame Arbeit sichert und den Bruderkampf ausschließt? Ja/Nein.«[340]

Einen Monat lang warben in den westlichen Sektoren Berlins Einheitsbefürworter und Einheitsgegner um die Stimmen der SPD-Mitglieder, beide Gruppierungen wurden zum Teil erheblich von den Besatzungsmächten unterstützt. Auch Schumacher kam nach Berlin, aber nicht, um in letzter Minute doch noch einen Kompromiß zwischen dem Zentralausschuß und ihm zu finden, sondern um die Einheitsgegner unter den Berliner Sozialdemokraten zu unterstützen. Begegnungen zwischen Otto Grotewohl und den Mitgliedern des Zentralausschusses fanden zwar noch statt, aber diese Treffen blieben ergebnislos. Erich Gniffke faßte ihre Atmosphäre zusammen: »Es war, als ob alle das Gefühl hätten: Wozu überhaupt noch reden? Es ist bereits fünf Minuten nach zwölf.«[341]

Die Abstimmung am 31. März 1946 brachte folgendes Ergebnis: 18 951 SPD-Mitglieder waren gegen einen sofortigen Zusammenschluß beider Parteien. Das entsprach 82 Prozent der abgegebenen Stimmen.[342] Mit diesem Ergebnis im Rücken vollzogen die Westberliner auf ihrem Parteitag vom 7. April 1946 den endgültigen Bruch mit der Ostberliner Parteiführung und wählten einen eigenen Parteivorstand. Trotzdem kann man die Abstimmung nicht ohne weiteres als einen Sieg der »Linie Schumacher« gegenüber der »Linie Grotewohl« werten[343], denn auf die zweite Frage antworteten immerhin knapp 62 Prozent der Befragten ebenfalls mit Ja und unterstrichen damit, daß die Idee einer Einheitspartei trotz allem, was geschehen war, noch erhebliche Anziehungskraft besaß.

Hier wurde nicht grundsätzlich gegen die Bemühungen des Zentralausschusses um die Wiederherstellung der Einheit der Arbeiterbewegung votiert. Lediglich der neue Kurs, der eine sofortige zonale Verschmelzung von SPD und KPD vorsah, stieß auf Widerstand.

Ursprünglich hatte der ZA für den 19. und 20. April 1946 nur einen Parteitag für die Ostzone einberufen wollen. Der erhebliche Widerstand von Mitgliedern der Ost-SPD, der sich gegen diesen offenen Bruch mit den Sozialdemokraten der drei westlichen Zonen abzeichnete, ließ es Grotewohl und Genossen opportun erscheinen, der Zusammenkunft durch die Einladung von Funktionären aus den Westzonen zumindest den Anschein eines echten SPD-Parteitages zu geben. Der Konflikt mit Schumacher war natürlich vorprogrammiert: Die Offenbacher Zonenkonferenz (26./27. Februar 1946) legte fest, »daß die Genossen, die sich – entgegen dem Beschluß zur Nichtteilnahme – am sogenannten Reichsparteitag der Ostzone beteiligen, gegen die Parteidisziplin verstoßen und damit automatisch ihren Austritt aus der SPD erklärt haben«[344]. Trotzdem nahmen noch 103 SPD-Funktionäre[345] aus dem Westen am »40. Parteitag« (19.– 20.04.1946) der SPD teil. Ein Parteitag, der vor allem dem Ziel diente, den Beschluß vom 11. Februar 1946 zu akklamieren. Einer sofortigen zonalen Verschmelzung von SPD und KPD stand endgültig nichts mehr im Wege.

Grotewohl und die deutsche Teilung (1946–1949)

Der Vorsitzende der Sozialistischen Einheitspartei

Am 21. und 22. April 1946 vereinigten sich SPD und KPD auf einem gemeinsamen Parteitag im Berliner Admiralspalast zur Sozialistischen Einheitspartei Deutschlands. Im Verlauf der Monate März und April 1946 hatten sich bereits die Organisationen auf der Kreis-, Provinzial- und Länderebene zusammengeschlossen. Der letzte Akt dieser Verschmelzung wurde mit einer symbolischen Geste der beiden Parteiführer eröffnet. Wilhelm Pieck betrat das Podium von links, Otto Grotewohl von rechts. In der Mitte angekommen, gaben sie sich demonstrativ die Hand. Dieser Händedruck, der zum Logo der Partei wurde, sollte symbolisieren, daß sich beide Parteien sowohl programmatisch als auch in der Frage der personellen Besetzung auf allen Parteiebenen genau in der Mitte trafen.

Vereinigungsparteitag von KPD und SPD im Berliner Admiralspalast, 21./22. April 1946; Händedruck von Wilhelm Pieck (KPD) und Otto Grotewohl (SPD); vorn links Max Fechner, 2. Reihe Hermann Schlimme und Wilhelm Koenen

Über den Parteitag wurde im neugeschaffenen Zentralorgan der Partei, der Zeitung »Neues Deutschland«, in aller Ausführlichkeit berichtet. Die SED publizierte hier auch die Grundzüge ihrer Programmatik im »Manifest an das deutsche Volk«[1]. Mit der Behauptung »Neben der Sozialistischen Einheitspartei Deutschlands haben die demokratisch-antifaschistischen Parteien, die auf dem Boden eines anderen Programms und einer anderen Weltanschauung stehen, ihre Daseinsberechtigung« erteilte man einem Einparteiensystem nach sowjetischem Muster eine klare Absage. Ferner bekannte sich die Partei zu einem eindeutig nationalen, sprich eigenständigen Kurs: »Unser Weg und unser Programm entsprechen den Interessen des deutschen Volkes, den Besonderheiten der deutschen Wirtschaft, Politik und Kultur.«

Zunächst bemühte sich die SED tatsächlich um die Erhaltung bzw. Wiederherstellung der deutschen Einheit auf der Grundlage einer antifaschistisch-demokratischen Ordnung, deren wesentliche Elemente – Entnazifizierung der Verwaltung, Enteignung von Kriegs- und NS-Verbrechern, Auflösung von Monopolen und Kartellen – man aus den Potsdamer Beschlüssen ableitete. Diese Haltung wurde von der UdSSR toleriert. Sie ließ die Staaten – speziell Deutschland – in ihrem Einflußgebiet bis Mitte 1948 einen eigenen, nationalen Kurs fahren. Zum einen hatte dies wirtschaftliche Gründe, da »sich die Sowjetunion Reparationen vor allem aus dem Westen Deutschlands, insbesondere dem Ruhrgebiet, erhoffte«[2]. Zum anderen sah die UdSSR ihre Sicherheitsinteressen nur durch gesellschaftliche Reformen, die die Machtverhältnisse zugunsten der politischen Linken verschieben würden, ausreichend gewahrt. Die von der SMAD bereits 1945 in ihrer Zone eingeleiteten sozialen Umwälzungen sollten deshalb nicht als konsequente Politik in Richtung einer deutschen Teilung interpretiert werden. Im Potsdamer Abkommen hatten die Alliierten als Ziel ihrer Politik deklariert, die Gefahr, die von Deutschland in Zukunft ausgehen könnte, zu minimieren. Im Gegensatz zur UdSSR wählten die westlichen Siegermächte den Weg, das industrielle Machtpotential Deutschlands in den westeuropäischen Interessenbereich einzubinden. Dies schloß gesellschaftliche Veränderungen, wie sie in der SBZ vorgenommen wurden, aus. Beide Seiten sahen in der Übertragung ihres jeweiligen Gesellschaftssystems auf ganz Deutschland die beste Garantie für das eigene Sicherheitsinteresse. Der in Potsdam gefaßte Vorsatz, die deutsche Einheit zu bewahren, hatte demgegenüber eine untergeordnete Bedeutung. Für den Fall, daß ihre gesamtdeutschen Pläne scheitern würden, behielten sich beide Seiten die vom Potsdamer Abkommen sanktionierte Option vor, ihre Ziele zumindest in ihrer eigenen Besatzungszone durchzusetzen.

Daß die Alliierten aufgrund der bedingungslosen Kapitulation Deutschlands als Initiatoren bzw. stille Dulder hinter jeder politischen Entscheidung der ersten Nachkriegsjahre standen, darf nicht zu dem Schluß verleiten, die deutschen Politiker hätten bis Mitte der fünfziger Jahre keine nennenswerte Verantwortung für die Entwicklung in ihrem Land gehabt. Die SED war jüngeren Untersuchungen zufolge von der sowjetischen Besatzungsmacht abhängiger, als bisher angenommen wurde,[3] doch sie war keineswegs »passives Vollzugsorgan der SMAD (...) Die interne Ausgestaltung der durch die Besatzungsmacht vorgeprägten Strukturen wurde vielmehr in der Hauptsache von der KPD/SED verantwortet (...) Und die SED war auch in der Lage, sich der Vormundschaft der SMAD zu entziehen, wenn sie es verstand, Sachzwänge zu schaffen.«[4]

Die deutschen Parteien ließen sich im wesentlichen von zwei Kriterien leiten: Kurt Schumacher schloß eine nationale Politik, die allein deutsche Interessen vertrat, aus, solange Deutschland lediglich Objekt der alliierten Strategie war. Jede Partei könne nationale Belange nur mit Billigung einer der Besatzungsmächte verfolgen, dies setze Übereinstimmung mit deren Interessen voraus. »Die richtige Politik in der Frage einer nationalen Repräsentation war für die SPD deshalb, so lange auf gesamtdeutsche Initiativen zu verzichten, bis sich die Siegermächte über die Rahmenbedingungen zu ihrer Konstituierung geeinigt hätten.«[5] Otto Grotewohl, aber auch Politiker wie Konrad Adenauer lehnten dagegen politische Enthaltsamkeit strikt ab. Grotewohl erklärte:

»Das Wesen einer politischen Partei besteht darin, die Gestaltung politischer Entwicklungen zu beeinflussen. Wir sind uns darüber klar, daß bei den gegenwärtigen Machtverhältnissen in Deutschland diese Gestaltungsmöglichkeiten der politischen Parteien eingeengt sind. Nachdem jedoch die Besatzungsmächte die politische Betätigung zugelassen haben, ist es selbstverständliche Pflicht der Parteien, im Rahmen der ihnen belassenen Möglichkeiten zu versuchen, wegweisend in die Gestaltung Deutschlands vom Standpunkt der deutschen Interessen einzugreifen.«[6]

Er schloß eine Überschneidung von Interessen deutscher Politik und einer Besatzungsmacht nicht wie Schumacher a priori aus, sondern setzte sie als gegeben voraus. In einer Politik des Gebens und Nehmens könne man sukzessive all jene deutschen Interessen durchsetzen, die nicht im direkten Gegensatz zu den Interessen der jeweiligen Siegermacht standen.

Weder die eine noch die andere Strategie vermochte die deutsche Teilung zu verhindern. Die Anhänger der ersten entwickelten keinen entschlossenen Widerstand dagegen und wurden insofern bestätigt, als die meisten deutschen Politiker die Spaltung sogar über das bloße Besatzungsrecht hinaus legitimierten. Vertreter der zweiten Strategie sollten

– das zeigten die nächsten Jahre – niemals in der Lage sein, ohne Vorbedingungen Vorschläge zur Lösung der deutschen Frage zu unterbreiten. Vorbedingungen, die für den jeweiligen Gesprächspartner in Ost oder West unannehmbar waren und das Scheitern der Initiative immer vorwegnahmen. Wenn die Positionen dieser Politiker mit denen der Alliierten kollidierten, mußten sie sich für Opposition oder Unterordnung entscheiden.

Der Protagonist der SED in bezug auf das Thema »Deutsche Einheit« war fraglos Otto Grotewohl, er zeichnete dafür mitverantwortlich, daß es nach der staatlichen Teilung in der Programmatik der SED eine zentrale Bedeutung behielt. Für ihn war die deutsche Einheit auf das engste mit der Herstellung der Einheit der Arbeiterbewegung verbunden. Die Gründung der SED schien ihm eine Etappe auf dem Weg, diese beiden Ziele zu verwirklichen. Auf dem gemeinsamen Bezirksparteitag von SPD und KPD in Berlin stellte er am 15. April 1946 fest:

»Wir wissen, was die Entwicklung in Berlin bedeutet. Sie hat ihre Auswirkungen auf die Entwicklung der Arbeiterklasse in ganz Deutschland. Die Entwicklung, die von Berlin als Hauptstadt ausgeht, wird sich auch über die Grenzen der westlichen und südlichen Zonen Deutschlands hinweg ausbreiten trotz aller Hindernisse, die man ihr entgegenstellen will. Einheit ist ein Begriff, der nicht nur bei uns zu Hause ist, sondern den auch die Arbeiterklasse des Westens und Südens zutiefst in ihrem Herzen trägt. (…) Darum ist für uns auch in der Frage der Vereinigung die Elbe keine Grenze. Wir wollen und wir werden den Gedanken der Einheitsorganisation der Arbeiter in die anderen Gebiete Deutschlands hinübertragen, und ich bin unerschütterlich von dem Glauben erfüllt, daß diese riesengroße Volksbewegung über jeden Widerstand, möge er nun aus Hannover oder sonst woher kommen, wie eine große Walze hinweggehen wird.«[7]

Von dieser Wirkung der SED ausgehend, wertete Grotewohl während eines Besuchs in der britischen Besatzungszone im Juli 1946 den Zusammenschluß von SPD und KPD in der Ostzone als einen Schritt in Richtung deutsche Einheit.

»Auf dem deutschen politischen Spielfeld muß eine starke politische Kraft vorhanden sein, die der Träger des deutschen Einheitswillens zu sein hat, wenn nicht die deutsche Einheit ganz und gar zerfallen soll.

Wird ein solcher Einheitswille nicht stark spürbar, ist die Zersetzung Deutschlands unaufhaltsam. Kämpft ein solcher Einheitswille nicht gegen die Zersetzungstendenzen an, so findet sich das Ausland, ebenso sehr wie das deutsche Volk mit der Auflösung des Gesamtkörpers ab.

Hinter dem Prozeß der Einigung der sozialistischen Parteien wirkt dieser deutsche staatliche Einheitswille.

Er ist sogar die stärkste Triebkraft, die dabei zur Geltung kommt. So hat die Einigung der sozialistischen Parteien, die sich vorerst in der sowjetischen Besatzungszone vollzogen hat, in keiner Hinsicht partikularistischen Beigeschmack, gerade das Gegenteil ist der Fall. Dieser Einigungsvorgang mobilisiert alle Kräfte des deutschen Volkes, die nicht bereit sind, die deutsche Einheit preiszugeben und zu verraten.«[8]

»Die Elbe ist für uns keine Grenze«, diese von Grotewohl in der Rede vom 15. April 1946 ausgegebene Losung gehörte lange Zeit zu den zentralen Schlagwörtern der SED-Politik, und mit Artikeln wie »Die Einheit marschiert im Westen«[9] oder »Der Ruf zur Einheit«[10] versuchte das »Neue Deutschland« seinen Lesern in den ersten Jahren nach der Gründung der SED noch zu suggerieren, auch in den westlichen Besatzungszonen werde sich die Idee der Einheitspartei durchsetzen. Warum sollte jemand zum damaligen Zeitpunkt daran zweifeln, wenn er – wie Otto Grotewohl – von der inneren Logik und geschichtlichen Notwendigkeit dieser Entwicklung überzeugt war? Grotewohls Worte während des Händedrucks mit Wilhelm Pieck: »Ein alter Traum ist Wirklichkeit geworden, die Einheit der deutschen Arbeiterklasse«[11] waren durchaus ernstgemeint. Er hatte die Einheitspartei in dieser Form zwar nicht gewollt, aber er akzeptierte sie als das zur Zeit Mögliche, als die Basis, von der aus er seine politische Vision von der Herstellung der doppelten Einheit verwirklichen konnte.

Am 22. April 1946 bekundete Grotewohl seinen Willen, der neuen Partei all jene Kompetenzen zu übertragen, die er zuvor allein der SPD zugestanden hatte. Die SED war in seinen Augen von nun an für »die Rückkehr Deutschlands in den Umkreis der politisch selbstverantwortlichen Mächte«[12] zuständig, und sie allein konnte »der Träger des deutschen Einheitswillens«[13] sein. Hier, auf dem Boden der sowjetischen Besatzungszone, mußte man nun – quasi als Modell für ganz Deutschland – beweisen, daß die Idee von einer antifaschistisch-demokratischen Republik realisierbar war. Genauso wie die SED auf der Ebene der Parteien sollte nach Grotewohls Vorstellungen die SBZ auf der Ebene der Zonen zum Vorbild für ganz Deutschland werden. Auf der 3. Tagung des Parteivorstandes der SED am 18. Juni 1946 erklärte er hierzu: »Ich bin (...) davon überzeugt (...), daß das, was wir in unserer Zone zu schaffen vermögen, als ein leuchtendes Vorbild vor der Arbeiterklasse der anderen Zonen dastehen wird.«[14] Wie ein Magnet sollte der wirtschaftliche Aufschwung und die politische Freiheit in der SBZ auf die westlichen Zonen wirken.[15] Die Verwirklichung seiner politischen Ziele setzte voraus, daß Deutschland als staatliches Gebilde in absehbarer Zeit wiederhergestellt wurde. Nur »die Erhaltung der nationalen Einheit«[16] könne, so Grotewohl auf dem Vereinigungsparteitag, Deutschland aus den gegenwärtig katastrophalen Zuständen herausführen und seine Zukunft sichern. Die Ostzone, auf sich allein gestellt, hielt Grotewohl auf Dauer nicht für überlebensfähig. Auf der 12. Tagung des Parteivorstandes erklärte er in seinem Referat am 3. Juli 1947 zu diesem Problem: »Wenngleich die Fortschritte in der wirtschaftlichen Entwicklung der Ostzone uns mit Hoffnung erfüllen, daß wir uns in aufsteigender Linie bewegen, so müssen wir uns doch darüber klar sein, daß einer weiteren Ausdehnung der Friedensproduktion in der sowjetischen Besatzungszone durch die Absperrung von den Rohstoffquellen des Westens eine Grenze gesetzt ist. (…) Eine wirkliche Lösung des Problems ist (…) nur über den Zusammenschluß Deutschlands zur Wirtschaftseinheit, über eine einheitliche Planung und Verteilung der verfügbaren Rohstoffe im gesamtdeutschen Maßstabe möglich. (…) Eine Organisation des Wirtschaftslebens, wie wir sie in der Ostzone haben, entspräche den gesamtdeutschen Notwendigkeiten und Bedürfnissen und würde die Versorgung der Bevölkerung mit Gebrauchsgütern erheblich verbessern können.«[17]

Hatte für Grotewohl bisher die Herstellung der Einheit der deutschen Arbeiterbewegung Priorität, so erhielt durch den beginnenden Kalten Krieg und die damit verbundene fortschreitende deutsche Spaltung das Thema »Deutsche Einheit« immer mehr Gewicht.

Damit SBZ und SED auch in den anderen deutschen Besatzungszonen als tragbare Modelle akzeptiert würden, hätten ihnen die Sozialdemokraten eindeutig ihren Stempel aufdrücken müssen. Unmittelbar nach der Vereinigung von SPD und KPD zeichnete sich aber ab, daß die Sozialdemokraten die Kommunisten in der SED nicht wie erhofft majorisieren konnten. Statt dessen trat genau das ein, was Erich Gniffke bereits am 13. Februar 1946 vor dem Zentralausschuß der SPD prophezeit hatte: »Bringt man diese Apparate [der KPD und SPD, M.J.] in ihrer gegenwärtigen Konstruktion zusammen, so muß es zwangsläufig, vom SPD-Standpunkt aus gesehen, eine Fehlkonstruktion werden.«[18] Die Sozialdemokraten waren nicht in der Lage, die ihnen aufgrund der Parität zustehenden Plätze in der neuen Partei zu besetzen. So waren beispielsweise in der Berliner Zentrale der Einheitspartei von 350 Angestellten etwa 300 Kommunisten.[19] Eine Sozialdemokratisierung der SED war von vornherein ausgeschlossen, da die Kommunisten die geringere Zahl der Mitglieder durch ihre Überlegenheit im Parteiapparat mehr als kompensieren konnten. Der Mangel der SPD an geschulten, hauptamtlichen Funktionären wirkte sich nun aus. Eine Parität hätte sich nur durch Grotewohls striktes Beharren auf dem vereinbarten Prinzip durchsetzen lassen. Den Kommunisten wäre es leichtgefallen, dagegen mit dem Argument zu polemisieren, es gehe den Sozialdemokraten offenbar nicht um die Partei, sondern nur um Posten. Eine erste, tiefgreifende Krise in der SED wäre unvermeidlich gewesen, die dem Ansehen der Partei erheblich geschadet hätte. Grotewohl hätte auf der konsequenten Einhaltung der Parität bestehen bzw. schon als ZA-Vorsitzender dafür Sorge tragen müssen, daß die SPD über die notwendigen Kader verfügt.

Nach der Gründung der SED schien er aber völlig zu übersehen, daß in der Einheitspartei ein Machtkampf zwischen Kommunisten und Sozialdemokraten zu führen war und niemand anderes als er selbst an der Spitze der »sozialdemokratischen Legionen« hätte stehen müssen. Im Falle seines Sieges hätte er als historische Persönlichkeit ersten Ranges in die deutsche Geschichte eingehen können, im Falle seines Scheiterns zumindest als tragischer Held. Aber es sollte ganz anders kommen, denn Grotewohl kämpfte nicht um die Führung der Partei und verspielte so jede Möglichkeit, sie nach seinen Idealen zu formen.

Warum handelte Grotewohl so und nicht anders? Einige konkrete Gründe lassen sich benennen, andere zumindest erahnen:

Eine Auseinandersetzung zwischen Sozialdemokraten und Kommunisten innerhalb der SED hätte – wie oben bereits angedeutet – der Anziehungskraft der neuen Partei auf die Arbeiterbewegung in den westlichen Besatzungszonen zweifellos geschadet. Da die Sozialdemokraten die Kommunisten nicht majorisieren konnten, entschied Grotewohl, die innere Einheit, gestützt auf die vertrauensvolle Zusammenarbeit mit Kommunisten wie Wilhelm Pieck und Anton Ackermann, voranzutreiben, anstatt die junge Partei durch interne Machtkämpfe an den Rand der Spaltung zu treiben. Der Altersunterschied von achtzehn Jahren zwischen ihm und Pieck ließ wohl Grotewohl zudem hoffen, er werde einmal allein an der Spitze einer dann echten Einheitspartei stehen und mögliche Fehlentwicklungen ließen sich dann immer noch korrigieren.

Die taktische Überlegung, die Reputation der Partei nicht zu beschädigen, bot Grotewohl die Chance, sein persönliches Versagen zu rechtfertigen. Er besaß nicht das Format, einen Machtkampf innerhalb der SED durchzustehen. Paul Scholz, der lange Jahre Generalsekretär der Demokratischen Bauernpartei Deutschlands (DBD) war, stützt diese Vermutung: »Ich hatte oft den Eindruck, daß Grotewohl eine gewisse Scheu vor harten Auseinandersetzungen innerhalb der SED hatte.«[20] Dies kann nur zum Teil dem nach Ausgleich strebenden Charakter Grotewohls zugeschrieben werden. Auch der Kontrahent Walter Ulbricht ließ ihn davor zurückschrecken. Grotewohl war zwar mit Wilhelm Pieck in Parität zum Vorsitzenden der SED gewählt worden, doch Ulbricht sollte das Profil der neuen Partei prägen. Vorerst zwar als stellvertretender Parteivorsitzender (seine Parität war Max Fechner) noch im Schatten von Pieck und Grotewohl, zog er im Hintergrund bereits die Fäden. Ulbricht dürfte in den Augen der meisten Menschen wohl den personifizierten Apparatschik darstellen: menschlich kalt, linientreu und auf den eigenen Vorteil bedacht. Ob dieses Bild den Tatsachen wirklich entsprach, sei dahingestellt, von Interesse ist in diesem Zusammenhang allein, daß Grotewohl die Ansichten geteilt hat. Sein Urteil über Ulbricht läßt sich bis zum allerersten offiziellen Treffen zwischen Sozialdemokraten und Kommunisten zurückverfolgen.[21] Die Abneigung beruhte nicht allein auf politischen Differenzen, sondern wurzelte bereits im rein Menschlichen. Man kann es als eine Ironie des Schicksals ansehen, daß Grotewohl in der SED auf Ulbricht traf, der in mancher Beziehung Kurt Schumacher ähnlich war. Beide waren bekennende Machtmenschen. Für beide gab es kein pathetisches »In die Pflicht genommen werden« wie für Grotewohl,[22] beide strebten persönlich nach Verantwortung und Macht. Auch die Rolle des Vermittlers war ihnen fremd. Grotewohl mied Ulbricht deshalb und wich lieber vor ihm zurück, als sich mit ihm auseinanderzusetzen. Diese Taktik führte jedoch dazu, daß er sich von Ulbricht nicht abgrenzte und ein eigenes Refugium schuf, sondern letztlich seiner eigenen Entmachtung Vorschub leistete. Ulbricht nahm Zug um Zug alle Positionen ein, die Grotewohl geräumt hatte und zog die Herrschaft in Partei und Staat an sich. Für Grotewohl hatte, die Einheit der Partei, ihr geschlossenes Bild nach außen hin, Priorität. So berichtet Dr. Fred Stempel, der über viele Jahre in Partei und Regierung für ihn tätig war: »Wenn er [Grotewohl, M.J.] bei Gesprächen mit mir unter vier Augen gelegentlich seinem Ärger Luft machte und ich ihm sagte: ›(...) aber du sitzt doch im Politbüro, du kannst das doch ändern‹, erklärte er mir mehrmals, daß man sich genau überlegen müsse, wann es richtig und notwendig sei, zuzuspitzen; viele Dinge regele die Entwicklung im Vorwärtsgehen, ›Das Wichtigste‹, so betonte er bei solchen Gelegenheiten meist wörtlich, ›ist die Einheit der Partei, ihrer Führung, ihr kollektiver Standpunkt. Die Einheit der Partei dürfen wir nicht antasten – danach wird uns die Geschichte beurteilen.‹«[23]

Auch das Verhalten der Sowjets scheint Grotewohl falsch eingeschätzt zu haben. Sein Vertrauen in Shukows Zusagen vom Februar 1946 (siehe den Abschnitt *Entscheidung für die Einheitspartei*) wurde in einer kurzen Passage seiner Rede auf dem Vereinigungsparteitag deutlich: »Ich glaube nicht, daß es vermessen ist, und ich glaube auch nicht, daß die sowjetischen Besatzungsbehörden es mir etwa übel nehmen werden, wenn ich an dieser Stelle erkläre, daß die heute geschaffene Sozialistische Einheitspartei mindestens in der sowjetischen Besatzungszone durch ihre riesengroße politische Stärke eine so große Sicherheit für unseren Bestand in der sowjetischen Zone darstellt, daß wir auf die Bajonette der Russen nicht mehr angewiesen sind.«[24]

Die Broschüre, die 1946 diese Rede verbreitete, verzeichnete an dieser Stelle als Publikumsreaktion: »Tosender, nicht endenwollender Beifall und Bravorufe.«[25] Auch Wolfgang Leonhard erinnert sich, daß Grotewohl für diese Erklärung den »größten Beifall des gesamten Parteitages erntete«[26]. Er stand mit seiner Hoffnung auf mehr Selbstbestimmung und die Übernahme von Verwaltungskompetenzen, die nicht mit dem Wunsch nach der Bildung eines separaten Staates gleichzusetzen ist, keineswegs allein da. Sein Ziel war, a) unter Beweis zu stellen, daß der in der Ostzone eingeschlagene Weg in die deutsche Unabhängigkeit führt, und b) durch die Übernahme von Verwaltungsfunktionen einen Kompetenzvorsprung vor den westlichen Konkurrenzparteien zu gewinnen und so erste Schritte auf dem Weg zu gehen, den Anton Ackermann mit seiner These vom »besonderen deutschen Weg zum Sozialismus«[27] vorgezeichnet hatte. Die Sowjets waren jedoch keineswegs bereit, Shukows Versprechen einzuhalten und – gestützt allein auf die »Garantie« der SED – ihre Besatzungszone in die politische Unabhängigkeit zu entlassen. Noch bis 1955 griff die SMAD bzw. ab 1949 ihre Nachfolgeorganisation, die Sowjetische Kontrollkommission (SKK), »unmittelbar in die Gestaltung des ökonomischen und politischen Systems in der SBZ ein«[28]. Auch Grotewohls Hoffnungen, die Sowjets würden ihn anstelle von Ulbricht als ihren Vertrauensmann akzeptieren, zerschlugen sich, nachdem Shukow Anfang 1946 durch Marschall Sokolowski abgelöst wurde.[29]

Bei Otto Grotewohl ist nach 1946 ein deutlicher Linksruck festzustellen. Er »wurde von uns im Kampf erzogen«[30], urteilten später die Kommunisten in der SED über diese Entwicklung. Wilhelm Pieck hatte daran wesentlichen Anteil. Schon bald konnte man den ehemaligen KPD-Vorsitzenden, ohne zu übertreiben, als väterlichen Freund von Otto Grotewohl bezeichnen. Das Vertrauensverhältnis, das zwischen beiden bestand, prädestinierte Pieck dazu, Grotewohl in die Gedankenwelt des Marxismus einzuführen.[31] Das bedeutet aber nicht, daß hier ein »böser Kommunist« einen »unschuldigen Sozialdemokraten« »verführt« hätte. Grotewohl schienen die Sichtweisen und Erklärungsmuster, die ihm die Kommunisten für die Entwicklung Deutschlands und der Weltpolitik anboten, plausibel, so daß er sich »immer mehr in die marxistisch-leninistische Gedankenwelt einlebte« und »ehrlich diese Meinung vertrat«.[32] Er entfernte sich zusehends von der sozialdemokratischen Basis in der Partei, die nicht den gleichen Wandlungsprozeß durchmachte wie er. »Niemand hat mir bei der Vereinigung gesagt, daß wir eine kommunistische Partei sein sollen!«[33] rief ein Sozialdemokrat während der Mitgliederüberprüfung Anfang der 50er Jahre empört aus. Diese Klage richtete sich direkt gegen Grotewohl, der noch als ZA-Vorsitzender von den SPD-Mitgliedern blindes Vertrauen für seine Politik eingefordert hatte.[34] Wer ihm damals dieses Vertrauen geschenkt hatte, sah sich in den ersten Jahren nach der Gründung der SED schwer getäuscht, denn nun zeigte sich, daß er nicht fähig bzw. nicht gewillt war, seine Rolle als sozialdemokratischer Teil der SED-Doppelspitze auszufüllen.

Für Grotewohl waren die Genossen, die auf ihren sozialdemokratischen Wurzeln beharrten, Ewiggestrige und nicht in der Lage, den Bruderkampf zwischen Kommunisten und Sozialdemokraten endgültig zu begraben. Er berief sich auf das Recht eines jeden auf persönliche Weiterentwicklung. Trotzdem wäre es seine Pflicht gewesen, solange die Parität das offizielle Parteiprinzip darstellte, im Zweifelsfalle die Interessen des nichtkommunistischen Teils der Basis wahrzunehmen und ihren Sorgen und Vorbehalten Stimme zu verleihen. Wenn er dazu nicht bereit war, hätte er sich selbst von dieser Pflicht entbinden müssen. Zu diesem Schritt konnte er sich aber erst Mitte 1948 durchringen. Die Art und Weise, in der er sich von seinen sozialdemokratischen Wurzeln löste, war sehr umstritten (siehe hierzu den Abschnitt *Grotewohl legitimiert die Stalinisierung der SED*).

Das Amt in der neuen Partei bot Grotewohl ohne Zweifel einige Annehmlichkeiten, die er zu schätzen wußte[35] und die sein Urteil über manche Mißstände sicher milder stimmten. So zog Grotewohl kurz nach der Vereinigung in das Villenviertel Berlin-Niederschönhausen, das die Sowjets führenden Funktionären der SED zur Verfügung stellten.[36] Er begab sich damit in jenen »goldenen Käfig«, vor dem ihn Klingelhöfer einige Monate zuvor gewarnt hatte. Wie beim Eintritt in die SPD stellte die Partei ihm einen sicheren Kokon zur Verfügung, und wieder nahm er, der Harmoniebedürftige, dieses Angebot nur allzu bereitwillig an. Ganz mit sich im reinen scheint Grotewohl jedoch nicht gewesen zu sein. So berichtet sein langjähriger persönlicher Mitarbeiter Ludwig Eisermann, er habe gegenüber den Altkommunisten in der Partei Hemmungen empfunden und sich seiner sozialdemokratischen Vergangenheit zu schämen begonnen.[37] Daß die Kommunisten in seiner Umgebung auf jedwedes Problem eine durch den »wissenschaftlichen Marxismus« scheinbar fundierte Antwort besaßen, verunsicherte Grotewohl, der in seinem Urteil oftmals schwankte. All dies hatte weitreichende Folgen.

Die Entschiedenheit, mit der Kommunisten ihren Standpunkt vertraten, und die Fähigkeit, ihre Handlungen in einen weltpolitischen Kontext zu stellen, beeindruckten Grotewohl sehr. Er kam aus der Landespolitik, vor 1945 hatte zumeist das Tagesgeschehen seine politischen Ziele diktiert, und auch nach dem II. Weltkrieg orientierte er sich an naheliegenden Problemen, selbst langfristigere Konzepte (Ostorientierung) überschritten selten die Grenzen des Deutschen Reiches. Grotewohl war von seinem ganzen Wesen her kein Kosmopolit, dies kam besonders deutlich in seinen kulturpolitischen Auffassungen zum Ausdruck. Im Mittelpunkt seines Weltbildes stand ein einiges Deutschland. Der globale Systemstreit zwischen Kommunismus und Kapitalismus begrenzte seinen Handlungsspielraum, und es fiel ihm sichtlich schwer, seine Aktionen unter diesem Aspekt zu taxieren. Ein prägnantes Beispiel hierfür ist das Unverständnis, mit dem er auf die Haltung vieler deutscher Politiker gegenüber der Frage der Einheit reagierte: »Sie tun so, als erwarten sie die neue deutsche Einheit als ein Geschenk des Himmels.«[38] Warum Deutsche die Interessen ihres eigenen Landes für ein höheres Ziel (Demokratie/Kapitalismus – Kommunismus/Zentralverwaltungswirtschaft) aufgaben oder zumindest vorübergehend zurückstellten, konnte man nur dann verstehen, wenn man ihr Verhalten in einem weltpolitischen Kontext sah. Grotewohl fehlte in diesem Punkt die Anpassungsfähigkeit eines Konrad Adenauer, für den die deutsche Wiedervereinigung bereits unmittelbar nach dem II. Weltkrieg »kein Ziel für sich« mehr war, »sondern nur ein Glied in einer großen Kette von Auseinandersetzungen zwischen Ost und West«.[39] Es ist nicht verwunderlich, daß Grotewohl – ständig auf ideologische Hilfestellung angewiesen – permanent mit einem Gefühl der Unsicherheit zu kämpfen hatte, mit dem Eindruck, sich auf fremden Terrain zu bewegen. Er war als ehemaliger Sozialdemokrat in dieser Beziehung kein Einzelfall. Friedrich Ebert bedauert im Gedächtnisprotokoll zu seinem Diskussionsbeitrag im Politbüro am 6. Juni 1953, daß er »leider zu viel Praktiker und leider zu wenig Theoretiker« sei »und daher oft genug von sogenannten Minderwertigkeitskomplexen beherrscht werde«, die ihn »sozusagen einschüchtern und daran hindern«, seine »richtige Auffassung mit größerem Nachdruck zur Geltung zu bringen«.[40] Die »Angst« ehemaliger SPD-Genossen, von den marxistisch geschulten KPDlern in einer Diskussion bloßgestellt zu werden, konnte auch Otto Grotewohl nie ganz überwinden. Walter Ulbricht wußte dieses Moment geschickt als psychologische Waffe einzusetzen. »Er [Otto Grotewohl, M. J.] spürte sehr genau, daß er von Ulbricht nicht immer ernst genommen wurde. Wiederholt lächelte Ulbricht ganz offen spöttisch über Ausführungen Grotewohls.«[41] Dieser versuchte, sein »Manko« durch ein intensives Privatstudium der Werke von Marx und Engels sowie der Schriften von Lenin und Stalin wettzumachen, blieb aber als Autodidakt[42] auf diesem Gebiet stets ein Amateur.[43] Seine devote Haltung und Unsicherheit in diesem Punkt bestätigt auch Ludwig Eisermann, der Grotewohl mit den Worten zitiert: »Du weißt, ich bin durch Zufall hochgeschwemmt worden in diese Position. Ich muß sie jetzt ausfüllen und ich will sie auch ausfüllen und ich will auch lernen. Ich glaube, meine Entwicklung ist trotz dieses zufälligen Hochschwemmens trotzdem positiv zu sehen, meine persönliche politische Entwicklung.«[44]

Dies alles führte dazu, daß Grotewohl nicht wie erwartet die Auseinandersetzung innerhalb der Partei suchte, sondern eine ganz andere Strategie einschlug. »Viele Dinge regele die Entwicklung im Vorwärtsgehen«, hatte er gegenüber seinem Mitarbeiter Stempel geäußert, und dieser Satz schien seine damalige Taktik genau zu umreißen. So stürzte er sich »voller Elan«[45] in die Arbeit für seine neue Partei. Er warb in zahlreichen Veranstaltungen und Konferenzen, Artikeln und Interviews für die Ziele der SED und mag dabei gehofft haben, das Image der Partei, das er zu prägen versuchte, werde auch Wirkung nach innen zeigen. Er bemühte sich, die Partei in die von ihm gewünschte Richtung zu lenken. Er plädierte z. B. wiederholt für die innere Einheit der Partei und wandte sich gegen jede Form der Fraktionsbildung und des Sektierertums, egal ob von Sozialdemokraten oder Kommunisten.[46] Auch in anderen Bereichen versuchte er, Entwicklungen entgegenzuwirken, die er für schädlich hielt. So lehnte er sich früh gegen eine Bürokratisierung der Partei auf und forderte, die ehrenamtlichen Mitarbeiter stärker zu fördern. »Unsere Genossen dürfen nicht nur die zu Veranstaltungen geladenen, beitragzahlenden Mitglieder sein, Mitglieder einer Partei, deren Arbeit von bezahlten Genossen in den Büros ausgeführt wird, sondern wir müssen durch einen stärkeren Einsatz ehrenamtlicher Genossen in der Bewegung einen lebendigeren Strom entwickeln, der dann auch in den Wahlkämpfen seine entsprechende Wirkung hat.«[47]

Vor den Gemeindewahlen im September 1946 verlangte er sogar, die SED-Listen sollten Parteilosen offenstehen, um zu garantieren, daß »die Kandidatenlisten unserer Partei (...) das weiteste Spiegelbild des ganzen Volkes darstellen«[48]. Von einer kadermäßigen Ausrichtung der Partei, wie er sie ab Mitte 1948 vertrat, war hier also noch nicht die Rede. Er schreckte, um die Partei anzutreiben, mitunter nicht vor scharfer Kritik zurück[49] und wehrte sich früh gegen Personenkult[50] sowie die Umfunktionierung der FDJ zu einer reinen Parteijugend.[51]

Doch fehlte bei all diesen Versuchen der nötige Nachdruck, die letzte Konsequenz. Grotewohl verschloß die Augen vor der Tatsache, daß Kommunisten um Walter Ulbricht die Partei für ihre Zwecke funktionalisierten. Die Chance, daß die SED die von ihm erhoffte Sogwirkung auf die SPD ausüben könnte, verringerte sich dadurch zusehends.

»Ich spiele ein großes Spiel«,[52] hatte Grotewohl vor der Vereinigung gegenüber dem Vorsitzenden der Ost-CDU Jakob Kaiser behauptet. Aber er spielte dieses Spiel nicht wirklich. Seine Strategie bestand mehr darin zu hoffen: auf die von Shukow gemachten Versprechungen, auf den Erhalt der in Potsdam versprochenen Einheit, auf ein Zusammenwachsen von Kommunisten und Sozialdemokraten in der Einheitspartei, auf eine Sogwirkung der SED auf die SPD und darauf, eines Tages die Führung in der Partei zu übernehmen.[53] Damit hatte sein Spiel zu viele Unbekannte. Das Wichtigste, die Auseinandersetzung mit Walter Ulbricht um die Macht in der Partei, versäumte er, obwohl seine Ausgangsposition damals so schlecht nicht gewesen wäre. Ulbricht beherrschte zu diesem Zeitpunkt die Partei noch nicht völlig. Grotewohl besaß zwar nicht dessen taktisches Geschick, doch er war für die SED als Symbolfigur von hohem propagandistischem Wert, während Ulbricht zwar ein gewiefter Parteifunktionär, letztlich aber austauschbar war. Bis zu diesem Zeitpunkt hatte Grotewohl sein ganzes Renommee als Politiker aufs Spiel gesetzt und sich, wenn auch mit Schwankungen, schließlich doch immer als verläßlicher Partner für die Sowjets erwiesen. Es wäre für ihn an der Zeit gewesen, das erworbene Vertrauen offensiv zu nutzen und seinerseits auf die Einhaltung gemachter Versprechen zu bestehen. Ob er damit Erfolg gehabt hätte, läßt sich nicht sagen, aber historische Größe mißt sich nicht allein am Erfolg. Man kann auch Größe beweisen, indem man erhobenen Hauptes scheitert. Dies hatte Grotewohl selbst miterlebt, als er als Mitglied der SPD-Reichstagsfraktion am 23. März 1933 vergeblich gegen das Ermächtigungsgesetz stimmte. Auf sich allein gestellt, ließ Grotewohl dieses Mal historische Größe vermissen.

Wahlen in der sowjetischen Besatzungszone

In der SED war Otto Grotewohl zusammen mit Wilhelm Pieck als Parteivorsitzender für alle politischen Grundsatzfragen und die Leitung der Arbeit des Parteivorstandes sowie des Zentralsekretariats zuständig.[54] Darüber hinaus oblag beiden die Verantwortung für die Parteipresse, d. h. die gesamte Presse, denn die SED war in diesem Punkt nicht bereit, Lehren aus Weimar zu ziehen. Die »einheitliche politische Haltung in den Zeitungen«[55] war oberstes Ziel für den Bereich Pressewesen, wie Grotewohl auf der 2. Tagung des Parteivorstandes der SED erklärte. Zu diesem Zweck konferierten Pieck und er jeden Mittag mit den Redakteuren »über die Gestaltung jeder Nummer, über alle wichtigen politischen Vorgänge und über die Art, wie sie behandelt werden müssen«[56].

Der Drang, die Medien propagandistisch zu nutzen, erstreckte sich auch auf Rundfunk und Film.

Ihre erste Bewährungsprobe hatte die neue Partei am 30. Juni 1946 zu bestehen, als in Sachsen über die »Überführung der Betriebe von Kriegs- und Naziverbrechern in das Eigentum des Volkes« abgestimmt wurde. Dies war der Auftakt zu einem wahren Abstimmungsmarathon, der sich in der SBZ bis zum 20. Oktober hinzog. Durch das Resultat, 77 Prozent Ja- und 16 Prozent Nein-Stimmen[57], konnte sich Grotewohl in seiner Meinung bestätigt fühlen, daß in der Ostzone mit SED und Block – von letzterem wurde der Volksentscheid offiziell getragen – geeignete Instrumente geschaffen worden waren, um gesellschaftliche Veränderungen durchzusetzen. Er glaubte, mit ihrer Hilfe könne er Reformen durchsetzen und werde nicht – wie in Braunschweig – die Chance dazu verpassen und in Halbheiten steckenbleiben. Nun sollte in die Tat umgesetzt werden, was er schon am 22. April 1946 auf dem Vereinigungsparteitag gefordert hatte: »Niemals darf es wieder geschehen, daß falsche Illusionen in der Arbeiterklasse geweckt werden. Niemals darf etwas als ein ›Stück Sozialismus‹ marktschreierisch gepriesen werden, was nichts anderes ist als eine soziale Reform, eine kleine Erleichterung der Lage der Arbeiterschichten im Rahmen der kapitalistischen Warenwirtschaft. Niemals darf vergessen werden, daß erst ›die Verwandlung des Privateigentums an Grund und Boden und an den Produktionsmitteln in gesellschaftliches Eigentum, die Verwandlung der Warenproduktion in eine sozialistische, für und durch die Gesellschaft betriebene Produktion‹ den Sozialismus verwirklichen wird.«[58]

Noch vor dem Volksentscheid in Sachsen begannen die Vorbereitungen auf die Kommunalwahlen, die in der SBZ für den September 1946 angesetzt waren. Am 21. Mai war Grotewohl vom Zentralsekretariat mit der Leitung des Wahlvorbereitungsausschusses beauftragt worden.[59] Daher ist kaum verwunderlich, daß man in den kommunalpolitischen Richtlinien der SED zu diesen Wahlen viele Forderungen findet, die stark an jene erinnern, die er als Landespolitiker in Braunschweig erhoben hatte: demokratische Selbstverwaltung der Gemeinden, Abschaffung des Schulgeldes, Förderung von kulturellen Einrichtungen wie Theater oder Kino.[60]

Zeitpunkt und Abfolge der Kommunalwahlen waren mit Bedacht gewählt worden, wie Grotewohl auf der 3. Tagung des Parteivorstandes am 18. Juni 1946 erläuterte: »Die Wahlen sollen stattfinden im Lande Sachsen am 1.9., im Lande Thüringen und in der Provinz Sachsen am 8.9., im Lande Mecklenburg und in der Provinz Brandenburg am 15.9. Dieser Tag ist zugleich der Termin für die Gemeindewahlen in der engl[ischen] Zone. Die Genossen sehen in der Ansetzung der Termine, daß hier eine korrespondierende Wirkung vorhanden ist. Wir wählen in Sachsen zuerst, weil wir glauben, daß Sachsen die beste Position ist, wo wir ein Wahlergebnis zu erzielen glauben, das eine steigernde Wirkung auf die 8 Tage später stattfindenden Wahlen in Thüringen u[nd] der Provinz Sachsen ausüben wird. Wir glauben, daß beide Wahlergebnisse auf unsere schwächsten Positionen, nämlich Mecklenburg und Brandenburg wiederum eine steigernde Wirkung haben. (...) Auf jeden Fall mußten wir da, wo wir auf ein weniger günstiges Ergebnis rechnen, den Termin mit dem in der englischen Zone [abstimmen], um keine rückläufige Wirkung hervor[zu]rufen.«

Die SED wollte nichts dem Zufall überlassen: »Die Kommunalwahlen (...) müssen in ihrer gesamten Stoßrichtung (...) von uns zu einem zwingenden Siege organisiert werden.«[61] Daß eine derartige Festlegung des Zeitpunktes und des Ablaufes der Wahlen durch eine in ihrem Führungsanspruch vom Volk nicht legitimierte Partei undemokratisch war, spielte für Grotewohl offensichtlich keine Rolle. Machtbefugnisse wie diese scheint er als Privilegien angesehen zu haben, die ihm aufgrund der Bildung der Einheitspartei zugefallen waren. Er nahm genau jene Vorzugsbehandlung durch die Sowjets für sich in Anspruch, die er vor wenigen Monaten den Kommunisten noch zum Vorwurf gemacht hatte. So erwähnte er in seinem Referat über die Lehren der Gemeindewahlen, das er am 18. September auf der 5. Tagung des Parteivorstandes der SED hielt, »die sehr dankenswerten und auch wirkungsvollen Einzelmaßnahmen [z. B. die Rückkehr von Kriegsgefangenen aus der UdSSR, M. J.]«, »zu denen uns die Sowjetische Militäradministration bei den letzten Wahlen verholfen hat«[62].

Die große Bedeutung, die den Gemeindewahlen zukam, hat Grotewohl auch in Reden und Artikeln immer wieder betont. So auf einer SED-Veranstaltung am 25. Juni 1946:

»Im Gegensatz zu der zahlenmäßigen Überlegenheit der Christlich-Demokratischen Union bei den Städtewahlen in Süddeutschland über die noch getrennt kämpfenden Arbeiterparteien muß und wird der Sieg der Sozialistischen Einheitspartei Deutschlands in der Ostzone den Massen die werbende und aufbauende Kraft des Einheitsgedankens beweisen und wirksamste Propaganda für die Einheitsbewegung in Deutschland werden.

Den Gegnern der Einheit und der durch die Sozialistische Einheitspartei Deutschlands vertretenen Politik muß durch das demokratische Bekenntnis des Volkes zur Sozialistischen Einheitspartei Deutschlands die Grundlage ihrer durchsichtigen Gegenpropaganda genommen werden.

Die Gemeindewahlen sind eine Bewährungsprobe der Sozialistischen Einheitspartei Deutschlands und des Einheitsgedankens in Deutschland. Deshalb dürfen diese Wahlen nicht allein vom Standpunkt der Kommunalpolitik gesehen, sondern sie müssen unter voller Berücksichtigung der großen politischen Gesichtspunkte durchgeführt werden, die die Gesamtsituation in Deutschland bestimmen.«[63]

Deutliche Worte fand Grotewohl bei dieser Gelegenheit für Kurt Schumacher und seine Anhängerschaft in den Westzonen: »Wir haben den Sozialdemokraten unsere Hand zur Zusammenarbeit entgegengehalten. Es ist Zeit, daß wir einmal den wenigen Leuten, die diese Zusammenarbeit scheinbar verhindern wollen, deutlich sagen: ›Wir haben unsere Hand nicht ausgestreckt, damit man uns täglich hineinspuckt.‹«[64] Schumacher hatte den »ersten Parteitag der Sozialdemokratischen Partei Deutschlands nach dem Zusammenbruch der Weimarer Republik«[65] am 9. Mai 1946 eröffnet. Grotewohls Wut und Erbitterung ist verständlich: Nur knapp drei Wochen nach dem Vereinigungsparteitag der SED fand jene SPD-Konferenz statt, um die der Zentralausschuß Schumacher so massiv gebeten hatte. Schumacher machte noch einmal deutlich, daß seine Vorbehalte gegen einen Reichsparteitag der SPD nicht auf grundsätzliche Bedenken, sondern allein auf seine Ablehnung der Teilnahme des Zentralausschusses zurückzuführen waren.

Vor den Gemeindewahlen in der SBZ fuhren Grotewohl und Pieck in die britische Besatzungszone (20. bis 23. Juli 1946), um auch dort für die SED zu werben und ihre gesamtdeutsche Zielrichtung zu unterstreichen. Die Schaffung von SED-Ortsgruppen in den westlichen Besatzungszonen lehnte die Partei zu diesem Zeitpunkt noch ab. Otto Grotewohl erklärte dazu, »daß unser Ziel nicht darin besteht, zu zwei vorhandenen Arbeiterparteien noch eine dritte hinzuzufügen (…), sondern aus zwei Parteien eine wachsen zu lassen«[66]. Die beiden Parteichefs traten in Essen, Köln, Wuppertal, Düsseldorf und zum Schluß in Grotewohls Heimatstadt Braunschweig auf. Voller Stolz verwies er in seinen Reden darauf, daß man in der Ostzone bei Verstaatlichung, Bodenreform und Enteignung von Kriegs- und NS-Verbrechern – im Gegensatz zu den Westzonen – bereits zur Tat geschritten war.[67] Die vier Großveranstaltungen, die die beiden SED-Vorsitzenden im Rahmen dieser Reise durchführten, stießen in der Bevölkerung auf reges Interesse. Schätzungsweise 140 000 Menschen nutzten die Möglichkeit, sich aus erster Hand über die Ziele der neuen Partei zu informieren.[68] Wenn man auch nicht in jedem Besucher einen potentiellen Wähler der SED vermuten darf, so zeigte sich hier erneut, daß eine einheitliche Arbeiterpartei in den Westzonen nicht von vornherein abgelehnt wurde.

Nach Grotewohls Rückkehr nach Berlin rückten die Gemeindewahlen in den fünf Ländern der Ostzone immer näher, die Spannung innerhalb der SED war deutlich spürbar. Im Landesdurchschnitt lag die SED nach Auszählung der Stimmen bei 57,1 Prozent, während die LDP mit 21,1 und die CDU mit 18,8 Prozent abgeschlagen auf den Plätzen landeten. Die verbleibenden drei Prozent verteilten sich auf Massenorganisationen wie die FDJ (Freie Deutsche Jugend) und den FDGB (Freier Deutscher Gewerkschaftsbund).[69] Das Ergebnis war für die SED nur auf den ersten Blick befriedigend, denn bereits bei diesen ersten Wahlen in der SBZ war es zu erheblichen Behinderungen der beiden bürgerlichen Parteien gekommen.[70] So hatte die SMAD die Registrierung von CDU- und LDP-Ortsgruppen oft so lange hinausgezögert, daß diese zu Hunderten von den Kommunalwahlen ausgeschlossen blieben.[71] Diese Unregelmäßigkeiten bestätigten all jene, die der SED von vornherein jeden demokratischen Willen abgesprochen hatten. Schon allein aufgrund dieser »Wahlhilfe« mußte es für die SED besonders schmerzlich sein, daß sie dort, wo sie gegen die bürgerlichen Parteien antrat, häufig nicht die Mehrheit der Stimmen auf sich vereinigen konnte. »Selbst in früheren Hochburgen der Arbeiterbewegung wie in Dresden, Eisenach, Erfurt, Halle, Jena, Leipzig und Zwickau«[72] mußte die neue Einheitspartei bittere Niederlagen hinnehmen.

Sie gab sich der Illusion nicht hin, daß das Wahlergebnis die Wirklichkeit widerspiegele. Grotewohl warnte auf der Landeskonferenz der sächsischen SED (28. September 1946) seine Parteifreunde davor, in die für den 20. Oktober 1946 festgesetzten Landtagswahlen zu große Erwartungen zu setzen. In seiner Analyse der Gemeindewahlen gestand er sogar indirekt die Wahlbehinderung der beiden bürgerlichen Parteien ein. »Denn diese 57 Prozent haben einige Vorbelastungen, die in der Wahltechnik des Wahlgesetzes liegen, die ganz automatisch zu einer Verminderung der 57 Prozent der Stimmen beim Ausgang der kommenden Wahlen führen müssen. Wir haben in vielen Orten keine liberal- demokratischen und christlich-demokratischen Organisationen gehabt und infolgedessen auch keine Stimmabgabe für diese Parteien erreichen können. Bei den kommenden Wahlen wird diese Tatsache der Ortsgruppen der einzelnen Parteien nicht mehr die entscheidende Auswirkung haben, sondern die Stimmen der bürgerlichen Parteien werden in allen Orten bei den Landtagswahlen geschätzt und gewertet werden. Dadurch verschiebt sich für uns die errungene Prozentzahl von 57 Prozent ganz erheblich, (...) so daß wir gut tun, real und nüchtern von der Erkenntnis auszugehen, (...) bei den kommenden Wahlkämpfen 40 Prozent als absolut sicher für uns zu werten (...), so daß wir 10 bis 15 Prozent aufholen müssen, um eine sichere Mehrheit in den Landtagswahlkämpfen herzustellen.«[73]

Dieses Ziel konnte die SED allerdings nicht erreichen. Gegenüber der Gemeindewahl mußte sie im Durchschnitt erhebliche Verluste hinnehmen und sank, auf die ganze Ostzone gesehen, unter die 50-Prozent-Marke ab.[74] Für jede andere Partei wäre ein Ergebnis, das selbst nach Abzug von weiteren Prozenten aufgrund erneut auftretender Unregelmäßigkeiten doch bei etwa 40 Prozent gelegen haben dürfte, ein Erfolg gewesen. Für die SED war ein solcher Stimmenanteil zu niedrig, da er nicht garantierte, daß die angepeilten umfassenden und radikalen gesellschaftlichen Veränderungen gegen einen denkbaren bürgerlichen Block aus LDP und CDU durchgesetzt werden können. Darüber hinaus hatte die SED der sowjetischen Besatzungsmacht beweisen wollen, daß die Arbeiterschaft geschlossen hinter ihr stand und somit die Sicherheitsinteressen der Sowjetunion garantiert waren. Grotewohl unterstrich diesen Sachverhalt in einem Artikel für das »Neue Deutschland«: »Wir können den besten Willen haben, den wirklichen Erfolg können wir erst dann erringen, wenn wir der sowjetischen Besatzungsmacht klarmachen, daß es uns ernst ist mit der Demokratisierung. Unser Volk muß alle Kräfte dafür einsetzen, daß die Entmilitarisierung und Demokratisierung Deutschlands schnellstens zu Ende geführt wird – es gibt keine andere Lebensform für uns. Wenn wir mit dieser Tat beweisen können, daß das ganze Volk geschlossen hinter den Zielen der SED steht, dann werden wir auch mit (...) Wünschen einen Erfolg erzielen.«[75]

Auch im Aufruf zur Landtagswahl hatte die SED hervorgehoben: »Je stärker die SED, um so größer wird der Erfolg (...) ihrer nationalen deutschen Politik sein!«[76] Daran gemessen, waren die Landtagswahlen für die Partei eine gravierende Niederlage, die ihren politischen Handlungsspielraum gegenüber der Sowjetunion erheblich einschränkte. Die Wahlen hatten deutlich gemacht, daß die SED zwar als politischer Faktor auch ohne die Hilfe der Sowjets eine Rolle hätte spielen können, ihren bestimmenden Einfluß aber allein der östlichen Besatzungsmacht verdankte.

War das Ergebnis in den Ländern, in denen die SED durchschnittlich 47,5 Prozent erhielt (24,6 CDU, 24,5 LDP, der Rest von 3,9 Prozent der Stimmenanteile ging an die Massenorganisationen)[77], schon unbefriedigend, so mußte das Resultat der gleichzeitig stattfindenden Wahlen zum Berliner Stadtparlament als katastrophal bewertet werden. Hier wurde die SED mit 19,8 Prozent der Stimmen nur drittstärkste Kraft, während die CDU 22,2 Prozent und die SPD gar 48,7 Prozent erhielten. Nur die LDP schnitt mit 9,3 Prozentpunkten noch schlechter als die Einheitspartei ab.[78] Das Berliner Ergebnis war vor allem für Grotewohl eine große Enttäuschung, hatte er doch bereits im Februar 1946 in einem Interview erklärt, daß eine »Rest-SPD (...) nur eine bedeutungslose Sache sein« könnte, »der ein politisches Gewicht nicht mehr zuzumessen ist«[79]. Die SED war mit dem Ergebnis so unzufrieden, »daß sie mit Billigung der sowjetischen Besatzungsmacht fortan nie mehr Wahlen im Gebiet der (...) DDR tolerierte, die dem Wähler eine demokratische Alternative beließen«[80]. Bei künftigen Wahlen wurden nur noch Einheitslisten zugelassen, die verhinderten, daß der Wähler seine Gunst gezielt verteilen konnte.

Während der Wahlkämpfe war es für die SED besonders problematisch, zu den Reparationsleistungen an die Sowjetunion und zur Abtrennung der Ostgebiete Stellung zu nehmen. Die größte Stärke der SED, ihre Nähe zur SMAD, stellte zugleich ihre größte Angriffsfläche dar, denn das negative Image, das die Sowjets bei der deutschen Bevölkerung besaßen, wurde direkt auf sie übertragen. Grotewohls Standpunkt war in beiden Fragen von einem hohen Maß an Ambivalenz und Realismus gekennzeichnet. Er behielt stets sowohl das deutsche Interesse als auch das tatsächlich Machbare im Auge. So sah er die Reparationsforderung der UdSSR an Deutschland in Höhe von 10 Milliarden Dollar angesichts von »ca. 700 Milliarden Dollar Schaden in Rußland« als »annehmbare Diskussionsbasis«[81] an. Sorge bereitete ihm vielmehr, daß immer noch kein Friedensvertrag ausgehandelt war, die tatsächlich zu leistenden Zahlungen nirgendwo verbindlich fixiert waren und es deshalb keine Gewähr dafür gab, daß die Forderungen nicht noch anstiegen. Grotewohl scheute sich nicht, diesen unbefriedigenden Zustand auch öffentlich anzusprechen. »Die Reparationsfrage in Deutschland befindet sich in ihrer Gesamtheit wie auch in der russischen Besatzungszone in einem völlig ungeklärten Zustand. Wir müssen alles tun, um die maßgebenden Stellen zu ersuchen, eine baldige Klärung darüber zu schaffen, was denn nun im Rahmen dieser Reparationsleistungen, sowohl in temporärem wie auch in realem Umfange von uns zu leisten ist (lebhafte Zustimmung). Der Arbeiter will und muß in Deutschland wissen, wofür er arbeitet (Händeklatschen).«[82]

Versuche, die sowjetischen Reparationsforderungen propagandistisch auszuschlachten wie im Westen, wo man jedes Verständnis für die Sowjetunion vermissen ließ, die von allen Staaten am meisten unter dem II. Weltkrieg gelitten hatte, kritisierte er. Zumal geflissentlich verschwiegen wurde, daß auch an die westlichen Besatzungsmächte Reparationen zu leisten waren.[83] Grotewohl forderte seine Partei auf, in die Offensive zu gehen.[84]

Er lehnte es ab, die Oder-Neiße-Grenze als endgültig anzuerkennen,[85] und wandte sich dabei gegen die »nationale Hetze«[86] aus den Westzonen, die um so vordergründiger war, als zu diesem Zeitpunkt keineswegs eine endgültige Regelung über den zukünftigen Status von Ruhr- und Saargebiet erzielt worden war. Schon seine Stellungnahme auf der 3. Tagung des Parteivorstandes hatte gezeigt, mit welchem Bedacht er in dieser Frage versuchte, einen für alle Seiten tragfähigen Kompromiß zu finden.

»Wir müssen uns über die Ausgangsschwierigkeiten in dieser Frage, wenigstens unter uns, vollkommen klar sein, um die Frage zu beantworten: woher nehmen wir eine politische Formulierung, die den Dingen gerecht wird, d. h. den deutschen Interessen gerecht wird, die darüber hinaus aber die für uns in dieser Frage gegebenen politischen Gebundenheiten berücksichtigt und es gleichzeitig den Massen verständlich macht, dabei jenen aggressiven Versuchen der SPD und der bürgerlichen Parteien in dieser Frage wirkungsvoll die Spitze abbricht. Wie die Formulierung endgültig lauten wird, ist mir heute noch nicht vollständig klar. Aber wir werden sie schaffen müssen, und es dürfte erforderlich sein, eine Klärung in dieser Frage mit den dafür berufenen Stellen herbeizuführen. Wir sind uns vollkommen klar darüber, daß die Grenzziehung im Osten das Ergebnis der Potsdamer Beschlüsse ist, allerdings mit der Einschränkung des provisorischen Charakters. Wie diese Frage des provisorischen Charakters uns in den Stand setzt, eine besondere Formulierung zu suchen, werden wir überlegen müssen, sogar sehr genau überlegen müssen.«[87]

Grotewohl teilte seinen Wunsch, die Ostgebiete nicht von Deutschland abzutrennen, mit anderen SED-Mitgliedern.[88] Auf Dauer sollte sich sein Standpunkt aber als illusionär erweisen, da er der sowjetischen Haltung zuwiderlief. Am 30. Oktober 1946 veröffentlichte das »Neue Deutschland« ein Interview mit Stalin, das dieser bereits am 23. Oktober mit dem Amerikaner Hugh Baillie geführt hatte. In diesem Gespräch bestätigte Stalin, daß für die Sowjetunion die Oder-Neiße-Grenze endgültigen Charakter besaß.[89] Der Kommentar des »Neuen Deutschland« hierzu fiel kurz und eindeutig aus: »Das ist eine schmerzliche Feststellung für uns.«[90] Für Grotewohl, der die SED gern als »Gralshüter der deutschen Einheit« gesehen hätte, war es besonders schwer, sich mit dem Verlust der Ostgebiete abzufinden. Er wußte, daß diese Entscheidung der gesamtdeutschen Wirksamkeit der Partei schweren Schaden zufügte. Trotzdem gab es für ihn keine Alternative zur Zusammenarbeit mit den Sowjets.

»Mit wem sollen wir denn arbeiten?« fragte er. »Wir selbst haben keine Regierung; wir können nichts machen. Die Regierung liegt in unserem Sektor in der Hand der sowjetischen Besatzungsmacht. Also wenn wir überhaupt einen erfolgreichen Schritt tun wollen (...), so muß er über die russische Administration gehen. Wenn man aber mit der russischen

Administration erfolgreich verhandeln will, so muß sie das Gefühl gewinnen: hier steht eine politische Macht, die ihre Aufgaben in erheblichem Maße in gleicher Richtung wie wir sieht, nämlich ein Vertrauensverhältnis zu schaffen, Entmilitarisierung, Beseitigung des Faschismus und die Schaffung der Demokratie.«[91]

Das Verhältnis zu den Sowjets war für Grotewohl aber kein reines Zweckbündnis. So kam er in einem Vergleich über die politische Entwicklung in den deutschen Besatzungszonen zu dem Schluß: »Wir sind in der Entwicklung der politischen Dynamik allen anderen Zonen weit voraus. Uns steht nicht eine Besatzungsmacht gegenüber, die die Entwicklung politischer Impulse und einer politischen Dynamik hemmen will«[92]. Daß diese Äußerung ernst gemeint war, beweist z. B. seine öffentlich bekundete Begeisterung für Molotows Vorschlag vom 10. Juli 1946, das deutsche Volk solle die Möglichkeit haben, in einer Abstimmung selbst zu entscheiden, ob das Land in Zukunft einen föderalen oder einheitsstaatlichen Charakter haben werde. Ein solcher Vorschlag entsprach völlig Grotewohls Intention, pochte er doch immer wieder auf das Selbstbestimmungsrecht der Deutschen, wenn es um Fragen des künftigen Staatsaufbaus und den verfassungsrechtlichen Charakter Deutschlands ging. Ernste Zweifel an der sowjetischen Politik scheinen ihm erst nach Bekanntwerden der Verbrechen Stalins (XX. Parteitag der KPdSU, 14. – 25. Februar 1956) gekommen zu sein.[93]

Grotewohls Metamorphose vom Sozialdemokraten zum Kommunisten und der Verfassungsentwurf der SED

Bereits wenige Tage nach den Gemeindewahlen im September 1946 läutete die SED mit der Veröffentlichung der »Grundrechte des deutschen Volkes« eine Diskussion ein, die schließlich in einen eigenständigen Verfassungsentwurf der Partei mündete. Die Sowjets nahmen an, daß es auf der Anfang 1947 in Moskau stattfindenden Außenministerkonferenz (10. März – 14. April 1947) zu einem Durchbruch in der Deutschen Frage kommen würde. Wie aus Notizen von Wilhelm Pieck hervorgeht, forderte Generalleutnant Bokow, Mitglied des Militärrates der SMAD, die SED in einer Beratung am 26. Juli 1946 auf, »eine Plattform bzw. Richtlinien für die künftige deutsche Staatsordnung zu entwickeln, da eine Friedenskonferenz bevorstünde. Die ›Grundrechte des deutschen Volkes‹, am 19.9.1946 vom Parteivorstand der SED verabschiedet, waren die erste Konsequenz dieser Aufforderung.«[94]

Geplant war, auf der Grundlage dieses Dokumentes[95] eine gesamtdeutsche Diskussion zu entfachen, um einen Verfassungsvorschlag vorlegen zu können, der von einem breiten Konsens in ganz Deutschland getragen wurde. Allerdings mußte Otto Grotewohl am 24. Oktober 1946 vor dem Parteivorstand einräumen: »Das Echo ist noch nicht so stark, wie wir es gewünscht hätten; wegen der Wahlen ist es erheblich schwächer gewesen.«[96] Er war an der Ausarbeitung der »Grundrechte« beteiligt. Als Kernsatz betrachtete er die These: »Das deutsche Volk kann nicht leben ohne die Wiederherstellung der Einheit Deutschlands.«[97] Die SED betrachtete ihren Vorschlag dezidiert als Gegenpol zu den Länderverfassungen in den westlichen Zonen mit ihren föderalen Tendenzen, in denen, so Grotewohl in einer Rundfunkansprache am 29. Oktober 1946, »die Interessen eines ›einheitlichen Deutschlands‹ (…) zu kurz gekommen« sind, »sofern man nicht anerkennt, daß der grundsätzliche Ausgangspunkt der beteiligten Besatzungsmächte richtig ist«.[98]

Die kaum begonnene Debatte über die »Grundrechte« wurde bereits mit der außerordentlichen Tagung des Parteivorstandes am 14. November 1946 abrupt beendet. Die SED ließ die ursprüngliche Absicht fallen, den Entwurf nach einer gesamtgesellschaftlichen und gesamtdeutschen Diskussion zu formulieren, und legte eine eigene Fassung vor, die ein Ausschuß unter Grotewohls Leitung erarbeitet hatte.[99] Die Zeit dränge, so Grotewohl; da bereits bei der Außenministerkonferenz in New York (4. November bis 11. Dezember 1946) über verfassungsrechtliche Fragen gesprochen werde, könnten andere politische Kräfte in Deutschland sich aufgefordert sehen, mit eigenen Vorschlägen an die Öffentlichkeit zu treten. »In dieser Situation wären wir als Sozialistische Einheitspartei in der unangenehmen Lage, uns mit den Verfassungsvorschlägen anderer Parteien auseinandersetzen zu müssen.«[100]

Damit sollte ein Konsens der Deutschen geschaffen und anderen Staaten signalisiert werden, daß von diesem neu gestalteten Deutschland keine Gefahr mehr ausgehe. In seiner Rede vor dem Parteivorstand erläuterte Grotewohl, wie man diese Probleme zu lösen gedachte. Für die Wirkung nach außen sei es notwendig, daß der Verfassungsentwurf die Bereitschaft signalisiere, die Potsdamer Beschlüsse weiterhin zu erfüllen. Nach innen wollte man durch den Rückgriff auf die bürgerliche Verfassung von Weimar wirken. Die Gesprächsbereitschaft der Partei erstreckte sich aber nicht auf alle zur Diskussion stehenden Punkte. Vor allem in der Frage des Staatsaufbaus war die SED entschlossen, nicht von ihrer Forderung nach einer starken Zentralgewalt und Dezentralisierung der Verwaltung gemäß dem Potsdamer Abkommen abzurücken. Bereits am 18. Juni 1946 hatte Grotewohl in einem Referat vor dem Parteivorstand zum Ausdruck gebracht, daß der Haltung in dieser Frage grundsätzliche

Bedeutung zukam: »Wenn nicht jede politische Überlegung täuscht, werden wir damit rechnen müssen, daß die übrigen Parteien in der westlichen und südlichen Zone in der Frage eines einheitlichen Deutschlands als Einheitsstaat versagen werden. Sie werden unter dem Einfluß der sich gegenwärtig auf uns zuwälzenden Welle des föderalistischen Gedankens schwach werden, sie werden die Verbindung mit uns vielleicht sogar ablehnen, und wir werden dann erleben, daß wir in dieser Frage allein stehen. Das können wir ertragen, das ist vielleicht sogar unsere große Chance. (…) Im Gegenteil, ich bin davon überzeugt (…), in der Formulierung dieses völlig eindeutigen Standpunktes, daß wir kompromißlos für Deutschland als Einheitsstaat eintreten, wird sich jede politische Perspektive der Zukunft zu unseren Gunsten auswirken.«[101]

Die Partei dürfe in dieser »großen, entscheidenden nationalen Frage nicht eine Stunde« schwanken. Das Volk werde dann erkennen, daß allein sie die nationalen Interessen Deutschlands wahrhaft vertrat, und ihr seine Gunst »zwangsläufig (…) zuwenden«. Um einen Dialog mit den anderen Parteien nicht a priori auszuschließen, bot der SED-Entwurf eine Kompromißformel an, »die einmal elastisch genug ist, um als Diskussionsgrundlage in der Öffentlichkeit gewertet zu werden, die aber andererseits auch durch die Bestimmungen über den Finanzausgleich über die Gesetzgebung hinaus jene Voraussetzungen für eine zentrale Gewalt eines deutschen Staates schaffen kann«[102].

Grotewohl hoffte, »durch eine solche lebendige Diskussion, die wir in Deutschland in Gang bringen wollen, schaffen wir die Voraussetzungen dafür, daß die Probleme der staatsrechtlichen Gestaltung Deutschlands wirklich zu einer Sache des ganzen Volkes werden. Vielleicht gelingt es uns auch, dadurch das Augenmerk des Außenministerrats in einem solchen Ausmaß auf die Entwicklung Deutschlands zu lenken, daß es möglich sein könnte, über diesen oder einen sich von dieser Grundlage aus aufbauenden Verfassungsentwurf eine Volksabstimmung in Deutschland einzuleiten. Wenn es gelingen sollte, eine Entwicklung in dieser Richtung auszulösen, so dürften damit die Voraussetzungen geschaffen werden für eine grundsätzliche Entscheidung über die Frage: staatsrechtliche Einheit Deutschlands oder Aufgliederung und Auflösung in einen Föderalismus, der bereits an die Grenze des Partikularismus heranreicht.«[103]

Die wesentlichen Kritikpunkte am Entwurf lauteten, daß das Prinzip der Gewaltenteilung aufgehoben und die Grundrechte nur mangelhaft verankert seien. Zur Frage der Gewaltenteilung erklärte Grotewohl in einer Pressekonferenz am 16. November 1946, es dürfe neben dem Parlament keine anderen Träger der Macht geben. Dies sei die wichtigste

Lehre, die man aus den Erfahrungen der Weimarer Republik gezogen habe.

»Wir haben darum die Institutionen des Reichspräsidenten, des Reichsrates und des Staatsgerichtshofes beseitigt. Die diesen Organen obliegenden Funktionen übernimmt die Vertretung des Volkes, das Parlament selbst, das damit zum einzigen und alleinigen Träger aller Staatsgewalt wird. (…)

Der schon in der Weimarer Verfassung festgelegte Grundsatz: ›Alle Staatsgewalt geht vom Volke aus‹ wird damit aus der Sphäre einer Deklaration herausgeholt und auf den Boden der realen Tatsachen gestellt.«[104]

In einem längeren Artikel für das »Neue Deutschland« versuchte er, die Einwände gegen eine solche »Omnipotenz des Parlaments«[105] zu entkräften: »Durch Volksentscheid kann nach unserem Entwurf das Parlament jederzeit aufgelöst werden. Außerdem kann eine Minderheit des Parlaments von einem Drittel ein Veto gegenüber Gesetzbeschlüssen des Parlaments einlegen und dann einen Volksentscheid einleiten. Wir schalten also als höchste Instanz gegenüber dem Parlament das Volk selbst in die Verfassung ein.«

Wieder betonte er, die Weimarer Republik sei letztlich an den Mängeln der Verfassung gescheitert. »Immer fing es mit der Schaffung scheinbar kleiner, unbedeutender Institutionen an, mit ›Bremsen‹ gegen die Verwirklichung der demokratischen Rechte – gegen die ›Herrschaft der Straße‹, wie man sich auszudrücken beliebte. Immer war man bemüht, kleine Hintertüren zu schaffen, durch die die vorn hinausgeworfene Diktatur leise und vorsichtig wieder Zutritt erhalten sollte. Und immer endete solche Verfassung mit der ganz legalen, mit der ganz verfassungsmäßigen Niederkartätschung des Volkes.« Der neue Entwurf trage dem Rechnung. Im Parlament seien die Parteien – »die politischen Willensträger des Volkes« – entsprechend ihrem »faktischen« Einfluß im Volke vertreten. Das Parlament sei daher »das beste Spiegelbild des Volkswillens und sein bester Ausdruck (…)«. Ironischerweise verkehrte sich die Rolle der Parteien und Organisationen in der DDR genau ins Gegenteil: Sie wurden zum Transmissionsriemen für die Beschlüsse der Staatspartei SED.[106]

Zum Vorwurf, im Verfassungsentwurf seien Grundrechte nicht ausreichend abgesichert, erklärte Grotewohl: »Grundrechte sind illusorisch, wenn ihnen nicht ein gesellschaftlicher und ökonomischer Zustand entspricht, der ihre Verwirklichung möglich macht. Solche Zustände fallen aber nicht vom Himmel, sie müssen vor allem real sein, und die erste Aufgabe der Staatsgewalt besteht darin, solche ökonomischen und politischen Zustände zu schaffen, die auch den realen Genuß der Grundrechte möglich machen. Durch die Konstituierung eines bloßen Rechtsanspruches hat man noch längst nicht die Sache selbst herbeigeschafft. Dieser juristische Dogmatismus ist eine gefährliche Illusion.«[107]

Bei einer späteren Gelegenheit ergänzte er diese Aussage anhand eines Marx-Zitates: »Erst in der kommunistischen Gesellschaft, wenn der Widerstand der Kapitalisten schon endgültig gebrochen ist, wenn die Kapitalisten verschwunden sind, wenn es keine Klassen (d. h. keinen Unterschied zwischen den Mitgliedern der Gesellschaft in ihrem Verhältnis zu den gesellschaftlichen Produktionsmitteln) mehr gibt – erst dann, ›hört der Staat auf zu bestehen‹ und ›kann von Freiheit die Rede sein‹.«[108]

Hier zeigt sich, welche Spuren die Verfassung der sowjetischen Besatzungsmacht im neuen Entwurf hinterlassen hatte. Man hatte aus ihr nicht nur die starke Stellung des Parlaments übernommen, sondern auch die These, erst wenn »das sozialistische Wirtschaftssystem und das sozialistische Eigentum an den Produktionsmitteln (…) verfassungsmäßig gesichert«[109] seien, würden die Grundrechte auf eine reale Ebene gestellt.

Grotewohls Stellungnahme zu den Grundrechten ist ein Beispiel für seine Metamorphose vom Sozialdemokraten zum Kommunisten, die ihm viele Anfeindungen einbrachte. Der Verfassungsentwurf und seine Begründung zählen dessenungeachtet zu den besten Arbeiten seiner politischen Laufbahn. Konzeption und Argumentation waren schlüssig und eigenständig. Das hier vorgelegte Modell, das in wesentlichen Zügen die erste Verfassung der DDR vorwegnahm, vermochte sich in der Praxis nicht zu bewähren, aber Grotewohls Erläuterungen und Rechtfertigungen im internen Kreise des Parteivorstandes machen deutlich, daß dahinter mehr stand als ein bloßer Propagandatrick. Der Versuch der SED, die Verfassungsdiskussion in eine ihr genehme Richtung zu lenken, ist genauso legitim wie die Hoffnung, durch den eigenen Standpunkt Pluspunkte beim Wähler zu sammeln. Grotewohl bestritt diese Absicht auch gar nicht: »Gelingt es uns, die Diskussion von dieser Grundlage aus in Gang zu bringen und uns in den Vordergrund der Entwicklung zu stellen, so wird die Partei – davon bin ich überzeugt – auch in den westlichen Zonen einen starken moralischen Gewinn buchen, der uns vermutlich auch in der Frage der Einheit der Arbeiterklasse ein gutes Stück Weges voranbringen würde.«[110]

Er hat den Verfassungsentwurf in der Folgezeit in Reden und Zeitungsartikeln stets als eine nationale Aufgabe betrachtet. Mit dem ihm eigenen Pathos erklärte er: »Das Ziel ist, eine weithin sichtbare politische Tat zu vollführen und dem deutschen Volke zu zeigen: hier steht eine große Aufgabe vor dem deutschen Volk, die es selbst lösen muß!« Er blieb damit zumindest in dieser Frage ganz auf der Linie, die er seit Ende des II. Weltkrieges verfolgte.

Das Krisenjahr 1947 – Zwang zur Neuorientierung

Das Jahr 1947 nahm außen- wie innenpolitisch eine Entwicklung, die Grotewohls bisherige Strategie zum Scheitern brachte. Seine Hoffnungen, auf einem »weichen Weg« durch eine Sogwirkung von SED und SBZ auf die westdeutschen Arbeiterparteien und Besatzungszonen die von ihm angestrebte doppelte Wiedervereinigung herbeiführen zu können, erwiesen sich immer deutlicher als Illusion. Eine strategische Wende erschien immer zwingender. Grotewohl hatte sowohl die Möglichkeit für eine autonome Entwicklung Deutschlands als auch den Willen zur Zusammenarbeit bei den Deutschen selbst überschätzt. Seiner eigenen Strategie beraubt, suchte er 1947 nach einer politischen Neuorientierung. Verständlicherweise zeitigte in dieser Phase der Einfluß der Kommunisten in seinem Umkreis besondere Wirkung.

Die Außenministerkonferenz der Alliierten in New York im November/Dezember 1946 hatte wiederum nicht den erhofften Durchbruch in der deutschen Frage gebracht. Im Gegenteil, am Rande des Treffens unterzeichneten die Vertreter der USA und Großbritanniens ein Abkommen über die Schaffung einer wirtschaftlichen Vereinigung ihrer beiden Besatzungszonen zur sogenannten Bizone (2. Dezember 1946). Damit schritt die Konsolidierung des westlichen und des östlichen Einfluß- und Machtbereiches ein weiteres Stück voran. Ab 1947 wurden die einzelnen Besatzungszonen immer stärker an den jeweiligen Machtblock gebunden.

In dieser für die deutsche Einheit so prekären Situation unternahm Otto Grotewohl mit Wilhelm Pieck, Walter Ulbricht, Max Fechner und Fred Oelßner[111] vom 30. Januar bis 7. Februar 1947 seine erste Moskaureise. Während eines Treffens mit Stalin konnte er sich aus erster Hand darüber informieren, daß die UdSSR an dem Ziel der deutschen Einheit festhielt und damit weiterhin als natürlicher Partner für seine politischen Ziele gelten konnte.[112] Darüber hinaus weckte Stalin bei der SED-Delegation größte Hoffnungen in Hinblick auf die Moskauer Außenministerkonferenz im Frühjahr 1947. Er stellte in Aussicht, daß es in Kürze gelingen werde, zumindest eine deutsche Zentralverwaltung einzurichten. Langfristig hoffe die UdSSR, die Westmächte zum Aufbau einer deutschen Zentralregierung und zur Unterzeichnung eines Friedensvertrages zu bewegen. Auch in der Reparationsfrage wolle Moskau der SED entgegenkommen. Lediglich Stalins Standpunkt zur Oder-Neiße-Grenze lief Grotewohls Intentionen klar zuwider.[113] Aber er erklärte noch auf der Konferenz für Chefredakteure der SED-Presse (22. – 23. März 1947): »Niemand zwingt uns, Genossen – ich betone das besonders nachdrücklich –, etwa die Grenzziehung im Osten anzuerkennen. Wir haben darum auch alle Ursache, zu sagen, daß die von den Alliierten gezogenen Grenzen nicht die Grenzen darstellen, die unseren Auffassungen entsprechen. Wir dürfen das aber nur sagen, wenn wir immer und gleichzeitig dabei eindeutig zum Ausdruck bringen, daß die Gestaltung der Grenzen nicht von einseitigen Forderungen Deutschlands abhängig ist, sondern von dem Beweis Deutschlands, daß es eine Politik des Friedens und der Verständigung betreibt, die insbesondere eine Verständigung mit Polen im Gefolge haben muß.«[114] Erst auf dem II. Parteitag der SED im September 1947 fand sich Grotewohl offiziell damit ab, daß die UdSSR den bestehenden Zustand als endgültig ansah.

Grotewohls erster Moskau-Besuch sollte übrigens einen Verlauf nehmen, der als »typisch« für Treffen dieser Art gelten kann: »Statt mit politischen Gesprächen verbrachten die SED-Genossen ihre Zeit mit der Absolvierung touristischer Programme für hohen politischen Besuch. Während ihres siebentägigen Aufenthalts in Moskau sprach die SED-Delegation nur gut drei Stunden mit Stalin und den übrigen Kreml-Führern. (...) Kein Wunder, daß auf diese Weise nicht nur Zeit für Besuche in Betrieben und die Besichtigung von Ausstellungen blieb, sondern auch für eine obligatorische Besonderheit, die den persönlichen Vorlieben Stalins entsprang: das Anschauen zahlreicher – in diesem Falle acht – sowjetischer Filme.«[115]

Höchst interessant sind die kurzen Dossiers, die für Stalin über die Teilnehmer der SED-Delegation angefertigt wurden. Sie enthielten neben einem kurzen Lebenslauf auch eine politische Einschätzung der jeweiligen Person aus sowjetischer Sicht. Wilhelm Pieck wurde zwar als der bedeutendste Führer der deutschen Arbeiterbewegung eingestuft, doch man fügte einschränkend hinzu: »Allerdings entspricht die Rolle, die er heute in der Führung der SED spielt, nicht seiner Popularität und auch nicht seiner Stellung als Vorsitzender der Partei. Bei der Ausarbeitung und Durchführung der politischen Linie der SED spielt er nicht immer die führende Rolle, sondern überläßt sie Grotewohl und Ulbricht.«[116]

Über Walter Ulbricht erfuhr man: »Führender Kopf der SED. Leitet de facto die gesamte organisatorische und administrative Arbeit des Apparates des Zentralsekretariats der SED. Stellt die Verbindung mit der sowjetischen Besatzungsmacht her. Fähiger Organisator, kann sich in schwierigen politischen Fragen zurechtfinden und sie lösen.« Allerdings habe Ulbricht in der Zeit vor 1945 einige politische Fehler begangen, als er Kaderfragen falsch entschied oder sich zu einem politisch falschen Kurs bekannte. Sein Hang zu selbstherrlichen Entscheidungen sei ein »beträchtliches Hindernis für die Kollegialität in der Parteiführung«[117].

Otto Grotewohl, der bei dem Treffen mit Stalin den Bericht der SED-

Delegation vorgetragen hatte, wurde wie folgt charakterisiert: »Genießt Popularität im Lande, besonders unter ehemaligen Sozialdemokraten, die der SED beigetreten sind. Unter dem Druck der Massen, wenn auch nicht ohne Schwanken, hat er sich für die Einheit der Arbeiterklasse und für die Vereinigung der Sozialdemokraten mit den Kommunisten in einer Partei eingesetzt. (...) Zeigt in der praktischen Arbeit oft Wankelmütigkeit und Inkonsequenz. So erklärte er z. B. im November 1945 unter dem Druck rechter Elemente die Bewahrung der Selbständigkeit der Soz.[ial, M. J.] – Dem.[okratischen] Partei für notwendig. Wies die Verantwortung des deutschen Volkes für den Krieg zurück, hält die Entscheidung über die Ostgrenze Deutschlands bis heute noch nicht für endgültig. – In seinen Reden und Aufsätzen erlaubte er sich verworrene und zweifelhafte Ansichten, die den Marxismus verzerren.«[118]

Ulbricht hatte die Monate seit der Vereinigung von SPD und KPD fraglos am besten genutzt und war zur Jahreswende 1946/47 bereits erkennbar zum starken Mann in der SED geworden. Sowohl im Parteiapparat als auch im Verhältnis zur SMAD war es Grotewohl nicht gelungen, sich ihm gegenüber durchzusetzen. Die Sowjets hielten an seiner Person eher aus taktischen Gründen denn aus politischer Überzeugung fest. Sie versteiften sich aber keineswegs auf einen bestimmten deutschen Vertreter, wie der Bericht über Ulbricht zeigt. Die Fehler eines jeden wurden sorgsam registriert, um bei Bedarf jederzeit als Waffe gegen den Betreffenden eingesetzt werden zu können. Im Bericht, den die ZK-Abteilung der KPdSU für Außenpolitik über den Besuch anfertigte, äußerte man sich voller Zufriedenheit über Grotewohl. Dessen Begeisterungsfähigkeit und Willen, von der Sowjetunion zu lernen, wurden besonders gelobt.

»Aus dem Kreml zurückgekehrt, sagte O. Grotewohl unter dem allgemeinen Eindruck des Gesprächs: ›Genosse Stalin ist der größte Sozialist der Welt, Genosse Stalin ist der Vater der Welt.‹ (...) Während des Besuches der Museen, der Besichtigung der Metro, der Lenin-Bibliothek usw. interessierte er sich lebhaft für alles, stellte oft Fragen und drückte mehrfach seine Begeisterung aus. Es war zu merken, daß er das aufrichtig tat. Nach der Besichtigung der Metro sagte er gedankenversunken: ›Ja! Das ist wirklich Zivilisation. Und dies alles ist nur hier möglich, in einem sozialistischen Staat.‹ (...) Im ganzen Verhalten Grotewohls wurde spürbar, daß er alles Gesehene und Gehörte tief durchdenkt. Die Filme ›Der Schwur‹, ›Lenin im Jahre 1918‹, und ›Capaev‹, die er erstmals sah, machten auf ihn einen starken Eindruck. Grotewohl und Pieck sagten, als sie ihre Ansichten über die Filme mitteilten: ›Wir haben gesehen, wie Kommunisten die Massen führen und um sich scharen können. Daran fehlt es uns Deutschen bisher noch.‹«[119]

Da sich Grotewohl während seines Moskauer Aufenthaltes davon überzeugen konnte, daß er in der sowjetischen Besatzungsmacht einen Partner hatte, mit dem er in fast allen Fragen übereinstimmte, mußte ihm eine engere Anlehnung an die UdSSR dienlich erscheinen. Schritt für Schritt wuchs seine Bereitschaft, seine ursprüngliche Konzeption und seine sozialdemokratischen Ideale fallenzulassen. Im Referat auf der 9. Tagung des Parteivorstandes am 14. Februar 1947 eröffnete Grotewohl die SED-Kampagne zum Volksentscheid, ob Deutschland in Zukunft als Föderal- oder Zentralstaat wiederentstehen sollte.[120] Um eine solche Kampagne erfolgreich durchführen zu können, wollte die SED ihre bisherige Linie verlassen, sich über eine Vereinigung von KPD und SPD in die westlichen Besatzungszonen auszudehnen, und diese Westerweiterung durch einen Zusammenschluß mit der KPD herbeiführen.[121] Daß dies eine Vereinigung der gesamten Arbeiterbewegung verhindern und zur Spaltung der SPD führen könne, nahm man in Kauf.[122] Auch Grotewohl ließ seine Hoffnungen auf eine Vereinigung mit der ganzen SPD fallen und schwenkte auf einen Konfrontationskurs über, den er Ende Januar 1947 vor dem Parteivorstand noch abgelehnt hatte: »Ich habe in dieser Frage vor einigen Monaten einmal geschwankt und habe immer überlegt, ohne meine Gedanken zum Gegenstand einer Besprechung zu machen, ob es nicht doch richtig ist, die Entwicklungsmöglichkeit der Sozialistischen Einheitspartei organisatorisch im Westen vorzubereiten. Genossen, ich bin davon überzeugt, daß, nachdem sich die ganze ökonomische Entwicklung und die politischen Auseinandersetzungen in unsere Richtung bewegen, wir nur Geduld in dieser Frage haben müssen. (...) Wenn wir dann verstehen, die richtige Sprache zu unseren Freunden in der Sozialdemokratischen Partei zu finden, so zweifle ich keinen Augenblick daran, daß der Prozeß der Vereinigung der Arbeiterklasse in Deutschland unablässig fortschreitet«.[123]

Nur knapp zwei Monate später (7. – 13. März 1947) reisten Grotewohl und Pieck in die Westzonen, um die Ausweitung der SED vorzubereiten, ohne daß es dort vorher zu einer Fusion von KPD und SPD gekommen war. Grotewohl, der sich mit Pieck wiederholt der Westpresse stellte, mußte konstatieren, daß die deutsche Spaltung bereits tiefe Gräben zwischen den westlichen Zonen und der SBZ gerissen hatte. »Oft schien es uns, als redeten wir in verschiedenen Sprachen und könnten einander nicht mehr verstehen. Die Unterschiedlichkeit der Auffassungen war manchmal so stark, daß sie mich einmal zu der Feststellung veranlaßte, es schiene mir, daß die Deutschen oft geneigter seien, die Sprache der Besatzungsmächte eher als ihre eigene zu sprechen.«[124]

Die bereits eingeleitete Verschmelzung von KPD und SED scheiterte

Unter einem Transparent mit der Aufschrift »Einheit Deutschlands« eröffnet der Landesvorsitzende der KPD Walter Fisch in Anwesenheit von Otto Grotewohl, Wilhelm Pieck und Erich Gniffke eine Kundgebung in Frankfurt am Main, 10. März 1947

im Mai 1947 am Veto der Westalliierten. Kurz zuvor hatten sie auf der Außenministerkonferenz in Moskau Stalins Ansinnen, eine deutsche Zentralverwaltung zu errichten, zurückgewiesen. Sie werteten das Gespräch definitiv als Fehlschlag. Darüber hinaus sorgte die Verkündung der Truman-Doktrin (13. März 1947) ebenso für eine Verschlechterung des internationalen Klimas wie das Wiederaufbauprogramm für Europa (ERP: European Recovery Program), das US-Außenminister George Marshall am 5. Juni 1947 in Harvard vorstellte. Der Marshall-Plan wurde im Ostblock als ökonomische Speerspitze der Truman- Doktrin interpretiert.[125] Wollte die UdSSR ihren Führungsanspruch in Osteuropa nicht faktisch aufgeben, mußte sie den Staaten in ihrem Einflußbereich und der SBZ eine Teilnahme untersagen. Selbst durch den II. Weltkrieg schwer geschädigt, konnte die Sowjetunion der Marshall-Plan-Hilfe nichts Gleichwertiges entgegenstellen und geriet propagandistisch eindeutig ins Hintertreffen. Als Gegenmaßnahmen schuf sie im September 1947 das Kommunistische Informationsbüro (Kominform) als politische Koordinationsstelle und im Januar 1949 den Rat für gegenseitige Wirtschaftshilfe (RGW). War Grotewohl noch im Januar der Meinung gewesen, daß »sich die ganze ökonomische Entwicklung und die politischen

Auseinandersetzungen in unserer Richtung bewegen«, so schwanden fortan aus seinen Reden solche optimistischen Äußerungen.

Das Scheitern der Münchner Ministerpräsidentenkonferenz (5.–7. Juni 1947) löste einen schwerwiegenden Konflikt zwischen den Führungen der Westzonen und der SBZ aus. Die Konferenz offenbarte das ganze Dilemma der deutschen Politiker: ihre Abhängigkeit von den Weisungen der Besatzungsmächte, aber auch ihren Mangel an Bereitschaft, sich vorbehaltlos und über alle ideologischen Grenzen hinweg für den Erhalt der deutschen Einheit einzusetzen. Dies stand der ursprünglichen Absicht genau entgegen, wollte man doch gerade den Versuch wagen, sich der abzeichnenden Spaltung auf nationaler Ebene entgegenzustellen, und, wie der Initiator, der bayerische Ministerpräsident Hans Ehard, in seinem Einladungstelegramm festhielt, nach einem Weg »für eine Zusammenarbeit aller Länder Deutschlands im Sinne wirtschaftlicher Einheit und künftiger politischer Zusammenfassung«[126] suchen. Eine derart offene Aussprache mit Vertretern der ostzonalen Länder wurde aber bereits im Vorfeld durch Kurt Schumacher torpediert.[127] Er schwor die sozialdemokratischen Ministerpräsidenten während eines Treffens in Frankfurt (31. Mai – 1. Juni 1947) darauf ein, sich mit den Kollegen aus der Ostzone keinesfalls über politisch relevante Fragen zu verständigen. Ihm kam die Haltung der französischen Besatzungsmacht zupaß, die ihre Zustimmung zur Teilnahme von Ministerpräsidenten ihrer Zone genau davon abhängig machte.[128]

Auf westdeutscher Seite hatte man sich also nicht zu einem offenen politischen Gespräch über alle wichtigen Fragen durchringen können. Ein Vorgang, der auf östlicher Seite sein Äquivalent haben sollte. Hier rief die Einladung Ehards zunächst sowohl in der Bevölkerung als auch in Teilen der SED eine starke positive Resonanz hervor.[129] Diese Zustimmung, die auch in einer kurzen Mitteilung im Parteiorgan »Neues Deutschland« (13. Mai 1947) zum Ausdruck kam, wurde von der SMAD nicht geteilt. Die Sowjets sahen die Konferenz als eine Finte der Amerikaner an, um den von ihnen angestrebten föderalen Staatsaufbau für ein zukünftiges Deutschland zu präjudizieren. Da sie die Übertragung von Befugnissen der Länder auf die Zentralverwaltungen forderten und die Ministerpräsidenten durch die Konferenz politisch aufgewertet würden, waren sie daran nicht interessiert. Ein positives Antwortschreiben, das die ostzonalen Ministerpräsidenten spontan auf einem Treffen in Schierke verfaßten, wurde von der SED am 14. Mai gestoppt, »weil eine höchste Stelle in Berlin es für erforderlich hält, die Angelegenheit dilatorisch zu behandeln«[130]. Mit dieser höchsten Stelle war die SMAD gemeint. Als das Zentralsekretariat auf seiner Sitzung am 16. Mai 1947 den in Schierke verfaßten Brief dennoch bestätigte und auch der Blockausschuß sich positiv zu der Konferenz äußerte, sah sich die SMAD erneut zur Intervention genötigt. Das Schreiben wurde nicht abgesandt, und das Kommuniqué der Blocksitzung erschien nur in entstellter Form.[131]

Am 21. und 22. Mai 1947 tagte der Parteivorstand der SED. Wilhelm Piecks Stellungnahme verdeutlichte, daß Teile der Partei auf Betreiben der SMAD die Teilnahme der Ministerpräsidenten der Ostzone von zahlreichen Vorbedingungen abhängig machten: Erweiterung des Teilnehmerkreises um Gewerkschaften, Massenorganisationen und die Präsidenten der Landtage, Verlegung des Tagungsortes von München nach Berlin und Vorverhandlungen über Inhalt und Durchführung der Konferenz.[132] Dagegen protestierten nicht nur ehemalige SPD-Mitglieder in der Partei, sondern auch die KPD-Vertreter aus den Westzonen. Auf deren Drängen hin legte Grotewohl am zweiten Tag der Parteivorstandssitzung eine neue Fassung für die Erklärung vor. Darin wurde eine Teilnahme zugesagt, wenn sich die Konferenz auf konkrete wirtschaftliche Probleme beschränke und politische Fragen auf einer gesonderten Konferenz zwischen den deutschen Parteien, Gewerkschaften und Massenorganisationen geklärt würden.[133] Diese Formulierung entsprach genau den Richtlinien, die später durch die SPD und die französische Besatzungsmacht für die Konferenz vorgegeben wurden. Die vom Parteivorstand verabschiedete Erklärung wurde von der SMAD wiederum gestoppt. Der stellvertretende Politische Berater der SMAD, Iwanow, versuchte in einem Bericht vom 25. Mai 1947, die Haltung der SED zu erklären: »Man muß dabei im Blick haben, daß die Mehrheit in der Führung der SED, einschließlich Piecks, die Beschuldigung der Sprengung von Maßnahmen fürchtet, die angeblich der Einheit Deutschlands dienen. Insbesondere die ehemaligen Sozialdemokraten, darunter Grotewohl, betrachten das Treffen der Ministerpräsidenten in München als zweckmäßig unter der Bedingung, daß es rein ökonomische Ziele verfolgt, wie den Interzonenhandel und anderes. Bei uns entsteht die Meinung, daß sowohl Pieck als auch Grotewohl die prinzipielle Seite dieser Frage nicht begreifen, und gerade das erklärt ihr Schwanken.«[134]

Doch auf Betreiben der SMAD wurde am 27. Mai 1947 eine Erklärung des Zentralsekretariats mit den alten Forderungen nach Änderung des Teilnehmerkreises, Konferenzablaufes und -ortes verabschiedet.[135] Da Ehard in seinem Antwortschreiben vom 30. Mai lediglich auf die für den 5. Juni geplanten Vorbesprechungen über die Konferenz in München hinwies, blieb die Frage der Teilnahme der ostdeutschen Ministerpräsidenten zunächst in der Schwebe. Einige Sozialdemokraten um Erich Gniffke versuchten auf der Sitzung des Zentralsekretariats am 3. Juni 1947 noch einmal, die bedingungslose Zustimmung zur Teilnahme an der Konferenz durchzusetzen.

Der Propagandachef der SMAD, Tjulpanow, schätzte in einem Memorandum vom 19. Juni 1947 die Lage als durchaus bedrohlich für die Partei ein: »Zum ersten Mal kam es bei der Frage der Teilnahme an der Münchner Beratung der Ministerpräsidenten in der Arbeit der zentralen Leitung der SED zu dem Fakt der Annahme eines Beschlusses gegen die Stimmen der Mitglieder der zentralen Leitung, die aus der früheren KPD stammten (...) Teile der ehemaligen Sozialdemokraten – darunter Mitglieder der zentralen Führung der Sozialistischen Einheitspartei – beginnen die Politik der SMA als eine Politik zu betrachten, die den wahren Interessen des deutschen Volkes entgegen läuft. Der Einfluß der Schumacher-Leute auf die Mitglieder der Sozialistischen Einheitspartei ist angewachsen.«[136] Für die Zukunft könne nicht ausgeschlossen werden, »daß bei der Entscheidung wichtiger prinzipieller Fragen Mitglieder des Zentralsekretariats der SED – ehemalige Sozialdemokraten – abgestimmt auftreten, was sich auch auf die Lage innerhalb der Partei erstrecken kann.«[137] Die Sowjets konnten die SED in dieser Verfassung kaum als verläßlichen Partner in einer sich »komplizierenden politischen Lage«[138] ansehen. Der Befehl zur Umformung in eine »Partei neuen Typus« und die erste Säuberungswelle in der Geschichte der Einheitspartei rückten damit in Sicht.

Schließlich einigte man sich darauf, die Ministerpräsidenten der Ostzone nach München reisen zu lassen. Sie sollten in der Vorbesprechung zur Konferenz darauf bestehen, daß die Bildung einer zentralen deutschen Verwaltung zum ersten Tagesordnungspunkt der Konferenz gemacht wird. Falls sich dies nicht erreichen ließ, sollten sie umgehend abreisen. Der Vorschlag war von Walter Ulbricht, einem entschiedenen Gegner der Konferenz, in die Diskussion eingebracht worden. Er hatte dabei an Grotewohls Idee anknüpfen können,[139] daß man das Treffen der Ministerpräsidenten nicht im Vorfeld, sondern, falls nötig, erst in München scheitern lassen sollte. Wieder einmal zwischen den einzelnen Positionen wankend, wollte Grotewohl zwar keine Chance versäumen, einen Schritt auf dem Weg zur deutschen Vereinigung voranzukommen, doch lehnte er sich gegen die Position der Sowjets nicht auf.[140] Da die Frankfurter Beschlüsse der SPD im Zentralsekretariat bekannt waren, konnten selbst die Befürworter nur noch sehr begrenzte Erwartungen an die Konferenz haben. Die Haltung »alles oder nichts« führte dazu, daß die Ministerpräsidenten der SBZ nach München fuhren, aber noch vor dem eigentlichen Konferenzbeginn wieder abreisten und eine weitere Chance vergeben wurde, zonenübergreifend einen deutschen Standpunkt zu definieren. Statt sich einander anzunähern, provozierten beide Seiten durch ihr Verhalten eine weitere Entfremdung.

In der SBZ traten im Verlauf des Jahres 1947 auch im gesellschaftlichen und wirtschaftlichen Bereich Probleme auf. Marschall Sokolowski prangerte die niedrige Produktivität der volkseigenen Betriebe in einem gesonderten Befehl (Nr. 234) an.[141] Schwierigkeiten mit der Lebensmittelversorgung und die Enttäuschung über den Verlauf der Moskauer Außenministerkonferenz verstärkten die antisowjetische Stimmung in der Bevölkerung, wie ein Bericht des Außenministeriums der UdSSR feststellte.[142] Diese negative Haltung übertrug sich direkt auf die SED, den engsten Verbündeten der sowjetischen Besatzungsmacht. Noch immer trennte ein tiefer Riß die ehemaligen Sozialdemokraten von den ehemaligen Kommunisten, und auch das Verhältnis zu den anderen Parteien gestaltete sich nicht einfacher. So weigerten sich beispielsweise CDU und LDP, die von der SED kontrollierten Massenorganisationen (FDGB, DFD[143] usw.) in den Block aufzunehmen. Statt dessen stellte der Vorsitzende der Ost-Union, Jakob Kaiser, auf dem 2. Parteitag der CDU sogar die Fortführung der Blockpolitik in Frage.[144]

In dieser Situation übernahm die SED die Stalinsche These vom »verschärften Klassenkampf«[145] und griff zu härteren administrativen Maßnahmen. Damit konnten sich die Kommunisten in der Partei fraglos viel eher anfreunden als die Sozialdemokraten, die ohne einheitliche Führung, jeder für sich, entscheiden mußten, ob sie diesen neuen Kurs mittragen wollten oder nicht. Auch Otto Grotewohl suchte die Ursache für Rückschläge nun vermehrt bei Saboteuren, Agenten und anderen dunklen Mächten anstatt in systemimmanenten Mängeln bzw. fehlerhaften Umsetzungen des Systems; ein für den Stalinismus typisches Merkmal.[146] Und er huldigte der Aktivistenbewegung,[147] die nach dem Vorbild der sowjetischen Stachanow-Arbeiter entwickelt worden war, und ihrem ersten Protagonisten Adolf Hennecke.

Auf die internen Spannungen in der SED reagierte er zunehmend unwirsch. Als in einem Bericht auf der 10. Tagung des Parteivorstandes (26. – 27. März 1947) festgestellt wurde, daß ca. jeder sechste Genosse in der Partei noch an den alten Gegensätzen zwischen Kommunisten und Sozialdemokraten festhielt, war für ihn fraglich, »ob dieses Sechstel unserer Mitglieder heute innerhalb der Partei überhaupt noch ein Recht besitzt, solche alten Bindungen und Verspannungen zum Gegenstand von Auseinandersetzungen in der Partei zu machen und damit die gewonnenen 5 Sechstel unserer Genossen zu verwirren, die gar nichts mit solchen Dingen zu tun haben«[148]. Im Sommer 1948 stimmte er der Umformung der SED zu einer »Partei neuen Typus« zu. In die innerparteiliche Diskussion eingebracht wurde dieser Terminus von Walter Ulbricht auf dem II. Parteitag der SED (20. – 24. September 1947). Ulbricht kündigte

Tag des Bergmanns in Bleicherode, 4. Juli 1959; auf der Tribüne von links: Otto Grotewohl, Alois Bräutigam, Frau Grotewohl, Aktivist Adolf Hennecke

zudem die Einführung der Planwirtschaft für das kommende Jahr an und gab somit zwei Eckpunkte für die Entwicklung der Partei und der Ostzone vor. Daß er öffentlich dem Gang der Dinge so weit vorgriff, belegt seine ausgezeichneten Verbindungen zur sowjetischen Besatzungsmacht.

Grotewohls Rede auf dem II. Parteitag fiel in ihrer Bedeutung gegenüber dem Ulbricht-Referat deutlich ab und machte die mittlerweile in der Partei herrschende Rangfolge augenfällig. Stil und Inhalt seiner Ausführungen reihten sich nahtlos ein in die »scharfen Angriffe auf die westliche Politik«[149], die den Parteitag generell auszeichneten. Sie waren ein Reflex auf die Verunsicherung angesichts der negativen Entwicklung der politischen Lage.[150] Darüber hinaus offenbarte Grotewohl eine bis dato unbekannte Unterwürfigkeit unter die Idee des Marxismus, er verstieg sich sogar zu der Behauptung, daß der Marxismus »allmächtig ist, weil er wahr ist«[151]. Einer eigenen Strategie beraubt, erkannte Grotewohl nun den Führungsanspruch der Kommunisten in der Partei voll an. Bereits im Vorfeld des Parteitages hatte er festgestellt: »In fast allen kontinentaleuropäischen Ländern standen die kommunistischen Parteien an der Spitze des nationalen Befreiungskampfes gegen den Faschismus und spielten bei der politischen und wirtschaftlichen Entwicklung ihrer Länder eine

*2. Parteitag der SED vom 20. bis 24. September 1947 im Admiralspalast;
Ansprache von Wilhelm Pieck, links Otto Grotewohl*

entscheidende oder eine führende Rolle. (…) Die Kommunisten waren erfolgreich wegen der Politik, die ihre Parteien jetzt in allen Ländern verfolgen und die die Erfahrungen des zweiten Weltkriegs in ihrer taktischen Haltung berücksichtigen. Die kommunistischen Parteien verteidigen die Interessen aller Werktätigen, der Arbeiter und der Angestellten, der Bauern und der Intellektuellen. An diesen Tatsachen vorüberzugehen, muß notwendigerweise in eine ideologische Sackgasse hineinführen, und in ihr befindet sich heute die Sozialdemokratische Partei Deutschlands.«[152]

Die SPD sei ohne eigenes Konzept, beuge sich »den Wünschen und Anschauungen der anglo-amerikanischen Monopolisten« und sei deshalb »wieder zu einer der Hauptstützen der Bourgeoisie und der Koalitionspolitik« geworden. Grotewohl versuchte sich auf diese Weise radikal von seiner eigenen Vergangenheit zu lösen. Hatte er sich Mitte 1945 den Kommunisten auf der Basis genähert, daß er SPD und KPD gleichermaßen die Schuld am Versagen der Arbeiterbewegung vor dem Nationalsozialismus gab, so sah er sie nun nur noch einseitig bei den Sozialdemokraten. Auf dem II. Parteitag nahm Grotewohl auch offiziell Abschied von seiner bisherigen Haltung in der Frage der Ostgebiete: »Die Alliierten haben ihre in der Oder/Neiße-Linie gefaßten Beschlüsse einstimmig gefaßt, und es besteht nicht die geringste Aussicht, daß sie, vor diese Frage gestellt, eine andere Entscheidung zugunsten von Deutschland treffen.«[153]

Während Ulbricht also wichtige Signale für den Fortgang der Partei und Ostzone setzte und den Gang der Dinge mitbestimmte, war Grotewohl lediglich damit beschäftigt, sich selbst dem Geschehen anzupassen. Seine Rede gab Auskunft über die Veränderungen in seiner politischen Haltung, die ihn jede politische Glaubwürdigkeit im Westen kosteten. Ob dort zum damaligen Zeitpunkt überhaupt nach einem Gesprächspartner gesucht wurde, steht auf einem anderen Blatt. Im Verlauf des Jahres 1947 schienen die deutschen Politiker die Entscheidung über die Deutsche Frage stillschweigend dem Systemstreit zwischen Kommunismus und Kapitalismus zu überlassen. Beide Seiten begannen, die Übernahme ihres gesellschaftspolitischen Modells als Voraussetzung für eine deutsche Einigung zu sehen. Die deutsche Einheit wurde im Rahmen dieser Strategie zwar als Ziel beibehalten, die Handlungen liefen dieser Absicht aber diametral entgegen. Anspruch und Realität klafften immer weiter auseinander.

Grotewohls »Linksdrift« wurde von den Kommunisten konsequent genutzt. Bei verschiedenen Gelegenheiten durfte er Referate halten, die scheinbar keinen direkten Zusammenhang zur Tagespolitik aufwiesen, aber einen Wandel in der Politik der SED ankündigten. Im Referat »Die Lehren der Oktoberrevolution«, das er auf der 2. (16.) Tagung des Parteivorstandes am 15. Oktober 1947 vortrug, sang er ein Loblied auf die UdSSR und signalisierte deutlich die Abkehr der Einheitspartei vom besonderen deutschen Weg zum Sozialismus: »Die Erfolge der Sowjetunion zwingen uns (...), die Methoden, die zu diesen Erfolgen geführt haben, genauestens kennenzulernen.«[154] Den sowjetischen Fünfjahresplan (1946–1950), bei dessen Studium man »aus einem ehrfürchtigen Staunen nicht heraus« komme, erhob er zur Maxime des eigenen Handelns. Wenn man sich lange genug mit diesem Plan befasse, würden aus dem »Dickicht« der »lehrreichen Zahlen dieses Fünfjahresplanes (...) Schlußfolgerungen aufsteigen, die für Deutschland und die deutsche Arbeiterbewegung keineswegs gleichgültig sind«. Für ihn war es nun offensichtlich, daß die »Reaktion im Westen (...) die demokratischen Umwälzungen, die sich in der sowjetischen Besatzungszone Deutschlands vollzogen« hatten, fürchtete, weil ihr bewußt war, »daß bei der Herstellung der deutschen Einheit sich die neue Ordnung in der sowjetischen Besatzungszone als stärker erweisen wird als die faule Ordnung im Westen«.

Auf der nächsten Sitzung des Parteivorstandes am 12. und 13. November 1947 gestand Grotewohl am zweiten Tag ein: »Wir haben (...) uns immer allzu sehr auf die Linie gestellt (...): wir sind eine unabhängige Partei, und wir haben mit Rußland nichts zu tun. Nein, Genossen, so ist es ja gar nicht. Es ist doch ein lächerliches Wortspiel, davon zu reden oder nicht anzuerkennen, daß nicht alle politischen Parteien in Deutschland mehr oder weniger mit Abstufungen selbstverständlich unter dem Einfluß der Mächte stehen, die in den betreffenden Zonen die reale Macht ausüben. Sie sind von ihnen zugelassen, sozusagen geboren, werden beobachtet und ihre Tätigkeit wird von den Besatzungsmächten reguliert.« Die Partei habe »nur klar und eindeutig die Frage zu prüfen, ob die Politik Rußlands in bezug auf Deutschland vom sozialistischen Standpunkt aus zu bejahen oder abzulehnen ist. (Sehr richtig!) Wenn wir diese Frage stellen, so kommen wir nach den vielfachen Überlegungen, die wir angestellt haben und über die ich hier nicht erneut zu sprechen brauche, zu dem Schluß: jawohl, diese Politik entspricht einer sozialistischen Überlegung, nämlich der, den Frieden zu erhalten und zu sichern, und wir als Sozialisten haben die Aufgabe, uns an die Seite einer solchen Politik, die einzig und allein im wirklichen nationalen Interesse Deutschlands liegt, zu stellen.«[155]

Volkskongreßbewegung für deutsche Einheit und einen gerechten Frieden

Grotewohls Referat auf der 3. (17.) Sitzung des Parteivorstandes befaßte sich mit der bevorstehenden Außenministerkonferenz in London (25. November – 15. Dezember 1947). Die Chance, die deutschen Parteien bis zu diesem Treffen zu einer gemeinsamen Haltung bewegen zu können, schätzte er als gering ein. Da er einerseits keine Chance sah, eine Vereinbarung auf der Grundlage eines SED-Papiers zu schließen, aber andererseits den Versuch, zu einer gemeinsamen Äußerung zu kommen, für »dringend geboten« hielt und »diesen Weg bis zum letzten Schritt gehen« wollte, erklärte er, »daß die Einladung zu einer Festlegung eines einheitlichen Standpunktes auch aus dem Westen kommen kann«[156]. Solches Entgegenkommen wurde allerdings durch das von ihm und Anton Ackermann ausgearbeitete »Manifest an das deutsche Volk zur Londoner Konferenz«[157] begrenzt. In diesem Papier stellte die SED klar: Ein solches Angebot könne nur auf der Grundlage der Potsdamer Forderungen nach einer Entnazifizierung des öffentlichen Lebens und der Enteignung der Großgrundbesitzer und Monopolkapitalisten in ganz Deutschland – gemeint waren natürlich die westlichen Besatzungszonen – erfolgen. Daß die westdeutschen Parteien auf dieser Basis nicht verhandeln würden, dürfte der SED klar gewesen sein. Man kann Vorstöße wie diesen getrost in eine ganze Reihe von Scheinofferten stellen, die lediglich für den politischen Tageskampf bestimmt waren. Jedes dieser »Gesprächsangebote« aus der östlichen wie den westlichen Besatzungszonen zu registrieren ist die leidige Pflicht von Chronisten. Durch diese Vorlagen sank das Niveau des innerdeutschen Dialogs immer mehr und endete schließlich in zum Teil wüsten Beschimpfungen.[158]

Auf der nächsten außerordentlichen Tagung des SED-Parteivorstandes am 26. November 1947 mußte Grotewohl das Scheitern der Vorstellung eines Konsenses aller deutschen Parteien eingestehen. »Die politischen Parteien haben ihrer eigentlichen Aufgabe, die Führung des Volkes zu übernehmen, freiwillig entsagt.« Für die SED sei eine Bankrotterklärung der politischen Parteien in Deutschland im Hinblick auf die künftige politische Entwicklung nicht tragbar. »Wir sind in diesem Punkte fast bis an die Grenze der Selbstaufgabe gegangen. Aber nachdem trotz unserer Zurückhaltung ein solches Ergebnis vor uns liegt, das einem Bankrott gleichkommt, müssen wir aus unserer Reserve heraustreten (...) Nach Ansicht des Zentralsekretariats ist es jetzt unsere Pflicht, das deutsche Volk aufzusuchen, zusammenzutreten und selbst eine Entscheidung in dieser wichtigen Frage zu treffen.«[159]

Wilhelm Pieck (hinten) und Otto Grotewohl sprechen am 30. Mai 1947 auf einer Kundgebung im Rahmen der Volkskongreßbewegung vor Arbeitern in Bremen

Grotewohls Enttäuschung war verständlich. Schließlich hatte er zu denen gehört, für die die Hoffnung, durch einen All-Parteien-Dialog zu einer gemeinsamen gesamtdeutschen Haltung zu gelangen, Teil ihrer politischen Strategie gewesen war. Allerdings hatte er seine Partei nicht an den Rand der von ihm erwähnten Selbstaufgabe getrieben, um dieses Ziel zu erreichen. Alternativ zu dieser Taktik der Halbheiten schloß er sich nun der Idee eines Volkskongresses an, dessen konstituierende Sitzung er für den 6. und 7. Dezember in Berlin ankündigte. Dieser Schritt sei nötig, »um dem deutschen Volke zu zeigen, daß nicht alle Parteien in Deutschland zur politischen Sterilität übergegangen sind, sondern daß eine Partei da ist, die bis zum letzten Augenblick für die politischen Interessen Deutschlands einzutreten entschlossen ist«.[160]

Otto Grotewohl engagierte sich äußerst stark in der Volkskongreßbewegung. Neben dem Block ein Forum zu schaffen, »das (...) über eine breitere Basis als den bloß die Parteien umfassenden Block verfügte«[161], war aus Sicht der SED notwendig geworden, da die bürgerlichen Parteien (CDU und LDP) sich bisher gegen die Einbeziehung der Massenorganisationen in den Block gewehrt hatten, weil diese als SED-beherrscht galten. Der Versuch, Parteien, Massenorganisationen und Persönlichkeiten aus allen Besatzungszonen und Gesellschaftsschichten auf einem

Forum zusammenzuführen, das u. a. die Bemühungen um einen Friedensvertrag mit Deutschland intensivieren und eine Delegation für die Londoner Außenministerkonferenz wählen sollte, wurde in der westlichen Fachliteratur kritisch bewertet. Zum einen galt die von oben ins Leben gerufene »Volksbewegung« als reine Propagandamaßnahme, um der Deutschlandpolitik von Sowjets und SED eine scheinbare Massenlegitimation zu geben. Zum anderen sah man darin eine gezielte Vorbereitung zur Separatstaatsbildung.

Zur negativen Einschätzung der »Volkskongreßbewegung für deutsche Einheit und einen gerechten Frieden« hat die DDR-Geschichtsschreibung nicht unwesentlich beigetragen. Bis Anfang der siebziger Jahre war die Bewegung als ein Versuch zur Schaffung der deutschen Einheit beurteilt worden, doch nachdem die SED verstärkt auf die Eigenstaatlichkeit der DDR zu pochen begann und sich endgültig vom Ziel der deutschen Wiedervereinigung verabschiedete, wurde erklärt, sie habe die antifaschistisch-demokratischen Verhältnisse in der SBZ gefestigt und damit einen Beitrag zur Entwicklung der DDR geleistet.[162] Diese Neubewertung basierte nicht auf einer erweiterten oder neuen Quellenbasis, sie erfolgte allein aus politischen Notwendigkeiten heraus, erbrachte keinen größeren Wahrheitsgehalt und ist ein Beispiel für die Abhängigkeit der DDR-Historiker von parteiamtlichen Vorgaben.[163]

Gerecht werden kann man der Volkskongreßbewegung nur, wenn man berücksichtigt, daß alle drei Aspekte – Bewegung zur Herstellung der deutschen Einheit, propagandistisches Mittel zur Unterstützung der sowjetischen Außenpolitik und Organ zur Separatstaatsbildung – ihre Berechtigung haben. Diese Bewegung transportierte aufgrund der bereits erwähnten Diskrepanz zwischen politischer Wunschvorstellung (Schaffung der deutschen Einheit) und realem politischem Handeln (Aufbau des Sozialismus) sich teilweise widersprechende Elemente. Zudem führte die veränderte politische Großwetterlage dazu, daß das ursprünglich nationale Anliegen des Volkskongresses verblaßte und die Bewegung zu einem Mittel des Separatismus wurde. Wolfgang Leonhard faßte den »multifunktionalen Charakter« der Volkskongreßbewegung treffend zusammen, als er feststellte: »Der ›Deutsche Volksrat‹ unter der Losung ›Einheit und gerechten Frieden‹ wurde ursprünglich als Instrument einer gesamtdeutschen Politik geschaffen. Nachdem die Führung in Ost-Berlin (und sicher auch in Moskau) jedoch erkannte, daß sich diese Zielsetzung nicht verwirklichen ließ, wurde 1948 der Deutsche Volksrat umfunktioniert, als Vorstufe zur Volkskammer, als Basis für die DDR-Regierung.«[164]

Den Anspruch, ein Instrument für die deutsche Wiedervereinigung zu sein, konnte der Kongreß nur sehr kurze Zeit erheben. Bereits die Zusammensetzung des ersten Volkskongresses zeigte, daß es nicht gelungen war, eine gesamtdeutsche Bewegung ins Leben zu rufen. Von den 2 215 Teilnehmern kamen nur 664 aus den Westzonen, der Rest stammte aus der Ostzone bzw. Berlin.[165] Das nationale Anliegen der Bewegung wurde zumindest in der Rede spürbar, die Otto Grotewohl nach der Eröffnung durch Pieck am 6. Dezember 1947 hielt. Nicht ohne Pathos nannte er als Zweck der Veranstaltung, »in letzter Stunde vor der Entscheidung der Außenminister in London die deutsche Stimme zu Gehör zu bringen«, die Stimme über »alle Grenzen von Zonen und Ländern, über alle Unterschiede von Parteien, Religionen und Berufe hinweg« zu erheben »als Deutsche, die unter der gleichen Not leiden und unter der gleichen Sorge leben«[166].

Noch einmal gab er seiner Hoffnung Ausdruck, es könne Deutschland doch gelingen, seine gegenwärtigen Probleme aus eigener Kraft zu lösen. »Nur ein Übel«, so Grotewohl, »ist unheilbar: wenn ein Volk sich selbst aufgibt.«[167] Er verzichtete weitgehend auf Phrasen von der Überlegenheit der Ostzone oder die plumpe Verherrlichung der UdSSR, die mittlerweile zu einem festen Bestandteil seiner Reden geworden waren. Dafür präsentierte er sich ganz im Stile eines Volkstribuns und versuchte, an seine Reden vom September und November 1945 anzuknüpfen. Seine Ausführungen gipfelten in Ausrufen wie: »Das deutsche Volk muß gehört werden!«, »Gebt uns unsere Einheit! Gebt uns einen gerechten Frieden!« und »Es gibt gewisse Dinge, die so hoch über den Parteien stehen, daß die Parteifarben verschwimmen. Die Einheit Deutschlands und der Friede für Deutschland sind solche Dinge, die uns allen viel zu hoch stehen, als daß wir sie zu Manövern zwischen den Parteien herabwürdigen dürften.« Bitter beklagte er sich über die Nichterfüllung des Potsdamer Abkommens von seiten der Alliierten und die Entwicklung, die Deutschland durch die Auflagen der Siegermächte genommen hatte. »Mit tiefem Ernst haben wir ihn [gemeint war das Potsdamer Abkommen, M. J.] damals studiert, denn wir glaubten, unser wirtschaftliches Schicksal sei in ihm verbrieft. Wir glaubten, durch den Plan die Möglichkeit zu erlangen, von uns aus zu planvollen Überlegungen über die Zukunft zu kommen. (...) Seitdem sind Monate ins Land gegangen. Das deutsche Volk hat voll Hoffnung und Erwartung von einer internationalen Konferenz auf die andere geschaut. Was ist aber in mehr als zwei Jahren aus dem ›einheitlichen wirtschaftlichen Ganzen‹ geworden? Die Zonengrenzen sind höher und höher geworden. Man schuf in Abweichung von den Potsdamer Beschlüssen Zweizonenabkommen und Zweizonenwirtschaftsräte, Wirtschaftskommissionen und redet heute bereits von Trizonien. Das alte Preußen (...) wurde (...) aufgelöst. An seine Stelle aber traten 15 selbständige Länder und 2 Stadtstaaten. Engster Partikularismus begann aus dem Boden zu schießen (...) Die öffentliche Meinung in Presse und Politik in Deutschland wurde nicht nach deutschen, sondern nach alliierten Wünschen und Interessen entwickelt, bis die deutschen Menschen anfingen, sich in ihrer eigenen Muttersprache nicht mehr zu verstehen. (...) Deutschland mangelt es nicht an Zonenabmachungen, an Ausschüssen und Räten, sondern Deutschland mangelt es an seiner wirtschaftlichen und politischen Einheit, an einer zentralen Regierung!«[168]

Vehement trat er für die deutsche Unabhängigkeit ein und sprach sich gegen eine lange Besatzungszeit aus. »Gewiß wissen wir, daß Deutschland noch lange mit einer Viermächtekontrolle rechnen muß, wahrscheinlich solange, bis die alliierten Völker sich von der Friedfertigkeit Deutschlands überzeugt haben. (...) Wir begegnen dabei (...) dem Einwand, das deutsche Volk sei zu einer solchen Politik noch nicht reif. Ich denke an Immanuel Kant, der einmal gesagt hat: ›Ich gestehe, daß ich mich in dem Ausdruck nicht wohl finden kann: ein gewisses Volk ist zur Freiheit nicht reif (...) Nach einer solchen Voraussetzung wird die Freiheit nie eintreten; denn man kann zu dieser nicht reifen, wenn man zuvor nicht in Freiheit gesetzt worden ist.‹«[169]

Grotewohl warnte die Siegermächte auch davor, die Entwicklung der Demokratie in Deutschland von vornherein zu stark zu belasten: »Soviel sollte die Welt aus dem Versailler Friedensvertrag wirklich gelernt haben, daß es nichts nützt, den Krieg zu gewinnen, um den Frieden zu verlieren.«[170]

Das entscheidende Manko der Rede war, daß er keine neuen Vorschläge zur Lösung des deutschen Problems unterbreiten konnte. Nüchtern betrachtet, stand Grotewohl mit leeren Händen da, und so bot seine Rede letztlich nichts, an dem sich eine Volksbewegung für die deutsche Einheit hätte entfachen können. Er wiederholte statt dessen den hinlänglich bekannten SED-Fahrplan zur deutschen Einheit: 1. Volksabstimmung über die staatliche Gestalt Deutschlands, 2. Bildung einer deutschen Zentralregierung, 3. Unterzeichnung eines Friedensvertrages, der die Rahmenbedingungen für das zukünftige Deutschland festlegt, 4. endgültige Ratifizierung des Vertrages durch eine noch zu wählende Volksversammlung.[171] Diese Maßnahmen berücksichtigten einseitig die Wünsche der sowjetischen Besatzungsmacht, während die Vorschläge der westlichen Alliierten zu diesem Thema beiseite geschoben wurden.

Weder in den acht folgenden Referaten noch in der »Aussprache« am zweiten Tag wurde Grotewohls Worten zum Thema Wiederherstellung der deutschen Einheit Wesentliches hinzugefügt oder ihm gar widersprochen. Insgesamt wurde der Volkskongreß damit zu einer leicht zu durchschauenden Inszenierung mit dem Ziel, »die nationale Politik der SED als Ausdruck gesamtdeutschen Wollens erscheinen zu lassen«[172].

Die Teilnehmer bestimmten eine Delegation, der auch Grotewohl angehörte, die auf dem Treffen der Alliierten Außenminister in London die deutschlandpolitischen Vorstellungen des Kongresses vortragen sollte. Dieses Ansinnen wurde zurückgewiesen: Die britischen Behörden erteilten der Delegation keine Einreisegenehmigung.[173] Die Westmächte bekundeten in London ihren Willen, einen westdeutschen Seperatstaat zu gründen. Damit war zwar der Versuch, ein Forum für die deutsche Einheit zu bilden, zum Scheitern verurteilt, aber die Geschichte des Volkskongresses keineswegs abgeschlossen.

Grotewohl legitimiert die Stalinisierung der SED

Parallel zur Volkskongreßbewegung vollzog sich in den Jahren 1947/48 die Umformung der SED zur »Partei neuen Typus«, die als Beginn der Stalinisierung der SED gilt. Im Rahmen dieser Entwicklung nahm Grotewohl eine besonders umstrittene Rolle ein: Er enttäuschte endgültig all jene, die gehofft hatten, daß er den sozialdemokratischen Idealen zum Durchbruch verhelfen könne, und wurde statt dessen zu einem Wegbereiter der Bolschewisierung der SED.[174]

In einer internen Anweisung erteilte die SMAD der SED am 8. Mai 1948 den Auftrag, sich organisatorisch und strategisch in eine leninistische Kampfpartei umzuwandeln. Sie sollte von nun an die deutsche Teilung als Tatsache betrachten und die SBZ nach dem Modell der osteuropäischen Volksdemokratien gestalten.[175] Die neue politische Leitlinie gab Pieck am 12. Mai 1948 in einer nichtveröffentlichten Rede an den Parteivorstand weiter. Wohl noch in Unkenntnis der jüngsten Entwicklung hatte Grotewohl am 8. Mai auf der 4. Tagung des deutschen Volkskongresses erklärt, die unter seiner Leitung von einem Gremium dieses Kongresses ausgearbeitete Verfassung solle für alle politischen Gruppierungen in Deutschland tragbar sein und auf ganz spezifische deutsche Erfahrungen zurückgreifen.[176] Wladimir Semjonow bezichtigte deshalb in einer Besprechung mit Wilhelm Pieck und Walter Ulbricht am 16. Mai 1948 Grotewohl des »Objektivismus«. Der sowjetische Hohe Kommissar meinte, man höre von Grotewohl »viele schiefe Darstellungen«[177]. Kritik dieser Art konnte gefährlich sein in einer Zeit, in der die Sowjets die SED drängten, die eigenen Reihen durch Säuberungen zu schließen.[178] Kurz zuvor hatte sich Grotewohl des Vorwurfs zu erwehren, in der Weimarer Zeit zu den rechtsradikalen Kräften in der SPD gehört zu haben.[179] Dies muß zwar in keinem direkten Zusammenhang mit der Kritik Semjonows gestanden haben, macht jedoch deutlich, daß auch ein Otto Grotewohl nicht völlig davor gefeit war, unter die Räder des stalinistischen Verfolgungswahns zu geraten. Diese Wahrscheinlichkeit wurde um so größer, je mehr sich die weltpolitische Situation zuspitzte.

Nachdem die Resolution der Kominform vom 27. Juni 1948 die Spannungen zwischen der UdSSR und Jugoslawien offenbart hatte, die schließlich sogar zum Bruch zwischen Moskau und Belgrad führten, mußten die verbleibenden Ostblockstaaten von ihren nationalen Wegen zum Sozialismus Abschied nehmen und sich enger als bisher an die Sowjetunion anlehnen. Anton Ackermann, der 1946 mit Rückendeckung aus Moskau[180] die Idee vom »besonderen deutschen Weg zum Sozialismus« entwickelt und damit den Sozialdemokraten die goldene Brücke für eine Vereinigung mit der KPD gebaut hatte, war innerhalb der SED das prominenteste Opfer der sich ändernden politischen Großwetterlage. Am 24. September 1948 mußte er in einem Artikel (»Über den einzig möglichen Weg zum Sozialismus«) für das »Neue Deutschland« öffentlich Selbstkritik üben und erklären, daß es nur einen Weg zum Sozialismus gäbe, den an der Seite der Sowjetunion. Diesen Schritt hatte Grotewohl in seinem Schlußwort auf der 13. Tagung des Parteivorstandes am 16. September 1948 angeregt.[181] Er beteiligte sich aber keineswegs an der gegen Ackermann einsetzenden Kampagne, sondern stellte sich hier wie auch auf der 1. Parteikonferenz (25. – 28. Januar 1949) schützend vor ihn.[182] Der Artikel sollte keine »Selbstkasteiung«[183] Ackermanns bewirken, sondern diesen vor weiteren Angriffen bewahren. Ackermann hat Grotewohl auf der Konferenz ausdrücklich für diese Haltung gedankt.[184] Sie konnte zwar einen Karriereknick nicht verhindern, sicherte jedoch seine weitere Tätigkeit in der Parteispitze.

Die »Verteidigungsrede« für Ackermann ist ein Beispiel dafür, daß Otto Grotewohl neben rhetorischem Geschick – zumindest in den ersten Jahren nach Gründung der SED – durchaus politische Macht besaß, um die Partei in seinem Sinn zu lenken. Er machte davon nur leider viel zu selten Gebrauch.

Ein weiteres prominentes Opfer der politischen Veränderungen war Erich Gniffke, Grotewohls langjähriger Weggefährte. Er zog aus dem Wandel der SED zur »Partei neuen Typus« Konsequenzen und setzte sich Ende 1948 in die Westzonen ab. »Mit der Flucht Gniffkes in den Westteil verlor Grotewohl seinen letzten Freund aus ›sozialdemokratischer Zeit‹.«[185] Die beiden Parteivorsitzenden versuchten, den Abtrünnigen während eines dramatischen Treffens[186] in Westberlin am 29. Oktober umzustimmen, aber Gniffkes Entscheidung stand fest. In der Öffentlichkeit distanzierte sich Grotewohl von diesem Zeitpunkt an vehement von Gniffke und dessen Versuch, »die Partei im Geiste des alten Sozialdemokratismus zu beeinflussen«[187]. Diese Haltung war aus reinem Selbstschutz geboten. Persönlich scheint ihn der Verlust des Freundes schwer getroffen zu haben. So untersagte er seinen Mitarbeitern, den Namen Gniffke ihm gegenüber zu erwähnen.[188]

Seinen Weg in die »Partei neuen Typus« hatte er sich bereits Mitte 1948 auf der 11. und 12. Tagung des Parteivorstandes der SED gebahnt. Auf der 11. Tagung (29. – 30. Juni 1948) hatte Walter Ulbricht am zweiten Tag das Hauptreferat gehalten und dabei den Wirtschaftsplan für das Jahr 1948 sowie den Zweijahresplan für 1949/50 vorgestellt. Zur Durchführung der Wirtschaftspläne war eine Straffung und Zentralisierung der Verwaltung der SBZ wie auch der Einheitspartei notwendig. Grotewohl benannte im Schlußwort Punkte, die für die »Ausrichtung der Partei in den nächsten zwei Jahren von entscheidender Bedeutung«[189] waren.

So forderte er, daß sich die SBZ »ohne jeden Rückhalt nach dem Osten zu orientieren«[190] habe. »Die Spaltung Deutschlands läßt kein Streben für die sowjetische Besatzungszone zu, etwa das Wohlwollen der westlichen Besatzungsmächte irgendwie zu erringen, dafür ist jetzt kein Platz mehr.«[191] Damit verwarf er eine Brückenfunktion für die östliche Besatzungszone, wie sie beispielsweise Jakob Kaiser angeregt hatte. Da nur die SED das Vertrauen der osteuropäischen Staaten – einschließlich der Sowjetunion – besitze und in der Lage sei, »die Kräfte des Volkes zu mobilisieren, zu lenken und zu einem richtigen Einsatz zu bringen«[192], könne nur sie die sowjetische Besatzungszone auf diesem Weg führen. Der klare Führungsanspruch der SED war in dieser Schärfe bisher nicht formuliert worden. Die Darlegungen sorgten für einiges Aufsehen, weil die CDU und LDP, die zu diesem Zeitpunkt ohnehin Möglichkeiten suchten, sich aus der Umklammerung der SED zu lösen, sie als Ende der Blockpolitik interpretierten. Grotewohl mußte dieser Auslegung wenig später öffentlich entgegentreten, um die Wogen wieder zu glätten.[193]

Die veränderte politische Lage erfordere darüber hinaus eine Neuorientierung der SED, die er nunmehr als marxistisch-leninistische Partei bezeichnete.[194] Sie solle sich von der Organisationsstruktur der reinen Massenpartei lösen und eine kadermäßige Struktur annehmen. »Unsere Aufgabe wird (...) darin bestehen, diese beiden Begriffe miteinander richtig zu verbinden und in dieser richtigen Verbindung das höchstmögliche der Kraft zu entwickeln, die wir gebrauchen.«[195] Grotewohl forderte also keineswegs die völlige Abkehr vom Charakter der Massenpartei. Ein Sachverhalt, der oft unterschätzt wurde. Neuere Untersuchungen zu diesem Thema werfen die Frage auf, ob in der bundesdeutschen DDR-Forschung die kaderpolitische Orientierung der Einheitspartei nicht einseitig überbetont und der hier angeregte duale Charakter der Partei unterbewertet worden ist. Monika Kaiser kommt in ihrer Studie »Strukturen und Kompetenzen der SED-Führung« zu dem Schluß: »Geht man vom Selbstverständnis und von der Parteipraxis aus, so war für die SED der 1948 bewußt angestrebte Doppelcharakter als ›Massenpartei‹ (mit immerhin schon damals rund 2 Millionen Mitgliedern) und als ›Kaderpartei‹ charakteristisch.«[196]

Grotewohl forderte in seinem Schlußwort, daß sich die Partei von »innern (...) Krankheitsherden« befreien solle. Er ließ keinen Zweifel daran, daß er damit auf jene Genossen anspielte, die sich immer noch als reine Sozialdemokraten fühlten: »wenn solche Krankheitskeime durch Leute in unsere Organisation hineingetragen sind, zu denen ich einmal gehörte und die heute bei uns wirken, dann werde ich meine Ehrenpflicht darin sehen, eine solche Marodeur-Politik in unserer Partei unmöglich zu machen«[197]. Diese Passage wird oft zitiert und kann in der Tat als eine Art offizieller »Startschuß« für die Stalinisierung der SED gewertet werden. Übersehen wird dabei allerdings, daß Grotewohl wohl nicht die Absicht hatte, Säuberungsaktionen – wie sie nun folgen sollten – das Wort zu reden, denn er erklärte: »Ich bin nicht so töricht, zu glauben, daß man diese Angelegenheit durch polizeiliche Maßnahmen erledigen kann, (Sehr richtig!) sondern man muß den Kampf aufnehmen und die Gegner politisch schlagen.«[198]

Berücksichtigt man diese Einschränkungen, dann wird die argumentative Basis erkennbar, auf der Grotewohl sich intern gegen den Vorwurf verwahrte, er habe durch sein Verhalten Ulbricht zum Sieg verholfen und dazu beigetragen, ehemalige Sozialdemokraten systematisch aus den Führungspositionen der SED zu drängen.[199] Aber wie auch immer Grotewohl sich in Vieraugengesprächen verteidigt haben mag, nach außen unternahm er nichts, um Fehl- oder Überinterpretationen seiner Ausführungen klarzustellen. Vielmehr ließ er es zu, daß die Entschließung »Für die organisatorische Festigung der Partei und ihre Säuberung von feindlichen und entarteten Elementen«[200], die der Parteivorstand auf seiner 12. Sitzung (28. – 29. Juli 1948) verabschiedete, mit einem Zitat aus seinem Schlußwort vom 29. Juni eingeleitet wurde. Dieses Zitat unterstreicht, welch große Bedeutung die Kommunisten der Tatsache beimaßen, daß der neue Kurs durch Grotewohl »legitimiert« wurde. Sosehr er ein echtes, inneres Zusammenwachsen der Einheitspartei wünschte und sosehr er seine sozialdemokratische Vergangenheit abschütteln wollte, an diesem Punkt hätte ihm klarwerden müssen, daß seine Genossen in der Parteispitze eine andere Sichtweise bevorzugten, sehr wohl zwischen ehemaligen Sozialdemokraten und Kommunisten unterschieden und sein politischer Einfluß in der Partei eben doch darauf beruhte, daß er als ehemaliger Vorsitzender des ZA der SPD in den Reihen der ostdeutschen Sozialdemokraten immer noch ein hohes Maß an Autorität besaß. Aber eine solche Sichtweise stand wohl zu sehr im Widerspruch zu seinen Hoffnungen in die Partei, als daß er sie als Realität anerkannt hätte.

Grotewohl hat sich auch stets skeptisch bis ablehnend gegenüber allen Versuchen zur Fraktionsbildung von seiten der Sozialdemokraten innerhalb der SED verhalten.[201] Ein Ende Mai 1948 abgehaltenes Treffen von ehemaligen SPD-Mitgliedern (Max Fechner, Erich Gniffke, Helmuth Lehmann, Otto Meier und Käthe Kern[202]) aus der Führung der Einheitspartei fand deshalb ohne ihn statt. Ziel der Zusammenkunft war es, angesichts der veränderten Lage das Verhalten in der Partei aufeinander abzustimmen.[203] Daß die Spitzenfunktionäre aus ihrem Kreis keine personelle Alternative zu Otto Grotewohl benennen konnten, macht deutlich, in welch desolatem Zustand sich der sozialdemokratische Teil der Einheitspartei befand.[204] Es kann daher nicht verwundern, daß Grotewohl ablehnte, als man ihn nach dem Treffen erneut an die Spitze dieser fragilen sozialdemokratischen Opposition stellen wollte.[205] Aber er ging noch weiter: Mit seinem Schlußwort auf der 11. Tagung des Parteivorstandes stellte er sich dann ausdrücklich gegen all jene Sozialdemokraten in der Partei, die mit der Wandlung der SED zur marxistisch-leninistischen Kampfpartei nicht einverstanden waren. Die historische Rechtfertigung für diesen Schritt lieferte sein mehrstündiges Referat »Die Novemberrevolution und die Lehren aus der Geschichte der deutschen Arbeiterbewegung«, das er auf der 12. Tagung des SED-Parteivorstandes hielt. Es wurde in einer überarbeiteten und erweiterten Fassung noch im gleichen Jahr als Buch unter dem Titel »Dreißig Jahre später« veröffentlicht. In der Einleitung zum Findbuch des Grotewohl-Nachlasses in der Stiftung Archiv für Parteien und Massenorganisationen der DDR wird das Referat als Quintessenz aus einer fast dreijährigen, intensiven Beschäftigung mit den Lehren aus dem Kampf der deutschen Arbeiterklasse eingeschätzt und betont, es spiele »für die marxistisch-leninistische Entwicklung der SED eine außerordentliche Rolle«[206]. Fraglos kam dem Referat eine legitimatorische Funktion für die Entwicklung der SED nach 1948 zu. Allerdings wurde es größtenteils in der Parteischule der SED erarbeitet.[207] Es wäre also nicht gerechtfertigt, wenn man Grotewohl, der sich in den vergangenen Jahren in seiner freien Zeit mit marxistisch-leninistischer Literatur beschäftigt hatte, als einen wichtigen, theoretischen Vordenker der Partei feiern würde, wohl aber trägt er die politische Verantwortung für den Text, weil er mit seinem Namen und seinem politischen Gewicht für ihn einstand. Er selbst machte dies deutlich, als er auf der Sitzung des Parteivorstandes am 30. Oktober 1948 erklärte, es sei nicht wesentlich, wer an der Ausarbeitung einer Rede beteiligt sei, »selbstverständlich müsse derjenige, der eine Rede hält, auch dafür die Verantwortung tragen«[208]. Das Referat setzt einen Schlußpunkt unter Grotewohls Entwicklung seit der Gründung der SED und gibt Aufschluß über die neue Argumentationsgrundlage, auf der er sich in den kommenden Jahren bewegte. Er ging in seinen Überlegungen davon aus, daß es 1948 ähnlich wie 1918 darum gehe, »in ganz Deutschland die fortschrittlichen Kräfte für die Erkenntnis und Durchführung der Aufgaben zu gewinnen. Es gilt die Kriegsverbrecher zu enteignen, die kapitalistischen Monopole zu beseitigen, die Betriebe der Großindustrie in die Hand des Volkes zu legen, die Junkerklasse durch die Aufteilung des Großgrundbesitzes zu entmachten und eine neue demokratische Verwaltung, Polizei, Justiz und Schule aufzubauen.«[209]

Um an dieser Aufgabe nicht erneut zu scheitern, war für Grotewohl ein intensives Studium der Ereignisse des Novembers 1918 notwendig.[210] Die Spaltung und damit das Versagen der deutschen Arbeiterbewegung war für ihn eine unvermeidliche Folge der Kriegskreditbewilligung der SPD-Reichstagsfraktion am 4. August 1914 (»Aufruf und Zwang zur Trennung«[211]). Dieser Tag lege nur die Konsequenzen »der vorher entstandenen und nicht überwundenen Fehler und Schwächen der Partei«[212] offen. Geblendet von ihren partiellen Erfolgen, hätten sich die »sozialdemokratischen Führer«[213] der Arbeiterbewegung immer mehr der Illusion hingegeben, daß »die Möglichkeit eines allmählichen ›friedlichen Hinüberwachsens‹ aus dem Kapitalismus in den Sozialismus«[214] gegeben sei. »Der triumphale Aufschwung konnte leicht zur Überschätzung der Mittel führen, mit deren Hilfe er erzielt worden war, konnte den Blick trüben für die Notwendigkeit, die geschaffenen Organisationen theoretisch und praktisch auf die zu erwartenden revolutionären Auseinandersetzungen mit dem Klassenfeind vorzubereiten. (…) Abkehr vom Marxismus und Hinwendung zu einem leichtfertigen Opportunismus mußten die unausweichlichen Folgen sein.«[215] Diese »politische Kurzsichtigkeit«[216] führte – davon war Grotewohl überzeugt – dazu, daß die revisionistische Strömung in der Parteiführung immer mehr die Überhand gewann und sich von der Basis der Arbeiterbewegung entfremdete.

Den I. Weltkrieg selbst interpretierte Grotewohl als Folge des Imperialismus, der die höchste Stufe des Kapitalismus darstelle.[217] Dieser Krieg wäre seiner Auffassung nach zu verhindern gewesen, denn die sich ständig verschärfenden Verteilungskämpfe unter den imperialistischen Staaten hätten eine Revolution der Arbeiterklasse hervorbringen müssen.

»Wenn überall in den imperialistischen Staaten – besonders aber in dem junkerlich beeinflußten Deutschland – die Lasten, die sich aus dem fieberhaften Aufrüsten von Armee und Kriegsflotte ergaben, auf die Schultern der Werktätigen abgewälzt (...) wurden, wenn man in zunehmendem Maße die Streiks mit großen Polizeiaktionen, mit Einsatz von Militär, mit bewaffneten Streikbrecherbanden und mit Massenaussperrungen beantwortete, dann führte der Imperialismus durch diese Verschärfung des Klassenkampfes das Proletariat unausweichlich an die Revolution zum Sturz des Imperialismus heran. (...) Dieser Sturz wurde zur zwingenden Notwendigkeit, weil der Imperialismus auf Grund der dem Kapitalismus innewohnenden Gesetzmäßigkeiten (...) die Menschheit unausweichlich in die Hölle des allgemeinen imperialistischen Weltkrieges stoßen mußte.«[218]

Im Gegensatz zur russischen Arbeiterbewegung unter Lenin habe die deutsche Arbeiterbewegung unter Führung der Sozialdemokraten diesen Sachverhalt nicht erkannt[219] und die Massen nicht auf die »revolutionäre Krise«[220] vorbereitet. So wurde versäumt, die parlamentarische Strategie durch Massenaktionen, Massenstreiks und Demonstrationen zu ergänzen.[221] Aber auch die Linken in der Partei um Rosa Luxemburg und Karl Liebknecht waren in der damaligen Situation nach Einschätzung von Otto Grotewohl nicht in der Lage, den Kurs der Partei in die richtige Richtung zu lenken: »Sie glaubten, die Zuspitzung der Klassengegensätze und der Zusammenbruch des Kapitalismus würden automatisch spontane Bewegungen auslösen. In der Erwartung dieser Bewegungen erkannten sie nicht die Notwendigkeit, eine ›Partei neuen Typus‹ zu schaffen, um die Bewegung der Massen planmäßig vorzubereiten und folgerichtig durchzuführen.«[222]

Letztendlich folgte die Linke den Zentristen, der dritten und mächtigsten Strömung in der SPD vor dem I. Weltkrieg, die den Erhalt der Einheit der Partei voranstellten und den Bruch mit dem rechten Flügel scheuten. Da »die deutsche Arbeiterbewegung sich nicht aus den drohenden Gefahren des Opportunismus befreien konnte«, mündete sie »in die Burgfriedenspolitik und die reformistische Politik des November 1918«[223]. Je mehr Mitglieder sie hatte, desto mehr verlor sie an ideologischer Tiefe[224] und wurde mehr und mehr zu einer bürgerlichen Partei. Das Ende dieser Entwicklung sei die Bewilligung der Kriegskredite durch die SPD-Reichstagsfraktion gewesen.[225]

»Der 4. August war das Geständnis, daß man den Marxismus aufgegeben, die proletarische Denkweise gegen eine bürgerliche und die revolutionäre Haltung gegen eine opportunistische eingetauscht hatte. (...) Weil Lenin und die russischen Bolschewiki in der Lage waren, aus richtiger dialektischer Betrachtung und aus unverfälschtem Klassenbewußtsein die Teilfragen, Verhalten zum Vaterland, zum Kriege, in das Licht der Zentralfrage der historischen Situation zu rücken, weil sie Wesen und Bedeutung des Imperialismus, Lage und Aufgabe des Proletariats richtig erfaßten, trafen sie bei Ausbruch des ersten Weltkrieges als einzige der Parteien der II. Internationalen die richtige Entscheidung. Sie lehnten die Kriegskredite ab und verurteilten den Krieg, weil er von allen Seiten als ein imperialistischer Krieg erstrebt und vorbereitet worden war, als solcher geführt wurde und darum das Proletariat der ganzen Welt bedrohte.«[226]

Mit dem 4. August 1914 war es nach Grotewohls Meinung für die in der SPD verbliebenen Marxisten zur Pflicht geworden, eine eigene Partei zu gründen. Die Chance für eine proletarische Revolution verstrich trotzdem ungenützt, denn die radikalen Kräfte der Arbeiterbewegung bildeten nach ihrem Austritt aus der SPD nicht sofort eine bolschewistische Partei, sondern schlossen sich zunächst der USPD an.[227] Aber auch nach der Gründung der KPD habe die junge Partei eine Reihe von taktischen Fehlern begangen: »Die Beschlüsse des Gründungsparteitages ließen erkennen, daß die Rolle der Partei als der Avantgarde der Arbeiterklasse noch nicht volles Verständnis gefunden hatte. (...) Die Spartakusanhänger hatten auch die Leninsche Lehre vom demokratischen Zentralismus noch nicht begriffen. (...) Auch über den Begriff der Diktatur des Proletariats herrschte keine völlige Klarheit. Die Bedeutung der Agrarfrage wurde vom Parteitag unterschätzt, (...) es wurde nichts über die Notwendigkeit gesagt, daß eine Bodenreform durchgeführt (...) werden müßte. (...) Eine falsche Stellung bezog der Parteitag, indem er sich gegen die Arbeit der Kommunisten in den Gewerkschaften aussprach. (...) [Darüber hinaus wurde beschlossen, M. J.] die Beteiligung an den Wahlen zur Nationalversammlung (...) zu boykottieren.«[228]

Die Chancen für eine erfolgreiche Durchführung der Revolution im November 1918 wären durchaus gegeben gewesen.[229] Tatsächlich schien es zunächst, als könne die Revolution glücken: »Da der Bildung von Räten und auch ihren ersten Maßnahmen nirgends ein beachtlicher Widerstand entgegengesetzt wurde, erwies sich, daß tatsächlich in den Novembertagen die Macht in den Händen der Räte lag. Die entscheidende Frage war jetzt, ob es gelingen würde, die Räte zu wirklich arbeitsfähigen, revolutionären Machtorganen des Volkes auszubauen, die imstande waren, die von der Geschichte gestellten Aufgaben durchzuführen.«[230]

Bei den Wahlen zu den Räten konnten sich erneut die Mehrheitssozialisten und Gewerkschaftler durchsetzen, die den revolutionären Kräften in Organisation und Ausbildung überlegen waren.[231] Damit erlangten die

Gegner einer Räterepublik die Mehrheit in deren Organen, und es kam zur »Liquidierung der Räte«[232]. Das Bündnis der Mehrheitssozialisten mit den »reaktionären Kräften«[233] brachte den endgültigen Todesstoß für die Revolution.

Im Kapitel »Die Auswirkung der Fehler und Schwächen der deutschen Arbeiterbewegung in der Revolution« warf Grotewohl den Mehrheitssozialisten als weiteren Fehler vor, sich in Verkennung des Imperialismus nach dem Krieg nach Westen und gegen die Sowjetunion zu orientieren, »in der trügerischen Hoffnung, dadurch günstigere Friedensbedingungen zu erlangen«[234]. Die KPD ihrerseits verfiel nun in den Fehler, nicht die »fortschrittlichen Kräfte«[235] um sich zu sammeln, sondern steigerte sich in einen blinden Haß gegen MSPD und USPD. Zudem übernahmen die Kommunisten »oft in schematischer, undialektischer Weise manche äußeren Kampfformen und Taktiken aus den Kämpfen der Großen Sozialistischen Oktoberrevolution, die unter den anders gearteten Bedingungen in Deutschland unwirksam waren«[236].

Das Scheitern der Weimarer Republik führte er – wie in seiner Rechtfertigung für den SED-Verfassungsentwurf – darauf zurück, daß die Macht nicht wirklich in den Händen des Volkes lag, sondern bei Institutionen, die nahezu ohne Kontrolle des Volkes agieren konnten.[237] Grund hierfür war die bürgerliche Staatslehre und ihr in der Verfassung verankertes Ideal der Gewaltenteilung. »Die Weimarer Verfassung war aufgebaut nach dem Grundsatz der Dreiteilung der Gewalten, in Gesetzgebung, Verwaltung und Rechtsprechung. (...) Sie [die Schöpfer der Verfassung, M.J.] sahen allerdings nicht, daß hinter diesen schön und progressiv klingenden Sätzen sich eine verhängnisvolle Macht verbarg: der alte Staatsapparat, die alte Beamtenhierarchie in Justiz und Verwaltung, die durch die Revolution von 1918 nicht zerstört, sondern im Gegenteil vollauf durch die Weimarer Republik übernommen wurde. (...) Indem diese Theorie [die bürgerliche Staatstheorie, M.J.] Verwaltung und Justiz neben der Gesetzgebung als selbständige Gewalt konstituierte und nur die dritte Gewalt, die Gesetzgebung, in die Hand des Volkes legte, konstituierte sie die Unantastbarkeit der Verwaltung und der Justiz durch das Volk. Verwaltung und Justiz unterlagen nicht der entscheidenden Kontrolle des Parlaments.«[238]

Die Hoffnung der Schöpfer der Weimarer Verfassung, dem alten bürokratischen Staatsapparat dadurch die Spitze zu nehmen, indem man an die Stelle des Kaisers einen vom Volk gewählten Präsidenten stellte, erwies sich als Illusion.[239] Da die Gewaltenteilung in der Weimarer Republik zur »Lahmlegung der Demokratie« und zur »Entmachtung des Parlaments«[240] führte, bot für Grotewohl nur eine »tiefgreifende Umgestaltung des traditionellen Staatswesens«[241] Sicherheit davor, bei der Errichtung eines neuen und dieses Mal sozialistischen Staates in Deutschland nicht erneut zu scheitern. »Wir müssen den Staat aus einem Instrument der Unterdrückung der Werktätigen in ein Instrument der bewußten Lebensgestaltung für die Werktätigen machen, aus einer fremden Einrichtung in ihre Einrichtung, aus dem Ausdruck des Willens der herrschenden Klasse zu dem Ausdruck ihres Willens.«[242] Dafür war es notwendig, das Verständnis für den Sozialismus in die Massen zu tragen.[243] Der Theorie Lenins folgend, wies Grotewohl der Partei eine Erziehungsaufgabe zu. »Die Hereinziehung der Massen des Volkes in diese Aufgaben und damit in den Staat, das ist das Wesen unserer Arbeit im Staat und für den Staat.«[244] Die Novemberrevolution wurde niedergeschlagen, so Grotewohl, weil eine solche »klassenbewußte, konsequente, auf dem Boden des Marxismus stehende, jeden Opportunismus und Reformismus rücksichtslos bekämpfende, wohldisziplinierte, revolutionäre Partei«[245] der deutschen Arbeiterbewegung damals nicht zur Verfügung stand.

So kann es nicht überraschen, daß sich Grotewohl für seine sozialdemokratische Vergangenheit zu schämen begann.[246] Schließlich wurde in »Dreißig Jahre später« die Sozialdemokratie als reformistisch-opportunistische Partei entlarvt, die die Interessen der Arbeiterklasse verraten hatte. Dagegen hatten die fortschrittlichen Kräfte der Arbeiterbewegung, die in der KPD ein neues Zuhause fanden, lediglich den taktischen Fehler begangen, nicht die richtigen Schlüsse aus dem Vorbild der KPdSU gezogen zu haben. Ein Fehler, der mit der anvisierten Umwandlung der SED in eine »Partei neuen Typus« korrigiert werden sollte. Für das Parteiorgan »Neues Deutschland«, das am 8. August 1948 Auszüge des Referates abdruckte, war denn auch die Forderung nach der Umwandlung der SED in eine »Partei neuen Typus« die richtige Lehre aus der Geschichte.

Die Ausführungen zur Novemberrevolution besaßen für Grotewohls Analyse der eigenen Situation zweifellos großes Gewicht. Fritz Schreibers Einschätzung, Grotewohl habe sich bis zum Schluß gegen die Parteisäuberungen gesträubt und erst unmittelbar vor dem II. Parteitag auf Druck von sowjetischer und kommunistischer Seite nachgeben müssen,[247] paßt zwar sehr gut in das Bild, das man sich landläufig vom stalinistischen Terror macht, ist aber nicht schlüssig. Wenn Grotewohl tatsächlich unter Druck zu einer Handlung, die im völligen Widerspruch zu seiner eigenen Auffassung stand, gezwungen worden wäre, was hätte ihn dann davon abhalten können, in den Westen zu flüchten? Wenn der Analyse seines Verhaltens nach 1945 nicht die Annahme zugrunde gelegt wird, daß er an das, was er tat – trotz aller Schwankungen, die seinem zögerlichen Naturell entsprachen –, auch geglaubt hat, bleiben seine Handlungen für den Außenstehenden unerklärlich, zumal seine Karriere nach dem II. Weltkrieg durch persönliche und politische Tiefschläge gekennzeichnet war. Sein Festhalten an der SED über das Jahr 1948 hinaus kann deshalb nur mit seiner inneren Überzeugung von der grundsätzlichen Richtigkeit ihrer politischen Linie erklärt werden. Diese Annahme stützen drei Zeitzeugen, die ihn länger kannten als Fritz Schreiber: Ludwig Eisermann, Fred Stempel und Erich Gniffke. Eisermann erklärte in einem Interview mit Heinz Voßke 1977: »Er [Grotewohl, M. J.] stand absolut auf dem Boden der Parteibeschlüsse.«[248] Fred Stempel erinnerte sich, Otto Grotewohl sei »auch später noch stolz darauf« gewesen, »daß gerade er auserkoren worden war, über ›Die Novemberrevolution und die Lehren aus der Geschichte der deutschen Arbeiterbewegung‹ zu referieren und danach das Buch ›30 Jahre später‹ herauszugeben. Er sah darin einen großen Vertrauensbeweis.«[249] Und Erich Gniffke meinte: »Grotewohl ist kein Demagoge, der selbst nicht glaubt, was er sagt. Grotewohl glaubt alles, was er sagt. Er steigert sich in diesen Glauben hinein, und darum reißt er mit.«[250]

Damit soll aber gar nicht ausgeschlossen werden, daß die Sowjets angesichts der politischen Lage auf einen Beweis für Grotewohls loyales Verhalten nach der Abkehr von der Parole vom »besonderen deutschen Weg« drängten. Ein solcher Wunsch entbehrte nicht einer gewissen Logik, da Grotewohl wie kein anderer SED-Führer seine Politik auf Ackermanns These aufgebaut, bis in die jüngste Zeit an dieser Linie festgehalten und immer wieder auf das Selbstbestimmungsrecht der Deutschen gepocht hatte. Noch Ende April 1948 vertrat er in der Frage der deutschen Einheit einen ausgesprochen nationalen Standpunkt: »Es gibt da nur einen Weg, den ich immer wieder während der zwei Jahre empfohlen habe; daß wir uns in diesen Fragen nicht verlassen auf andere Leute; daß wir uns nicht verlassen auf alliierte Besatzungsmächte, sondern daß wir begreifen, daß diese Dinge ganz allein von uns selbst abhängen. Wohin die Politik der Alliierten uns geführt hat, das sehen wir ja: Der Kontrollrat ist nicht mehr in der Lage, eine gesamte Arbeit für Deutschland durchzuführen. Die durch die Potsdamer Beschlüsse eingesetzte Außenministerkonferenz ist auseinandergegangen und arbeitet nicht mehr an der Gestaltung eines Friedens für Deutschland. Es mag sein, daß diese Fragen für die Alliierten nicht von so entscheidender Bedeutung sind; aber für uns als Volk sind sie von Bedeutung; denn wir wollen leben, und wir müssen leben. Wir können uns doch nicht selbst aufgeben. Wenn aber diese Kräfte nicht mehr vorhanden sind, die die Voraussetzungen für unser staatliches Leben schaffen können, dann müssen wir sie selbst schaffen. (...) Wir sind ein Volk, wir wollen das eine Volk bleiben«.[251]

Angesichts solcher Töne konnten die Sowjets keineswegs sicher sein, daß Grotewohl den politischen Schwenk, der nun von der SED erwartet wurde, mittragen würde. Um einen Treuebeweis von ihm zu erhalten, durfte man jedoch keinen Zwang auf ihn auszuüben, den er selbst als Druck verspürte. Bei einem sensiblen Menschen wie Grotewohl wäre solch plumpes Vorgehen sicher der falsche Weg gewesen, schließlich wollte man ihn nicht einfach einschüchtern und zum Schweigen bringen, sondern für die eigene Sache gewinnen. Damit er den jüngsten Kurs mittrug, bedurfte es zwar weiterer Überzeugungsarbeit, denn die Referate auf der 11. und 12. Tagung des SED-Parteivorstandes standen im Widerspruch zu seinen Ansichten vor dem Gang in die Einheitspartei, als »Sozialdemokratismus« für ihn noch kein Schimpfwort war und er die Auffassung vertrat: »Was die deutsche Sozialdemokratie von 1918 an (...) geschafft und geleistet hat, wird einst in den Blättern der politischen Geschichte mit Anerkennung verzeichnet werden«[252], sie passen aber sehr wohl in die politische Entwicklung, die er seitdem genommen hatte. Denkbar erscheint auch, daß Genossen, die ihm wohlgesinnt waren und von den sowjetischen Bedenken wußten, ihn durch eine Präventivmaßnahme aus der Schußlinie nehmen wollten. Wilhelm Pieck wäre sicherlich dafür prädestiniert gewesen, Grotewohl eine Stellungnahme so nahezulegen, daß er sie nicht als erzwungene Devotationsadresse auffassen mußte, sondern sich als »auserkoren« fühlte konnte.

Grotewohls Äußerungen auf den beiden Parteivorstandssitzungen können auch lediglich als weiterer Schritt im Abnabelungsprozeß von seiner sozialdemokratischen Vergangenheit angesehen werden. Ein von der politischen Entwicklung in den Westzonen enttäuschter und von der West-SPD unter Schumacher abgestoßener Grotewohl wäre seiner sozialdemokratischen Hausmacht nicht durch ein unüberlegtes Verhalten verlustig gegangen, sondern hätte etwas aufgegeben, was er ohnehin nicht mehr haben wollte. Einiges deutet darauf hin, daß er es tatsächlich bereits zum damaligen Zeitpunkt ablehnte, seine führende Rolle in der Partei aus seinem ehemaligen Vorsitzen der Ost-SPD abzuleiten. So bezog er bei der Kritik von Verzögerungen beim Prozeß des inneren Zusammenwachsens der SED immer eine neutrale Position und legte keinen Wert darauf, »von der einen oder anderen Gruppe nun begeisterte Zustimmung«[253] zu erfahren. Auch seine ablehnende Haltung gegenüber den Versuchen ehemaliger Sozialdemokraten, eine Fraktion innerhalb der Partei zu bilden, weist auf eine solche Haltung hin.

Welch große Bedeutung Grotewohl auf dem Weg der SED zu einer

»Partei neuen Typus« zukam, wie wichtig sein Renommee als ehemaliger Vorsitzender der Ost-SPD war, wurde noch einmal unterstrichen, als er auf der 1. Parteikonferenz Ende Januar 1949 auch jene Maßnahmen und organisatorischen Änderungen zu begründen hatte, die den Angleichungsprozeß der SED an die Organisationsstrukturen der KPdSU vorläufig abschlossen.[254] Das Prinzip der Parität habe sich überlebt, erklärte Grotewohl, ideologische Unterschiede zwischen Kommunisten und Sozialdemokraten seien weitgehend verschwunden. »Dieses Prinzip hindert uns heute, die ideologische Einheit weiter zu stärken, denn es konserviert die Einteilung der Parteimitglieder nach früherer Parteizugehörigkeit, statt sie ganz zu überwinden.«[255] Zu Recht wies er darauf hin, daß es purer Luxus sei, alle Funktionen in der Partei doppelt zu besetzen. Außerdem verhindere die Parität den Aufstieg von Parteimitgliedern, die erst nach der Vereinigung in die SED eingetreten waren. Von nun an, verkündete Grotewohl, solle das Prinzip gelten: »Die geeignetsten und befähigtesten Mitglieder in die leitenden Funktionen!«[256] Die Gründe für die Abschaffung des Paritätsprinzips waren durchaus einleuchtend. Ohnehin konnte eine solche Regelung nicht auf Dauer angelegt sein. Seine Abschaffung hatte weitreichende Folgen, da mit diesem Prinzip, das die Sozialdemokraten ursprünglich für die Einheitspartei abgelehnt hatten, das letzte Regulativ gegen die Machtübernahme der Kommunisten in der SED fiel. Schon im Politischen Büro (Politbüro), das als neue kollektive Führung der Partei[257] auf dieser 1. SED-Konferenz offiziell ins Leben gerufen wurde, besaßen die Kommunisten eine Stimme mehr,[258] ein Vorsprung, der rasch ausgeweitet wurde. Bereits nach dem III. Parteitag (20.–24. Juli 1950) stammten von den fünfzehn Kandidaten und Mitgliedern, die in das Politbüro gewählt worden waren, nur noch drei (Otto Grotewohl, Friedrich Ebert und Erich Mückenberger) nicht aus der ehemaligen KPD.

Die zweite, neue Machtzentrale, die die Parteikonferenz ins Leben rief, das Kleine Sekretariat (ab 1950 Sekretariat), war noch eindeutiger von Kommunisten beherrscht. Dieses Organ wurde von Walter Ulbricht geleitet, der sich damit seine Schlüsselstellung im Parteiapparat institutionalisieren ließ. Die Aufgabe des Sekretariats bestand offiziell darin, die Kommunikation zwischen Politbüro und Abteilungsleitern des Parteiapparates zu regeln, während es dem Politbüro zufiel, die Abteilungsleiter zu bestimmen und die Arbeitsteilung im Kleinen Sekretariat festzulegen.[259] Die Praxis sah jedoch von Beginn an anders aus. Bereits in der allerersten Sitzung des Kleinen Sekretariats (31. Januar 1949) legte Walter Ulbricht die Aufgabenverteilung in diesem Gremium selbst fest und ließ sich dieses eigenmächtige Vorgehen nachträglich von der Parteileitung bestätigen (15. Februar 1949).²⁶⁰ Er baute das Kleine Sekretariat Zug um Zug zur Machtzentrale der SED aus. Schon bald gelang es ihm auf ebenso einfache wie wirkungsvolle Weise, das Politbüro nach seinen Vorstellungen zu lenken, da er nicht nur die Tagesordnung für dieses Gremium zusammenstellte, sondern stets einen kompletten Entwurf für das Beschlußprotokoll vorlegte, an dem dann – je nach Bedarf – Änderungen vorgenommen wurden.²⁶¹ Ulbricht war also der einzige, der ungefilterten Zugang zu allen Informationen in der Partei besaß. Zudem liefen auch die Kontakte von Parteimitgliedern – einzige Ausnahme waren Wilhelm Pieck und Otto Grotewohl – mit der SMAD und später mit der SKK über ihn. Bis Mitte 1953 war Ulbrichts Stellung innerhalb der Partei unangreifbar.

Was Grotewohl auch immer bewogen haben mag, seine Zustimmung für die Umformung der SED in eine »Partei neuen Typus« zu geben, im Endeffekt war seine Handlungsweise blauäugig. Die kommenden Jahre sollten zeigen, daß er durch die Säuberungen innerhalb der Mitgliedschaft, die Verdrängung von Sozialdemokraten aus der Parteispitze und den Zugewinn an Macht für die Kommunisten immer mehr an politischem Einfluß in der SED verlor. Daß er selbst in führender Position verblieb, kann dabei kaum ein Trost gewesen sein, denn er verkam immer mehr zu einer Marionette, die praktisch über keine politische Macht bzw. keinen Einfluß mehr verfügte.

Der Volkskongreß und das Scheitern einer »praktischen Politik für Gesamtdeutschland«

Der 1. Volkskongreß hatte zwar weder seine ursprünglichen Ziele erreicht noch einen nennenswerten propagandistischen Effekt in den Westzonen erbracht, doch die SED hielt an der Bewegung fest. Bei der Umgestaltung des Volkskongresses zu einem Arbeitsparlament konnte sie auf parallel laufende Maßnahmen zur Staatsgründung in den Westzonen verweisen.²⁶² In dem Leitartikel »Nationale Selbsthilfe«, der am 22. Februar 1948 im »Neuen Deutschland« erschien, begründete Otto Grotewohl die Wahl eines Arbeitsparlamentes aus der Mitte des Volkskongresses mit den gestiegenen Anforderungen im »Kampf für die Einheit und einen gerechten Frieden«. »Ein solches Arbeitsparlament muß (...) Kommissionen und Ausschüsse bilden, in denen unter Heranziehung von geeigneten Experten für ganz Deutschland die brennenden Fragen der Wirtschaft, der Währung, des Friedens und der nächsten staatsrechtlichen Schritte geprüft und formuliert werden.« Der 2. Volkskongreß wurde für den 17. und 18. März nach Berlin einberufen. Der Termin sollte versinnbildlichen, daß der Kongreß in der demokratische Tradition der Märzrevolution von 1848 stand.

Am 9. März hatten Grotewohl und Max Fechner die Ehre, als erste SED-Mitglieder an einem ausländischen Parteikongreß teilzunehmen. Sie erlebten in Budapest die Vereinigung von Sozialdemokraten und Kommunisten zu einer ungarischen Einheitspartei.

Grotewohls Referat auf dem 2. Deutschen Volkskongreß am 17. März fiel enttäuschend aus. Wohl wissend, daß die deutsche Spaltung nicht mehr aufzuhalten war, gab er in manchen Passagen bereits einen Vorgeschmack auf zukünftige Sonntagsreden zum Thema deutsche Einheit. »Wir erwarten vom gesamten deutschen Volk, daß es sich durch die Schaffung eines westdeutschen Rumpfstaates niemals in seinem Zusammengehörigkeitsgefühl, in seinem Kampf für ein einheitliches friedliches Deutschland erschüttern läßt. Man mag beschließen, was man will. Es wird auch in Deutschland der Tag kommen, an dem keine Macht der Welt mehr trennen kann, was zusammengehört.«[263]

Die eigentliche Aufgabe des 2. Volkskongresses bestand nach den Regievorstellungen der SED darin, einen Deutschen Volksrat zu wählen. Die 400 Mitglieder aus allen Besatzungszonen sollten als beratendes und beschließendes Gremium zwischen den Tagungen des Volkskongresses fungieren. Die Arbeit wurde von einem Präsidium, einem Sekretariat sowie Fachausschüssen mit je 20 bis 30 Mitgliedern politisch und organisatorisch abgesichert. Der Deutsche Volksrat wurde zum direkten Vorläufer der Provisorischen Volkskammer der DDR. Die SED hatte sich schließlich im Streit über die Kompetenzen des Gremiums gegen die bürgerlichen Parteien durchgesetzt. CDU und LDP befürchteten völlig zu Recht, daß der Volksrat den Einfluß des Blocks schmälern und sie in diesem Gremium von der SED im Zusammenspiel mit den von ihr beherrschten Massenorganisationen minorisiert würden. Ihr Versuch, das Prinzip der Einstimmigkeit auch auf den Volksrat zu übertragen, scheiterte am Widerstand der SED.[264] Ersatzweise wurde den bürgerlichen Parteien ein Vetorecht zugestanden.[265]

Otto Grotewohl wurde vom Volksrat mit einer wichtigen Funktion betraut: Er leitete den Verfassungsausschuß. Hier war er wieder in seinem Element, er »erwies sich als geschickter Verhandlungsführer, der es bei auftretenden Differenzen immer wieder verstand, allerlei Meinungen unter einen Hut zu bringen«[266]. Es gelang ihm sogar, gegen den Willen von Walter Ulbricht mit Gniffke und Wolter zwei ehemalige Sozialdemokraten in wichtige Positionen im Apparat des Volksrates zu bringen. Frank Moraw hält es für möglich, daß Grotewohl kurzzeitig mit der Idee gespielt haben könnte, den Volksrat, der auch auf Länder- und Bezirksebene arbeitete, als ein Gegengewicht zu der durch Ulbricht dominierten SED aufzubauen.[267] Sollten solche Vorstellungen bestanden haben, so wurden sie mit seinem Eintreten für die »Partei neuen Typus« hinfällig. Auf der 8. (22.) Tagung des Parteivorstandes der SED am 20. März 1948 gab Grotewohl klar zu erkennen, in welcher Weise die Partei den Volksrat und seine Ausschüsse zu nutzen gedachte: »Wir müssen Programme aufstellen, die nicht Programme der Ostzone, sondern Programme Gesamtdeutschlands sind, die aber ihrem ganzen Inhalte nach geeignet sind, unsere Politik und Wirtschaft in der Ostzone auf der Grundlage dieser Programme in den uns genehmen Formen weiter zu entwickeln.«[268]

Man hoffte, den Widerstand der bürgerlichen Parteien gegen eine Oststaatbildung überwinden zu können, denn wenn z. B. »Wirtschaftsfragen im Hinblick auf ganz Deutschland, also auf die wirtschaftliche Einheit Deutschlands entwickelt werden, so darf kein Mitglied des Volksrats sich dem hindernd in den Weg stellen, sondern es muß bei allen diesen Fragen praktisch mitarbeiten.« Und wenn der »Verfassungsausschuß dazu übergeht, praktische Formulierungen zu suchen, wie Deutschland als einheitlicher Staat aussehen soll (...), so möchte ich das Mitglied des Volksrats sehen, das sagt: Nein, damit haben wir nichts zu tun! Wir müssen also praktisch arbeiten und dabei diejenigen, die sich dieser Arbeit heute noch hindernd in den Weg stellen wollen, mitreißen. Sie werden es sich nach der ganzen Konstruktion und dem Ablauf des Volkskongresses nicht mehr erlauben können, zu dissentieren oder zu sagen: wir spielen dabei nicht mehr mit.«[269]

Grotewohl wertete den 2. Volkskongreß als »einen großen politischen Erfolg auf der Linie der von uns entwickelten Politik«. Er beteuerte: »Die Bildung des Volksrates gibt uns die Möglichkeit, eine praktische Politik für Gesamtdeutschland zu gestalten und nach den Methoden eines Parlaments zu arbeiten und so die staatsrechtliche Konstruktion für Deutschland zu schaffen, zunächst besonders für die östliche Besatzungszone Deutschlands, da die Aussichten für den Westen im Augenblick leider nur gering sind.«[270]

Parallel laufende Aktionen wie ein für Mai/Juni geplantes Volksbegehren zur Einheit eines demokratischen und friedliebenden Deutschlands waren zu diesem Zeitpunkt nur noch propagandistischer Flankenschutz. Grotewohls Behauptung vor dem Parteivorstand am 20. März: »Das Volksbegehren ist (...) eine der entscheidendsten politischen Aktionen, die wir bisher überhaupt eingeleitet haben«[271], war nicht viel mehr als der Versuch, die SED-Mitglieder für diese Aktion zu motivieren. Zwar trugen sich mehr als 13 Millionen Bürger in die Listen ein, doch die Zweistaatlichkeit ließ sich nicht mehr verhindern. Im Grunde »lauerte« die SED ab Mitte 1948 auf die Staatsgründung.[272] Die Zurückhaltung, die man sich in der Ostzone auferlegte, war mehr taktischer Natur. Da man nicht auf den propagandistischen Trumpf verzichten wollte, die westliche Seite für die Spaltung verantwortlich zu machen, mußte man den Westzonen den ersten Schritt überlassen. Als CDU und LDP im Blockausschuß eine parlamentarische Kontrolle der mit Gesetzgebungsbefugnissen ausgestatteten DWK forderten, entgegnete ihnen Grotewohl auf der Sitzung des Blockes am 5. August 1948: »Wir meinten (...), daß wir als Parteien und als Massenorganisationen in unserer Besatzungszone übereinstimmend das Ziel verfolgen müßten, uns an keinerlei separaten Parlaments- und Regierungsbildungen zu beteiligen, solange nicht die Entwicklung in Gesamtdeutschland zu einem solchen Abschluß gekommen ist, daß eindeutig erkennbar und unter Beweis zu stellen ist, daß sich die politischen Parteien der sowjetischen Besatzungszone an keinerlei Separatmaßnahmen vorzeitig beteiligt haben, daß solche Maßnahmen, wenn man einmal zu ihnen greifen müßte, immer nur als der letzte Ausweg für die weitere Entwicklung unserer wirtschaftlichen und politischen Voraussetzungen, als eine Zwangsmaßnahme, die uns durch die Entwicklung des Westens aufgedrängt worden ist, angesehen werden können.«[273]

Am 15. April 1948 hatte sich der vom Volksrat eingesetzte Verfassungsausschuß konstituiert. Er arbeitete einen gegenüber dem SED-Entwurf von 1946 leicht modifizierten Vorschlag für eine deutsche Verfassung aus. Mit der Länderkammer wurde ein föderales Element aufgenommen, das aber nur sehr begrenzte Kompetenzen hatte (Art. 82, 84 und 112), die Grundstruktur (Aufhebung der Gewaltenteilung, starker Zentralstaat usw.) blieb erhalten. Das auf der 5. Tagung des Volksrates (22. Oktober 1948) gebilligte und vom dritten Deutschen Volkskongreß (30. Mai 1949) verabschiedete Dokument wird heute als bürgerlich-parlamentarische Verfassung angesehen.[274] Da sie für alle Parteien in Deutschland annehmbar sein sollte, sind viele Passagen fast wörtlich aus der Weimarer Verfassung übernommen.[275] Die im Gegensatz zum SED-Entwurf eingeführte Länderkammer (Art. 71) weist auf diesen Kompromißcharakter hin.[276] Daneben gab es progressive Neuerungen, die wie die verfassungsrechtlich garantierte Gleichberechtigung von Frau und Mann (Art. 7) nicht im Widerspruch zum Demokratieverständnis irgendeiner politischen Gruppierung standen. Der Verfassungsentwurf enthielt jedoch auch Forderungen, die in einer gesamtdeutschen Verfassungsdiskussion auf Widerstände gestoßen wären, so etwa die Festschreibung der Errungenschaften der antifaschistisch-demokratischen Umwälzungen (Bodenreform, Enteignung von Nazi- und Kriegsverbrechern usw.) in den Artikeln 24, 27 und 28 und die Absage an die Gewaltenteilung (Art. 63).

Die von Otto Grotewohl vorgelegte Verfassung spielte für die weitere Entwicklung kaum eine Rolle. Eine gesamtdeutsche Verfassungsdiskussion auf ihrer Grundlage fand nicht statt, und in der späteren DDR tat sich eine unübersehbare Kluft zwischen der geschriebenen Verfassung und der Verfassungswirklichkeit auf.[277]

Auf der 3. Parteikonferenz (24. – 30. März 1956) verkündete Grotewohl: »In der Deutschen Demokratischen Republik entstand die volksdemokratische Ordnung, in der die Arbeiterklasse im Bunde mit der werktätigen Bauernschaft die führende politische Kraft darstellte«[278] und gab damit indirekt zu, wie weit sich die politische Entwicklung von der Verfassung entfernt hatte. Seinen handschriftlichen Aufzeichnungen zufolge sollte dieser Bericht ursprünglich das Ziel haben, »die zurückgebliebenen Bestimmungen gesetzlicher und verfassungsmäßiger Art dem tatsächlich erreichten politischen, ökonomischen und gesellschaftlichen Niveau anzupassen. Die im Laufe der Jahre entstandene Diskrepanz zwischen Gesetzgebung und Leben soll überwunden werden.«[279] Auf sowjetisches Anraten hin[280] wurde das Vorhaben einer umfangreichen Verfassungsänderung[281] später aber wieder fallengelassen.

Bis Mitte 1949 scheint Stalin geglaubt zu haben, die deutsche Frage in seinem Sinne lösen zu können.[282] Er erklärte bei einem Treffen mit der SED-Spitze am 18. Dezember 1948, eine ostdeutsche Regierung käme erst in Betracht, wenn eine westdeutsche Regierung existiere.[283] Der bereits für Dezember 1948 geplante 3. Volkskongreß mußte bis Ende Mai 1949 verschoben werden, da man den Fortgang der Beratungen im Parlamentarischen Rat abwarten wollte. Die Teilnehmer dieses Volkskongresses wurden erstmals nach einem geordneten Modus gewählt, der als Modell für alle späteren Volkskammerwahlen der DDR diente. Zur Wahl stand am 15. und 16. Mai 1949 eine geschlossene Liste mit Vertretern aller Parteien und Organisationen, über die der Wähler mit »Ja« oder »Nein« abzustimmen hatte. Der Schlüssel, der der Mandatsverteilung zugrunde lag, richtete sich nach dem Stimmenverhältnis, das bei den Landtagswahlen von 1946 erreicht worden war. Dadurch sicherte sich die SED im voraus knapp die Hälfte der Sitze. Zusammen mit den Mandaten, die für die Massenorganisationen reserviert wurden, besaß die Partei im künftigen Volksrat und damit auch in der Provisorischen Volkskammer der DDR eine sichere Mehrheit.

Trotz eines riesigen Propagandaaufwandes konnten in der Ostzone nur 66,1 Prozent Ja-Stimmen für die Einheitsliste erzielt werden, in Ostberlin lag die Zustimmung sogar nur bei 51,6 Prozent.[284] Sicher eine herbe

Enttäuschung für die SED, zumal es auch bei dieser Abstimmung wieder zu Unregelmäßigkeiten gekommen war.[285] Der so gewählte Volksrat konstituierte sich auf seiner 9. Sitzung am 7. Oktober 1949 zur Provisorischen Volkskammer der Deutschen Demokratischen Republik und beauftragte noch am gleichen Tag Otto Grotewohl mit der Bildung einer Regierung.

An der Spitze von Partei und Staat
(1949–1964)

Ministerpräsident der DDR – Außenseiter im Politbüro

Nach der Gründung der DDR war es selbstverständlich, daß die ranghöchsten Vertreter der Einheitspartei die beiden wichtigsten Staatsämter übernahmen. So wurde Wilhelm Pieck am 11. Oktober 1949 zum ersten Präsidenten und Otto Grotewohl am 12. Oktober 1949 zum Ministerpräsidenten ernannt. Beide hatten diese Positionen bis zu ihrem Tode im Jahre 1960 bzw. 1964 inne. Da sich Grotewohl in den verbleibenden Jahren weitgehend auf seine Arbeit in der Regierung und Volkskammer konzentrierte, sollen Arbeitsweise und Kompetenz dieser beiden Organe kurz skizziert werden.

Artikel 92 der DDR-Verfassung übertrug das Blockprinzip[1] auch auf die Parlamentsarbeit. Er sah vor, alle Parteien und Massenorganisationen im Verhältnis ihrer Fraktionsstärke an der Regierung zu beteiligen.[2] Meinungsunterschiede sollten in den geschlossenen Sitzungen des Ministerrates und nicht im Plenum der Volkskammer ausgetragen und sowohl die Entstehung von parlamentarischer Opposition als auch Koalitionsregierungen verhindert werden. Bereits im Oktober 1948 hatte Grotewohl erklärt, wie wichtig ihm die »positive Zusammenarbeit aller politischen Kräfte, die im Parlament vertreten sind, für die demokratische Rekonstruktion unseres gesellschaftlichen und staatlichen Lebens« war: »Wir müssen es verhindern, daß das Parlament wieder zur Tribüne politischen Gezänkes und Ränkespiels wird, so wie es in der Weimarer Republik, sehr zum Schaden der Demokratie, der Fall war. Diese aus der Zeit des Obrigkeitsstaates vererbte Schwäche muß bei uns überwunden werden, wenn die Volksvertretung ihre große Funktion, die ihr in einer demokratischen Republik zufällt, erfüllen soll.«[3]

Die SED und Grotewohl persönlich bekannten sich zwar öffentlich zu einem Mehrparteiensystem, waren jedoch nicht bereit, die Voraussetzungen dafür zu schaffen. Statt dessen wurden wesentliche Bestandteile der Parteiendemokratie (Oppositions- und Koalitionsfreiheit) als kleinliches Parteiengezänk abgetan. Damit wuchs, vor dem Hintergrund des Niedergangs der Weimarer Republik, die Angst vor dem Scheitern der Demokratie zu einer Neurose gegenüber grundlegenden Prinzipien des Parlamentarismus. Aber sie war nur eine Ursache für diese Festlegung. Die Verfassung wurde ebenfalls mit Blick auf Gesamtdeutschland entworfen, und durch Artikel 92 sollte zugleich verhindert werden, daß in einem wiedervereinigten Deutschland die SED von der Regierungsbildung ausgeschlossen würde.

Angesichts der sekundären Bedeutung, die dem Parlament im System der DDR faktisch zukam, kann es nicht verwundern, daß die Volkskammer statt zur Arena der politischen Auseinandersetzung zum reinen Akklamationsorgan wurde und deshalb nur selten zusammentrat.[4] Aber auch der Ministerrat, die Regierung der DDR, war mehr Schein als Sein. Die »Richtlinien über die Fertigstellung von Vorlagen und wichtigen Materialien für die Regierung und Regierungsstellen zur Entscheidung durch die zuständigen Organe des Parteivorstandes sowie über die Kontrolle der Durchführung dieser Entscheidungen« aus dem Kleinen Sekretariat vom 17. Oktober 1949 geben darüber unverblümt Auskunft:

1. Gesetze und Verordnungen von Bedeutung, Materialien sonstiger Art, über die Regierungsbeschlüsse herbeigeführt werden sollen, weiterhin Vorschläge zum Erlaß von Gesetzen und Verordnungen müssen vor ihrer Verabschiedung durch die Volkskammer oder die Regierung dem Politbüro bzw. Sekretariat des Politbüros zur Beschlußfassung übermittelt werden.
2. Für alle anderen wichtigen Verwaltungsmaßnahmen ist vor ihrer Durchführung die Entscheidung der zuständigen Abteilung beim Parteivorstand herbeizuführen. Die Abteilungen des Parteivorstandes haben auf die in den Regierungsstellen verantwortlichen Genossen in dem Sinne einzuwirken, daß sie in der Durchführung der Aufgaben ihres Geschäftsbereiches Selbstverantwortlichkeit zeigen und die Abteilungen des Parteivorstandes nicht mit Bagatellsachen belasten.
3. Die dem Sekretariat zur Beschlußfassung zu übermittelnden Vorlagen nach Ziffer 1 dieser Richtlinien sind von den für die Materie zuständigen Abteilungen des Parteivorstandes anzufertigen. (...)
4. Die Ausarbeitung des Materials als Entwurf erfolgt grundsätzlich durch die dafür zuständige Regierungsstelle. Die Übermittlung des Auftrages vom Parteiapparat erfolgt an den Genossen, der in der entsprechenden Regierungsstelle die höchste Funktion bekleidet. Dieser Genosse ist auch verantwortlich für die Zuleitung des Materials an den Parteiapparat.

(...)

6. Beschlossene Vorlagen werden vom Büro des Sekretariats der Abteilung Staatliche Verwaltung sowie der für die Vorlage verantwortlichen federführenden Abteilungen unmittelbar zugestellt. Die federführende Abteilung ist verpflichtet, den Beschluß dem ver-

antwortlichen Genossen in der zuständigen Regierungsstelle zu übermitteln und für die Durchführung und Kontrolle zu sorgen.
7. Bei der Einreichung von Vorlagen über Gesetzesentwürfe an das Sekretariat hat die betreffende Abteilung des Parteivorstandes vorzuschlagen, ob der Gesetzesentwurf durch die Regierung, die Fraktion der Volkskammer oder durch die Länderkammer eingebracht werden soll.
(...)
10. Beim Schriftverkehr mit der Regierung, der Volks- und Länderkammer, dem Präsidenten der Deutschen Demokratischen Republik ist der offizielle Charakter zu wahren. Parteischreiben an Genossen im Regierungsapparat usw. sind nur im Ausnahmefall zulässig.«[5]

Was immer von der Regierung angekündigt oder beschlossen wurde, nahm also nur dann tatsächlich seinen Ausgangspunkt im Ministerrat bzw. in den ihm unterstellten Ministerien, wenn es von untergeordneter Bedeutung war. Alle wesentlichen Entscheidungen traf die Einheitspartei bzw. die sowjetische Besatzungsmacht. Daß sich Grotewohl zugunsten der Regierungsarbeit immer mehr aus der Partei zurückzog und sich dort von seinem Sekretariat vertreten ließ,[6] kam einer politischen Selbstaufgabe gleich. Erste Zeichen von Resignation wurden bei ihm sichtbar. Zug um Zug hatte er sich durch sein Verhalten seit der Gründung der SED in eine Position gebracht, die ihm keinen taktischen Spielraum mehr ließ. In der Partei war er von Walter Ulbricht längst an den Rand gedrängt worden, auch wenn er – trotz der Aufhebung des Paritätsprinzips auf der 1. Parteikonferenz – zusammen mit Wilhelm Pieck formal noch bis 1954 Vorsitzender der SED blieb. Sein Name war aber zu stark mit der Entwicklung der SBZ verflochten, als daß er sich Hoffnungen hätte machen können, nach einer Übersiedlung in die Westzonen wieder eine politische Funktion zu übernehmen.[7] Laut dem Westberliner »Telegraf« (22.12.1949) – der sich auf einen Bericht im amerikanischen Nachrichtenmagazin »Time« vom 19. Dezember 1949 berief – hat es im Januar 1947 und im Dezember 1948 sogar zwei Anfragen von Grotewohl in dieser Richtung bei amerikanischen und britischen Stellen gegeben. Schumacher habe es abgelehnt, Grotewohl eine solche Zusage zu geben. Es handelt sich hier allerdings nur um eines von vielen Gerüchten, die über ihn in dieser Zeit kursierten. Weitere lauteten, gegen ihn sei ein Parteiverfahren eingeleitet worden, das erst in letzter Minute »auf Eis gelegt« wurde,[8] oder er habe einen Flucht- bzw. einen Selbstmordversuch unternommen.[9] Von all diesen Gerüchten ist das erstgenannte das Plausibelste. Denn die Entschlossenheit, die Grotewohl in den Jahren 1947/48 auf seinem Weg in die »Partei neuen Typus« zur Schau stellte, war nur äußerlich. Zeiten des Zweifels gab es fraglos, in denen er sich aber nicht – wie so viele seiner ehemaligen Genossen – zum Schritt nach Westdeutschland durchringen konnte. Angebote von amerikanischer und britischer Seite[10] – Grotewohl mußte aufgrund seines schwankenden Charakters und seiner sozialdemokratischen Vergangenheit geradezu als natürliches Ziel für solche Abwerbungsangebote erscheinen – kamen scheinbar immer im falschen Augenblick oder waren für ihn doch nicht verlockend genug. Schließlich wäre sein Gang in den Westen dem Eingeständnis des eigenen völligen Versagens gleichgekommen, denn er war es, der als faktischer Vorsitzender des Zentralausschusses die Ost-SPD in das Experiment Einheitspartei geführt und als deren paritätischer Vorsitzender die Entwicklung der SED zu einer »Partei neuen Typus« nicht verhindert hatte. Ein solcher Offenbarungseid war für Grotewohl nur zu vermeiden, wenn er in der DDR blieb und weiterhin seine ihm zugedachte Rolle spielte. Außerdem erreichten trotz allen Unrechts und aller Verbrechen, die in der SBZ/DDR zwischen 1946 und 1964 im Namen von Staat und Partei geschahen, die polizeistaatlichen Maßnahmen doch nie das Ausmaß wie in anderen totalitären Regimen, und mit ein wenig Selbsttäuschung ließ sich über die meisten dunklen Seiten der DDR geflissentlich hinwegblicken. Grotewohl entschied sich deshalb für eine »Weiter so«-Strategie und stellte auch in den verbleibenden Jahren seine ganze Kraft in den Dienst der Partei, ohne jemals wieder bestimmenden Einfluß in ihr zu erlangen.

Am 12. Oktober 1949 stellte der neue Ministerpräsident die erste Regierung der DDR vor. Seine Regierungserklärung machte deutlich, daß das Thema deutsche Einheit auch weiterhin zentrale Bedeutung behalten würde. Die deutsche Spaltung und die außenpolitische Lage, die dafür verantwortlich war, nahmen in Grotewohls Ausführungen breitesten Raum ein. Entsprechend dürftig fielen die konkreten Ankündigungen für die innere Entwicklung des neuen Staates aus. Wirtschaftlich sollte nach Grotewohls Vorstellungen die DDR planmäßig aufgebaut und bereits 1950 das Niveau von 1936 wieder erreicht werden.[11] Innenpolitisch kündigte er an, NSDAP-Mitglieder, die keine Verbrechen begangen hatten, wieder in die Gesellschaft zu integrieren und das kulturelle Leben zu fördern. Schließlich erklärte er die Bereitschaft der Regierung, »den überlebenden Widerstandskämpfern und den Witwen und Waisen der Opfer des Faschismus bei der Sicherung ihrer Existenz zu helfen«[12]. Die DDR leistete gerade im ersten Jahr ihres Bestehens im sozialen Bereich Bemerkenswertes. Innerhalb von nur zwölf Monaten wurde ein beeindruckendes Paket von Sozialgesetzen verabschiedet: u. a. »Gesetz der Arbeit zur Förderung und Pflege der Arbeitskräfte, zur Steigerung der Arbeitsproduktivität und zur weiteren Verbesserung der materiellen und kulturellen Lage der Arbeiter und Angestellten«, »Gesetz über den Mütter- und Kinderschutz und die Rechte der Frau«. Allerdings offenbarte das wachsende Haushaltsdefizit der DDR zu Beginn der 50er Jahre, daß sich der junge Staat auch in diesem Bereich übernahm. Die bereits im Frühjahr 1953 notwendigen Einschränkungen der sozialen Leistungen lösten schließlich die Ereignisse um den 17. Juni mit aus.

Der Hauptteil von Grotewohls Regierungserklärung zu den Themen Deutsche Frage/Internationale Lage war in einem scharfen Ton gehalten. Eindeutig wurde die Schuld für die Spaltung Deutschlands den Westmächten zugewiesen. Die Machthaber im »Bonner Separatstaat«, einem »Tummelplatz ausländischer und deutscher Imperialisten und Militaristen«[13], würden »das deutsche Volk ein drittes Mal auf den verhängnisvollen Weg der kapitalistischen Wirtschaftskrisen und imperialistischen Kriegsabenteuer«[14] führen. Als treibende Kraft dieser Entwicklung sah Grotewohl den amerikanischen Imperialismus und ausländische Finanzkreise.[15] Die DDR hingegen habe das Glück, sich »auf das große Lager des Friedens in der Welt stützen zu können, dessen ständig zunehmende Stärke die imperialistischen Kriegsinteressen Schritt um Schritt zurückdrängt«[16]. Weil Westdeutschland »mit den traditionellen Methoden imperialistischer Kolonialherrschaft regiert und ausgebeutet« werde, erhob Grotewohl einen Alleinvertretungsanspruch der DDR gegenüber Gesamtdeutschland: »das Programm der deutschen Regierung [gemeint war die Regierung der DDR, M. J.] ist das Programm des deutschen Volkes«[17]. Damit kam er Konrad Adenauer einige Tage zuvor, der den gleichen Anspruch in seiner Regierungserklärung vom 21. Oktober 1949 für die Bundesrepublik proklamierte. Als Prämisse für das Handeln der DDR-Regierung gab Grotewohl an: »Alles tun, was der Einheit Deutschlands und dem Frieden dienen kann, (...) alles verhindern, was dieses Ziel gefährdet.«[18] Ton und Inhalt seiner Regierungserklärung machten aber deutlich, daß damals nicht der Zeitpunkt für Gespräche war, sondern die zukünftige Gestalt Deutschlands über den Systemstreit zwischen Kapitalismus und Kommunismus entschieden werden sollte. Noch immer schien die SED zu hoffen, ein revolutionärer Umsturz in Westdeutschland könnte zu einer Anpassung an das Modell der DDR führen und auf diese Weise die deutsche Wiedervereinigung vorbereiten. So forderte Grotewohl in seinem Hauptreferat »Der Kampf um den Frieden und die Nationale Front des demokratischen Deutschland« auf dem III. Parteitag der SED (20. – 24. Juli 1950): »die ganze Bevölkerung Westdeutschlands« sollte sich »zum Widerstand erheben«[19]. Als Basis für diese gesellschaftlichen Umwälzungen in der Bundesrepublik sah er die DDR.[20]

»Brandreden«, wie sie auf dem III. Parteitag der SED – und in seinem zeitlichen Umfeld – gehalten wurden, waren unklug, da sie die deutsche Spaltung vertieften und einer Kommunistenpsychose in Westdeutschland Vorschub leisteten.[21] Sie waren auch töricht, weil die SED so gut wie keine Anziehungskraft für Bürger der Westzonen besaß und überhaupt nicht in der Lage war, die erhoffte Umsturzbewegung in Gang zu setzen.

Von ihrem Inhalt her unterschieden sich Grotewohls Reden in den fünfziger Jahren größtenteils kaum noch von denen anderer Parteifunktionäre. Auch hier häuften sich Beschimpfungen in Richtung Westen, Devotionsadressen in Richtung Osten, Planübererfüllungsmeldungen und unrealistische Prognosen in bezug auf die wirtschaftliche Entwicklung bei gleichzeitiger Prophezeiung des baldigen Kollapses des kapitalistischen Systems.

Ansehen und politischer Einfluß von Otto Grotewohl nehmen Anfang der fünfziger Jahre immer weiter ab. Da sich Wilhelm Pieck aus der Tagespolitik zurückzog und sich alters- und krankheitsbedingt fast ausschließlich auf seine Rolle als »Landesvater« konzentrierte, verlor er nicht nur seinen wichtigsten Fürsprecher, sondern auch die letzte Person, die ihm Selbstvertrauen und das Gefühl von menschlicher Wärme in der Partei gegeben hatte. Grotewohl war, neben Friedrich Ebert, Anfang des Jahrzehnts bereits das letzte Vollmitglied des Politbüros, das aus der SPD

Neujahrsempfang beim Staatspräsidenten der DDR, 1. Januar 1959; von links: Max Opitz, Erich Correns, Otto Grotewohl, Walter Ulbricht, Johannes Dieckmann

stammte. Wie ihm kam Ebert als Sohn des früheren Reichspräsidenten sichtlich eine repräsentative Funktion zu. Da dieser aber ein Parteigänger von Walter Ulbricht war, blieb das Verhältnis zwischen ihm und Grotewohl distanziert.[22] Aus den Erinnerungen von Rudolf Herrnstadt und Karl Schirdewan über das interne Intrigenspiel der Kommunisten Anfang und Ende der fünfziger Jahre geht übereinstimmend hervor, daß Otto Grotewohl unter jenen Kommunisten im Politbüro, die nicht zur Gruppe um Ulbricht gehörten, sehr wohl Respekt und Sympathie besaß und in das Ränkespiel der ehemaligen KPD-Mitglieder niemals mit letzter Konsequenz involviert war. Dies sicherte sein politisches Überleben, verdeutlicht aber andererseits seine Stellung als Außenseiter im Politbüro.[23]

Für Walter Ulbricht war es ein leichtes, ihn immer mehr an den Rand zu drängen und sich selbst in Szene zu setzen. Sogar Bereiche, in denen Grotewohl sich als Ministerpräsident der DDR in der Öffentlichkeit hätte profilieren können, fielen nun dem Stellvertretenden Vorsitzenden der SED zu. So hat Ulbricht im Juni 1950 an der Spitze von Regierungsdelegationen erste außenpolitische Kontakte mit Polen (6. Juni), der Tschechoslowakei (23. Juni) und Ungarn (24. Juni) geknüpft.

Die beiden ersten Abkommen waren aufgrund der geschichtlichen Vorbelastung von besonderer Brisanz. Neben dem Beschluß über eine erweiterte Zusammenarbeit in wirtschaftlichen und kulturellen Bereichen erkannte die DDR gegenüber Polen die Oder-Neiße-Linie als Staatsgrenze zwischen beiden Ländern offiziell an,[24] während man der tschechoslowakischen Regierung versicherte, daß die Vertreibung der Deutschen aus dem Land »unabänderlich, gerecht und endgültig«[25] gewesen sei. Die mit großem propagandistischen Aufwand vollzogene Unterzeichnung des Abkommens über die Markierung der Oder-Neiße-Grenze als Friedensgrenze zwischen Polen und der DDR in Zgorzelec (Görlitz) durch den polnischen Ministerpräsidenten Cyrankiewicz und Otto Grotewohl am 6. Juli 1950 war angesichts der Vorarbeit durch Walter Ulbricht nur noch reine Formsache. In dem Abkommen kam der damalige Alleinvertretungsanspruch der DDR für ganz Deutschland zum Ausdruck. In Artikel 1 war zu lesen:

»Die hohen vertragschließenden Parteien stellen übereinstimmend fest, daß die festgelegte und bestehende Grenze, die von der Ostsee entlang der Linie westlich von der Ortschaft Swinoujscie und von dort entlang dem Fluß Oder bis zur Einmündung der Lausitzer Neiße und die Lausitzer Neiße entlang bis zur tschechoslowakischen Grenze läuft, die Staatsgrenze zwischen Deutschland und Polen bildet.«[26]

Otto Grotewohl hat den Aufstieg von Walter Ulbricht nicht nur nicht verhindert, sondern ihm zum Teil sogar Vorschub geleistet. So duldete er, wie Walter Ulbricht bereits vor der Aufhebung der Parität Max Fechner politisch ins Abseits drängte. Anfang 1949 war Fechner nicht einmal mehr ins neugegründete Politbüro gewählt worden. Ein Sturz, der lediglich dadurch gemildert wurde, daß Grotewohl ihn als Justizminister in seine erste Regierung berief. Daß die Überlegenheit der Kommunisten in der Partei sich bis zur letzten Konsequenz fortsetzen und Ulbrichts politisches Gewicht steigen konnte, ist im Fall Fechner eindeutig Grotewohls persönlichen Eitelkeit anzulasten. Er hätte nach 1946 nicht zulassen dürfen, daß sich in der SED ein internes Machttriumvirat herausbildete, dem neben ihm Wilhelm Pieck und Walter Ulbricht angehörten, während Fechner – nominell mit den gleichen Kompetenzen wie Ulbricht ausgestattet – von diesem elitären Kreis ausgeschlossen blieb, sondern auf die Kooptation Fechners oder eines anderen Sozialdemokraten bestehen müssen, um sich nicht automatisch in der Minderheit zu befinden.

Für den 15. Oktober 1950 waren in der DDR die ersten Gemeinde-, Kreis-, Landtags- und Volkskammerwahlen angesetzt worden. Zur Wahl stand, wie schon bei der Wahl zum 3. Volkskongreß, lediglich eine Einheitsliste, die eine Differenzierung der Stimmabgabe nach Parteien nicht zuließ. Vielerorts gab es auch keine geheime Wahl, sondern die Bürger wurden angehalten, ihre Stimme ohne Benutzung von Wahlkabinen offen abzugeben.[27] Damit stand die Wahl im eindeutigen Widerspruch zur Verfassung, die in Artikel 51 Absatz 2 festgelegt hatte: »Die Abgeordneten [der Volkskammer, M. J.] werden in allgemeiner, gleicher, unmittelbarer und geheimer Wahl nach den Grundsätzen des Verhältniswahlrechts auf die Dauer von vier Jahren gewählt.«[28] Die Abstimmung erbrachte 99,7 Prozent Ja-Stimmen bei einer Wahlbeteiligung von 98,44 Prozent.[29] Ein Ergebnis, das nur durch massive Wahlfälschung möglich wurde.[30]

Am 15. Oktober 1950 mußten endgültig alle Hoffnungen zu Grabe getragen werden, daß Sowjets und SED nach einer Übergangsphase, in der sie ihre wichtigsten politischen Forderungen durchgesetzt und verfassungsmäßig verankert hatten, vielleicht doch eine demokratische Entwicklung in der DDR zuließen. Statt dessen wurde immer unverhohlener das sowjetische Modell auf den neuen Staat übertragen, und allen Treueschwüren zum Trotz entwickelte sich die SED zu einer echten Staatspartei. Grotewohl begehrte weder gegen den Verfassungsbruch noch gegen die Wahlfälschung auf. Dabei hatte er in einem Artikel der SED-Zeitschrift »Einheit« noch im Juli 1949 die niedrige Zustimmung von 61,6 Prozent zur Einheitsliste für den 3. Volkskongreß mit den Worten kommentiert: »Die Helfershelfer der Feinde der deutschen Einheit wollen jetzt vertuschen, daß ihre ursprüngliche Behauptung, nach dem Muster der Nazizeit würden die Wahlen gefälscht werden und 98 Prozent Ja-Stimmen wären von vornherein festgelegt, durch den Wahlverlauf völlig widerlegt wurde. (...) In der sowjetischen Besatzungszone hat die Bevölkerung frei wählen können.«[31]

Nicht einmal eineinhalb Jahre später war er von der politischen Entwicklung eingeholt worden.

Die Waldheimer Prozesse

Wahlmanipulation war aber bei weitem nicht das schlimmste Vergehen, dessen sich Otto Grotewohl in den kommenden Jahren schuldig machte. Er trug aufgrund seiner Ämter in Partei und Staat auch für Verbrechen Mitverantwortung, die im Namen der DDR begangen wurden. Ein solches Verbrechen waren die Waldheimer Prozesse, der wohl größte Justizskandal[32] in der DDR-Geschichte. Er begann im Oktober 1949: Damals erhielt das Innenministerium der DDR von der SMAD einen Hinweis, daß es sich auf die Auflösung der letzten sowjetischen Sonderlager in Ostdeutschland vorzubereiten habe.[33] Zu diesem Zeitpunkt gab es noch drei solcher Lager auf dem Gebiet der DDR: Bautzen, Buchenwald und Sachsenhausen.[34] Einzelheiten über Umfang und Zeitpunkt der Aktion wurden zunächst nicht bekannt. Als die Lager zwischen dem 16. Januar und 15. Februar 1950 aufgelöst wurden, stellte sich heraus, daß rund 29 000 Menschen von dieser Maßnahme betroffen waren: 15 000 Internierte kamen sofort frei, 10 513 SMT[35]-Verurteilte wurden der DDR zur weiteren Haftbüßung übergeben, 649 verblieben in sowjetischer Gefangenschaft, und 3 442 Häftlinge – die späteren Waldheim-Häftlinge – wurden der DDR-Justiz zur Aburteilung überlassen.[36] Die Bevölkerung erfuhr von der Aktion am 17. Januar 1950 aus dem »Neuen Deutschland«, das diesen Vorgang als »einen Akt der Großmut, des Vertrauens und der Stärke seitens der Sowjetregierung« bezeichnete. Im Grunde war es vielmehr eine Bürde für den noch jungen Staat und seine Justiz, denn die SED erkannte in der Behandlung der 3442 noch nicht verurteilten Gefangenen vor allem einen Vertrauenstest der Sowjets.[37] Im Klartext bedeutete dies, die sowjetische Willkür bei Internierungen im Anschluß an den II. Weltkrieg nachträglich juristisch zu legitimieren, um sich als zuverlässiger Verbündeter zu erweisen.[38] Der Druck, unter dem sich die SED-Spitze wähnte, verhinderte ein reguläres Verfahren. Mit Recht kann man von einer politischen Regie sprechen. Schon vor den eigentlichen Verhandlungen waren die zuständigen Stellen darum bemüht, durch alle nötigen Vorkehrungen zu vermeiden, daß die »Urteilssprüche (...) in einem zu großen Kontrast zu den sowjetischen Tribunalurteilen stehen« würden.

»Bereits der von dem kommissarischen Hauptabteilungsleiter Haftsachen bei der Hauptverwaltung Deutsche Volkspolizei (HVDVP) am 26. Februar 1950 verfaßte Abschlußbericht über die Entlassungs- und Übernahmeaktion aus den Internierungslagern peilte ein rechtsnihilistisches und politisch dominiertes Grundkonzept an. ›Zur Abwicklung dieser Gesamtverfahren‹, so heißt es, sei es unbedingt notwendig, ›daß in einer gemeinsamen Rücksprache eine klare Linie für die Art des Verfahrens ausgearbeitet wird.‹ Diese Linie solle die bisherigen Urteile der Militärtribunale für ähnliche Vergehen berücksichtigen und davon ausgehen, daß die bislang geübte Praxis der Justiz keine Anwendung finden könne, da sonst ›mit einer unmöglichen Verzögerung (…) sowie auch einer äußerst krassen Unterschiedlichkeit in der Urteilssprechung gerechnet werden‹ müsse.«[39]

Darüber hinaus sah die Parteiführung in der Aburteilung der 3442 Häftlinge wohl auch eine einmalige Chance, mit diesem letzten, großangelegten Prozeß gegen Kriegsverbrecher und Nationalsozialisten auf dem Boden Ostdeutschlands den Anteil der DDR an einer konsequent durchgeführten Entnazifizierung unter Beweis zu stellen. Schließlich bildete der Antifaschismus neben der Sozialisierung der Gesellschaft die wesentlichste Quelle für die Rechtfertigung der staatlichen Existenz des zweiten deutschen Staates.[40]

»Dies geschah vor allem mit Blick auf die politische Auseinandersetzung mit der BRD, wo zu dieser Zeit einige in Nürnberg verurteilte Kriegsverbrecher durch die westlichen Siegermächte begnadigt wurden. Dazu kam, daß die Adenauer-Regierung ehemalige Beamte und Offiziere aus der Zeit der Herrschaft der NSDAP in Deutschland in den Aufbau der Verwaltung und die Vorbereitungen zur Schaffung von Streitkräften einbezog.«[41]

Die Häftlinge, die zur Aburteilung vorgesehen waren, wurden für diesen Zweck in die Strafanstalt Waldheim überbracht, wo sie in dem hoffnungslos überbelegten Gefängnis[42] auf ihre Gerichtsverfahren warteten. Die Bildung der extra für die Waldheimer Prozesse zusammengestellten Gerichte (37 Richter und 18 Staatsanwälte, die allesamt der SED angehörten[43]) stützte sich auf Bestimmungen, die der Alliierte Kontrollrat und die SMAD für die Aburteilung von Nationalsozialisten und Kriegsverbrechern erlassen hatten.[44] Ein Vorgehen, das einen Bruch der DDR-Verfassung darstellte, die in Artikel 134 Sondergerichte ausdrücklich verbot.[45]

In nur vier Wochen wurden die Vernehmungen durchgeführt und die benötigten 3 442 Anklageschriften verfaßt. Am 24. April 1950 begannen die eigentlichen Verhandlungen, die – laut Vorgabe – bis zum III. Parteitag (20. – 24. Juli 1950) abgeschlossen sein sollten.[46]

»Bis auf 10 öffentliche Verfahren im Rathaus Waldheim und einige weitere Ausnahmen gestaltete sich der gesamte Ablauf der ›Waldheimer Prozesse‹ im Tribunal-Stil. (…) Der individuelle Schuldnachweis trat zugunsten des Prinzips der Kollektivschuld zurück. Bis auf einige Fälle wurde auf Zeugenvernehmungen und den Offizialverteidiger verzichtet, (…) Entlastendes stand nicht zur Debatte.«[47]

Die Dauer der Verfahren betrug im Durchschnitt nur zwanzig bis vierzig Minuten, allein so war es möglich, daß die eingerichteten kleinen und großen Strafkammern das Soll von 150 Anklageschriften noch übertreffen konnten.[48]

»Nach offiziellen Abrechnungen am 14. und 15. Juli 1950 galten folgende Urteile ohne Anerkennung der Internierungszeit [von fünf Jahren, M. J.]:

5 Häftlinge	bis zu 4 Jahren
290	5 bis 9 Jahre
947	10 bis 14 Jahre
1901	15 bis 25 Jahre
146	lebenslänglich
31	Todesurteil«[49]

Voller Zufriedenheit konnte in einem Abschlußbericht festgestellt werden: »Das Ergebnis der Tätigkeit in Waldheim zeigt, daß unsere staatlichen Organe befähigt sind, auch auf diesem Gebiet die Grundlinie der Politik unserer Partei durchzusetzen.«[50] Damit wurden die Waldheimer Prozesse zu einem »gelungenen Testlauf« für die Verfahren gegen politische Gegner und Andersdenkende in den nächsten Jahrzehnten.[51]

Das bis ins letzte Detail geplante Szenarium lief doch nicht völlig störungsfrei ab, da sich einige mutige Männer dem offensichtlichen Justizmißbrauch entgegenstellten, z. B. Dr. Dr. Helmut Brandt[52], der damals Staatssekretär im Ministerium für Justiz war. Trotz der Warnung seines Ministers Max Fechner, sich nicht in die Sache einzumischen, versuchte Brandt sich vor Ort ein eigenes Bild über die Vorgänge zu verschaffen. Jahre später erzählte er, was geschah:

»Unmittelbar nach meiner Rückkehr aus Waldheim hatte ich Otto Nuschke [Vorsitzender der CDU, M. J.] über das dortige Geschehen informiert. Otto Nuschke und ich beschlossen die Ausarbeitung eines Waldheim-Berichtes einschließlich substantiierter skandalöser Einzelfälle als Regierungsvorlage. Otto Nuschke, mein persönlicher Referent und ich verfaßten die Vorlage unter Benutzung des von Propst Grüber inzwischen gesammelten hervorragenden Materials.«[53]

Seit Anfang Juli 1950 lag dieser Bericht der Regierung der DDR vor. Ziel war es, die Waldheimer Urteile für rechtsungültig erklären zu lassen und die Prozesse neu und dieses Mal ordnungsgemäß aufzurollen.[54] Darüber hinaus wandte sich Otto Nuschke in zwei gesonderten Schreiben vom 17. August 1950 an die zuständigen Regierungsmitglieder, Otto Grotewohl (Ministerpräsident) und Max Fechner (Justizminister).

»Darin versuchte er den Ministerpräsidenten anhand von 13 konkreten Fällen dafür zu gewinnen, sich um die Vorgänge in Waldheim zu kümmern. Aber der hielt sich zurück und setzte sich sicherheitshalber mit W.[alter, M. J.] Ulbricht in Verbindung, der in Sachen Waldheim die Fäden in der Hand hatte. O.[tto, M. J.] Grotewohl wollte wohl tatsächlich nichts mit dieser Geschichte zu tun haben und überließ dem dafür zuständigen Mann alles weitere.«[55]

Grotewohl kümmerte sich also weder darum, daß durch die Waldheimer Sondergerichte die unter seiner Leitung entstandene Verfassung erneut verletzt wurde, noch versuchte er als Ministerpräsident Kompetenzen an sich zu ziehen, die unter normalen Umständen in den Aufgabenbereich seiner Regierung gefallen wären. Statt dessen war er tunlichst darum bemüht, Walter Ulbricht nicht ins Gehege zu kommen und sich selbst weitgehend aus dem Verfahren herauszuhalten.

Das Antwortschreiben von Otto Grotewohl an Nuschke – ausgearbeitet in der Abteilung Staatliche Organe des ZK[56] – wehrte alle Vorwürfe ab, daß es in Waldheim nicht nach rechtsstaatlichen Prinzipien zugegangen sei. Weder an den Haftbedingungen noch an der Art und Weise, wie die Verfahren abgelaufen waren, fand man etwas auszusetzen.[57] Es ist allein der Hartnäckigkeit von Otto Nuschke zu verdanken, daß später zwei der dreizehn von ihm benannten Häftlinge doch vorzeitig entlassen wurden.[58] Auf Regierungsebene hatte Nuschke mit seinem Vorstoß in Sachen Waldheim aber keinen Erfolg, dafür sorgte Otto Grotewohl. Er ließ am 31. August 1950 den Nuschke-Antrag auf Neuaufnahme der Waldheimer Prozesse kurzerhand durch die SED-Mehrheit im Ministerrat niederstimmen.[59] Entgegen dem sonst üblichen Procedere verzichtete Grotewohl als Leiter der Ratssitzung darauf, durch vorherige Diskussion zu einer einstimmigen Entscheidung zu kommen, und verlieh auf diese Weise den Waldheim-Urteilen Gesetzeskraft. Wenn nicht alle der einunddreißig vorgesehenen Todesurteile vollstreckt wurden, ist das dem Umstand zu verdanken, daß die SED-Führung die Entscheidung über die Gnadengesuche der Landesregierung in Sachsen übertragen hatte[60] und sich hier erneut einige Mutige fanden, die Einspruch gegen eine vorschnelle und pauschale Aburteilung erhoben und statt dessen eine eingehende Prüfung der Akten verlangten. Zu ihnen gehörten der sächsische Justizminister Johannes Dieckmann (LDP) und sein Parteifreund, der Minister für das Gesundheitswesen Dr. Thürmer.[61] Beide verhinderten, daß die Gnadengesuche der zum Tode Verurteilten durch das Kabinett einfach abgewiesen wurden. Die Entscheidung wurde zunächst auf die Zeit nach den Volkskammerwahlen (15. Oktober 1950) verschoben. Am 31. Oktober 1950 stimmte das SED-Politbüro einigen Gnadengesuchen zu. Nun konnte das sächsische Gesamtministerium am 2. November 1950 fünf Todesstrafen in lebenslängliche Zuchthausstrafen umwandeln.[62] Damit war klar, daß in den Morgenstunden des 4. November 24 Todesurteile in Waldheim vollstreckt wurden.[63]

Für diese Todesurteile trägt Grotewohl eine unmittelbare Mitschuld. Als Ministerpräsident und als Mitglied des Politbüros war er direkt mit den Vorgängen betraut und zu verantwortlicher Stellungnahme verpflichtet. Das Argument, ihm wären die Vorgänge in ihrer Tragweite nicht bekannt gewesen, kann man nicht als Entschuldigung gelten lassen. Die Ausflucht »ideologische Verblendung« muß ebenfalls zurückgewiesen werden. Unter welchem Aspekt man die Waldheimer Prozesse auch betrachtet, die Art und Weise, in der diese Verfahren durchgeführt wurden, machte sie zu einem Verbrechen gegen die Menschlichkeit. Dr. Brandt, Nuschke, Dieckmann und Thürmer haben dies erkannt. Egal, welche Erwartungen von seiten der Sowjets in bezug auf die übergebenen 3442 Häftlinge geäußert wurden, die Verantwortlichen in der SED hätten sich in diesem Fall nicht einfach beugen dürfen. Da der Einsatz von Menschen, die weit weniger Einfluß besaßen als die Mitglieder des Politbüros, zumindest geringe Erfolge für die Waldheim-Inhaftierten brachte, ist zu vermuten, daß die Parteiführung die Möglichkeiten für eine gerechte Behandlung der ihr überantworteten Personen gar nicht ausgelotet hat. Diese schlimme Vermutung wird gestützt durch die Chuzbe, mit der im Sommer 1952 eine Kommission in nur vier Wochen 3014 Waldheim-Akten prüfte und zu dem Ergebnis kam, daß 997 Verurteilte freizulassen seien, in 1024 Fällen das Strafmaß erheblich herabgesetzt werden müßte und nur bei 993 Inhaftierten unverändert bleiben sollte.

»Nach einer weiteren Gesamtüberprüfung 1954, die ebenfalls Strafminderungen sowie 639 Begnadigungen brachte, saßen im Herbst 1955 noch 968 Waldheim-Verurteilte in Haft. Von ihnen wurden 709 erneut vorzeitig entlassen. Neben zwischenzeitlichen Einzelbegnadigungen seit Anfang 1951 waren Ende 1955/Anfang 1956 die Gruppenbegnadigungen abgeschlossen. 1964 kam der letzte in Waldheim Verurteilte frei.«[64]

Es kann heute nur darüber spekuliert werden, was passiert wäre, wenn sich ein führender SED-Funktionär wie Grotewohl für die Häftlinge verwendet hätte. Wilfriede Otto kommt im Buch »Die ›Waldheimer Prozesse‹ 1950« zu dem Fazit: »Außer aus den öffentlichen Verfahren würde kein einziges Waldheim-Urteil einer Überprüfung standhalten.«[65]

»Deutsche an einen Tisch«

In den ersten Monaten nach der Gründung der DDR absorbierte der Aufbau des neuen Staates nahezu die ganze Kraft der SED-Führung.[66] Stalin höchstpersönlich hielt im Mai 1950 Pieck, Grotewohl und Ulbricht während einer Moskaureise dazu an, sich dem Thema Wiedervereinigung wieder stärker zuzuwenden.[67] Die Acht-Mächte-Erklärung von Prag am 21. Oktober desselben Jahres brachte Bewegung in diese Problematik. Darin steckten die UdSSR, Polen, die Tschechoslowakei, Ungarn, Bulgarien, Rumänien, Albanien und die DDR den Rahmen für eine mögliche Lösung der deutschen Frage aus ihrer Sicht ab. Eine Wiedervereinigung Deutschlands und ein Abzug der Besatzungstruppen innerhalb eines Jahres wurde in Aussicht gestellt, wenn man von westlicher Seite bereit war, zu den Potsdamer Absprachen zurückzukehren und auf eine Remilitarisierung Westdeutschlands zu verzichten. Als Gesprächspartner der Siegermächte bei den Verhandlungen über einen Friedensvertrag sollte ein paritätisch besetzter gesamtdeutscher Rat oder die von ihm bestimmte provisorische deutsche Regierung fungieren.[68]

Die West-Alliierten und die Bundesrepublik lehnten die Prager Vorschläge ab, weil die Wiedervereinigung nach diesem Fahrplan ohne freie Wahlen abgelaufen wäre bzw. ein solcher Urnengang erst den Abschluß dieses Prozesses bilden sollte. Bis dahin hätten die Verhandlungen über einen Friedensvertrag mit Deutschland in den Händen eines Gremiums gelegen, in dem die Vertreter der DDR, deren demokratische Legitimation man auf westlicher Seite nicht anerkannte, stark überrepräsentiert gewesen wären.

Was auf den ersten Blick wie ein rein organisatorisches Problem aussah, markiert einen grundsätzlichen Dissens, der in den folgenden Gesprächen immer wieder eine Lösung der deutschen Frage blockieren sollte. Nur auf dem oben beschriebenen Weg wäre es nämlich möglich gewesen, daß a) die DDR-Führung einen Teil ihrer gesellschaftspolitischen Forderungen für ein zukünftiges Deutschland hätte durchsetzen können und b) die Interessen der Sowjetunion in wirtschaftlicher (Reparationen) und sicherheitspolitischer (keine Remilitarisierung Deutschlands) Hinsicht befriedigt worden wären. Freie Wahlen zu Beginn eines

Wiedervereinigungsprozesses hätten mit aller Wahrscheinlichkeit zur Folge gehabt, daß die SED an den Rand des politischen Geschehens gedrängt worden wäre, da die Partei selbst nach einem Einzug in den Bundestag wohl kaum einen Partner für die Durchsetzung ihrer Ziele gefunden hätte. Die westliche Seite war in dieser Frage zu keinen Zugeständnissen bereit.

Am 30. November 1950 übernahm Otto Grotewohl – mit Rückendeckung von Partei und sowjetischer Besatzungsmacht – kurzzeitig die Initiative in der Deutschen Frage. Ziel der Offerte, die unter der Parole »Deutsche an einen Tisch« bekannt wurde, war es, mit einem direkten Schreiben an Bundeskanzler Adenauer einen deutsch-deutschen Dialog auf der Grundlage der Acht-Mächte-Erklärung in Gang zu setzen. Höchstwahrscheinlich stammt das von Grotewohl unterzeichnete Schreiben an Adenauer nicht aus seiner Feder.[69] Wie schon bei dem Buch »Dreißig Jahr später« ist entscheidend, daß er seinen Namen dafür zur Verfügung stellte. Doch billigte er den Inhalt zweifellos, denn er vertrat seit Ende des II. Weltkrieges die Auffassung, die Wiedervereinigung sei im wesentlichen keine Sache der Siegermächte, sondern der Deutschen selbst. Könnten sich die Deutschen in dieser Frage einigen –so sein Kalkül –, dann wäre es wohl kaum möglich, daß ihre Willensbekundung von der Weltöffentlichkeit übergangen würde.[70] Am 10. Oktober 1951 – die Initiative war zu diesem Zeitpunkt faktisch bereits gescheitert – versuchte Grotewohl, dies noch einmal durch einen eindringlichen Appell im Rahmen einer Regierungserklärung deutlich zu machen.

»Solange noch eine Chance besteht, ein Wort zu sprechen, ist es besser, zu verhandeln, als die Kluft zu vertiefen. (…) Darum dient es nicht der gemeinsamen Sache, wenn man das Trennende provokatorisch auf den Tisch legt. (…) Wer trennende Fragen in den Vordergrund stellt, will die Trennung nicht überwinden, sondern vertiefen. Wer aber das Einigende betont, wird erwarten können, daß man in bestimmten Fragen durch Verhandeln zu einer Verständigung kommt. (…) Es ist ein großer Irrtum anzunehmen, daß die ausländischen Mächte ohne unsere Mitwirkung die Einheit Deutschlands wiederherstellen können. Selbst wenn die Besatzungsmächte diese Entscheidung über die Einheit Deutschlands treffen, bleibt für uns Deutsche die Verpflichtung bestehen, uns selbst zu verständigen, um solche Beschlüsse der Besatzungsmächte lebendig und wirksam zu machen. Alle diese Beschlüsse können bestenfalls nur einen formalen äußeren und organisatorischen Rahmen haben. Die Aufgabe der Deutschen ist und bleibt es, politische Substanz in diese formale Regelung selbst hineinzutragen. Die Wiederherstellung der Einheit Deutschlands und die Beschleunigung des Abschlusses eines Friedensvertrages ist die Aufgabe der Deutschen selbst. Dazu brauchen wir die gesamtdeutsche Beratung.«[71]

Adenauer räumte zwar in seinen Erinnerungen ein, daß der Brief auf die Deutschen Eindruck gemacht hatte,[72] in seiner ablehnenden Haltung konnte er sich aber auf einen Konsens aller im Bundestag vertretenen Parteien – mit Ausnahme der KPD – stützen.[73] Der Bundeskanzler wertete das Schreiben im wesentlichen als Versuch, die Westintegration der Bundesrepublik zu verhindern und Punkte in der Auseinandersetzung um die deutsche Wiedervereinigung zu sammeln.[74] Immerhin nahm die Bundesregierung – auch auf Anraten der westlichen Siegermächte hin, die das Schreiben »als eine hochpolitische Angelegenheit, die sorgfältigster Prüfung bedürfe«[75], bezeichneten – den Brief so ernst, daß man ihn »unter allen Umständen«[76] beantworten wollte. Um durch ein direktes Antwortschreiben aber nicht den Eindruck zu erwecken, daß man die DDR als souveränen Staat anerkannte,[77] gab Adenauer seine Stellungnahme zu der Offerte in einer Regierungserklärung (15. Januar 1951) im Rahmen einer Pressekonferenz ab.[78] Er lehnte das Angebot nicht rundheraus ab, sondern stellte eine Reihe von Bedingungen, die zu erfüllen wären, ehe man an die Bildung eines Konstituierenden Rates herangehen könne. Über die Absicht, die er dabei verfolgte, gab er in seinen Erinnerungen freimütig Auskunft: »Die Erklärung, die ich am 15. Januar 1951 im Namen der Bundesregierung abgab, wurde von Grotewohl am 30. Januar 1951 in einer Sitzung der Volkskammer als ein glattes ›Nein‹ bezeichnet. Damit beurteilte er die Lage durchaus richtig.«[79] Angesichts dieser Haltung machte es wenig Sinn, daß sich Otto Grotewohl in seiner Regierungserklärung noch ein Stück weiter auf die Bundesregierung zubewegte und eine umfassende Gesprächsbereitschaft signalisierte,[80] zumal er die Forderung nach freien Wahlen[81] unter internationaler Aufsicht nicht erfüllen konnte. Im Grunde war die Initiative damit bereits gescheitert. Trotzdem gab Grotewohl nicht auf und versuchte durch immer neue Angebote, die Regierung der Bundesrepublik an den Verhandlungstisch zu bringen. Ende August 1951 ließ er erkennen, daß die DDR-Regierung Gespräche über die Frage des Modus für gesamtdeutsche Wahlen auf der Grundlage des Reichstagswahlgesetzes der Weimarer Republik akzeptieren könne.[82] In seiner Regierungserklärung vom 15. September 1951 ließ er dann sogar die Forderung nach einer paritätischen Besetzung der deutsch-deutschen Verhandlungsgruppen fallen: »Die Zahl der Verhandlungsteilnehmer ist bei solchen Beratungen nicht von grundsätzlicher Bedeutung.«[83] Wenige Tage später gab er sich in seiner Rede anläßlich der Einweihung des Hochofens I des Hüttenkombinats Ost in Fürstenberg/Oder in diesem Punkt äußerst selbstbewußt. »Wir sind auch bereit, uns mit weniger Verhandlungsteilnehmern an den Tisch zu setzen, denn wir wissen genau, daß hinter unseren Überlegungen und hinter unseren Gründen, die wir in einer solchen Beratung vorzutragen haben, die lebendigen und wahren Interessen unseres Volkes stehen, die von einer solchen Durchschlagskraft sind, daß wir nicht mit großer Stimmenzahl zu versuchen brauchen, die Angelegenheiten des deutschen Volkes zu regeln.«[84]

Grotewohl machte selbst in aller Öffentlichkeit keinen Hehl daraus, daß die Vorstöße aus Ostberlin neben der Herbeiführung der deutschen Wiedervereinigung auch dem Zweck dienten, den Eintritt der Bundesrepublik in die NATO zu verhindern.[85] Der Ernsthaftigkeit des Gesprächsangebotes tat dies keinen Abbruch. Vielmehr unterstreicht es seine Bedeutung, weil es ganz in der Kontinuität der sowjetischen Deutschlandpolitik der fünfziger Jahren stand. Man könnte die Initiative »Deutsche an einen Tisch« sogar als eine Art Vorspiel zu den Stalin-Noten (10. März, 9. April, 24. Mai und 23. August 1952) ansehen. Auch diese boten die Wiedervereinigung nicht ohne Gegenleistung an, sondern nur als Tausch für einen Verzicht auf die Gebiete östlich der Oder und Neiße und die Neutralität eines zukünftigen Deutschlands. Hintergrund für die Offerte war die zunehmende wirtschaftliche und militärische Konsolidierung des westlichen Blocks, die von der UdSSR als Bedrohung empfunden wurde und sie veranlaßte, nun selbst einen Lösungsvorschlag für die Deutsche Frage zu unterbreiten. Darüber hinaus verstärkten wirtschaftliche Probleme, die mit der einseitigen Forcierung der Schwer- und Rüstungsindustrie zusammenhingen, den Wunsch nach einer außenpolitischen Entspannung.

Der Westen und allen voran Konrad Adenauer[86] verhielten sich ablehnend gegenüber dem Angebot aus Moskau und weigerten sich sogar, seine Ernsthaftigkeit auszuloten, obwohl »Verhandlungen mit den Sowjets möglich gewesen wären und zwar ohne die Westintegration zu gefährden«[87]. Nur solche Verhandlungen hätten klären können, ob Stalin wirklich bereit gewesen wäre, das Angebot in die Tat umzusetzen. »An seiner Kompromißbereitschaft kann (...) kein Zweifel (...) sein, seine Kompromißfähigkeit war dagegen eingeschränkt.«[88]

Der Standpunkt von Adenauer ist nur verständlich, wenn man in Rechnung stellt, daß aus seiner Sicht 1952 keine Chance vertan wurde. Für ihn besaß die Westintegration der Bundesrepublik absolute Priorität.[89] Die Haltung der Alliierten illustriert am besten eine Aussage des amerikanischen Außenministers John Foster Dulles, »die zwar erst später gemacht wurde, aber in ihrem drastischen Gedankenspiel auch für diese frühere Zeit die politische Grundlinie der Westmächte formulierte. Sie lautete:

›Wenn ich zwischen einem neutralisierten Deutschland und einem Deutschland im Sowjetblock zu wählen hätte, dann wäre es fast noch besser, es im Sowjetblock zu haben. Das ist selbstverständlich nicht annehmbar. Aber ein Disengagement ist auch völlig unannehmbar.‹«[90]

Otto Grotewohl begrüßte am 14. März 1952 die Stalin-Note, die im Grunde den endgültigen Schlußpunkt unter seine Initiative »Deutsche an einen Tisch!« setzte. Während es Ziel seines Vorstoßes gewesen war, einen deutsch-deutschen Dialog über die Wiedervereinigung in Gang zu setzen, spielte sich der Notenwechsel um die Stalin-Offerte offiziell allein auf der Ebene der Siegermächte ab. Damit war Grotewohls These, daß die Wiedervereinigung letztendlich eine Sache der Deutschen sei und von ihnen selbst herbeigeführt werden könnte, desavouiert.[91]

Wer wie er auf den innerdeutschen Dialog gesetzt hatte, wurde enttäuscht. Aber Grotewohl ist an dem Scheitern seiner Initiative auch nicht schuldlos. Zu widersprüchlich waren die Signale, die aus der DDR kamen, als daß keine Zweifel an ihrer Ernsthaftigkeit hätten aufkommen können. So mischten sich unter die moderaten Töne, die zu gesamtdeutschen Verhandlungen aufriefen, auch immer wieder scharfe verbale Attakken, die in Westdeutschland »als eine unverhohlene Aufforderung zu Widerstandsaktionen gegen die Bundesregierung und gegen die westlichen Besatzungsmächte im Bundesgebiet«[92] interpretiert wurden. Ferner setzten die Volkskammerwahlen im Oktober 1950, der Strom von DDR-Flüchtlingen in die Bundesrepublik und die fortschreitende Stalinisierung von SED und DDR die Glaubwürdigkeit der Ostberliner Führung herab. All dies war von Otto Grotewohl mitverantwortet worden und hatte sein persönliches politisches Renommee zerstört. Die von Adenauer propagierte Westintegration erschien der Mehrheit der Bundesbürger als der einzig gangbare Weg. Der wirtschaftliche Aufschwung Westdeutschlands, plakativ als »Wirtschaftswunder« bezeichnet, sanktionierte diese Entscheidung zusätzlich und ließ vergessen, daß diese Strategie eine deutsche Wiedervereinigung auf lange Sicht unmöglich machte.

In der DDR nahm man, nachdem sich auch das Scheitern des Stalin-Vorschlages abzeichnete, mit zunehmendem Tempo Kurs auf die Sowjetisierung der Gesellschaft. Alle Gründe, sich wegen gesamtdeutscher Befindlichkeiten Zurückhaltung aufzuerlegen, wurden fallengelassen. Auf der 2. Parteikonferenz der SED (9. – 12. Juli 1952) erklärte Walter Ulbricht den »Aufbau des Sozialismus zur grundlegenden Aufgabe«[93] für die DDR. Die Schwüre auf die deutsche Wiedervereinigung[94] nahmen auch im Osten immer deutlicher die Züge von bloßen Lippenbekenntnissen an. Bereits Ende Mai 1952 hatte die DDR durch die Einführung von Interzonenpässen, Aufenthaltsgenehmigungen und die Errichtung von Sperranlagen an der innerdeutschen Grenze deutliche Signale für eine Abschottung gesetzt.

Damit war im Frühjahr 1952 Otto Grotewohl in jeder Beziehung von der politischen Entwicklung widerlegt worden. Seine Hoffnung auf die Herstellung der Einheit der Arbeiterbewegung oder die Möglichkeit, eine deutsche Teilung zu verhindern bzw. zu überwinden, entpuppte sich als Illusion. So stand er sieben Jahre nach dem Neubeginn politisch vor dem Nichts. Ohne eine eigene Hausmacht in der Partei und ohne eigene Konzeption bewegte er sich schließlich nur noch als Statist auf der politischen Bühne. Ein letztes Mal bot sich ihm die Chance, richtungweisend in die Geschicke der DDR einzugreifen, als sich die Situation in Land und Partei 1953 krisenhaft zuspitzte.

Der 17. Juni 1953

Mit der gleichen Vehemenz, mit der man in der Bundesrepublik den 17. Juni 1953 als einen Aufstand für die deutsche Einheit interpretierte, wurde er in der DDR offiziell als faschistische Provokation durch den Westen gedeutet. Beides ist nicht richtig. Sein auslösendes Moment war eine wirtschaftliche und politische Krise innerhalb der DDR.

Für eine Betrachtung über den Politiker Otto Grotewohl ist der 17. Juni nicht deshalb von so großem Interesse, weil die Demonstranten u. a. auch seinen und den Rücktritt seiner Regierung forderten, sondern weil dies eine Phase äußerst dramatischer Auseinandersetzungen innerhalb der SED-Spitze war.

Ende 1952 geriet die DDR zusehends in eine schwere wirtschaftliche Krise, die mannigfaltige Ursachen hatte. Dazu gehörten der beschleunigte Aufbau des Sozialismus, die hohe Zahl an Republikflüchtlingen (vor allem der Exodus an Facharbeitern, Unternehmern und Bauern), Planungsfehler wie der forcierte Aufbau der Schwerindustrie, zusätzliche Kosten für das Aufstellen eigener Streitkräfte, um nur einige zu nennen. Im Frühjahr 1953 wandte sich die SED-Führung angesichts der prekären wirtschaftlichen Lage hilfesuchend nach Moskau.[95] »Die neue sowjetische Führung legte am 15. April den deutschen Genossen dringend nahe, den harten Kurs zu mildern; eine finanzielle und materielle Hilfe komme nicht in Betracht.«[96] Über diesen Ratschlag setzte sich die Partei auf Instruktion Ulbrichts zunächst hinweg und schlug statt dessen den genau entgegengesetzten Kurs ein. Am 16. April 1953 verbreitete das »Neue Deutschland« eine Rede, in der sich der starke Mann der SED

Mit Johanna, seiner zweiten Frau, bei einer Aufbauschicht für das Nationale Aufbauprogramm Berlin, 23. März 1953

nachdrücklich zum »weisen Lehrer des sozialistischen Aufbaus, J. W. Stalin« und damit zu den Methoden des Stalinismus bekannte. Auf dem 13. Plenum des ZK der SED am 14. Mai 1953 wurde zusätzlich beschlossen, die Arbeitsnormen um durchschnittlich 10 Prozent zu erhöhen. Bemühungen, die Normenerhöhung – wie sonst üblich – freiwillig durchzusetzen, waren zuvor gescheitert. Daß man sich in der Partei nun zu administrativen Maßnahmen genötigt sah, macht deutlich, »wie verzweifelt die wirtschaftliche Lage gewesen sein muß«[97]. Davon ist in dem Kommuniqué des Ministerrates, der am 28. Mai 1953 die Normenerhöhung offiziell anordnete, nichts zu lesen. Statt dessen belog man die Arbeiter: »In der am Donnerstag, dem 28. Mai 1953, unter Vorsitz des Ministerpräsidenten Otto Grotewohl stattgefundenen Sitzung ist der Ministerrat dem von breiten Kreisen der Werktätigen ausgedrückten Wunsch nach genereller Überprüfung und Erhöhung der Arbeitsnormen nachgekommen (…) Im Rahmen dieser Maßnahmen ist das Ziel gesetzt, bis zum 30. Juni 1953 zunächst eine Erhöhung der für die Produktion entscheidenden Arbeitsnormen im Durchschnitt um mindestens 10 Punkte sicherzustellen.«[98]

Aufgrund der Mißachtung der gegebenen Ratschläge wurden Otto Grotewohl, Walter Ulbricht und Fred Oelßner zu geheimen Gesprächen nach Moskau beordert (2. – 4. Juni 1953). In zwei Sitzungen diskutierte die Kreml-Führung mit der SED-Delegation die Lage in der DDR.[99] Durch ihren Geheimdienst gut unterrichtet, schätzte sie die Stimmung der ostdeutschen Bevölkerung wesentlich realistischer ein als die Vertreter aus Ostberlin. Die Sowjets kritisierten den beschleunigten Aufbau des Sozialismus in der DDR scharf und verlangten eine deutliche Kurskorrektur.[100] Die Kernpunkte ihrer Kritik waren in einem Dokument aufgelistet. Immerhin räumte die KPdSU-Spitze ein, daß die deutschen Genossen nicht allein an der Fehlentwicklung schuld waren, sondern gestand: »Wir alle haben den Fehler mitgemacht; keine Vorwürfe.«[101] Eine Abschrift des Dokumentes befindet sich im Nachlaß von Otto Grotewohl.[102] Es bietet einen ungeschminkten Einblick in die damalige Situation der DDR, nennt ehrlich die begangenen Fehler, ohne Ausflüchte in stalinistischen Verschwörungswahn und Agentenhysterie zu suchen. So wird festgestellt, daß »unter den breiten Massen der Bevölkerung (…) eine ernste Unzufriedenheit« bestand, die ihren Ursprung in den durchgeführten »politischen und wirtschaftlichen Maßnahmen«[103] hatte. Dies käme, so die Analyse, »am deutlichsten in der massenhaften Flucht der Einwohner der DDR nach Westdeutschland zum Ausdruck«[104]. Der Kurs des beschleunigten Aufbaus des Sozialismus in Ostdeutschland wurde als Irrtum bezeichnet, da für ihn die »notwendigen realen sowohl innen- als auch außenpolitischen Voraussetzungen fehlten«[105].

Nach solchen grundsätzlichen Feststellungen wurde dargelegt, wie man die Krise überwinden könne. Auf den ersten Blick bedeuteten diese Pläne eine völlige Abkehr von der Linie, die die SED seit der 2. Parteikonferenz eingeschlagen hatte. So sollten die Einschränkung der Privatwirtschaft und das überspannte Tempo bei der Entwicklung der Schwerindustrie zurückgenommen werden.[106] Ferner wollte man in der Zukunft »Maßnahmen zur Stärkung der Gesetzlichkeit und Gewährung der Bürgerrechte (...) treffen«[107]. Schließlich nahm man sich vor, in der nächsten Zeit den Kampf »für die Wiederherstellung der nationalen Einheit Deutschlands und die Abschließung eines Friedensvertrages zum Mittelpunkt der Aufmerksamkeit der breiten Massen des deutschen Volkes zu machen«[108].

Ganz so radikal, wie es im ersten Augenblick schien, war die Abkehr vom bisherigen Kurs der SED bei genauerem Hinsehen jedoch nicht. So wurde die Einschränkung des Privatkapitals zwar »als eine vorzeitige Maßnahme«[109] verworfen, für die Zukunft aber keineswegs ausgeschlossen. Der angestrebte Pakt mit der SPD gegen die deutsche Spaltung und den NATO-Beitritt der Bundesrepublik war auch nicht viel mehr als ein Zweckbündnis aus Mangel an Alternativen, denn in dem Dokument wurde eingeschätzt: »die total feindliche Position gegenüber dieser Partei« ist »für die heutige Periode zu verwerfen«[110]. Das Ziel, ein einiges Deutschland unter sozialistischem Vorzeichen zu schaffen, wurde also weiterhin von Moskau und Ostberlin übereinstimmend als richtig erkannt, lediglich der bisher eingeschlagene Weg galt nun als falsch oder zumindest verfrüht.

Nach der Rückkehr der SED-Delegation diskutierte das Politbüro bis zum 17. Juni nahezu permanent über die neuen Richtlinien. Von den Sitzungen vom 6. und 13. Juni 1953 existieren handschriftliche Notizen Grotewohls,[111] die im wesentlichen die Darstellung im Herrnstadt-Dokument stützen. Demnach wurde auf den Tagungen des Politbüros nicht nur über den »Neuen Kurs« diskutiert, sondern auch scharfe Kritik an Walter Ulbricht, seiner Führungsrolle und seinem Führungsstil geübt.[112]

Im Politbüro hatten sich durch Parteisäuberungen und den Ausschluß von führenden Genossen wie Paul Merker und Franz Dahlem Anfang der fünfziger Jahre Verunsicherung und Mißtrauen ausgebreitet. Im Schutze des aus Moskau verordneten Reformkurses wagten es einige Genossen nun, ihre Unzufriedenheit über die parteiinterne Arbeit zu äußern. Ulbrichts Stellung wurde durch den »Neuen Kurs« gleich in zweifacher Hinsicht unterminiert, weil er sowohl für die Probleme innerhalb der Partei[113] als auch für den Kurs zum »Aufbau des Sozialismus in der DDR« maßgebliche Verantwortung trug.[114] Ihm fiel es besonders schwer, die Kurskorrekturen zu akzeptieren. Die mangelnde Umsetzung und die Verwirrung, die vor allem in den unteren Parteiebenen über die neue Linie entstand, kann mit einiger Wahrscheinlichkeit darauf zurückgeführt werden, daß Ulbricht ihre Realisierung in dem von ihm beherrschten Parteiapparat blockierte.[115] 1955 offenbarte er jedenfalls vor dem 24. ZK-Plenum: »Wir hatten niemals die Absicht, einen solchen falschen Kurs einzuschlagen.«[116]

Grotewohl gehörte in der Auseinandersetzung zwischen Ulbricht und Zaisser/Herrnstadt zur Mehrzahl jener Politbüromitglieder, die sich nicht eindeutig festlegten. Rudolf Herrnstadt berichtet, daß sich Grotewohl »seinen Kummer aus vielen Jahren von der Seele redete«[117], aber gleichzeitig »peinlich dabei bemüht« gewesen sei, »Walter Ulbrichts Eigenliebe zu schonen«[118]. Grotewohl setzte in diesem entscheidenden Augenblick also nicht zum Sprung auf den angeschlagenen Rivalen an, sondern war auf Versöhnung aus und versuchte immer wieder, Ulbricht in die Diskussion mit einzubeziehen.[119] Dieser menschlich sympathische Zug offenbarte sehr deutlich, daß es ihm damals an der nötigen Härte, an so etwas wie »politischem Killerinstinkt« fehlte. Für die Entscheidungsfindung hätte Grotewohls Stellungnahme richtungweisende Bedeutung haben können, wenn er sein verbliebenes politisches Gewicht gegen Ulbricht in die Waagschale geworfen und sein Rednertalent genützt hätte. Seine Unentschlossenheit war aber nur ein Grund für das Scheitern des Aufstands gegen Ulbricht. Entscheidend waren schließlich das Zögern und die taktischen Fehler der eigentlichen »Rädelsführer« Zaisser und Herrnstadt.[120]

In den Politbürositzungen Anfang Juni wurde auch über künftige Maßnahmen gesprochen.[121] Das Ziel, den Sozialismus aufzubauen, wurde nicht über Bord geworfen, doch man war anscheinend zu erheblichen Veränderungen bereit. »Partei darf nicht Staatsaufgaben übernehmen«, »Personenkult vorsichtig«, »Justiz fehlt – Presse fehlt«, »kritiklose [unleserlich, M. J.] Übernahme sowjetischer Erfahrungen, falsche Übertragung, unter Außerachtlassung unserer nationalen Eigenschaften«[122], so faßte Grotewohl die Ergebnisse der Diskussion stichwortartig zusammen. Zwei Dinge kündigten sich damit an. Zum einen wurde eine Abkehr vom Stalinismus zumindest erwogen, dafür sollte es mehr Rechtsstaatlichkeit und Pressefreiheit geben und die Partei ihren Einfluß auf den Staat reduzieren. Zum anderen scheint man mit einer Wiederbelebung der Idee vom »besonderen deutschen Weg zum Sozialismus« gespielt zu haben. Wie weit die Partei mit solchen Maßnahmen tatsächlich hätte gehen können, ohne dadurch ihren grundsätzlichen Führungsanspruch und das langfristige Ziel der Errichtung des Sozialismus aufs Spiel zu setzen, hätte die weitere Entwicklung erweisen müssen. Die Entscheidungsfindung innerhalb des SED-Führungszirkels wurde aber durch den 17. Juni 1953 jäh unterbrochen und sollte »zu einem wesentlichen Faktor für den Sieg Ulbrichts über seine Rivalen«[123] Herrnstadt/Zaisser werden. Um dies verständlich zu machen, ist es nötig, einige Zusammenhänge kurz zu beleuchten und den Ereignissen etwas vorzugreifen.

Bereits die Stalin-Note 1952 war auf ein Disengagement-Konzept zurückzuführen.[124] Ziel dieser Konzeption war es, u. a. eine neutrale Staatenzone in Europa zu schaffen, die Ost und West voneinander trennen sollte.[125] Nach Stalins Tod (5. März 1953) brach innerhalb der sowjetischen Führung ein Machtkampf aus. Malenkow und Berija griffen noch einmal die Konzeption der Stalin-Note auf, denn der Diktator hatte »die Sowjetunion und ihre europäischen Satellitenstaaten in einem Zustand gefährlicher Überspannung ihrer wirtschaftlichen Kräfte«[126] hinterlassen. Die neue Troika Malenkow, Berija und Chruschtschow leitete unmittelbar nach dem Tod Stalins eine »Tauwetterperiode« ein, um der schwierigen Lage Herr zu werden. »Eine Verminderung des von den Westmächten ausgehenden Drucks von außen war nun für den Bestand des Sowjetsystems nötiger als je zuvor.«[127] Über diplomatische Kanäle bot man die Wiederaufnahme der Friedensverhandlungen in Panmunjong, die Rückführung von Kriegsgefangenen und Verhandlungen über die Flugsicherheit in Deutschland an.[128] Der Westen blieb jedoch gegenüber den Entspannungssignalen aus Moskau weitgehend skeptisch.[129] Endgültig diskreditiert wurde der Annäherungskurs durch die Ereignisse vom 17. Juni 1953 in der DDR. Ob Berija als entschiedenster Verfechter des Entspannungskurses tatsächlich bereit und in der Lage gewesen wäre, die DDR aus dem sowjetischen Herrschaftsbereich zu entlassen – wie Chruschtschow es ihm postum vorwarf[130] –, und welchen konkreten Preis er dafür verlangt hätte, ist heute noch nicht restlos zu klären.[131] Offensichtlich vertraten Herrnstadt und Zaisser Berijas Linie im Politbüro und erhielten von ihm Rückendeckung.[132] Zaisser war dem sowjetischen Innenminister direkt unterstellt. Als Berija kurz nach dem 17. Juni verhaftet und im Dezember desselben Jahres zum Tode verurteilt und hingerichtet wurde, waren die Tage von Herrnstadt und Zaisser in der SED gezählt. Bereits auf der 15. Tagung des ZK der SED (24. – 26. Juni 1953) konnte Ulbricht, mit Rückendeckung aus Moskau, den Ausschluß der beiden Widersacher aus dem ZK durchsetzen. Anfang 1954 wurden sie sogar aus der Partei ausgeschlossen. Ulbricht hatte den Machtkampf innerhalb der Partei eindeutig zu seinen Gunsten entschieden und präsentierte sich stärker denn je.

Die offizielle Verkündung des »Neuen Kurses« am 11. Juni 1953 vermochte den Gang der Dinge nicht mehr aufzuhalten. Die Partei hielt nicht unbegründet zunächst an den administrativen Normenerhöhungen fest, denn wenn der Lebensstand der DDR-Bevölkerung tatsächlich steigen sollte, »dann war die Verbesserung der Arbeitsproduktivität, die Erhöhung der Arbeitsnormen noch dringender als vor dem ›Neuen Kurs‹«[133]. Zum Thema Normenerhöhungen notierte Otto Grotewohl während der Politbürositzung vom 13. Juni, »man muß sie behalten und begründen«[134], letzteres unterblieb jedoch mit fatalen Folgen. Die Bestimmung, daß die Einführung von neuen Normen den Verdienst nicht senken dürfte, wurde aufgehoben (»Richtlinien zur Ausarbeitung und Einführung technisch begründeter Arbeitsnormen«). Dieser Beschluß des Ministeriums für Arbeit verlieh der Erhöhung besondere Brisanz, denn weil »häufige Warte- und Stillstandszeiten, Zuliefer- und Materialschwierigkeiten die Normenerfüllung beeinträchtigten, mußten die Arbeiter mit erheblichen Lohneinbußen rechnen«[135]. Preissteigerungen und Kürzungen von Sozialleistungen reduzierten die Einkommen der Arbeiter zusätzlich. Sie mußten annehmen, daß der »Neue Kurs« auf ihrem Rücken finanziert werden sollte, zumal dieser – neben einer deutschlandpolitischen Komponente (Erleichterungen im innerdeutschen Reiseverkehr) – vor allem Konzessionen an Bürgertum, Bauern und Intelligenz enthielt.

Dennoch gingen die Arbeiter nicht auf einen direkten Konfrontationskurs gegenüber der Regierung, sondern suchten zunächst das Gespräch mit ihr. Am 15. Juni empfing Grotewohls Sekretariat eine Delegation der Bauarbeiter aus der Stalinallee,[136] die eine Resolution an den Ministerpräsidenten übergab, in der die Rücknahme der 10%igen Normenerhöhungen gefordert wurde.[137] Da Grotewohl selbst nicht anwesend war, verlangte man »eine Klärung bis zum 16. 6. 1953 mittags«[138]. Am Abend des 15. Juni ließ Grotewohl bei der SED-Bezirksleitung Berlin anfragen, wie die Stimmung unter der Arbeiterschaft der Metropole sei und wie er sich verhalten sollte.[139] Aus der Wirtschaftsabteilung erhielt sein Sekretariat die Mitteilung, in Ostberlin »sei alles ruhig«[140], er brauche deshalb auf das Schreiben zunächst nicht zu reagieren, solle aber die Abordnung der Arbeiter empfangen und ihnen die Notwendigkeit der Normenerhöhungen klarmachen.[141] Diese Fehleinschätzung der Stimmung in der Arbeiterschaft hatte weitreichende Folgen.

Grotewohl begab sich am nächsten Tag zur turnusgemäßen Politbürositzung ins »Haus der Einheit«, ohne seinem Büro Anweisungen zu hinterlassen, wie im Falle des Erscheinens der Arbeiterdelegation zu verfahren sei. Die Arbeiter warteten vergeblich auf eine schriftliche Antwort der Regierung, und nachdem sie protestierend vor das »Haus der Ministerien« gezogen waren, trafen sie niemanden an, den sie als kompetenten Gesprächspartner akzeptierten. Zudem hatte im Laufe des Vormittages ein Artikel aus der Gewerkschaftszeitung »Tribüne« die Runde gemacht, in dem der stellvertretende FDGB-Vorsitzende Otto Lehmann noch einmal die Notwendigkeit der Normenerhöhungen ausdrücklich bestätigte. Die Arbeiter faßten dies als offizielle Antwort der Regierung auf. Als gegen 14 Uhr die Rücknahme der Normenerhöhungen vom Politbüro bekanntgegeben wurde, war die Stimmung bereits so stark aufgeheizt, daß sich die Unzufriedenheit über das Regime insgesamt ihren Weg gebahnt hatte. Ein Zeitzeuge beschrieb diesen Prozeß folgendermaßen: »Diese Demonstration war der Auslöser für eine allgemeine politische Erregung (...) Wir waren in diesem tiefen Stalinismus eigentlich alle irgendwie entindividualisiert. Auf einmal geschah etwas, was nicht (...) vom Staat einprogrammiert war, und die Leute merkten mit einem Mal: ›Mensch, ich kann reden, ich kann diskutieren, ich kann ja wieder irgendwo Individuum sein.‹ (...) Es war ein ganz merkwürdiges Phänomen (...), wo urplötzlich durch Leute, die ihre Meinung sagten, so ein Initiierungsmechanismus (...) (ausgelöst wurde), daß alle irgendwo fühlten: ›Mensch, (...) (ich) werde jetzt zur Stellungnahme aufgefordert (...)‹ – für und dagegen.«[142]

Gestärkt durch das Gefühl, mit ihrer Unzufriedenheit nicht allein zu sein, wagten es die Demonstranten nun, ihre Kritik am politischen System der DDR zum Ausdruck zu bringen. Der Mißbrauch der Justiz, der Mangel an Demokratie, dies alles führte dazu, daß der Ruf nach dem Rücktritt der Regierung und nach freien Wahlen laut wurde. In dieser Situation hatte die Rücknahme der Normenerhöhungen, die in einer verklausuliert-mißverständlichen Form[143] verkündet wurde, keinen positiven Effekt mehr, statt dessen fühlten die Arbeiter sich betrogen.[144] So wurde am späten Nachmittag nicht das Ende des Streiks verkündet, sondern für den 17. Juni der Generalstreik ausgerufen.

Die SED-Spitze – die den Ernst der Lage völlig verkannte – versäumte es, direkt mit den Streikenden in Kontakt zu treten. Immer wieder hatten die Demonstranten vergeblich gefordert, mit Walter Ulbricht oder Otto Grotewohl zu sprechen, um sich die Rücknahme der Normenerhöhungen bestätigen zu lassen. Statt sich den Arbeitern zu stellen, traten beide am Abend des 16. Juni lediglich vor die Mitglieder des Ostberliner Parteiaktivs. Grotewohl erklärte dort: »Die Methode des Administrierens, der polizeilichen Eingriffe und die Schärfe der Justiz ist falsch und erstickt die schöpferischen Kräfte eines Volkes. (...) Wenn sich Menschen von uns abwenden, wenn neben der staatlichen und der wirtschaftlichen Spaltung noch die menschlichen Beziehungen zwischen den Deutschen zerrissen werden, dann ist diese Politik falsch. (...) Die Vorhut der deutschen Arbeiterklasse hat sich von den Massen gelöst. Sie müssen sich wieder miteinander vereinigen. Unsere Aufgabe ist es, diese Vereinigung herbeizuführen.«[145]

Seine Worte trafen zweifellos den Kern des Problems. Um diese Vereinigung mit den Massen herbeizuführen, wäre es an diesem Abend notwendig gewesen, solche Erkenntnisse nicht vor dem Kollegium eines

Parteiaktivs, sondern den aufgebrachten Arbeitern direkt darzulegen. Doch begann der Tag des 17. Juni, ohne daß die Demonstranten und die Spitzen von Partei und Staat in einen Dialog miteinander getreten wären.

Die an diesem Morgen für 10 Uhr geplante Sitzung des Politbüros fiel aus, denn zu diesem Zeitpunkt waren die Unruhen schon ausgebrochen.[146] Das gesamte Politbüro begab sich nach Karlshorst.[147] Der Gang in das sowjetische Hauptquartier war der zweite taktische Fehler der SED-Spitze.[48] Anstatt entschlossen zu versuchen, diese innenpolitische Krise selbst zu meistern, verschanzte man sich hinter der Besatzungsmacht. Ein Entschluß, der in zweifacher Hinsicht eine fatale Wirkung zeitigte: Zum einen leistete man damit der Meinung Vorschub, daß die DDR-Führung lediglich ein Marionettenregime Moskaus sei, zum anderen überließ man es nun den Sowjets, mit einer Situation fertig zu werden, die man selbst provoziert hatte.

In Karlshorst begann sich bereits anzudeuten, daß die Ereignisse des 17. Juni nicht zum endgültigen Sturz von Walter Ulbricht führen würden, sondern sich das Kräfteverhältnis sogar wieder zu seinen Gunsten verschieben würde. Daß die Parteiführung von den Unruhen völlig überrascht worden war, wurde dem Minister für Staatssicherheit, Wilhelm Zaisser, angelastet und schwächte die Position der Ulbricht-Gegner.[149] Die SMAD-Vertreter legten nahe, die Ereignisse als einen von außen gesteuerten Putsch zu deuten. Ein Interpretationsmuster, das sehr bald eine offene Auseinandersetzung über den 17. Juni blockierte. Der Wandel in Grotewohls Äußerungen zu diesem Thema macht dies augenfällig. Als er – anstatt wie sonst üblich Walter Ulbricht – die erste Tagung des Zentralkomitees seit der Verkündung des »Neuen Kurses« am 21. Juni 1953 leitete, unterstrich er in seiner einführenden Rede zunächst noch einmal seine Einschätzung vom 16. Juni: »Die gegenwärtige Situation ist das Ergebnis der fehlerhaften Politik unserer Partei und der sich daraus ergebenden falschen politischen und wirtschaftlichen Maßnahmen der Regierung.«[150] Er nahm auch konkret zum 17. Juni Stellung: »Diese ganzen Ereignisse gehen auf eine Bewegung unter den Bauarbeitern an der Stalinallee in Berlin zurück. Bei diesen Bauarbeitern war ein großer und infolge sehr vieler falscher Maßnahmen auf administrativem Wege sicherlich berechtigter Unwille in der Frage der Erhöhung der Normen entstanden. (...) Die Folge davon war, daß sich am 16. Juni die Bauarbeiter nach Niederlegung der Arbeit zu einem Demonstrationszug zusammenschlossen.«[151]

Erst dann mischten sich – nach Grotewohls Darstellung – nach und nach Provokateure aus dem Westen unter die Demonstranten und verwandelten den Protest gegen die Normenerhöhung in einen Protest gegen die Regierung.[152] Die Arbeitsniederlegungen selber wurden zu diesem Zeitpunkt von Grotewohl noch nicht kritisiert und das Recht auf Streik nicht aberkannt. Laut Bericht des Westberliner »Telegraf« vom 26. Juli 1953 soll er sogar mehrfach versucht haben, zugunsten der Juni-Demonstranten zu intervenieren.[153] Als allerdings Justizminister Max Fechner in Schwierigkeiten geriet, weil er in einem Interview mit dem »Neuen Deutschland« am 30. Juni 1953 eine ähnliche Linie vertreten und angekündigt hatte, es werde keine Bestrafung von Streikenden oder Streikführern geben, sofern diesen nicht eine Straftat nachgewiesen werden könne, da das Recht auf Streik verfassungsmäßig garantiert sei, »distanzierte sich Otto Grotewohl von ihm«[154]. Er ergriff auch nicht seine Partei, als Fechner sich vor dem Politbüro für diese Äußerung zu verantworten hatte.[155] Fechner bezahlte seine Haltung mit einer mehrjährigen Haftstrafe.

Grotewohls neue Position zum 17. Juni kam in seiner Rede auf dem 15. Plenum des ZK der SED (24. – 26. Juli 1953) zum Ausdruck. Dort erklärte er: »Niemals würde ein Arbeiter mit hohem Bewußtsein es unternehmen, gegen seine eigene Regierung, die gar keine anderen Interessen vertreten kann, als die aller werktätigen Schichten, zu streiken und damit die faschistischen Provokateure zu unterstützen.«[156] Er führte den Streik zum einen darauf zurück, daß durch die gesellschaftlichen Umwälzungen in der DDR »die besten, aktivsten, treuesten und klassenbewußtesten Teile der Arbeiterklasse aus den Betrieben genommen« worden waren, »um den demokratischen Staatsapparat auszubauen«, und im Ausgleich dafür »viele Tausende faschistische und bürgerliche Elemente, ehemalige Angestellte des faschistischen Staatsapparates, Unternehmer und Kaufleute, die der neuen Ordnung fremd oder feindlich gegenüberstanden, als Arbeiter in die Betriebe«[157] gegangen waren. Zum anderen stempelte Grotewohl die Teilnehmer, die er keiner der beiden Gruppen zuordnen konnte und die sich auf das verfassungsmäßig garantierte Streikrecht beriefen, als geistig minderbemittelt ab und entzog ihnen kurzerhand dieses in der Verfassung garantierte Recht:

»Es gibt jedoch bei uns auch noch eine Anzahl zurückgebliebener Arbeiter. Auch heute noch, nachdem sich von Tag zu Tag neue Beweise dafür häufen, daß am 17. Juni die Feinde unserer Republik mit den verwerflichsten Mitteln die Errungenschaften der Arbeiterklasse zunichte machen wollten, gibt es Arbeiter, die erklären: ›Wir haben ja nur für unsere Forderungen gestreikt, und der Streik ist uns verfassungsmäßig garantiert.‹

Auf diese unsinnige und schädliche Auffassung müssen wir eine klare Antwort geben. Was ist denn überhaupt ein Streik? Die klassenbewußten

Arbeiter wissen das. Sie wissen, daß der Streik ein wichtiges und entscheidendes Kampfmittel im Klassenkampf gegen die Kapitalisten und Monopolherren, für die Durchsetzung der wirtschaftlichen und politischen Rechte der Arbeiter ist.

Gibt es aber in der Deutschen Demokratischen Republik Monopolherren? (...) Gegen wen also sollten die Arbeiter bei uns streiken?«[158]

Grotewohl entlarvte die von ihm mitentworfene Verfassung der DDR wieder einmal als bloße Fassade. Selbst wenn man ihm zugute hält, daß diese Ordnung mit Blick auf ein wiedervereinigtes Deutschland entworfen worden war – sie stellte den gültigen, rechtlichen Rahmen für die DDR dar, und es stand niemandem zu, sich nach eigenem Gutdünken über bestimmte Passagen hinwegzusetzen. Eine solche Handlungsweise war kein Beitrag zur »Stärkung der Rechtssicherheit in der Deutschen Demokratischen Republik«[159], wie ihn das »Kommuniqué des Politbüros des Zentralkomitees der SED vom 9. Juni 1953« angekündigt hatte. Dieser Art von Maßnahmen kann sich nur ein Staat bedienen, der seinen demokratischen Anspruch beiseiteschiebt.

Auch in der innerparteilichen Auseinandersetzung wandelte sich seine Position. Hatte er bis zum 17. Juni zu den Kritikern Ulbrichts gehört, wechselte er Mitte Juli 1953 in dessen Lager über. So gehörte er jener Entschließungskommission an, deren Bericht zur Grundlage für die Angriffe gegen Zaisser und Herrnstadt wurde,[160] und auch im Politbüro trat er nun gegen sie auf.[161] »Mängel in der Arbeit des Gen.[ossen, M. J.] Ulbricht« sah er nur noch als »eine zweitrangige Frage« an, »mit der wir auf die Dauer fertig werden müssen«[162]. Wichtiger war ihm, daß die wochenlangen Auseinandersetzungen um den Stellvertretenden Vorsitzenden nicht länger die Parteiarbeit behinderten.[163]

Grotewohl folgte damit bereits wieder seinem Grundsatz vom absoluten Vorrang der Geschlossenheit der Partei nach außen und der Meinung, Probleme regelten sich im Vorwärtsgehen (siehe Abschnitt *Vorsitzender der Sozialistischen Einheitspartei Deutschlands*). Vermutlich gewann er während des eintägigen Moskauaufenthalts mit Walter Ulbricht am 8. Juli 1953, bei dem sie über die Inhaftierung Lawrenti Berijas informiert wurden, die Überzeugung, personelle und strukturelle Veränderungen in der Partei, wie sie von Zaisser und Herrnstadt gefordert wurden,[164] würden zu diesem Zeitpunkt mehr Schaden anrichten, als daß sie Nutzen brächten. Auf der 15. Tagung des Zentralkomitees der SED erklärte Grotewohl in seinem Schlußwort hierzu: »Genossen! Eines muß uns doch auch klar geworden sein, daß in diesen Wochen seit dem 17. Juni eine planmäßige und bewußte Arbeit geleistet wird, um die Führung unserer Partei von außen zu unterminieren. Wer die westliche Presse täglich verfolgt und sieht, wie von Tag zu Tag das Spiel mit den einzelnen Personen versucht wird, der muß sich doch darüber klar sein, daß unsere Aufgabe in einer solchen Zeit darin besteht, unsere Reihen so fest zusammenzuschließen, daß auch nicht der kleinste Spalt bleibt, in den sich der Gegner hineinklemmen kann. Das ist auch eine politische Schlußfolgerung, an der wir unter gar keinen Umständen vorbeigehen können.«[165]

Grotewohl vollzog deshalb die große Rochade und stellte sich nun sogar auf die Seite derer, die von der Gruppe Zaisser/Herrnstadt angegriffen worden waren. Ausgerechnet Rudolf Herrnstadt billigte in seinen Erinnerungen Grotewohls Verhalten: »Genosse Grotewohl fand nun gleichfalls einige Sätze gegen Zaisser und mich. So schmerzlich es mir war, sie zu hören, so konnte ich die Tatsache selber nur billigen. Vom Standpunkt der Erhaltung der Einheit der Parteiführung, für die Genosse Grotewohl in den Jahren 1950 bis 1953 mehr getan und mehr hingenommen hatte, als irgendein anderer und für die auch Zaisser und ich in der Form des Kampfes um die Kollektivität so erbittert gerungen hatten – war das Auftreten des Genossen Grotewohl in der entstandenen Situation eine Notwendigkeit.«[166]

Diese Wertschätzung der Partei – selbst durch Leute, die Unrecht von ihr erfahren haben – muß Außenstehende befremden und ist nur schwer nachvollziehbar.[167] Im vorliegenden Fall führte diese nibelungenhafte Parteidisziplin zum vorzeitigen Abbruch einer echten Fehleranalyse. So konnte man bereits in dem parteiinternen Material zu dieser ZK-Sitzung lesen, die »Generallinie der Partei war und bleibt richtig«[168]. Auf diese Weise war es möglich, daß die Gruppe um Ulbricht mit bloßen Lippenbekenntnissen zum »Neuen Kurs« davonkam. Im Grunde änderte sich nichts.[169]

Grotewohls Hoffnung, Ulbricht würde sich langfristig doch zu einer kollektiven Arbeitsweise »bekehren« lassen, erwies sich als Illusion.

Im politischen Abseits – die letzten Jahre

Der 17. Juni 1953 führte dazu, daß die Gruppe um Walter Ulbricht in der SED die Macht zurückeroberte. Der »Neue Kurs«, der – um erfolgreich zu sein – eine demokratische Reform der Einheitspartei selbst vorausgesetzt hätte, wurde in der Folgezeit nur vordergründig vorangetrieben. So brachten die nachfolgenden Jahre nur einige Korrekturen und Konzessionen. Ein Beispiel dafür ist die Kulturpolitik der SED. Kultur und Kunst maß die Partei bei der Umgestaltung des Landes große Bedeutung bei.[170] Anton Ackermann erklärte auf der ersten zentralen Kulturtagung der KPD im Februar 1946, daß »unsere Aufgabe heute keineswegs darin« besteht, »Partei ausschließlich für die eine oder die andere Kunstrichtung zu ergreifen«: »Die Freiheit für den Wissenschaftler, die Wege der Forschung einzuschlagen, die er selbst für richtig hält, die Freiheit für den Künstler, die Gestaltung der Form zu wählen, die er selbst für die einzig künstlerische hält, soll unangetastet bleiben.« Wer »Zoten über den Humanismus, die Freiheit und Demokratie oder über die Idee der Völkergemeinschaft« reiße, der solle »das ›gesunde Volksempfinden‹ ebenso empfindlich spüren wie der Pseudowissenschaftler, der mit anderen, nicht weniger verwerflichen Mitteln dasselbe versuchen sollte«[171].

Zugleich gab er die Richtung vor: »Unser Ideal sehen wir in einer Kunst, die ihrem Inhalt nach sozialistisch, ihrer Form nach realistisch ist.«[172] Der Druck auf die Künstler mußte in dem Maße anwachsen, wie sich die SED ihrer Mitarbeit bei der Errichtung einer sozialistischen Gesellschaft versicherte. Grotewohl forderte auf dem 1. Kulturtag der SED (5. – 7. Mai 1948) in seinem Referat »Die ideologischen Wurzeln des deutschen Faschismus«, »das schöngeistige Ideal: die Kunst um der Kunst, die Wissenschaft um der Wissenschaft, die Kultur um der Kultur willen« über Bord zu werfen, da sie längst als »Ausdruck der Dekadenz, der Lebensfremdheit und der Volksfeindlichkeit«[173] entlarvt seien. So stand vor Kunst, Wissenschaft und Kultur »unerbittlich (…) die Frage ihrer Stellungnahme zu den brennenden Problemen der Zeit und damit die Frage: für oder gegen den Befreiungskampf des Volkes, für die Umgestaltung der bestehenden Verhältnisse im Interesse der Befreiung der Menschen, oder für die Aufrechterhaltung dieser Zustände mit all ihren Widersprüchen, ihrer ganzen Unmenschlichkeit und Widernatürlichkeit. Ein drittes gibt es nicht.«[174]

Im Rückblick muß es erschrecken, mit welcher Selbstverständlichkeit deutsche Politiker ein bzw. drei Jahre nach dem Ende des Dritten Reiches bereits wieder Formulierungen wie »gesundes Volksempfinden« und »Volksfeindlichkeit« im Munde führten, die im rhetorischen Repertoire der Nationalsozialisten eine feste Größe waren. Eine Wortwahl, die sich in den nächsten Jahren in Ausdrücken wie »Unkultur«[175] und »Kulturbarbarei«[176] fortsetzen sollte. Wenn Grotewohl sich zu der Behauptung verstieg, der »Kosmopolitismus«[177] sei ein Versuch der »herrschenden Kreise Amerikas«, »das Nationalbewußtsein und die nationale Selbständigkeit der Völker zu untergraben, um sie leichter für ihre Welteroberungspläne mißbrauchen und versklaven zu können«, und weiter ausführt, »hinter der schönen Phrase vom Weltbürgertum, vom Europäertum, der abendländischen Schicksalsgemeinschaft und einer Weltregierung steht keine andere Realität und keine andere Absicht, als der Wille zur Beherrschung

*IV. Parteitag der SED vom 30. März bis 6. April 1954 in Berlin;
Blick ins Präsidium; von links: Präsident Wilhelm Pieck, Vorsitzender der
FDJ Erich Honecker, Ministerpräsident Otto Grotewohl und der Vorsitzende
der Parteikontrollkommission Hermann Matern mit Jungen Pionieren*

der ganzen Welt durch das anglo-amerikanische Monopolkapital«[178], so bediente er sich exakt des Argumentationsmusters, das die Nationalsozialisten gegen den Kommunismus verwendet hatten: Dieser war in ihren Augen ein von Juden erfundenes Übel, um andere Völker ihres nationalen Bewußtseins und ihrer nationalen Kultur zu entkleiden. Grotewohl begab sich damit auf ein beschämendes Niveau.

Die zukünftige Rolle der Kultur in der DDR erläuterte Grotewohl auf der ersten Kulturtagung der SED mit Sätzen, die schon alle Anzeichen jenes überladenen Pathos trugen, das dem Sozialistischen Realismus eigen war. »Wir sind auf Grund unserer marxistischen Geschichtsauffassung überzeugt, daß die Änderungen der gesellschaftlichen Zustände in der Ostzone auch in unserer neuen Literatur ihren Niederschlag finden, daß auch unsere Schriftsteller mit der gesellschaftlichen Entwicklung mitgehen und eine Literatur schaffen werden, die schon den Übergang vom kritischen Realismus zum sozialistischen Realismus darstellen wird. Dies gilt nicht nur für die Literatur, sondern für alle bildenden Künste und für alle Wissenschaften. So wird im Schaffen der Künstler die heroische Poesie der Arbeit immer mehr zum Inhalt ihrer Werke werden, sie werden nicht nur den heldenhaften Kämpfer an der Front gegen Faschismus und Reaktion darstellen, sondern auch den nicht minder heldenhaften Kämpfer am Hochofen oder in der Grube, auf dem Felde oder im Laboratorium. Auch darin wird der humanistische Charakter unserer neuen Kunst zum Ausdruck kommen, die den Menschen, der die neue Gesellschaft aufbaut, in den Mittelpunkt ihres Schaffens stellt.«[179]

Auch in seiner Rede zur Eröffnung der Deutschen Akademie der Künste im Frühjahr 1950 setzte der Ministerpräsident Maßstäbe, die zeigen, wie es um die Freiheit der Künstler stand: »Eine Kunst, die nicht die befreite Arbeit, die nicht den schöpferischen Menschen, diesen wahren Prometheus der menschlichen Kultur, seine Sehnsüchte und Leiden, seine Kämpfe und Siege in den Mittelpunkt ihrer gesamten Anschauung rückt, ist weltfremd, und wir müssen uns ernsthaft fragen, ob sie heute überhaupt noch eine Existenzberechtigung hat.«[180]

Die Entwicklung von Kunst und Kultur wurde in den ersten Fünfjahrplan als Kennziffer integriert. Auf dem III. Parteitag der SED im Juli hat man das Zurückbleiben des künstlerischen Schaffens hinter der gesellschaftlichen Entwicklung in der DDR angeprangert. Die Bemühungen, die Künstler in die Kulturpolitik der Partei einzubinden, wurden forciert. Vom 15. – 17. März 1951 befaßte sich die 5. Tagung des SED-Zentralkomitees hauptsächlich mit Fragen der Kulturpolitik. Die dort gefaßte Entschließung gegen Formalismus[181] lähmte viele Künstler.

»Man entschloß sich, das administrative Netz engmaschiger zu knüpfen: Am 1. September 1951 wurde das ›Amt für Literatur und Verlagswesen‹ bei der Regierung der DDR geschaffen, das Verlagslizenzen genehmigte, geplante Bücher begutachtete und Papierkontingente zuteilte. Ungefähr zur gleichen Zeit nahm auch die ›Staatliche Kommission für Kunstangelegenheiten‹ ihre Arbeit auf: Sie übernahm die Aufsicht über die Kunst- und Musikhochschulen, über die Ostberliner Staatlichen Museen und über die Ostberliner Theater«.[182]

Die Rede anläßlich der Berufung der Staatlichen Kommission für Kunstangelegenheiten hielt am 31. August 1951 der Ministerpräsident höchstpersönlich. Sein kulturpolitisches Sendungsbewußtsein und sein Rigorismus gipfelten in der Behauptung: »Literatur und bildende Künste sind der Politik untergeordnet (…) Die Idee in der Kunst muß der Marschrichtung des politischen Kampfes folgen. (…) Was sich in der Politik als richtig erweist, ist es auch unbedingt in der Kunst.«[183] Grotewohl erklärte sogar, daß bei der Beurteilung eines Werkes »die politische Kritik (…) primär ist und daß die künstlerische Kritik sekundär ist«. Die Kommission sollte die Entwicklung der Kunst in der DDR zu einer »realistischen Kunst« als »Damm« gegen »Kosmopolitismus, Kitsch und Gangsterliteratur« sichern, »da eine solche Unkultur das deutsche Nationalbewußtsein vergiftet und die Kultur des deutschen Volkes zerstört«[184].

Grotewohl wurde von Historikern aus der DDR, aber auch von Zeitzeugen großes Kunstverständnis und ein gutes Verhältnis zu Künstlern, die seine kulturpolitische Auffassung geteilt haben, nachgesagt. Dokumente aus seinem Nachlaß belegen dies.[185] Daß er in privaten Gesprächen Kunst nicht allein als »Waffe im Kampf«[186] betrachtete, ist zu vermuten, kann aber hier nicht Maßstab der Beurteilung sein. Offensichtlich ist hingegen, daß ein Regime, das die künstlerische Freiheit so beschnitt, in gesellschaftspolitischen Fragen erst recht keine Liberalität walten lassen konnte.

Wie reaktionär das Kunstverständnis der SED-Führung war, kommt in Grotewohls Rede anläßlich der Eröffnung der 3. Deutschen Kunstausstellung am 1. März 1953 in Dresden deutlich zum Ausdruck, als er die Moderne Kunst geißelte: »Wir verzichten auf jene Kunstausstellungen, an deren Wänden Kleckse, geometrische Flächenaufteilungen und Spiralen als Landschaften, Stilleben und Bildnisse hängen. (...) Jawohl, wir verzichten auf eine Kunst, bei der man nicht weiß, was vorn oder hinten, links oder rechts, oben oder unten ist. Für so viel hoffnungslose Ideenarmut soll und darf bei uns kein Platz mehr sein. Von dieser Art ›Kunst‹ distanzieren wir uns mit aller Schärfe und erklären, daß es zwischen dieser Kunstauffassung und dem, was wir unter Kunst verstehen, keine Versöhnung und keine Brücke gibt und geben kann.«[187]

Die Bevölkerung der DDR hatte kollektiv Verzicht zu üben, egal ob sie nun diese Kunstauffassung teilte oder nicht. Künstlern, deren Werke dem Ideal der SED nicht entsprachen, wurde offen der Kampf angesagt. Für sie gab es in der DDR keine Möglichkeit der Entfaltung mehr. Ein weiteres Beispiel für die Bevormundung der Bürger in Fragen des künstlerischen Geschmacks sind die Landfilmveranstaltungen, deren Ablauf verblüffend an die Anregungen erinnert, die Otto Grotewohl für die Volksvorstellungen im Braunschweiger Landtag 1921 gemacht hatte.

»Die SED veranlaßte die Streichung aller westlichen und alten deutschen Filme aus dem Programm. Nur ›fortschrittliche‹ Filme, nämlich aus der DDR, der UdSSR und volksdemokratischen Ländern durften noch gezeigt werden. Dabei spielte es keine Rolle, daß diese Filme bei der Landbevölkerung kaum Anklang fanden. Obendrein mußte am Beginn jeder Vorstellung ein langatmiges Referat zur Einordnung des Films in politische Hintergründe und aktuelle Entwicklungen, möglichst gleich mit anschließender Protestresolution gehalten werden.«[188]

Erst durch den »Neuen Kurs« schwächte sich der rigorose Standpunkt der SED in kulturpolitischen Fragen etwas ab. Vor dem 15. Plenum des ZK der SED (24.–26. Juni 1953) räumte Grotewohl ein:

»Unsere Partei tritt nach wie vor für ein realistisches Kunstschaffen ein, nach wie vor sind wir der Überzeugung, daß der sozialistische Realismus das erstrebenswerte Ziel ist. Das bedeutet jedoch nicht, daß wir diesen Kampf mit den Mitteln der Administration oder des einfachen Verbotes oder der Intoleranz oder Unduldsamkeit führen können.«

Selbst der trivialen Kunst mußte er Zugeständnisse machen. »Es wird (...) eine der vordringlichsten Aufgaben auf dem Gebiete der Kunst sein, die vielseitigen Bedürfnisse unserer Menschen (...) zu befriedigen, wobei wir vor allem danach trachten müssen, die Vernachlässigung der unterhaltenden, heiteren Kunst zu überwinden. Das gilt insbesondere für unseren Film, unseren Rundfunk und unsere Literatur.«[189]

Auch die einseitige Fixierung auf die kulturelle Zusammenarbeit mit den Staaten des Ostblocks und vor allem der UdSSR sollte aufgegeben werden, obwohl die Partei »nach wie vor (...) die Auffassung« vertrat, »daß die Fort- und Höherentwicklung unserer Kultur uns verpflichtet, mit größter Aufmerksamkeit und Bereitschaft die gewaltigen Errungenschaften der Sowjetunion zu studieren und auszuwerten, die sie beim Aufbau der fortschrittlichsten gesellschaftlichen Verhältnisse zu verzeichnen hat.«[190] Dieser Wandel in der Einstellung war aber keineswegs radikal und von innerer Überzeugung getragen. So hielt Grotewohl bei einer Aussprache mit Künstlern im Oktober 1953 zwar an der grundsätzlichen Lenkungsfunktion der Partei auch im kulturpolitischen Bereich fest, zeigte jedoch mehr Toleranz gegenüber nichtsozialistischer Kunst.[191] »Vielleicht gibt es diese oder jene, die gerade den schrankenlosen Nihilismus wünschen, den wir ablehnen. Dann können wir ihnen nur sagen, bitte schön, macht schrankenlosen Nihilismus, aber ohne uns. Wir wollen auch niemanden hindern, der glaubt, formalistische Kunst machen zu müssen, bloß soll er nicht erwarten, daß er dazu staatliche Hilfe und Unterstützung bekommt, daß wir das, was er macht, als die von den Werktätigen und der Regierung gewürdigte Ausdrucksform der Kunst ansehen.«[192]

Grotewohl kündigte bei dieser Gelegenheit an, er wolle ein Ministerium für Kulturfragen schaffen. Es wurde am 7. Januar 1954 gegründet und der Dichter Johannes R. Becher zum ersten Kulturminister der DDR ernannt. Becher, selbst Mitglied des ZK, bemühte sich einerseits um eine offene Atmosphäre für die Kunst, andererseits nahm er Grotewohls Angebot von den Dichtern als den »Kampfgenossen der Regierung« ernst. Sein Einfluß auf die Kulturpolitik der SED blieb gering. Die Benennung eines Künstlers war ein einmaliger Akt, nach Bechers Tod am 11. Oktober 1958 wurden alle Kulturminister aus dem Apparat der Partei berufen.[193]

Die Tauwetter-Periode endete nach dem Ungarnaufstand im November 1956. Auf dem 20. ZK-Plenum vom 30. Januar bis zum 1. Februar 1957 konnte Walter Ulbricht schon wieder in aller Offenheit die Philosophie darlegen, die der Kulturpolitik seiner Partei zugrunde lag. »Es geht bei uns in der Hauptsache nicht darum, ›alle Blumen erblühen zu lassen‹, sondern vielmehr um eine richtige Zuchtwahl der Blumen, um die Auswahl des wirklich Neuen und Nützlichen, ohne daß man dabei das Wuchern schädlichen Unkrauts als angebliche Blume duldet.«[194]

Nach der Bekanntgabe des »Neuen Kurses« hatte es kurzzeitig so ausgesehen, als könnte auf dieser Grundlage tatsächlich ein fruchtbarer deutsch-deutscher Dialog in Gang gesetzt werden.[195] Hoffnungen in dieser Richtung wurden jedoch durch die Ereignisse vom 17. Juni zunichte gemacht. Eine dpa-Meldung vom 17. Juli 1953 lautet: »Zu dem Angebot der Pankower Regierung, ›gesamtdeutsche Beratungen‹ über die Wiedervereinigung Deutschlands und einen Friedensvertrag einzuleiten, erklärten Bonner Regierungskreise, ein Gespräch mit Typen vom Schlage Grotewohls komme auf keinen Fall in Frage. Die Ereignisse des 17. Juni hätten gezeigt, daß das Sowjetzonen-Regime nicht legitimiert sei, für irgendeinen Deutschen in der Sowjetzone zu sprechen. Die Grotewohl-Regierung verdanke ihre Existenz nicht demokratischer Berufung, sondern ausschließlich der Anwesenheit der sowjetischen Besatzungsmacht.«[196]

Die Westintegration der Bundesrepublik war nach dem eindrucksvollen Wahlsieg von Konrad Adenauer in der Bundestagswahl vom 6. September 1953 nicht mehr zu stoppen. Damit war jede Chance, in absehbarer Zeit zu einer deutschen Wiedervereinigung zu kommen, endgültig vertan. Das Thema an sich wurde von Otto Grotewohl zwar nicht ad acta gelegt, seine Vorstöße in diese Richtung enthalten aber nie mehr substantiell Neues und wirken deshalb in ihrer gebetsmühlenhaften Gleichförmigkeit nur ermüdend. Daß Grotewohl auf diesem Gebiet, auf dem er sich seit der Gründung der SED am stärksten engagiert hatte, nach sieben Jahren immer noch keinerlei Erfolge aufzuweisen hatte, schwächte seine Stellung in der Partei natürlich gegenüber einem Walter Ulbricht, der schon längst auf eine separatstaatliche Entwicklung gesetzt und damit politische Weitsicht bewiesen hatte.

Nach dem 17. Juni 1953 erreichten in den westdeutschen Medien die Spekulationen über ein baldiges Ende von Otto Grotewohls politischer Karriere ihren Höhepunkt. Man berichtete von schweren Auseinandersetzungen zwischen Ulbricht und Grotewohl über den Kurs der Partei. Während letzterer neue Unruhen durch eine mildere Linie der SED verhindern wollte, habe Ulbricht für eine härtere Gangart plädiert, um wieder Herr im eigenen Haus zu werden.[197] In einer Ministerratssitzung[198] habe Ulbricht Grotewohl des »fortgesetzten Verrats an der Partei« sowie der »Kapitulation vor regierungs- und parteifeindlichen Elementen« beschuldigt und Grotewohl Ulbricht der Sabotage bei der Durchführung des »Neuen Kurses« bezichtigt.[199] Da Ulbricht über die besseren Beziehungen zu den Sowjets verfügte, spekulierten westdeutsche Zeitungen offen über eine baldige Ablösung des Parteivorsitzenden.[200] Die Sowjets hielten jedoch aus propagandistischen Gründen schützend ihre Hand über ihn.[201] Eine von ihnen angeregte freundschaftliche Zusammenarbeit zwischen Walter Ulbricht und Otto Grotewohl[202] hat es gleichwohl niemals geben.[203] Da Ulbrichts Machthunger niemanden neben sich duldete, mußte Grotewohl sich unterordnen, wenn er die Auseinandersetzung nicht auf die Spitze treiben wollte. Die bereits erwähnte Priorität der Parteidisziplin bei Grotewohl zeitigte ein letztes Mal ihre negativen Folgen. In den kommenden Jahren waren von ihm in der Öffentlichkeit so gut wie keine kritischen Töne mehr zu hören. Nur noch wenige Ereignisse ragen in den Jahren bis zu seinem Tod aus seinem Politikeralltag heraus:

Am 14. Mai 1955 unterzeichnete er in seiner Funktion als Ministerpräsident der DDR in Warschau den »Vertrag über Freundschaft, Zusammenarbeit und gegenseitigen Beistand«, kurz »Warschauer-Pakt« genannt. Damit war, nach dem NATO-Beitritt der Bundesrepublik am 5. Mai 1955, die Einbindung der beiden deutschen Teilstaaten in die antagonistischen Militärblöcke endgültig abgeschlossen. Wie auf westdeutscher Seite, so wurde auch auf ostdeutscher Seite dieser Beitritt natürlich mit einem Bekenntnis zum Festhalten am Ziel der deutschen Einheit verbunden.

Otto Grotewohl leitete die Regierungsdelegation, die vom 17. bis 20. September 1955 in Moskau weilte und dort den »Vertrag über die Beziehungen zwischen der Deutschen Demokratischen Republik und der Union der Sozialistischen Sowjetrepubliken« abschloß, der die DDR offiziell zu einem souveränen Staat machte.

Vom 5. bis 30. Dezember 1955 unternahm er als Leiter einer Regierungsdelegation seine bis dahin längste Auslandsreise und besuchte China, Nordkorea und die Mongolei. In Westdeutschland sah man diese Reise mit Bedauern, weil sie den Weg zur Aufnahme von diplomatischen Beziehungen zu China und seinem riesigen potentiellen Markt verbaute. Die Adenauer-Regierung folgte damals der sogenannten Hallstein-Doktrin und war nicht bereit, diplomatische Beziehungen mit Staaten zu unterhalten, die die DDR als souverän anerkannten, weil dies einer indirekten Anerkennung der Ostberliner Regierung durch Bonn gleichgekommen wäre. Einzige Ausnahme war die UdSSR aufgrund ihrer besonderen Bedeutung als eine der vier Siegermächte des II. Weltkrieges.

Politisch durch seine erfolgreiche Auslandsreise gestärkt und angeregt durch die im Februar 1956 auf dem XX. Parteitag der KPdSU eingelei-

*Besuch einer DDR-Regierungsdelegation in der Volksrepublik China,
Dezember 1955; von links: Otto Grotewohl,
der chinesische KP-Chef Mao Tse-Tung und Außenminister Lothar Bolz*

tete Entstalinisierung, tadelte Otto Grotewohl auf der 3. Parteikonferenz der SED (24–30. März 1956) öffentlich die Mißstände in den Bereichen Verwaltung und Justiz.[204] Der Westberliner »Tagesspiegel« bauschte dies mächtig auf und behauptete, er habe die Verletzungen der Rechtsstaatlichkeit und den aufgeblähten Staatsapparat in ungewöhnlich scharfer Form kritisiert. Diese Berichterstattung zeigt, wie stark Grotewohls Protestpotential überbewertet wurde. Tatsächlich reichte die Frustration niemals aus, um Grotewohl in offene Gegnerschaft zum Kurs der Partei zu bringen, wie sich auch während der Auseinandersetzung um die Gruppe Schirdewan erwies. Auch diesmal sollte der Unmut, den Grotewohl fraglos empfunden haben mag angesichts der Tatsache, daß Ulbricht und nicht er den Fortgang der Entwicklung in der DDR bestimmte, nicht ausreichen, um offen auf die Seite von Karl Schirdewan, Ernst Wollweber und Fred Oelßner überzugehen, die für eine politische Alternative zum Kurs von Walter Ulbricht standen. Als im Februar 1958 die Auseinandersetzungen zwischen der Gruppe Schirdewan und Walter Ulbricht ihren Höhepunkt erreichten, spekulierte die westdeutsche Presse noch einmal heftig über den Standpunkt und Stellenwert, den Otto Grotewohl einnahm, und über die möglichen Folgen für seine politische Zukunft. So konnte man in der Westberliner »Nachtdepesche« am 13. Februar Schlagzeile lesen: »Otto Grotewohl fiel in Ungnade«. Die Zeitung berichtete, daß der »Sowjetzonenministerpräsident« (damals in westlichen Medien die gängige »Amtsbezeichnung« für Grotewohl) von Walter Ulbricht zunächst – aufgrund der Annahme, er gehöre dem Kreis um Schirdewan, Wollweber und Oelßner an – in »›Ehrenhaft‹«[205] genommen worden sei. »Diese Haft wurde am Montag wieder aufgehoben, nachdem Ulbricht erreicht hatte, daß Grotewohl, um seine eigenen Pläne nicht zu stören, eine ›Kur‹ außerhalb der Sowjetzone hat antreten müssen.«[206] Der »Telegraf« meldete am nächsten Tag, »daß sich Grotewohl bis zum Vorabend der Entscheidung über die Spitzenfunktionäre Schirdewan, Wollweber und Oelßner auf dem 35. Plenum des Zentralkomitees der SED heftig gegen deren Maßregelung ausgesprochen hat«[207]. Es gab aber auch Zeitungen, die offensichtlich nicht mehr daran interessiert waren, ihn – allein aufgrund seiner sozialdemokratischen Vergangenheit – automatisch jeder neuentstehenden parteiinternen Opposition zuzurechnen, und die Ereignisse ganz anders interpretierten. Sie sahen in Grotewohl einen »›Mitläufer‹ Ulbrichts«[208] und werteten seine Kurreise als ein Zeichen dafür, daß dieser »sich um das innere Parteigefüge kaum kümmert und im ganzen in einem erstaunlichen Ausmaß stalinisiert wurde, wie aus jeder seiner Äußerungen zu entnehmen ist«[209].

Am 25. Februar 1958 veröffentlichte das »Neue Deutschland« u. a. Auszüge aus Grotewohls Diskussionsbeitrag auf der 35. Tagung des ZK (3. – 6. Februar 1958). Er beschuldigte die Gruppe um Schirdewan, Wollweber und Oelßner eindeutig der versuchten Fraktionsbildung und damit eines parteischädigenden Verhaltens. Ferner bekannte er sich klar zur politischen Zusammenarbeit mit Ulbricht, auch wenn er persönliche Differenzen einräumte.

»Wenn irgend jemand auf Gegensätze zwischen dem Genossen Ulbricht und mir spekuliert – der Gegner hat das sehr lange Zeit gemacht –, dann wird er sehen, daß das eine Fehlspekulation ist und es eine Fehlspekulation sein muß. Ich glaube doch, durch unsere Arbeit, die wir beide geleistet haben, jeder an seinem Platz, hat doch die Partei gesehen, daß das zwei Menschen sind, die ernst um und für die Sache kämpfen, und daß diese beiden Menschen – darauf könnt ihr euch verlassen – nicht etwaige persönliche Differenzen zum Gegenstand eines Streites in politischen Fragen werden lassen. (...) Dann, Genossen gibt es noch etwas, was für uns beide und für die Partei gilt. Wir sind nicht mehr die jüngsten, und wahrscheinlich werden wir keine dreißig Jahre mehr aktiv an unserer Stelle arbeiten können. Aber es werden in übersehbaren Jahren die Voraussetzungen geschaffen sein, daß die Partei unter allen Umständen unantastbar in bezug auf ihre Einheit und auf ihre Führung ist. Das ist eine große Aufgabe, da ist gar kein Platz für solche Diskussionen, das ist überhaupt keine Grundlage, so etwas ernsthaft zu entwickeln.«[210]

Diese Stellungnahme beendete in den westdeutschen Medien die Spekulationen um eine mögliche Zugehörigkeit von Grotewohl zur Schirdewan-Gruppe. Spekulationen, die zunächst nicht einer gewissen Grundlage entbehrt hatten, denn in seinen 1995 erschienenen Erinnerungen schätzte Karl Schirdewan ein: »Otto Grotewohl stimmte mir mehr als die anderen [Mitglieder des Politbüros, M.J.] in wichtigen Fragen zu. Aber er stand oft im Zwiespalt der Dinge. Und in entscheidenden Momenten hatte er nicht die innere Kraft, entschieden und konsequent gegen Ulbricht zu handeln; zu sagen, bis hierher und nicht weiter.«[211]

Schirdewans Sichtweise in diesem Punkt trägt aber deutlich euphemistische Züge. Grotewohl mag zwar in seinen Augen tatsächlich das Bild eines Mannes abgegeben haben, dem es lediglich an innerer Kraft gefehlt hatte, sich zu seiner wahren Überzeugung zu bekennen. Betrachtet man aber seine Karriere als Ganzes, war dieses Verhalten durchaus typisch und zeugte nicht nur von seinem schwankenden Charakter, sondern auch von Taktik. Diese Haltung ermöglichte es ihm, die Vorgänge so lange wie möglich zu beobachten und sich eine Entscheidung vorzubehalten. Ernst Wollweber bestätigt in seinen Erinnerungen, daß Grotewohl auch in diesem speziellen Fall erneut eine solche Taktik wählte. In einem Gespräch, das er mit Karl Schirdewan Anfang November 1957 geführt hatte, informierte ihn dieser über seinen Entschluß, auf dem 35. Plenum des ZK offen die Auseinandersetzung mit Walter Ulbricht suchen zu wollen. Über Grotewohls Haltung zu diesem Vorhaben habe ihm, so Wollweber, Schirdewan erklärt: »Mit Otto Grotewohl stehe er in einem persönlich guten Verhältnis. Dieser sei allerdings der Meinung, durch die Natur der Dinge – bedingt durch Alter und Gesundheit – würde eine Veränderung eintreten.«[212] Erst als Grotewohl erfuhr, daß der damalige sowjetische Botschafter in Ostberlin, Puschkin, Schirdewan unterstütze, erklärte er, »er würde gegenüber seinen [Schirdewans, M.J.] Auffassungen keine politischen Bedenken äußern und seiner Wahl zum 1. Sekretär nicht ent-

Besuch im Landhaus Wilhelm Piecks, Sommer 1957; von links: Otto Grotewohl, Ministerpräsident Anastas Mikojan, Wilhelm Pieck, Nikita Chruschtschow, Walter Ulbricht, der sowjetische Botschafter Georgij Puschkin, Staatssekretär Max Opitz

gegentreten, sondern – falls die Dinge günstig laufen – unterstützen«. Wollweber behauptete, Schirdewan ausdrücklich davor gewarnt zu haben, die Stellungnahme von Grotewohl als Zusage zu werten: »Es liege in der Natur von Otto Grotewohl, daß er – wenn möglich – Auseinandersetzungen ausweichen wird, auch wenn er sie für richtig hält. Seine Zusage sei keine Brücke, über die man gehen könne, wenn er [Grotewohl, M. J.] wirklich wolle, würde sowieso eine Änderung erreicht.«[213] Grotewohl wollte sich demnach erst unmittelbar auf dem 35. Plenum des ZK dafür entscheiden, welche Haltung er in der Auseinandersetzung letztlich einnehmen würde. Eine solche Entscheidungsfindung hatte logischerweise die Konsequenz, daß innere Zweifel nicht voll ausgeräumt werden konnten. Zweifel, die dann unter bestimmten Bedingungen [vertrauensvolles Vieraugengespräch u. v. a.] zum Vorschein kamen und dem Gegenüber von Otto Grotewohl den Eindruck vermittelten, daß es sich bei ihm um einen von äußeren Zwängen getriebenen Menschen handele. Tatsächlich rührte dieser Zwang aber vielmehr daher, daß er ohne Druck einer definitiven Entscheidung auswich und statt dessen die Rolle des Vermittlers zwischen den Fronten einnahm. Erst wenn die Wahl eines Standpunktes unvermeidlich wurde, traf Grotewohl sein Urteil. Daß er, auf diese Weise in die Enge getrieben, sich immer für die im Augenblick erkennbar stärkere Fraktion entschied, ist nur allzu menschlich. Wie ernst Grotewohl die selbstgewählte Vermittlerrolle nahm, läßt sich daran ablesen, daß er, solange er noch ein Chance für Karl Schirdewan sah, diesen nicht einfach fallenließ. Auf der Politbürositzung vom 11. Januar 1958 stimmte nur Otto Grotewohl neben Fred Oelßner und Schirdewan selbst gegen dessen Enthebung von seinen Parteiämtern.[214] Ein Sitzungsprotokoll gibt die vermittelnde Position Grotewohls in diesem Streit wieder: »Ich habe von Anfang an Zurückhaltung geübt. Ich bin der Meinung, daß man in dieser Angelegenheit biegen muß und nicht brechen. Ich möchte die Sache als notwendige Reparatur sehen. Man muß die Frage im Zusammenhang mit der Einheit der Arbeiterbewegung stellen. (...) Genosse Grotewohl erklärt, daß er noch nicht in der Lage sei, eine zusammenhängende Beurteilung der Erklärung des Genossen Schirdewan abzugeben. Genosse Schirdewan müsse doch bedenken, daß fast alle Genossen gegen seine Erklärung Stellung genommen haben.«[215]

Da zum damaligen Zeitpunkt bereits eine Moskaureise einer SED-Delegation anstand, schlug Grotewohl vor, die Entscheidung in dieser Frage bis nach der Rückkehr zu verschieben.[216] Vermutlich beziehen sich auf dieses Treffen die handschriftlichen Notizen Grotewohls, die sich in der Akte 699 befinden und in der unter der Überschrift »Chrustschow« u. a. zu lesen steht: »Innere Fragen müßt Ihr selbst lösen. (...) Wir schätzen Schi.[rdewan, M. J.] als guten Mann.«[217] Schirdewan, der nicht zur SED-Delegation gehörte, stützt sich in seinen Erinnerungen weitgehend auf Grotewohls Aussagen ihm gegenüber.

»Wie Grotewohl mir später sagte, hat man sie in Moskau zuerst warten lassen. Ihnen wurde erklärt, daß die Mitglieder des Politbüros der KPdSU vorher noch eine Reihe anderer Probleme zu beraten hätten. Am nächsten Tag fand die Aussprache statt. Chruschtschow habe erklärt, daß sie nach wie vor auf dem Standpunkt stehen, daß Schirdewan ein Sekretär des ZK bleiben solle. (Wie ich später erfuhr, hat Grotewohl dieser Meinung Chrustschows ausdrücklich zugestimmt.)

Da aber im Ergebnis des XX. Parteitages das Politbüro der KPdSU einen Beschluß gefaßt hatte, daß jede Partei die volle Verantwortung für ihre Entscheidungen selbst trägt und Einmischungen von außen nicht mehr stattfinden sollen, könnten sie sich nicht ausschlaggebend in die inneren Angelegenheiten der SED einmischen.«[218]

Damit war Schirdewans Schicksal besiegelt, das 35. Plenum des ZK beschloß schließlich seinen Ausschluß. Grotewohls Verhaltensweise in dieser Endphase glich der im Fall Zaisser/Herrnstadt. Auch hier hat er in persönlichen Gesprächen auf die Beschuldigten einzuwirken versucht, nicht auf Konfrontationskurs zur Partei zu gehen, sondern sich einsichtig zu zeigen.[219] Als Ausgleich scheint er ihnen zugesichert zu haben, sich für sie zu verwenden.[220]

Blickt man auf die Ereignisse um die Gruppe Schirdewan zurück, muß man festhalten, daß 1958 für Otto Grotewohl ein zu später Zeitpunkt war, um noch etwas zu riskieren. Der 64jährige war gesundheitlich bereits angeschlagen und politisch längst entmachtet. Selbst in seiner letzten Domäne – der Deutschlandpolitik – hatte Ulbricht ihm kurz zuvor den Rang abgelaufen. So griff Grotewohl, als er im Februar bzw. Juli 1957 seine Vorstellungen über eine Konföderation der beiden deutschen Staaten in der Öffentlichkeit entwickelte, auf eine Idee zurück, die Ulbricht in einem Artikel im »Neuen Deutschland« am 30. Dezember 1956 erstmals zur Debatte gestellt und wenig später auf der 30. Tagung des Zentralkomitees der SED (30. Januar 1957) vor der Partei erläutert hatte. In der westdeutschen Presse tat man die Vorschläge Grotewohls deshalb verächtlich als »Variante zu Ulbrichts Eroberungsplänen«[221] ab.

Nachdem Otto Grotewohl auch die innerparteilichen Auseinandersetzungen im Frühjahr 1958 ohne sichtbaren Schaden an der Spitze von

Nikita Chruschtschow mit Walter Ulbricht und Otto Grotewohl auf der Fahrt durch Berlin, 6. Juli 1958; neben dem Fahrer sitzt Erich Mielke, Minister für Staatssicherheit. In der ersten Reihe der Zuschauer der Journalist Karl-Eduard von Schnitzler, im Hintergrund rechts von der Säule Markus Wolf, Leiter der Hauptverwaltung Aufklärung

Partei und Staat überstanden hatte, verstummten in den westdeutschen Medien die Spekulationen um seine Person. Hinter den immer häufiger auftretenden Erkrankungen Grotewohls wurden nun keinerlei politische Intrigen mehr vermutet, es wurde lediglich diskutiert, wie lange er angesichts seines Gesundheitszustandes das Amt des Ministerpräsidenten noch ausüben könne.

Im Januar 1959 trat Otto Grotewohl eine fast vierwöchige zweite Asienreise an. Staatsbesuche in Vietnam und China standen auf dem Programm. Die eigentliche Besonderheit dieser Reise war jedoch, daß die DDR-Delegation auf dem Hinweg nicht die Route über Moskau nahm, sondern zunächst den blockfreien Ländern Ägypten, Irak und Indien »Freundschaftsmissionen« abstattete. Außerhalb des Kreises der europäischen und asiatischen Volksdemokratien war dem zweiten deutschen Staat bis zu diesem Zeitpunkt eine volle diplomatische Anerkennung versagt geblieben. Diese Besuche boten eine Chance, die Isolation zu durchbrechen, in der die Hallstein-Doktrin der wirtschaftlich stärkeren Bundesrepublik die DDR gefangenhielt. Die Reise von Grotewohl wurde in Bonn mit unguten Gefühlen betrachtet, hatte der Abbruch der Beziehungen zu Jugoslawien am 19. Oktober 1957 doch kurz zuvor bewiesen, daß die Doktrin auch eine Kehrseite besaß, weil sie – bei starrer Anwendung – die Bundesrepublik selbst in eine außenpolitische Isolation hätte treiben können. Eine mögliche diplomatische Anerkennung durch so einflußreiche Staaten wie Ägypten und Indien wäre für Bonn fraglos ein schwerer Schlag gewesen. Aber so weit kam es nicht, denn mehr als eine erste Kontaktaufnahme konnten die Gespräche von Grotewohl nicht sein.[222] Trotzdem bezeichnete die konservative Tageszeitung »Die Welt« die Reise als einen »Prestige-Erfolg« für den Ministerpräsidenten und die DDR.[223]

Am 7. September 1960 verstarb Wilhelm Pieck. Der Posten des Staatspräsidenten wurde aber nicht neu besetzt, sondern auf Betreiben von Walter Ulbricht am 12. September 1960 zugunsten eines »kollektiven Führungsorgans«, des sogenannten Staatsrats, abgeschafft. Das neugeschaffene Gremium nahm nicht nur die Aufgaben wahr, die zu den üblichen Funktionen eines Staatsoberhauptes gehörten,[224] sondern wurde mit zusätzlichen Kompetenzen ausgestattet. So durfte der Staatsrat Beschlüsse mit Gesetzeskraft erlassen, grundsätzliche Beschlüsse zu Verteidigungs- und Sicherheitsfragen fassen, Anordnungen des Verteidigungsrates bestätigen, dessen Mitglieder berufen und allgemein verbindliche Auslegungen von Gesetzen verfassen. »Der Staatsrat vereinigt also in sich Kompetenzen der Legislative, der Exekutive und der rechtsprechenden Gewalt. Außerdem erfüllte er die Funktionen des Staatsoberhauptes.«[225]

Walter Ulbricht, Wilhelm Pieck und Otto Grotewohl (von links) auf dem V. Parteitag der SED in der Berliner Werner-Seelenbinder-Halle, 10. Juli 1958

Seine Machtbefugnisse gingen eindeutig zu Lasten der Kompetenzen des Ministerrates, der am 17. April 1963 per Gesetz zum »Exekutivorgan der Volkskammer und des Staatsrates« wurde.

Ein wirkliches kollektives Führungsorgan war der Staatsrat nie. Sein Vorsitzender war kein primus inter pares, sondern leitete die Arbeit des Staatsrates.[226] Zum Vorsitzenden wurde sein »Schöpfer« Walter Ulbricht ernannt, der nun die beiden höchsten Positionen in der DDR (1. Sekretär des ZK der SED und Vorsitzender des Staatsrates) in Personalunion miteinander verband und damit »de facto ein Präsidialregime«[227] errichtete. Grotewohl, einst in Partei (1946–1954) und Regierung (1949–1960) – zumindest formal – Ulbrichts Vorgesetzter, wurde nun zu einem von seinen sechs Stellvertretern degradiert. Er nahm auch diesen letzten Schlag von Ulbricht ohne Gegenwehr hin und ließ sich sogar noch die Aufgabe übertragen, die notwendige Verfassungsänderung vor dem Zentralkomitee der SED zu begründen.[228] Nicht einmal eine solche öffentliche Düpierung konnte ihn noch dazu bewegen, jetzt, da es für ihn um nichts mehr ging, durch eine wie auch immer geartete Geste seine Unzufriedenheit mit der Entwicklung kundzutun.

Otto Grotewohl blieb bis zu seinem Tode nominell Ministerpräsident der DDR und Politbüro-Mitglied. Aber ab Oktober 1960 war er aus Gesundheitsgründen praktisch nicht mehr in der Lage, seine politischen Ämter auszufüllen.[229] Am 21. September 1964 starb er nach langer, schwerer Krankheit in Ostberlin.

Amboß oder Hammer?

Eine abschließende Betrachtung

Du mußt steigen oder sinken,
Du mußt herrschen und gewinnen
oder dienen und verlieren,
Leiden oder triumphieren,
Amboß oder Hammer sein.[1]

Mit diesem Goethe-Zitat stellte Otto Grotewohl die Teilnehmer einer FDJ-Gedenkfeier zu Ehren des großen deutschen Dichters im Jahre 1949 vor eine definitive, hochgesteckte Lebenswahl. Er selbst konnte diesem Ideal nicht gerecht werden, war er doch – was sein Wirken anbelangt – mehr Amboß als Hammer. Bis zur »Machtergreifung« der Nationalsozialisten konnte Grotewohl auf eine recht erfolgreiche Laufbahn als Landespolitiker zurückblicken. Erst nach 1945 fand er sich in einer Position wieder, der er letztlich nicht gewachsen war. Zu seiner Entschuldigung kann man ins Feld führen, daß er die Macht im Zentralausschuß nicht entschlossen an sich riß,[2] sondern tatsächlich, wie er selbst einmal behauptete, zufällig nach oben geschwemmt wurde.[3] Im Kreise der ostdeutschen Sozialdemokraten gab es zu ihm keine personelle Alternative. Grotewohl beging einen Kardinalfehler: Wie so viele, die sich unversehens in einem hohen Amt wiederfinden, genoß er die damit verbundenen Annehmlichkeiten und begann die eigenen Kräfte zu überschätzen. Sein Ehrgeiz, als Vater der Wiedervereinigung der deutschen Arbeiterbewegung in die Geschichtsbücher einzugehen, trieb ihn in die SED und bürdete ihm damit eine Last auf, die sich als zu schwer erweisen sollte. Nora Kuntzsch gibt das Dilemma, in das sich Grotewohl begab, treffend wieder: »Er hat einen Irrtum begangen, als er glaubte, daß er sich durchsetzen kann. Er hat es wirklich geglaubt. Das hat er mir gesagt: ›Ich kann viel erreichen und ich kann viel verhindern.‹ (…) Er ist einem Irrtum aufgesessen. Er hat wirklich geglaubt, er kann es schaffen kraft seiner Überzeugung, seiner Persönlichkeit, daß die Einheit (…) zustande käme.«[4]

Grotewohls eigentliches Versagen bestand aber nicht, wie landläufig behauptet wird, darin, die Ost-SPD nicht vor dem Experiment SED bewahrt zu haben. Eine solche Betrachtungsweise würde die Sozialistische Einheitspartei von ihrem Ergebnis her bewerten. Die Analyse einer politischen Entwicklung macht aber nur dann Sinn, wenn der Hergang der Ereignisse dem Betrachter Schritt für Schritt dargelegt wird und er erkennen kann, warum die Entwicklung in einer bestimmten Phase diesen und keinen anderen Verlauf genommen hat. Sonst bleiben viele Fragen offen und Motivation und Handlungsweise der beteiligten Personen im Dunkeln. Bei der Vereinigung von SPD und KPD in der sowjetischen Besatzungszone darf nicht unterschlagen werden, daß dieser Schritt in Kreisen der Arbeiterbewegung auch mit viel Hoffnung betrachtet wurde. Zahlreiche Erinnerungen von Zeitzeugen belegen dies. Daß in der Ost-SPD die Gründung der SED nicht unumstritten war, ist in diesem Zusammenhang genauso richtig, wie die Behauptung falsch ist, es hätte sich dabei um eine reine »Zwangsvereinigung« gehandelt.

Otto Grotewohl war einer von denen, die ehrliche Hoffnungen in die neue Partei setzten. Seine Position als führendes Mitglied des Berliner Zentralausschusses der SPD hob ihn aber aus der Masse heraus und wies ihm politische Verantwortung für das Gelingen des Experimentes SED zu. Er zeigte sich dieser Verantwortung in doppelter Hinsicht nicht gewachsen. Zum einen gelang es ihm nicht, den Kurs der Partei zu bestimmen und ihr ein sozialdemokratisches Gesicht zu geben, dadurch wurden die Erwartungen, die sich – zumindest von seiten der Sozialdemokraten – mit ihrer Gründung verbanden, enttäuscht. Zum anderen brachte er nicht die Kraft auf, im Sommer 1948 das Scheitern des Versuchs einzugestehen, Kommunisten und Sozialdemokraten zu einer echten Einheit zu verschmelzen. Hierin liegt sein erstes historisches Versagen. Daß er sich persönlich zu diesem Zeitpunkt von seinem ursprünglichen Ziel bereits entfernt hatte, spricht ihn nicht frei, denn Grotewohl war kein namenloses Parteimitglied, kein Privatmann, der nur sich selbst verantwortlich war. Vielmehr trug er die Verantwortung für Hunderttausende von Sozialdemokraten, die ihn als ihren Repräsentanten anerkannten.

Aber Otto Grotewohl versagte noch ein weiteres Mal. Nachdem er sich, trotz Umformung der SED zu einer »Partei neuen Typus«, entschlossen hatte, weiter in der Partei zu arbeiten und auch in der neugegründeten DDR leitende Funktionen zu übernehmen, fiel ihm noch größere Verantwortung für das Wohlergehen von Millionen ihrer Bürger zu. Angesichts der Entwicklung, die der zweite deutsche Staat noch zu seinen Lebzeiten nahm, kann man sein historisches Versagen auch in der Funktion des Ministerpräsidenten nicht leugnen.

Da Grotewohls politische Visionen nicht zuletzt aufgrund weltpolitischer Konstellation scheiterten, könnte man ihn fast als eine tragische Figur bezeichnen. Zu Mitleid besteht aber kaum Anlaß. Er besaß nämlich – häufiger als die meisten Menschen – die Möglichkeiten, seine Träume im Großen zu verwirklichen. Es gab nach 1945 Situationen, in denen er

*Walter Ulbricht, 1. Sekretär des ZK der SED, verliest die Glückwunschadresse des Politbüros zum 70. Geburtstag von Otto Grotewohl, 11. März 1964
von links: Erich Honecker, Friedrich Ebert, Hermann Matern,
Paul Verner, Erich Mückenberger*

aufgrund seiner politischen Stellung die historische Pflicht gehabt hätte, sich entschlossener für seine Überzeugungen einzusetzen. Statt dessen unterwarf er sich und ließ sich instrumentalisieren. Niemand anderes als er selbst trug deshalb die Verantwortung dafür, daß er immer mehr zum Statisten auf der politischen Bühne wurde und schließlich nicht selbst von ihr abtrat. Als sensibler Mensch hat Otto Grotewohl unter diesem Scheitern zweifellos gelitten, er hat sich aber auch in einem Regime schadlos gehalten, das Andersdenkenden mehr als nur seelische Qualen zugefügt hat.

Obgleich der Politiker Grotewohl kein historisches Format besaß, hat er eine historische Bedeutung, die in seinem Scheitern begründet liegt. Die Geschichte wird zwar von den Siegern geschrieben, ist ohne ihre Verlierer aber nicht denkbar. Wäre an Grotewohls Stelle ein an taktischem Geschick und persönlichem Durchsetzungswillen Walter Ulbricht ebenbürtiger Politiker gestanden, hätten die Ereignisse einen anderen Verlauf nehmen können.

Daß die DDR nicht mehr existiert, sollte nicht dazu führen, ihre

Geschichte ad acta zu legen und die Erinnerung an sie lediglich durch Schlagwörter wie »Zwangsvereinigung«, »Stalinisierung«, »17. Juni« und »Mauerbau« wachzuhalten. Solche Formulierungen sind recht griffig, wenn sie jedoch nicht mit Wissen über Ursachen und Umstände verbunden sind, dienen sie einer simplifizierten und linearen Geschichtsdeutung, die oft genug noch in den Kategorien des Kalten Krieges verfangen ist.

Die Auseinandersetzung mit dem anderen deutschen Staat dürfte – gerade in den Politischen Wissenschaften – erst begonnen haben. Der ungehinderte Zugang zu Archiven der ehemaligen DDR wird es ermöglichen, in ein paar Jahren ein noch präziseres Bild zu vermitteln, das frei ist von Rechthaberei und ideologischem Ballast. Die Materialien sollten neu und umfassend analysiert und nicht allein zur Untermauerung bisheriger Standpunkte und Thesen herangezogen werden.

Deutsche aus Ost und West werden bereit sein müssen, bei der Betrachtung ihrer nun wieder gemeinsamen Geschichte neue Wege zu finden, neue Informationen aufzunehmen, um die jeweils andere Verhaltensweise verstehen zu können. Wenn man die Mauer zwischen Ost- und Westdeutschen endgültig beseitigen möchte, muß man sie von ihren Ursprüngen her abtragen. Die ehrliche Beschäftigung mit Persönlichkeiten wie Otto Grotewohl könnte deshalb ein Beitrag zur Wiedervereinigung sein.

Anhang

Abkürzungsverzeichnis

AdsD	Archiv der sozialen Demokratie der Friedrich-Ebert-Stiftung
AfS	Archiv für Sozialgeschichte
AOK	Allgemeine Ortskrankenkasse
AOstb	Archiv Ostbüro
BArch P	Bundesarchiv Abteilung Potsdam
BEL	Bürgerliche Einheitsliste
BNP	Braunschweigisch-Niedersächsische Partei
BzG	Beiträge zur Geschichte der Arbeiterbewegung; (vor 1969) Beiträge zur Geschichte der deutschen Arbeiterbewegung
CDU	Christlich-Demokratische Union Deutschlands
DA	Deutschland Archiv
DBD	Demokratische Bauernpartei Deutschlands
DDP	Deutsche Demokratische Partei
DDR	Deutsche Demokratische Republik
DFD	Demokratischer Frauenbund Deutschlands
DNVP	Deutsch-Nationale Volkspartei
dpa	Deutsche Presse-Agentur
DVP	Deutsche Volkspartei
DWK	Deutsche Wirtschaftskommission
EA	Europa-Archiv
ERP	European Recovery Program
FDGB	Freier Deutscher Gewerkschaftsbund
FDJ	Freie Deutsche Jugend
Gestapo	Geheime Staatspolizei
HuG	Haus- und Grundbesitzer
IML	Institut für Marxismus-Leninismus beim ZK der SED
IfGA-ZPA	Institut für Geschichte der Arbeiterbewegung – Zentrales Parteiarchiv
IWK	Internationale wissenschaftliche Korrespondenz zur Geschichte der deutschen Arbeiterbewegung
Kominform	Kommunistisches Informationsbüro
KPD	Kommunistische Partei Deutschlands
KPdSU	Kommunistische Partei der Sowjetunion
KZ	Konzentrationslager
LDP	Liberal-Demokratische Partei
LVA	Landesversicherungsanstalt
LWV	Landeswahlverband

MSPD	Mehrheitssozialdemokratische Partei Deutschlands
NSDAP	Nationalsozialistische Deutsche Arbeiterpartei
NdsStA WF	Niedersächsiches Staatsarchiv in Wolfenbüttel
NKDW	Volkskommissariat des Innern (Sowjetischer Geheimdienst)
PAG	Parlamentarische Arbeitsgemeinschaft
RGW	Rat für gegenseitige Wirtschaftshilfe
SAJ	Sozialistische Arbeiterjugend
SAPMO BArch	Stiftung Archiv der Parteien und Massenorganisationen der DDR im Bundesarchiv
Sb.	Sitzungsbericht
SBZ	Sowjetische Besatzungszone
SED	Sozialistische Einheitspartei Deutschlands
SKK	Sowjetische Kontrollkommission
SMAD	Sowjetische Militäradministration in Deutschland
SMT	Sowjetisches Militärtribunal
SPD	Sozialdemokratische Partei Deutschlands
StA BS	Stadtarchiv Braunschweig
UdSSR	Union der Sozialistischen Sowjetrepubliken
USPD	Unabhängige Sozialdemokratische Partei Deutschlands
VfZ	Vierteljahrshefte für Zeitgeschichte
VSPD	Vereinigte Sozialdemokratische Partei Deutschlands
WEL	Wirtschaftliche Einheitsliste
ZA	Zentralausschuß
ZfG	Zeitschrift für Geschichtswissenschaft
ZK	Zentralkomitee
ZPA	Zentrales Parteiarchiv
ZS	Zentralsekretariat

Bibliographie

Archivalische Quellen

Archiv der sozialen Demokratie (AdsD):
Nachlaß Erich W. Gniffke
Ostbüro Erster Bezirksparteitag der Sozialdemokratischen Partei Deutschlands, Bezirk Leipzig am Sonntag, den 26. August 1945 im Rathaus (0301/1)

Niedersächsisches Staatsarchiv in Wolfenbüttel (Nds StA WF):
Bestand Otto Grotewohl
Volkskommissare, Arbeiter- und Soldatenrat »Rote Garde« (Berichte, Meldungen usw.) 12 Neu 5, Nr. 700
Kreth, Elisabeth (Personalakte) 12 Neu 6, Nr. 559
Gesetz über die Neuordnung der Volksschulaufsicht vom 21. 11. 1918. Errichtung von Bekenntnisschulen, 1918–1924 12 Neu 7, Nr. 1167
Arbeiter- und Soldatenräte 1918–1921   12 (A) Neu 9, Nr. 18, 25
Landgericht Braunschweig 37 A Neu 9, Nr. 57, 63
Ermittlungsverfahren Erich Plumenbohm 42 B Neu 7, Nr. 1287–1291
Staatsanwaltschaft Braunschweig: Strafsache gegen Klagges u. a. 62 Nds. 2, 781
Für die SPD von Frankenberg verfaßte Schriften und Referentenmaterial des Bezirksvorstandes der SPD 284 N 98
Oerter 1922/23 284 N, Nr. 103

Stadtarchiv Braunschweig (StA BS):
Meldekartei (bis 1928): Grotewohl D I 12, Nr. 246
Das Erwerbslosenproblem G X 6, Nr. 66
Reichstag G X 6, Nr. 605–606
Grotewohl H VIII A, Nr. 1472

Bundesarchiv Abteilung Potsdam (BArch P):
Dokumente und Materialien zu den Sitzungen der Regierung der DDR C 20 I/3
Dokumente und Materialien zu den Sitzungen des Präsidiums des Ministerrates DC 20 I/4

Stiftung Archiv der Parteien und Massenorganisationen der DDR im Bundesarchiv (SAPMO BArch):
Bestand Otto Grotewohl
Stellungnahme und Beschluß des Zentralausschusses der Sozialdemokratischen Partei Deutschlands vom 20. August 1945 II 2/1
Tagungen Parteivorstand/Zentralkomitee der SED DY 30/IV 2/1
SED: Staat und Recht DY 30/IV 2/13

Protokolle der Sitzungen des Sekretariats DY 30/J IV 2/3
Protokolle der Sitzungen des Politbüros IV 2/2
Erinnerungen von Heinrich Hoffmann SgY 30/1365/1
Erinnerungen Martha Grotewohl SgY 30/1878
Erinnerungen von Ludwig Eisermann SgY 30/1879
Erinnerungen von Heino Brandes SgY 30/1881
Erinnerungen von Wilhelm Meißner SgY 30/1918
Nachlaß Wilhelm Pieck NY 4036
Nachlaß Walter Ulbricht NY 4182
Nachlaß Fred Oelßner NY 4215

Gedruckte Quellen:

Akten und Verhandlungen des Sächsischen Landtages 1946–1952. 1.1 Band: »Sitzungsprotokolle 1. Wahlperiode. Beratende Versammlung des Landes Sachsen. Vollsitzungen des Sächsischen Landtages 1.–38. Sitzung 22.11.1946 bis 27.2.1948«, 1.2 Band: »Sitzungsprotokolle 1. Wahlperiode. Vollsitzungen des Sächsischen Landtages 39.–77. Sitzung 27.2.1948–6.10.1950«, 2. Band: »Anfragen, Gesetzesvorlagen und Anträge 1. Wahlperiode. Landtagsdrucksachen A-M und Nr. 1–1496 1947–1950«, 3. Band: »Beschlüsse des Plenums und Berichte der Landesregierung Sachsen 1. Wahlperiode. Beschlüsse Nr. 1–839, Berichte Nr. 1–221«, Frankfurt a. M., 1991.
Albrecht, Willy (Hg.): Kurt Schumacher. Reden – Schriften – Korrespondenzen 1945–1952, Berlin/Bonn 1985.
Amtliche Nachrichten für das braunschweigische Schulwesen, 2/1922 und 1/1923.
Anschütz, Gerhard: Die Verfassung des Deutschen Reiches vom 11.8.1919. Ein Kommentar für Wissenschaft und Praxis, 3. Bearbeitung, 10. Auflage, Berlin 1929.
Badstübner, Rolf/Wilfried Loth (Hg.): Wilhelm Pieck – Aufzeichnungen zur Deutschlandpolitik 1945–1953, Berlin 1994.
Barth, Bernd-Rainer/Christoph Links/Helmut Müller-Enbergs/Jan Wielgohs: Wer war Wer in der DDR. Ein biographisches Handbuch, Frankfurt a. M. 1995.
Befehle des Obersten Chefs der Sowjetischen Militärverwaltung in Deutschland, Sammelheft 1: »1945«, Berlin 1946.
Die Berliner Konferenz der Drei Mächte/Der Alliierte Kontrollrat für Deutschland/Die Alliierte Kommandantur der Stadt Berlin, Sammelheft 1, Berlin 1946.
Dokumente der Sozialistischen Einheitspartei Deutschlands. Beschlüsse und Erklärungen des Zentralsekretariats und des Parteivorstandes, Band I, Berlin 1952.
Dokumente der Sozialistischen Einheitspartei Deutschlands. Beschlüsse und Erklärungen des Parteivorstandes, des Zentralsekretariats und des Politischen Büros, Band II, Berlin 1952.

Dokumente der Sozialistischen Einheitspartei Deutschlands. Beschlüsse und Erklärungen des Parteivorstandes, des Zentralkomitees sowie seines Politbüros und seines Sekretariats, Band III, Berlin 1952.

Dokumente der Sozialistischen Einheitspartei Deutschlands. Beschlüsse und Erklärungen des Zentralkomitees sowie seines Politbüros und seines Sekretariats, Band IV-X, Berlin 1954–1967.

Dokumente zur Kunst-, Literatur- und Kulturpolitik der SED, 1. Band: »1949 bis 1970«, hg. v. Elimar Schubbe, Stuttgart 1972.

Eckert, Georg (Hg.): Hundert Jahre deutsche Sozialdemokratie. Bilder und Dokumente, Hannover 1963.

»Erklärung des Bundeskanzlers Dr. Adenauer auf einer Pressekonferenz in Bonn am 15. Januar 1951«, in: Europa-Archiv (EA), 6/1951, S. 3716–3717.

Fieber, Hans-Joachim: »Archivalien zu zwei politischen Gesprächen zwischen der Berliner SPD-Zentrale und der SMAD 1945/46. Aus der Berliner Geschichte der SPD«, in: Berlinische Monatsschrift Luisenstadt, 3/1994, S. 35–41.

Flechtheim, Ossip (Hg.): Dokumente zur parteipolitischen Entwicklung in Deutschland seit 1945, Berlin 1962.

Foitzik, Jan: Inventar der Befehle des Obersten Chefs der Sowjetischen Militäradministration in Deutschland (SMAD) 1945–1949, München/New Providence/London/Paris 1995.

Fricke, Karl Wilhelm: Politik und Justiz in der DDR. Zur Geschichte der politischen Verfolgung 1945–1968. Bericht und Dokumentation, 2. Auflage, Köln 1990.

Fromm, Eberhard/Hans-Jürgen Mende (Hg.): Vom Beitritt zur Vereinigung. Schwierigkeiten beim Umgang mit deutsch-deutscher Geschichte. Akademische Tage 1993, Protokoll, Berlin 1993.

Gabert, Josef/Hans-Joachim Krusch/Andreas Malycha (Hg.): Einheitsdrang oder Zwangsvereinigung? Die Sechziger-Konferenzen von KPD und SPD 1945 und 1946, Berlin 1990.

Gruner, Gert/Manfred Wilke (Hg.): Sozialdemokraten im Kampf um die Freiheit. Die Auseinandersetzung zwischen SPD und KPD in Berlin 1945/46, 2. Auflage, München 1986.

Hoffmann, Dirk/Karl-Heinz Schmidt/Peter Skyba (Hg.): Die DDR vor dem Mauerbau. Dokumente zur Geschichte des anderen deutschen Staates 1949 bis 1961, München 1993.

Krusch, Hans-Joachim/Andreas Malycha (Hg.): Einheitsdrang oder Zwangsvereinigung? Die Sechziger-Konferenz von KPD und SPD 1945 und 1946, Berlin 1990.

Lenins Weg, Informations- und Diskussionsblatt der Mitgliedschaft der KPD im Bezirk Niedersachsen. Sonderausgabe mit Parteitagsprotokoll, Hannover 1933.

Malycha, Andreas: Auf dem Weg zur SED. Die Sozialdemokratie und die Bildung einer Einheitspartei in den Ländern der SBZ. Eine Quellenedition, Bonn 1995.

Otto, Wilfriede: »Dokumente zur Auseinandersetzung in der SED 1953«, in: Beiträge zur Geschichte der Arbeiterbewegung (künftig, BzG), 32/1990, S. 655 bis 672.

Pieck, Wilhelm: Demokratische Bodenreform. Rede von Wilhelm Pieck, Vorsitzender der Kommunistischen Partei Deutschlands und Edwin Hoernle, Direktor der Zentralverwaltung für Land- und Forstwirtschaft am 19. September 1945, Berlin 1945.

Protokoll der 1. Parteikonferenz der Sozialistischen Einheitspartei Deutschlands, 25.–28. Januar im Hause der Dt. Wirtschaftskomm. zu Berlin, 2. Aufl., Berlin 1950.

Protokoll der Verhandlungen der 2. Parteikonferenz der Sozialistischen Einheitspartei Deutschlands. 9. bis 12. Juli 1952 in der Werner-Seelenbinder-Halle zu Berlin, Berlin 1952.

Protokoll der Verhandlungen der 3. Parteikonferenz der Sozialistischen Einheitspartei Deutschlands. 24. bis 30. März 1956 in der Werner-Seelenbinder-Halle zu Berlin, 1. Band: »1.–4. Verhandlungstag«, 2. Band: »5.–7. Verhandlungstag«, Berlin 1956.

Protokoll des Vereinigungsparteitages der Sozialdemokratischen Partei Deutschland (SPD) und der Kommunistischen Partei (KPD) am 21. und 22. April 1946 in der Staatsoper »Admiralspalast« in Berlin, Berlin 1946.

Protokoll der Verhandlungen des II. Parteitages des Sozialistischen Einheitspartei Deutschlands. 20. bis 24. September in der Werner-Seelenbinder-Halle zu Berlin, Berlin 1947.

Protokoll der Verhandlungen des III. Parteitages der Sozialistischen Einheitspartei Deutschlands. 20. bis 24. Juli 1950 in der Werner-Seelenbinder-Halle zu Berlin, 1. Band: »1.–3. Verhandlungstag«, 2. Band: »4.–5. Verhandlungstag«, Berlin 1951.

Protokoll zu den Verhandlungen des IV. Parteitages der Sozialistischen Einheitspartei Deutschlands. 30. März bis 6. April in der Werner-Seelenbinder-Halle zu Berlin, 1. Band: »1.–4. Verhandlungstag«, 2. Band: »5.–8. Verhandlungstag«, Berlin 1954.

Protokoll der Verhandlungen des V. Parteitages der Sozialistischen Einheitspartei Deutschlands. 10. bis 17. Juli 1958 in der Werner-Seelenbinder-Halle zu Berlin, 1. Band: »1.–5. Verhandlungstag«, 2. Band: »6. u. 7. Verhandlungstag«, Berlin 1959.

Protokoll der Verhandlungen des VI. Parteitages der Sozialistischen Einheitspartei Deutschlands. 15. bis 21. Januar 1963 in der Werner-Seelenbinder-Halle zu Berlin, 1. Band: »1.–3. Verhandlungstag«, 2. Band: »4.–6. Verhandlungstag«, 3. Band: »Grußschreiben u. schriftlich eingereichte Diskussionsbeiträge«, 4. Band: »Beschlüsse u. Dokumente«, Berlin 1963.

Protokoll SPD-Parteitag Magdeburg 1929, Berlin 1929.

Protokoll des 1. Deutschen Volkskongresses für Einheit und gerechten Frieden am 6. und 7. Dezember 1947 in der Deutschen Staatsoper, Berlin, hg. im Auftrag des Ständigen Ausschusses des Deutschen Volkskongresses, Berlin 1948.

Protokoll des 2. Deutschen Volkskongresses für Einheit und gerechten Frieden am 17. und 18. März 1948 in der Deutschen Staatsoper, Berlin, hg. im Auftrag des Sekretariats des Deutschen Volksrates, Berlin 1948.

Rogge, Friedrich Wilhelm: Archivalische Quellen zur politischen Krisensituation während der Weimarer Zeit in den ehemaligen Territorien des Landes Niedersachsen. Ein analytisches Inventar, Band 1: »Freistaat Braunschweig«, Göttingen 1984.

Roggemann, Herwig: Die Verfassung der DDR. Entstehung. Analyse. Vergleich. Text, Opladen 1970.

Scherstjanoi, Elke: »›Wollen wir den Sozialismus?‹ Dokumente aus der Sitzung des Politbüros des ZK der SED am 6. Juni 1953«, in: BzG, 33/1991, S. 658 bis 680.

Steininger Rolf: Eine Chance zur Wiedervereinigung? Die Stalin-Note vom 10. März 1952. Darstellung und Dokumentation auf der Grundlage unveröffentlichter britischer und amerikanischer Akten, Bonn 1986.

Suckut, Siegfried: Blockpolitik in der SBZ/DDR 1945–1949, Mannheim 1986.

Die Verfassung der Deutschen Demokratischen Republik, Dresden o. J. [1949].

Verhandlungen der Landesversammlung des Freistaates Braunschweig auf dem Landtage von 1919/20, Band 1–3.

Verhandlungen der Landesversammlung des Freistaates Braunschweig auf dem Landtage von 1920/21, Band 1–4.

Verhandlungen des Landtags des Freistaates Braunschweig auf dem Landtage 1922/24, Band 1–4; 1924/27, Band 1–3; 1927/30, Band 1–4.

Verhandlungen des Reichstages:

III. Wahlperiode 1924, 392. und 393. Band.

VI. Wahlperiode 1928, 394. und 427. Band.

Weber, Hermann: Parteiensystem zwischen Demokratie und Volksdemokratie. Dokumente und Materialien zum Funktionswandel der Parteien und Massenorganisationen in der SBZ/DDR 1945–1950, Köln 1982.

Aufsätze

Ackermann, Anton: »Gibt es einen besonderen deutschen Weg zum Sozialismus?« in: Einheit, 1/1946, S. 22–32.

Badstübner, Rolf: »Zum Problem der historischen Alternativen im ersten Nachkriegsjahrzehnt. Neue Quellen zur Deutschlandpolitik von KPdSU und SED«, in: BzG, 33/1991, S. 579–592.

Badstübner, Rolf: »›Beratungen‹ bei J. W. Stalin. Neue Dokumente«, in Utopie kreativ, 7/1991, S. 99–116.

Bahr, Egon: »Zwangsvereinigung. Zur Erinnerung an den April 1946 und die Gründung der SED«, in: Neue Gesellschaft/Frankfurter Hefte, 33/1986, S. 9 bis 25.

Benser, Günter: »Die Anfänge der demokratischen Blockpolitik. Bildung und erste Aktivitäten des zentralen Ausschusses des Blocks der antifaschistisch-demokratischen Parteien«, in: Zeitschrift für Geschichtswissenschaft (ZfG), 23/1975, S. 755–768.

Benser, Günter: »Bürgerliche und sozialdemokratische Literatur über die Vereinigung von KPD und SPD zur SED«, in: ZfG, 24/1976, S. 431–441.

Benser, Günter / Igor Ksenofontov: »Die Befreiung durch die Sowjetunion und der Weg zur Gründung der SED«, in: BzG, 27/1985, S. 161-173; Benser, Günter: »Quellenveröffentlichungen ja, doch so präzis wie möglich. Einwände gegen Interpretationen von ›Stalins Direktiven an KPD und SED‹«, in: Utopie kreativ, 7/1991, S. 101-107.

Berger, Helge / Albrecht Ritschl: »Die Rekonstruktion der Arbeitsteilung in Europa. Eine neue Sicht des Marshallplans in Deutschland 1947-1951«, in: Vierteljahrshefte für Zeitgeschichte (künftig, VfZ), 43/1995, S. 474-519.

Bonwetsch, Bernd / Gennadij Bordjugov: »Stalin und die SBZ. Ein Besuch der SED-Führung in Moskau vom 30. Januar - 7. Februar 1947«, in: VfZ, 42/1994, S. 279-303.

Buchheim, Christoph: »Wirtschaftliche Hintergründe des Arbeiteraufstandes vom 17. Juni 1953 in der DDR«, in: VfZ, 38/1990, S. 415-433.

Feldmann, Gerald D. / Eberhard Kolb und Reinhard Rürup: »Die Massenbewegungen der Arbeiterschaft in Deutschland am Ende des Ersten Weltkrieges (1917-1920)«, in: Politische Vierteljahresschrift (künftig PVS), 13/1972, S. 84-105.

Fricke, Karl Wilhelm: »Machtkonzentration im Staatsrat«, in: SBZ-Archiv, 14/1963, S. 373-375.

Fricke, Karl Wilhelm: »Zur Geschichte der Kommunalwahlen in der DDR«, in: Deutschland Archiv (künftig DA), 12/1979, S. 454-459.

Fricke, Karl Wilhelm: »Geschichte und Legende der Waldheimer Prozesse«, in: DA, 13/1980, S. 1172-1183.

Grebing, Helga: »Politische und soziale Probleme der Arbeiterklasse am Ende des Zweiten Weltkrieges und in der unmittelbaren Nachkriegszeit«, in: Internationale wissenschaftliche Korrespondenz zur Geschichte der deutschen Arbeiterbewegung (künftig IWK), 22/1986, S. 1-20.

Händler-Lachmann, Barbara: »›'n Wochenlohn die Miete.‹ Arbeiterwohnen in Braunschweig vom Kaiserreich zur Weimarer Republik«, in: Archiv für Sozialgeschichte (künftig AfS), 25/1985, S. 159-181.

Kaden, Albrecht: »Entscheidung in Wennigsen: Die Wiedergründung der SPD 1945 und die ›Einheit der Arbeiterklasse‹«, in: Die Neue Gesellschaft, 7/1960, S. 484-492.

Krusch, Hans-Joachim: »Für eine neue Offensive. Zur Septemberberatung 1945«, in: BzG, 22/1980, S. 349-360.

Krusch, Hans-Joachim: »Von der Dezemberkonferenz 1945 zur Februarkonferenz 1946«, in: BzG, 28/1986, S. 16-28.

Küsters, Hans Jürgen: »Wiedervereinigung durch Konföderation? Die informellen Unterredungen zwischen Bundesminister Fritz Schäffer, NVA-General Vincenz Müller und Sowjetbotschafter Georgij Maksimowitsch Puschkin 1955/56«, in: VfZ, 40/1992, S. 107-153.

Kupfer, Torsten und Bernd Rother: »Der Weg der Spaltung: Die Ursachen der Richtungskämpfe in der Deutschen Sozialdemokratie 1890-1920 am Beispiel der Länder Anhalt und Braunschweig«, in: IWK, 29/1993, S. 139 bis 177.

Lemke, Michael: »›Doppelte Alleinvertretung‹. Die nationalen Wiedervereinigungskonzepte der beiden deutschen Regierungen und die Grundzüge ihrer politischen Realisierung in der DDR (1949–1952)«, in: ZfG, 40/1992, S. 531 bis 543.

Malycha, Andreas: »Der Zentralausschuß der SPD im Jahre 1945 und seine Stellung zur Sowjetunion«, in: BzG, 28/1986, S. 236–247.

Malycha, Andreas: »Der Aufruf des Zentralausschusses der SPD vom 15. Juli 1945. Entstehung und historische Bedeutung«, in: BzG, 30/1988, S. 606–619.

Malycha, Andreas: »Der Zentralausschuß der SPD und der gesellschaftliche Neubeginn im Nachkriegsdeutschland«, in: ZfG, 28/1990, S. 581–595.

Malycha, Andreas: »Der Zentralausschuß, Kurt Schumacher und die Einheit der SPD«, in: BzG, 33/1991, S. 182–193.

Müller, Werner: »Sozialdemokratische Politik unter sowjetischer Militärverwaltung, Chancen und Grenzen der SPD in der sowjetischen Besatzungszone zwischen Kriegsende und SED-Gründung«, in: IWK, 23/1987, S. 170–206.

Müller, Werner: »SED-Gründung unter Zwang – Ein Streit ohne Ende? Plädoyer für den Begriff ›Zwangsvereinigung‹«, in: DA, 24/1991, S. 52–58.

Otto, Wilfriede: »Sowjetische Deutschlandnote 1952. Stalin und die DDR. Bisher unveröffentlichte handschriftliche Notizen Wilhelm Piecks«, in: BzG, 33/1991, S. 374–389.

Paulsen, Anna: »Die Vereinigung von KPD und SPD zur SED«, in: Theorie und Praxis des Marxismus-Leninismus. Theoretisches Organ der Kommunistischen Partei Deutschlands (KPD), 4/1979, S. 3–37.

Plenar, Ulla: »Zum ideologisch-politischen Klärungsprozeß in der SPD der sowjetischen Besatzungszone 1945«, in: BzG, 1972, S. 35–59.

Pommerin, Reiner: »Die Zwangsvereinigung von KPD und SPD zur SED. Eine britische Analyse vom April 1946«, in: VfZ, 36/1988, S. 319–338.

Scherstjanoi, Elke: »Zur aktuellen Debatte um die Stalin-Note 1952«, in: DA, 27/1994, S. 181–185.

Scholz, Robert: »Die Verfassung der DDR von 1949 und die Lehren von Weimar«, in: Konsequent, 21/1990, S. 39–53.

Staritz, Dietrich: »Die SED, Stalin und die Gründung der DDR. Aus Akten des Zentralen Parteiarchivs«, in: Aus Politik und Zeitgeschichte. Beilage zur Wochenzeitung Das Parlament, B5/91, S. 3–16.

Suckut, Siegfried: »Die Entscheidung zur Gründung der DDR. Die Protokolle der Beratungen des SED-Parteivorstandes am 4. und 9. Oktober 1949«, in: VfZ, 39/1991, S. 125–175.

Sywottek, Arnold: »Die ›fünfte Zone‹. Zur gesellschafts- und außenpolitischen Orientierung und Funktion sozialdemokratischer Politik in Berlin 1945–48«, in: AfS, 13/1973, S. 53–129.

Voigt, Jürgen: »Ansichten und Einsichten«, in: Berlinische Monatsschrift Luisenstadt, 2/1993, S. 92–98.

Weber, Hermann: »Die deutschen Kommunisten 1945 in der SBZ. Probleme bei der Kaderbildung vor der SED-Gründung«, in: Aus Politik und Zeitgeschichte. Beilage zur Wochenzeitung: Das Parlament, 31 B/1978, S. 24–31.

Weber, Hermann: »Machthierarchie der SED. Herrschaftsmethoden und Kaderausbildung in den vierziger Jahren«, in: Geschichte. Erziehung. Politik, 4/1993, S. 295–303.

Weber, Hermann: »Nicht immer brennt Feuer, wenn es qualmt. Über ideologischen Terror, Kriminalisierung und Verleumdung als Methoden des Stalinismus«, in: DA, 28/1995, S. 271–277.

Wettig, Gerhard: »Zum Stand der Forschung über Berijas Deutschland-Politik im Frühjahr 1953«, in: DA, 26/1993, S. 674–682.

Wettig, Gerhard: »Die Deutschland-Note vom 10. März 1952 auf der Basis der diplomatischen Akten des russischen Außenministeriums«, in: DA, 26/1993, S. 786–805.

Wurl, Ernst: »Entscheidung ›gegen das Konzept Stalin?‹. Zu Wilfriede Ottos Dokumentation von Notizen Wilhelm Piecks, in: BzG, 3/1991, S. 767–770.

Werke Otto Grotewohls

Diese Zusammenstellung erhebt keinen Anspruch auf Vollständigkeit. Grotewohls publizistisches Werk wird durch eine Flut von Heften und Broschüren aufgebläht, die – als Schulungs- und Propagandamaterial gedacht – sich inhaltlich oftmals kaum von einander unterschieden. So gibt es allein sieben verschiedene Ausgaben seiner Rede auf der außerordentlichen SPD-Funktionärskonferenz am 14. September 1945, die den Titel tragen wie »Woher? Wohin? Der historische Auftrag der SPD«. Eine detailliertere Übersicht der Veröffentlichungen von und über Otto Grotewohl bis 1967 gibt die Bibliographie »Literaturzusammenstellung der Schriften von und über Otto Grotewohl«.

Die Verfassung der Gemeinde und Kreise im Freistaat Braunschweig, Braunschweig 1925.

»Jugend und Alter«, in: Junges Volk, 3. Heft 1927, S. 1–2.

Grotewohl, Otto/Max Fechner und Franz Dahlem: Schaffung der Arbeitereinheit. Entschließung der Konferenz des Zentralausschusses der SPD und des Z. K. der KPD vom 20./21. Dezember 1945, London [1945].

»An die Bundesregierung der Bundesrepublik Deutschland z. H. von Herrn Bundeskanzler Dr. Adenauer«, in: EA, 6/1951, S. 3716.

Die SED und der Aufbau Deutschlands. Grundlegende Referate von Wilhelm Pieck und Otto Grotewohl auf dem Vereinigungsparteitag der Sozialistischen Einheitspartei Deutschlands vom 20. bis 22. April in Berlin, Berlin 1946.

Im Kampf um Deutschland. Rede auf dem II. Parteitag der SED, Berlin 1947.

Deutsche Verfassungspläne, Berlin 1947.

Dreißig Jahre später. Die Novemberrevolution und die Lehren der Geschichte der Arbeiterbewegung, Berlin 1948.

Im Kampf um Deutschland. Reden und Aufsätze, 2 Bände, Berlin 1948.

Verfassung der Deutschen Demokratischen Republik 1949, mit einer Einführung von Otto Grotewohl. Berlin 1949.

Deutsche Kulturpolitik. Reden von Otto Grotewohl, Dresden 1952.

Im Kampf um die einige deutsche Demokratische Republik. Reden und Aufsätze, 1. Band: »Auswahl aus den Jahren 1945–1949«, Berlin 1959, 2. Band: »Auswahl aus den Jahren 1950 und 1951«, Berlin 1959, 3. Band: »Auswahl aus den Jahren 1952 und 1953« Berlin 1959.

Die SED hat ihre historische Bewährungsprobe bestanden. Zum 15. Jahrestag der Vereinigung von KPD und SPD, Berlin 1961.

Im Kampf um die einige Deutsche Demokratische Republik, Band I: »Auswahl aus den Jahren 1945–1949«, 2., durchgesehene Auflage, Berlin 1959, Band II: »Auswahl aus den Jahren 1950 und 1951«, 2., durchgesehene Auflage, Berlin 1959, Band III: »Auswahl aus den Jahren 1952 und 1953«, Berlin 1954, Band IV: »Auswahl aus den Jahren 1954–1956«, Berlin 1959, Band V: »Auswahl aus den Jahren 1956–1958«, Berlin 1959, Band VI: »Auswahl aus den Jahren 1958 bis 1960«, Berlin 1964.

Skizzen, Zeichnungen und Gemälde, zusammengestellt und eingeleitet von Heinz Voßke, Berlin 1984.

Otto Grotewohl und die Einheitspartei, Dokumente Band 1: »Mai 1945 bis April 1946«, mit einer Einführung von Wolfgang Triebel, Auswahl und Kommentierung: Hans-Joachim Fieber, Maren Franke und Wolfgang Triebel (Leitung), Berlin 1994, Band 2: »Mai 1946 bis Januar 1949«, mit einer Einführung von Marianne Braumann, Auswahl und Kommentierung: Marianne Braumann, Maren Franke und Wolfgang Triebel (Leitung), Berlin 1994.

Veröffentlichungen über Otto Grotewohl

Auswahl, berücksichtigt wurden vor allem neuere Publikationen.

»75. Geburtstag des deutschen Staatsmannes und Arbeiterführers Otto Grotewohl«, in: Bibliographische Kalenderblätter, 11/1969, 3, S. 18–31.

Abusch, Alexander: »Kämpfer für Arbeitereinheit, Staatsmann der Arbeiter-und-Bauernmacht und hervorragende kulturelle Persönlichkeit. Zum 65. Geburtstag des Genossen Otto Grotewohl«, in: Einheit, 2/1959, S. 172–187.

Bonwetsch, Bernd/Gennadij Bordjugov: »Die SED und die guten Erfahrungen der Sowjetunion. Pieck und Grotewohl informieren sich in Moskau 25.3.–1.4.1948«, in: Deutsche Studien, 31/1994, S. 95–107.

Boten der Freundschaft. Eine Kamera begleitet Ministerpräsident Otto Grotewohl durch den Nahen und Fernen Osten, Berlin 1959.

Caracciolo, Lucio: »Der Untergang der Sozialdemokratie in der sowjetischen Besatzungszone. Otto Grotewohl und die ›Einheit der Arbeiterklasse‹ 1945/46«, in: VfZ, 36/1988, S. 281–318.

Caracciolo, Lucio: »Grotewohls Position(en) im Vereinigungsprozeß (1945–1946)«, in: Dieter Staritz/Hermann Weber (Hg.): Einheitsfront Einheitspartei. Kommunisten und Sozialdemokraten in Ost- und Westeuropa 1944–1948, Köln 1989, S. 76–107.

Finzelberg, Sigtraut: »Der erste Ministerpräsident der Deutschen Demokratischen Republik. Otto Grotewohl«, in: BzG 11/1969, S. 474–483.

Fromm, Eberhard: »Im Tempo vergriffen!?: kritische Tage im Leben Otto Grotewohls«, in: Berlinische Monatsschrift Luisenstadt, 2/1993, S. 32–37.

Fromm, Eberhard: »Ein deutsch-deutsches Verhältnis?. Zu einem außergewöhnlichen Briefwechsel: Klara-Marie Faßbinder und Otto Grotewohl«, in: Berlinische Monatsschrift Luisenstadt, 2/1993, S. 65–72.

Fromm, Eberhard: »Irrtümern auf der Spur – Impressionen zu Grotewohl-Bildern«, in: Eberhard Fromm/Hans-Jürgen Mende (Hg.): Vom Beitritt zur Vereinigung. Schwierigkeiten beim Umgang mit deutsch-deutscher Geschichte. Akademische Tage 1993, Protokoll, Berlin 1993, S. 327–332.

Jacobus; Hans: »Otto Grotewohls letztes Interview (Februar 1964)«, in: Neue deutsche Presse, 4/1966, S. 8.

Jodl, Markus: Schumacher contra Grotewohl: Die Einheit der Arbeiterbewegung in der Programmatik der SPD 1945/46, Magisterarbeit für den Fachbereich »Politische Wissenschaften«, München 1994.

Literaturzusammenstellung der Schriften von und über Otto Grotewohl, hg. v. Deutsche Bücherei Leipzig, Leipzig 1967.

Malycha, Andreas (Hg.): »Grotewohl, Otto: Hier stehe ich, ich kann nicht anders!«, in: BzG, 34/1992, S. 167–184.

Mann, Benjamin: »Otto Grotewohl«, in: Antifa, 18/1994, S. 3–19.

Meskath, Marina: Bibliographische Beschreibung des Sonderbestandes »Die Bücher aus dem Nachlaß Otto Grotewohl« in der Bibliothek der Stiftung Archiv der Parteien und Massenorganisationen der DDR im Bundesarchiv, Berlin 1994.

Mulisch, Ulrike: Werke von und über Otto Grotewohl. Auswahlbiographie, Jahreshausarbeit an der Fachschule für Bibliothekare an wissenschaftlichen Bibliotheken Leipzig, Leipzig 1963.

»Otto Grotewohl. Eine Bildserie aus seinem Kampf um die Einheit der Arbeiterklasse und der Stärkung der DDR«, zusammengestellt vom IML beim ZK der SED, 1970.

»Otto Grotewohl. Brief an Johannes R. Becher (24. 8. 1952)«, in: Sinn und Form, Berlin, 23/1971, S. 330–331.

Riemkasten, Felix: Der Bonze, Berlin 1930.

Rother, Bernd: »Otto Grotewohl (1894–1964). Biographische Skizze seiner Braunschweiger Jahre (1894–1933)«, in: IWK, 28/1992, S. 523–532.

Rubens, Franziska: »Im Kampf um die einige deutsche demokratische Republik. Zur Herausgabe der Reden und Aufsätze des Genossen Otto Grotewohl«, in: Einheit, 11/1954, S. 1037–1047.

Schnittker, Michael: Der Beitrag Otto Grotewohl's zur Entstehung und zur Entwicklung der Sozialistischen Einheitspartei Deutschlands, Magisterarbeit für den Fachbereich »Wissenschaft von der Politik«, Hannover [1984].

Stempel, Fred: »Mitarbeiter Otto Grotewohls«, in: BzG, 23/1981, S. 266–276.

Stempel, Fred: »Eine Reise für unsere Republik«, in: BzG, 31/1989, S. 671–681.

Stempel, Fred: Otto Grotewohl – Eine Betrachtung, maschinengeschriebenes, unveröffentlichtes Manuskript, 1. 12. 1993.

Stempel, Fred: »Erinnerungen an Otto Grotewohl, zu dessen 100. Geburtstag am 11. März 1994«, in: Utopie kreativ, 10/1994, S. 154–165.

Triebel, Wolfgang: »Befragung der Geschichte als Aneignung der Vergangenheit: zur Untersuchung des Anteils Otto Grotewohls bei der Vereinigung von SPD und KPD«, in: Berlinische Monatsschrift Luisenstadt, 1/1992, S. 11–15.

Triebel, Wolfgang: Otto Grotewohls Weg in die Einheitspartei. Hintergründe und Zusammenhänge. Eine Betrachtung seines politischen Denkens und Handelns zwischen Mai 1945 und April 1946, Berlin 1993.

Triebel, Wolfgang: Otto Grotewohl im Spannungsfeld von Machtansprüchen deutscher Parteien und Besatzungspolitik: eine biographisch-politisch-historische Synopse von Ende April 1945 bis 31. Januar 1949: Otto Grotewohls politisches Wirken im Kontext der historischen Ereignisse und der Tätigkeiten der Besatzungsmächte in Deutschland in jenen Jahren, Berlin 1993.

Triebel, Wolfgang: »Gedanken zu einer Unperson von gestern und heute: Otto Grotewohl zum 100. Geburtstag«, in: Berlinische Monatsschrift Luisenstadt, Berlin 3/1994, S. 34–39.

Triebel, Wolfgang: Gelobt und Geschmäht. Wer war Otto Grotewohl? Deutungsversuche in Aufsätzen und Interviews mit Zeitzeugen, Berlin 1996 [voraussichtlich, M. J.].

Voßke, Heinz: Otto Grotewohl. Biographischer Abriß, Berlin 1979.

Voßke, Heinz: »Aus Otto Grotewohls Briefwechsel mit Künstlern und Schriftstellern«, in: BzG, 26/1984, S. 197–206.

Voßke, Heinz: »Otto Grotewohl – hervorragender Arbeiterführer und sozialistischer Staatsmann«, in: Einheit, Berlin 39/1984, S. 239–244.

»Zum 85. Geburtstag Otto Grotewohls – Dokumente aus seinem Nachlaß«, in: BzG, 21/1979, S. 215–224.

Erinnerungen und Biographien

Adenauer, Konrad: Erinnerungen, 2. Band: 1953–1955, Stuttgart 1966.

Bouvier, Beatrix W./Horst-Peter Schulz (Hg.): »... die SPD aber aufgehört hat zu existieren«. Sozialdemokraten unter sowjetischer Besatzung, Bonn 1991.

Brandt, Heinz: Ein Traum, der nicht entführbar ist – Mein Weg zwischen Ost und West, Berlin 1967.

Brandt, Helmut: Hinter den Kulissen der Waldheimer Prozesse, Sonderdruck des Waldheim-Kameradschaftskreises, Fehmarn 1965.

Brill, Hermann: Gegen den Strom, Offenbach 1946.

Dahrendorf, Gustav: Der Mensch, das Maß aller Dinge. Reden und Schriften zur deutschen Politik 1945–1954, hg. und eingeleitet von Ralph Dahrendorf, Hamburg 1955.

Edinger, Lewis J.: Kurt Schumacher, Köln/Opladen 1967.

Fechner, Max: »Zentralausschuß der SPD und Zentralkomitee der KPD gingen zusammen«, in: 20. Jahrestag der Gründung der SED, Berlin 1966.

Germer, Karl J.: Von Grotewohl bis Brandt. Ein dokumentarischer Bericht über die SPD in den ersten Nachkriegsjahren, Landshut 1974.

Gniffke, Erich W.: Jahre mit Ulbricht, Köln 1966.

Herrnstadt, Rudolf: Das Herrnstadt-Dokument. Das Politbüro der SED und die Geschichte des 17. Juni 1953, hg. v. Nadja Stulz-Herrnstadt, Hamburg 1990.

Janka, Walter: ... bis zur Verhaftung. Erinnerungen eines deutschen Verlegers, Berlin 1993.

Lemmer, Ernst: Manches war doch anders. Erinnerungen eines deutschen Demokraten, Frankfurt a. M. 1968.

Leonhard, Wolfgang: Die Revolution entläßt ihre Kinder, 4. Taschenbuchauflage, Darmstadt 1962.

Müller-Enbergs, Helmut: Der Fall Rudolf Herrnstadt. Tauwetterpolitik vor dem 17. Juni, Berlin 1991.

Niekisch, Ernst: Erinnerungen eines deutschen Revolutionärs, 2. Band.: »Gegen den Strom 1945–1967«, Köln 1947.

Oerter, Sepp: Ich – Sepp Oerter – klage an die Zentralleitung der USPD in Berlin, die Parteiinstanzen der USPD in Braunschweig, die Landtagsfraktion der USPD in Braunschweig, den Minister Grotewohl in Braunschweig des infamsten politischen Meuchelmordes, o. O. , o. J.

Podewin, Norbert: Walter Ulbricht. Eine neue Biographie, Berlin 1996.

Rosner, Fanny/Ilse Schiel/Heinz Voßke (Hg.): Vereint sind wir alles, Berlin 1966.

Schenk, Fritz: Im Vorzimmer der Diktatur. 12 Jahre Pankow, Köln/Berlin 1962.

Schirdewan, Karl: Aufstand gegen Ulbricht. Im Kampf um politische Kurskorrektur, gegen stalinistische, dogmatische Politik, 3. Auflage, Berlin 1995.

Scholz, Günther: Kurt Schumacher, Düsseldorf/Wien/New York 1988.

Schwarz, Hans-Peter: Adenauer, 1. Band.: »Der Aufstieg: 1876–1952«, Stuttgart 1986, 2. Band.: »Der Staatsmann: 1952–1967«, Stuttgart 1991.

Schulz, Klaus-Peter: Auftakt zum Kalten Krieg. Der Freiheitskampf der SPD in Berlin 1945/46, Berlin 1965.

Selbmann, Fritz: Alternative, Bilanz, Credo. Versuch einer Selbstdarstellung, Halle 1969.

Semmelmann, Dagmar: »Zeitzeugen über ihren 17. Juni 1953. Eine ›Nachwende‹-Gesprächsrunde vergewissert sich eines markanten Ereignisses der DDR-Geschichte«, in: 17. Juni 1953, hg. v. Forscher- und Diskussionskreis DDR-Geschichte, Berlin 1993, S. 26–55.

Semjonow, Wladimir S.: Von Stalin bis Gorbatschow, Berlin 1995.

Shukow, Georgi H.: Erinnerungen und Gedanken, Band II, Stuttgart 1969.

Stern, Carola: Ulbricht. Eine politische Biographie, Köln/Berlin 1963.

Sühl, Klaus-Peter: Auftakt zum Kalten Krieg. Der Freiheitskampf der SPD in Berlin 1945/46, Berlin 1965.

Tjulpanow, Sergej J.: Erinnerungen an deutsche Freunde und Genossen, Berlin/Weimar 1984.

Tjulpanow, Sergej J.: Deutschland nach dem Kriege (1945–1949). Erinnerungen eines Offiziers der Sowjetarmee, hg. v. Stefan Doernberg, Berlin 1986.

Voßke, Heinz/Gerhard Nitzsche: Wilhelm Pieck. Biographischer Abriß, Berlin 1975.

Voßke, Heinz: Walter Ulbricht. Biographischer Abriß, Berlin 1983.

Wollweber, Ernst: »Aus Erinnerungen. Ein Porträt Walter Ulbrichts«, in: BzG, 32/1990, S. 350–378.

Ausgewählte Literatur

100 Jahre LVA Braunschweig. Eine Chronik der Landesversicherungsanstalt Braunschweig, hg. v. Landesversicherungsanstalt Braunschweig 1990.

Almond, Gabriel A. (Hg.): The Struggle for Democracy in Germany, Chapel Hill 1949.

Badstübner, Rolf/Heinz Heitzer (Hg.): DDR-Geschichte in der Übergangsperiode. Studien zur Vorgeschichte und Geschichte der DDR 1945 bis 1961, 2. Auflage, Berlin 1982.

Bajohr, Stefan: Vom bitteren Los der kleinen Leute. Protokolle über den Alltag Braunschweiger Arbeiterinnen und Arbeiter 1900 bis 1933, Köln 1984.

Baring, Arnulf: Der 17. Juni 1953, Stuttgart 1983.

Barthel, Horst: Die wirtschaftlichen Ausgangsbedingungen der DDR. Zur Wirtschaftsentwicklung auf dem Gebiet der DDR 1945–1949/50, Berlin 1979.

Bein, Reinhard: Widerstand im Nationalsozialismus. Braunschweig 1930 bis 1945, Braunschweig 1985.

Bender, Klaus: Deutschland, einig Vaterland? Die Volkskongreßbewegung für deutsche Einheit und einen gerechten Frieden in der Deutschlandpolitik der Sozialistischen Einheitspartei Deutschland, Frankfurt a. M., / Bern / New York / Paris, 1992.

Boll, Friedhelm: Massenbewegungen in Niedersachsen 1906–1920. Eine sozialgeschichtliche Untersuchung zu den unterschiedlichen Entwicklungstypen Braunschweig und Hannover, Bonn 1991.

Borsdorf, Ulrich / Lutz Niethammer: Zwischen Befreiung und Besatzung. Analysen des US-Geheimdienstes über Positionen und Strukturen deutschen Politik 1945, Wuppertal 1976.

Bracher, Karl Dieter/Manfred Funke und Hans-Adolf Jacobsen (Hg.): Die Weimarer Republik 1918–1933. Politik. Wirtschaft. Gesellschaft, 2. durchgesehene Auflage, Bonn 1988.

Broszat, Martin/Norbert Frei (Hg.): Das Dritte Reich im Überblick, München/ Zürich 1989.

Broszat, Martin/Hermann Weber (Hg.): SBZ-Handbuch. Staatliche Verwaltung, Parteien, gesellschaftliche Organisationen und ihre Führungskräfte in der Sowjetischen Besatzungszone Deutschlands 1945–1949, München 1990.

Buschfort, Wolfgang: Das Ostbüro der SPD. Von der Gründung bis zur Berlin-Krise, München 1991.

Clemens, Gabriele (Hg.): Kulturpolitik im besetzten Deutschland 1945–1949, Stuttgart 1994.

Creuzberger, Stefan: Die Sowjetische Militäradministration in Deutschland (SMAD) 1945–1949, Melle 1991.

Die DDR, hg. v. Informationen zur politischen Bildung, Nr. 205.

Deppe, Frank: Einheit und Spaltung der Arbeiterklasse. Überlegungen zu einer politischen Geschichte der Arbeiterbewegung, Marburg 1981.

Eckert, Georg: Wilhelm Bracke und die Anfänge der Braunschweiger Arbeiterbewegung, Braunschweig 1957.

Eckert, Rainer / Wolfgang Küttler / Gustav Seeber: Krise – Umbruch – Neubeginn. Eine kritische und selbstkritische Dokumentation der DDR-Geschichtswissenschaft, Stuttgart 1992.

Eisert, Wolfgang: Die Waldheimer Prozesse. Der stalinistische Terror 1950. Ein dunkles Kapitel der DDR-Justiz, Esslingen/München 1993.

Fetscher, Irving / Helga Grebing und Günter Dill (Hg.): Der Sozialismus. Vom Klassenkampf zum Wohlfahrtsstaat. Texte, Bilder und Dokumente, München 1968.

Fisch, Jörg: Reparationen nach dem Zweiten Weltkrieg, München 1992.

Foschepoth, Josef: Kalter Krieg und Deutsche Frage. Deutschland im Widerstreit der Mächte 1945–1952, Göttingen/Zürich 1985.

Franz, Günther: Die politischen Wahlen in Niedersachsen 1867–1949, Bremen 1951.

Fricke, Dieter: Die deutsche Arbeiterbewegung 1869 bis 1914, Berlin 1976.

Fricke, Karl Wilhelm: Opposition und Widerstand in der DDR. Ein politischer Report, Köln 1984.

Fricke, Karl Wilhelm: 17. Juni 1953. Der Aufstand, Köln 1993.

Frommann, Bodo: Die Entwicklung der SPD in Braunschweig von der Weltwirtschaftskrise bis zum Ende der Weimarer Republik, schriftliche Hausarbeit, Göttingen 1971.

Gast, Renate: Die Spaltung der SPD in Braunschweig während des 1. Weltkrieges, PH-Examensarbeit, Braunschweig 1949.

Geschichte der deutschen Arbeiterbewegung, 8. Bände, hg. v. Institut für Marxismus-Leninismus beim ZK der SED, Berlin 1966.

Geschichte der deutschen Arbeiterjugendbewegung 1904–1945, Berlin 1973.

Geschichte der SED. Abriß, Berlin 1978.

Glaeßner, Gert-Joachim: Herrschaft durch Kader. Leitung der Gesellschaft und Kaderpolitik in der DDR, Wiesbaden 1977.

Goethe, Johann Wolfgang von: Faust. Der Tragödie erster und zweiter Teil, Wiesbaden o. J.

Goroschkowa, Galina: Die deutsche Volkskongreßbewegung für Einheit und gerechten Frieden 1947–1949, Berlin 1963.

Graml, Hermann: Die Alliierten und die Teilung Deutschlands. Konflikte und Entscheidungen 1941–1948, Frankfurt 1985.

Grebing, Helga: »Zur Geschichte der Arbeiterbewegung in Niedersachsen 1866 bis 1914«, in: Niedersächsisches Jahrbuch für Landesgeschichte, 53/1981, S. 87 bis 107.

Groh, Dieter / Peter Brandt: Vaterlandslose Gesellen. Sozialdemokratie und Nation 1860–1990, München 1992.

Grünewald, Wilhard: Die Münchner Ministerpräsidentenkonferenz 1947. Anlaß und Scheitern eines gesamtdeutschen Unternehmens, Meisenheim am Glan 1971.

Hauser, Oswald (Hg.): Das geteilte Deutschland in seinen internationalen Verflechtungen, Göttingen/Zürich 1987.

Heitzer, Heinz: Illustrierte Geschichte der DDR, Berlin 1988.

Herbst, Andreas / Winfried Ranke / Jürgen Winkler: So funktionierte die DDR. Lexikon der Organisationen und Institutionen, Band 2: »Mach-mit!-Bewegung – Zollverwaltung der DDR«.

Herlemann, Beatrix/Karl-Ludwig Sommer: »Widerstand, Alltagsopposition und Verfolgung unter dem Nationalsozialismus in Niedersachsen. Ein Literatur- und Forschungsüberblick«, in: Niedersächsisches Jahrbuch für Landesgeschichte, 60/1988.

Hildebrand, Klaus: Das Dritte Reich, 3., überarbeitete und erweiterte Auflage, München 1987.

Hillgruber, Andreas: Deutsche Geschichte 1945–1972. Die deutsche Frage in der Weltpolitik, Frankfurt a. M. 1978.

Hoffmann, Emil: Zerstörung der deutschen Wirtschaftseinheit. Interzonenhandel und Wirtschaftsvereinigung, Hamburg 1964.

Hofmann, Jürgen (Hg.): Es ging um Deutschland. Vorschläge der DDR zur Konföderation zwischen beiden deutschen Staaten 1956 bis 1967, Berlin 1990.

Hurwitz, Harold: Demokratie und Antikommunismus in Berlin nach 1945, 1. Band: »Die politische Kultur der Bevölkerung und der Neubeginn konservativer Politik«, Köln 1983, 2. Band: »Autoritäre Tradierung und Demokratiepotential in der sozialdemokratischen Arbeiterbewegung«, Köln 1984, 3. Band: »Die Eintracht der Siegermächte und die Orientierungsnot der Deutschen 1945 bis 1946«, Köln 1984, 4. Band: »Die Anfänge des Widerstands«, 1. Teil: Führungsanspruch und Isolation der Sozialdemokraten, 2. Teil: Zwischen Selbsttäuschung und Zivilcourage: Der Fusionskampf, Köln 1990.

Jacobsen, Hans-Adolf/Gert Leptin/Ulrich Scheuner/Eberhard Schulz: Drei Jahrzehnte Außenpolitik der DDR, München 1979.

Jäger, Manfred: Kultur und Politik in der DDR. Ein historischer Abriß, Köln 1982.

Kaden, Albrecht: Einheit oder Freiheit. Die Wiedergründung der SPD 1945/46, Hannover 1964.

Kaiser, Klaus: Braunschweiger Presse und Nationalsozialismus. Der Aufstieg der NSDAP im Lande Braunschweig im Spiegel der Braunschweiger Tageszeitungen 1930–1933, Braunschweig 1970.

Kaiser, Monika: »Die Zentrale der Diktatur – organisatorische Weichenstellung, Struktur und Kompetenzen der SED-Führung in der SBZ/DDR 1946 bis 1952«, in: Jürgen Kocka, Historische DDR-Forschung, Berlin 1993, S. 57–86.

Karlsch, Rainer: Allein bezahlt? Die Reparationsleistungen der SBZ/DDR 1945 bis 1953, Berlin 1993.

Kiefer, Markus: Die deutsche Frage in der überregionalen Tages- und Wochenpresse der Bundesrepublik 1949–1955, Dissertation, Essen 1991.

Kleßmann, Christoph: Die doppelte Staatsgründung. Deutsche Geschichte 1945 bis 1955, 4. ergänzte Auflage, Bonn 1986.

Kocka, Jürgen (Hg.): Historische DDR-Forschung. Aufsätze und Studien, Berlin 1993.

Krause, Hartfrid: USPD, Frankfurt a. M. 1975.

Krisch, Henry: German politics under soviet occupation, New York/London 1974.

Laufer, Jochen: »Zur staatlichen Verselbständigung der SBZ. Neue Quellen«, in: Jürgen Kocka: Historische DDR-Forschung. Aufsätze und Studien, Berlin 1993, S. 27–55.

Lein, Albrecht: Antifaschistische Aktion 1945. Die ›Stunde Null‹ in Braunschweig, Göttingen 1978.

Loth, Wilfried: Die Teilung der Welt. Geschichte des Kalten Krieges 1941–1955, 8. Auflage, München 1990.

Loth, Wilfried (Hg.): Die deutsche Frage in der Nachkriegszeit, Berlin 1994.

Loth, Wilfried: Stalins ungeliebtes Kind. Warum Moskau die DDR nicht wollte, Berlin 1994.

Ludwig, Hans-Ulrich: »Die Spaltung der Braunschweiger SPD im Ersten Weltkrieg«, in: Braunschweigs Arbeiterschaft 1890–1950. Vorträge zu ihrer Geschichte gehalten beim Arbeitskreis Andere Geschichte, Braunschweig 1988.

Malycha, Andreas: Die Sozialdemokratische Partei Deutschlands (SPD) im Jahre 1945. Zu Rolle und Wirksamkeit des Zentralausschusses (ZA) im Ringen um antifaschistische Umgestaltung in der Etappe der Aktionseinheit von KPD und SPD (Mai 1945 bis Dezember 1945), Dissertation, Berlin 1988.

Malycha, Andreas: »Sozialdemokraten und sowjetische Besatzungsmacht«, in: Eberhard Fromm/Hans-Jürgen Mende (Hg.): Vom Beitritt zur Vereinigung. Schwierigkeiten beim Umgang mit deutsch-deutscher Geschichte. Akademische Tage 1993, Protokoll, Berlin 1993, S. 306–313.

Mampel, Siegfried: Die Entwicklung der Verfassungsordnung in der sowjetisch besetzten Zone Deutschlands von 1945 bis 1963, Tübingen 1964.

Mattedi, Norbert: Gründung und Entwicklung der Parteien in der Sowjetischen Besatzungszone Deutschlands 1945–1949, Bonn/Berlin 1966, S. 89f.

Mayer, Herbert: Nur eine Wahlniederlage? Zum Verhältnis zwischen SED und KPD in den Jahren 1948/49, Berlin 1993.

Mommsen, Hans: Arbeiterbewegung und nationale Frage, Göttingen 1979.

Moraw, Frank: Die Parole der »Einheit« und die Sozialdemokratie, 2. aktualisierte Auflage, Bonn 1990.

Morgenthau, Henry: Germany is our problem, New York 1945.

Morsey, Rudolf/Hans-Peter Schwarz (Hg.): Adenauer. Teegespräche 1950–1954, bearbeitet von Hans Jürgen Küsters, Berlin 1984.

Müller, Willy: »Die Situation der Bauarbeiter in der Stalinallee und der Verlauf der Berliner Demonstrationen vom 16. und 17. Juni 1953 in Berichten gewerkschaftlicher Beobachter«, in: 17. Juni 1953, hg. v. Forscher- und Diskussionskreis DDR-Geschichte, Berlin 1993, S. 1–25.

Niethammer, Lutz/Ulrich Borsdorf/Peter Brandt (Hg.): Arbeiterinitiative 1945. Antifaschistische Ausschüsse und Reorganisation der Arbeiterbewegung in Deutschland, Wuppertal 1976.

Neumann, Thomas: Die Maßnahme. Eine Herrschaftsgeschichte der SED, Hamburg 1991.

Nolte, Ernst: Deutschland und der Kalte Krieg, 2., neu bearbeitete Auflage, Stuttgart 1985.

Otto, Wilfriede: Die »Waldheimer Prozesse« 1950. Historische, politische und juristische Aspekte im Spannungsfeld zwischen Antifaschismus und Stalinismus, Berlin 1993.

Plener, Ulla: SPD 1945–1949. Konzeption, Praxis, Ergebnisse, Berlin 1981.

Roggenbuck, Helene: Antifaschistischer Widerstand – Befreiung – Neubeginn, Berlin 1986.

Rother, Bernd: Die Sozialdemokratie im Land Braunschweig 1918 bis 1933, Bonn 1990.

Roloff, Ernst-August: Braunschweig und der Staat von Weimar, Braunschweig 1964.

Rosenberg, Arthur: Entstehung und Geschichte der Weimarer Republik, hg. und eingeleitet von Kurt Kersten, Frankfurt a. M. 1988.

Schelm-Spangenberg, Ursula: Die Deutsche Volkspartei im Lande Braunschweig, Braunschweig 1964.

Scherstjanoi, Elke (Hg.): »Provisorium für längstens ein Jahr«. Protokoll des Kolloquiums: Die Gründung der DDR, Berlin 1993.

Schönhoven, Klaus/Dietrich Staritz (Hg.): Sozialismus und Kommunismus im Wandel. Hermann Weber zum 65. Geburtstag, Köln 1993.

Schulz, Dieter: Der Weg in die Krise 1953, Berlin 1993.

Schumacher, Martin: »Stabilität und Instabilität. Wahlentwicklung und Parlament in Baden und Braunschweig 1918–1933«, in: Gesellschaft, Parlament und Regierung. Zur Geschichte des Parlamentarismus in Deutschland, hg. v. Gerhard A. Ritter, Düsseldorf 1974, S. 389–420.

Schwarz, Hans-Peter (Hg.): Die Legende von der verpaßten Gelegenheit. Die Stalin-Note vom 10. März 1952, Stuttgart/Zürich 1982.

Schwarzenbach, Rudolf: Die Kaderpolitik der SED in der Staatsverwaltung, Köln 1976.

Seidel, Jutta: Wilhelm Bracke. Vom Lassalleaner zum Marxisten, Berlin 1986.

Spittmann, Ilse/Karl Wilhelm Fricke (Hg.): 17. Juni 1953. Arbeiteraufstand in der DDR, 2., erweiterte Auflage, Köln 1988.

Spittmann, Ilse/Gisela Helwig (Hg.): DDR-Lesebuch. Von der SBZ zur DDR 1945–1949, Köln 1989.

Spittmann, Ilse/Gisela Helwig (Hg.): DDR-Lesebuch. Stalinisierung 1949–1955, Köln 1991.

Staffelt, Ditmar: Der Wiederaufbau der Berliner Sozialdemokratie 1945/46 und die Einheitsfrage, Frankfurt/Bern/New York 1986.

Der Stalinismus in der KPD und SED – Wurzeln, Wirkungen, Folgen. Materialien der Konferenz der Historischen Kommission beim Parteivorstand der PDS am 17./18. November 1990, hg. v. Historische Kommission beim Parteivorstand der PDS, Berlin 1991.

Staritz, Dietrich: Sozialismus in einem halben Lande. Zur Programmatik und Politik der KPD/SED in der antifaschistisch-demokratischen Umwälzung in der DDR, Berlin 1976.

Staritz, Dietrich: Die Gründung der DDR. Von der sowjetischen Besatzungsherrschaft zum sozialistischen Staat, München 1984.

Staritz, Dietrich/Hermann Weber (Hg.): Einheitsfront Einheitspartei. Kommunisten und Sozialdemokraten in Ost- und Westeuropa 1944–1948, Köln 1989.

Staritz, Dietrich: Was war. Historische Studien zur Geschichte und Politik der DDR, Berlin 1994.

Stern, Carola: Porträt einer bolschewistischen Partei. Entwicklung, Funktion und Situation der SED, Köln 1957.

Stern, Frank: Dogma und Widerspruch: SED und Stalinismus in den Jahren 1946 bis 1958, München 1992.

Strunk, Peter: Der politische Kontrollapparat der SMAD und das Pressewesen im sowjetischen Besatzungsgebiet Deutschlands (1945–1947), Dissertation, Berlin 1989.

Sühl, Klaus: »Arbeiterbewegung, SPD und deutsche Einheit 1945/46«, in: Rolf Ebbinghausen/Friedrich Tiemann (Hg.), Das Ende der Arbeiterbewegung in Deutschland? Ein Diskussionsband zum sechzigsten Geburtstag von Theo Pirker, Opladen 1984.

Systematische Bibliographie von Zeitungen, Zeitschriften und Büchern zur politischen und gesellschaftlichen Entwicklung der SBZ/DDR seit 1945 auf der Grundlage der Bestände der Bibliothek des Zentralinstituts für sozialwissenschaftliche Forschung der Freien Universität Berlin und von Beständen des Gesamtdeutschen Instituts-Bundesanstalt für gesamtdeutsche Aufgaben, Bonn, Band 1: »Geschichte und politisches System der SBZ/DDR, nichtkommunistische Länder aus der Sicht der DDR, deutsche Frage«, Band 2: »Wirtschaft«, Band 3: »Gesellschaft, Bildung, Kirche«, bearbeitet von Walter Völkel unter Mitwirkung von Christiana Stuff, Opladen 1986.

Sywottek, Arnold: Deutsche Volksdemokratie. Studien zur politischen Konzeption der KPD 1935–1946, Düsseldorf 1971.

Thomas, Siegfried: Entscheidung in Berlin. Zur Entstehungsgeschichte der SED in der deutschen Hauptstadt 1945/46, Berlin 1964.

Tilly, Gerd-Eberhard: Schule und Kirche in Niedersachsen 1918–33, Hildesheim 1987.

Weber, Hermann/Fred Oldenburg: 25 Jahre SED. Chronik einer Partei, Köln 1971.

Weber, Hermann: Die DDR 1945–1990, 2., überarbeitete und erweiterte Auflage, München 1993.

Wendler, Jürgen: Die Deutschlandpolitik der SED 1952–1958. Publizistisches Erscheinungsbild und Hintergründe der Wiedervereinigungsrhetorik, Köln 1991.

Wheeler, Robert F.: USPD und Internationale. Sozialistischer Internationalismus in der Zeit der Revolution, Frankfurt a. M./Berlin/Wien.

Wie den Braunschweiger Arbeitern der »Volksfreund« geraubt und dem Parteivorstand durch die Firmenträger Ohlendorf und Rieke in die Hände gespielt wurde, Braunschweig 1917.

»Wir sind noch nicht geschlagen?!«. Erste Reaktionen der SED-Führung auf die Volkserhebung 1953, hg. v. Hannah-Arendt-Institut für Totalitarismusforschung e. V. an der TU Dresden, Dresden 1993.

Wolowicz, Ernst: Linksopposition in der SPD von der Vereinigung mit der USPD 1922 bis zur Abspaltung der SAPD 1931, München 1983.

Zieger, Andrea/Gottfried Zieger: Die Verfassungsentwicklung in der sowjetischen Besatzungszone Deutschlands/DDR von 1945 bis zum Sommer 1952, Köln/Berlin/Bonn/München 1990.

Zieger, Gottfried: Die Haltung von SED und DDR zur Einheit Deutschlands 1949–1987, Köln 1988.
Zum deutschen Neuanfang 1945–1949. Tatsachen – Probleme – Ergebnisse – Irrwege. Die Arbeiterbewegung und die Entstehung der beiden deutschen Staaten, hg. v. Marx-Engels-Stiftung, Bonn 1993.

Anmerkungen

Einleitung

1 Voßke, Heinz: Otto Grotewohl. Biographischer Abriß. Berlin 1979.
2 Vgl. u. a. Schulz, Klaus-Peter: Auftakt zum Kalten Krieg. Der Freiheitskampf der SPD in Berlin 1945/46. Berlin 1965, S. 81 ff.
3 Vgl. Malycha, Andreas: Auf dem Weg zur SED. Die Sozialdemokratie und die Bildung einer Einheitspartei in den Ländern der SBZ. Eine Quellenedition. Bonn 1995, S. XVIII.
4 Moraw, Frank: Die Parole der »Einheit« und die Sozialdemokratie. 2., aktualisierte Auflage, Bonn 1990.
5 Siehe hierzu vor allem Caracciolo, Lucio: Der Untergang der Sozialdemokratie in der sowjetischen Besatzungszone. Otto Grotewohl und die »Einheit der Arbeiterklasse« 1945/46. In: Vierteljahrshefte für Zeitgeschichte, 36/1988, S. 281–318; Caracciolo, Lucio: Grotewohls Position(en) im Vereinigungsprozeß (1945–1946). In: Dieter Staritz/Hermann Weber (Hg.): Einheitsfront Einheitspartei. Kommunisten und Sozialdemokraten in Ost- und Westeuropa 1944–1948. Köln 1989, S. 76–107 und Hurwitz, Harold: Demokratie und Antikommunismus in Berlin nach 1945. 4. Band: Die Anfänge des Widerstands, Teil 1: Führungsanspruch und Isolation der Sozialdemokraten, Teil 2: Zwischen Selbsttäuschung und Zivilcourage: Der Fusionskampf. Köln 1990.
6 Triebel, Wolfgang: Otto Grotewohls Weg in die Einheitspartei. Hintergründe und Zusammenhänge. Eine Betrachtung seines politischen Denkens und Handelns zwischen Mai 1945 und April 1946. Berlin 1993; Otto Grotewohl im Spannungsfeld von Machtansprüchen deutscher Parteien und Besatzungspolitik: eine biographisch-politisch-historische Synopse von Ende April 1945 bis 31. Januar 1949: Otto Grotewohls politisches Wirken im Kontext der historischen Ereignisse und der Tätigkeiten der Besatzungsmächte in Deutschland in jenen Jahren. Berlin 1993; Otto Grotewohl und die Einheitspartei. Dokumente Band 1: Mai 1945 bis April 1946, mit einer Einführung von Wolfgang Triebel, Auswahl und Kommentierung: Hans-Joachim Fieber, Maren Franke und Wolfgang Triebel (Leitung), Berlin 1994, Band 2: Mai 1946 bis Januar 1949, mit einer Einführung von Marianne Braumann, Auswahl und Kommentierung: Marianne Braumann, Maren Franke und Wolfgang Triebel (Leitung), Berlin 1994.
7 1990 erschien erstmals eine Einzelstudie, die sich mit der politischen Arbeit von Otto Grotewohl vor 1945 befaßte, Rother, Bernd: Otto Grotewohl (1894–1964). Biographische Skizze seiner Braunschweiger Jahre (1894 bis 1933). In: Internationale wissenschaftliche Korrespondenz zur Geschichte der deutschen Arbeiterbewegung, 28/1992, S. 523–532.

8   IML: Institut für Marxismus-Leninismus beim ZK der SED.
9   ZPA: Zentrales Parteiarchiv.
10 SAPMO BArch: Stiftung Archiv der Parteien und Massenorganisationen der DDR im Bundesarchiv.
11 DDR: Deutsche Demokratische Republik.
12 Rogge, Friedrich Wilhelm: Archivalische Quellen zur politischen Krisensituation während der Weimarer Zeit in den ehemaligen Territorien des Landes Niedersachsen. Ein analytisches Inventar. Band 1: Freistaat Braunschweig, Göttingen 1984.
13 SBZ: Sowjetische Besatzungszone.
14 SAPMO BArch: Findbuch. Nachlässe: Otto Grotewohl 1894–1964. Band I ausgearbeitet von Kurt Lautenschlag, Volker Lange, Hedwig Mehner, Dr. Gerhard Nitzsche, Berlin 1980, S. 5 ff.
15 SAPMO BArch: Findbuch. Nachlässe: Otto Grotewohl 1894–1964. Band II ausgearbeitet von Kurt Lautenschlag, Volker Lange, Hedwig Mehner, Dr. Gerhard Nitzsche, Berlin 1980, S. 5.
16 Grotewohl, Otto: Im Kampf um die einige Deutsche Demokratische Republik. Band I: Auswahl aus den Jahren 1945–1949, 2., durchgesehene Auflage, Berlin 1959, S. 89.

Der junge Grotewohl (1894–1920)

1   Die folgenden Angaben über Otto Grotewohl und seine Familie sind – wenn nicht anders angegeben – den Urkunden (Geburts-, Heiratsurkunde und Meldekartei) entnommen, die sich im Stadtarchiv Braunschweig (StABS) befinden, D I 12, Nr. 246 und H VIII A, Nr. 1472.
2   Vgl. Voßke, Heinz: Otto Grotewohl. Biographischer Abriß. Berlin 1979 (künftig Voßke: Grotewohl), S. 16.
3   Vgl. ebenda, S. 16 und 31.
4   Bis Otto Grotewohl 1908 seine Lehre begann, war die Familie fünfmal umgezogen.
5   Bajohr, Stefan: Vom bitteren Los der kleinen Leute. Protokolle über den Alltag Braunschweiger Arbeiterinnen und Arbeiter 1900 bis 1933. Köln 1984 (künftig Bajohr: Vom bitteren Los), S. 159. Bajohr hat für dieses Buch eine Reihe von Interviews mit Leuten geführt, die alle aus Braunschweiger Arbeiterfamilien stammten. Die Namen der Interviewpartner wurden vor der Drucklegung geändert und sind deshalb weggelassen worden.
6   Ebenda, S. 156.
7   Ebenda, S. 153.
8   Ebenda, S. 161.
9   Ebenda, S. 158.
10 Händler-Lachmann weist darauf hin, daß die Wohnungslage in Braunschweig »keinen Stoff für Elendsreportagen« bot. Händler-Lachmann, Barbara: »'n Wochenlohn die Miete«. Arbeiterwohnen in Braunschweig vom Kaiser-

reich zur Weimarer Republik. In: Archiv für Sozialgeschichte, 25/1985 (künftig Händler-Lachmann: Wochenlohn), S. 159–181 (hier S. 181).

11 Ein längerer Auszug aus diesem Tagebuch Grotewohls wurde erstmals veröffentlicht in Triebel, Wolfgang: Gelobt und Geschmäht. Wer war Otto Grotewohl? Deutungsversuche in Aufsätzen und Interviews mit Zeitzeugen. Berlin 1996 (künftig Triebel: Gelobt und Geschmäht), S. 285–291 (hier S. 286).

12 Vgl. ebenda, S. 289.

13 Ebenda, S. 285.

14 SAPMO BArch: Stiftung Archiv der Parteien und Massenorganisationen der DDR im Bundesarchiv. SgY 30/1878, S. 1–35 (hier S. 5).

15 Vgl. Triebel: Gelobt und Geschmäht, S. 286.

16 Vgl. ebenda.

17 Ebenda.

18 Ebenda.

19 Vgl. Händler-Lachmann: Wochenlohn, S. 162 f.

20 Vgl. Bajohr: Vom bitteren Los, S. 73 ff.

21 Das Eintrittsdatum von Otto Grotewohl in die Arbeiterjugend ist umstritten. Sigtraut Finzelberg nennt das Jahr 1908 und läßt den Beitritt Grotewohls mit dem Beginn seiner Lehrzeit zusammenfallen. Vgl. Finzelberg, Sigtraut: Der erste Ministerpräsident der Deutschen Demokratischen Republik. Otto Grotewohl. In: Beiträge zur Geschichte der Arbeiterbewegung (BzG), 11/1969, S. 474–483 (hier S. 474). Grotewohl selbst gab bei einer Vernehmung durch die Geheime Staatspolizei (Gestapo) 1938 das Jahr 1909 als Eintrittsdatum zu Protokoll. Vgl. Niedersächsisches Staatsarchiv Wolfenbüttel (NdsStA WF): 42 B Neu 7, Nr. 1287, Bd. III, S. 174. Aus seiner SED-Mitgliedskarte hingegen geht das Jahr 1910 hervor. Vgl. Voßke: Grotewohl, S. 172.

22 Vgl. ebenda, S. 19.

23 Zur Schulzeit Grotewohls hatten die Klassen eine durchschnittliche Stärke von fünfzig Schülern. Vgl. ebenda, S. 18.

24 Ausnahmen stellten nur die drei katholischen Privatschulen in Braunschweig, Wolfenbüttel und Helmstedt dar. Vgl. Tilly, Gerd-Eberhard: Schule und Kirche in Niedersachsen 1918–33. Hildesheim 1987 (künftig Tilly: Schule), S. 194, 211 und 288.

25 Vgl. »Volksfreund«, 22. 1. 1914.

26 Vgl. Rother, Bernd: Die Sozialdemokratie im Land Braunschweig 1918 bis 1933. Bonn 1990 (künftig Rother: Sozialdemokratie), S. 144.

27 Vgl. Voßke: Grotewohl, S. 19 ff.

28 Otto Grotewohl: Skizzen, Zeichnungen, Aquarelle, Gemälde, zusammengestellt und eingeleitet von Heinz Voßke. Berlin 1984, S. 7.

29 Vgl. Voßke: Grotewohl, S. 31 und S. 73 f.

30 Rother, Bernd: Otto Grotewohl (1894–1964). Biographische Skizze seiner Braunschweiger Jahre (1894–1933). In: Internationale wissenschaftliche Korrespondenz zur Geschichte der deutschen Arbeiterbewegung (IWK), 28/1992 (künftig Rother: Otto Grotewohl), S. 523–532 (hier S. 527).

30 Dr. Heinrich Jasper (21. 8. 1875–19. 2. 1945) gehörte seit 1901 der SPD an. Der gelernte Jurist war der wohl prominenteste Vertreter des rechten Flügels der Braunschweiger Sozialdemokratie. Kurz vor Kriegsende starb er im Konzentrationslager (KZ) Bergen-Belsen.
31 Vgl. Voßke: Grotewohl, S. 21.
32 Heinz Voßke datiert den Eintritt Grotewohls genau auf dessen achtzehnten Geburtstag, den 11. März 1912 (vgl. ebenda, S. 27f.) und kann sich dabei auf die Angabe von Otto Grotewohl stützen. Vgl. SAPMO BArch: NY 4090/98, S. 85. In dem Parteibuch von Otto Grotewohl, das seiner Akte im Fall Erich Plumenbohn beiliegt, findet sich aber das oben genannte Datum 1909. Vgl. NdsStA WF: 42 B Neu 7, Nr. 1287, Band 6 III, Beweismaterial.
33 Vgl. Rother: Otto Grotewohl, S. 524.
34 Triebel: Gelobt und Geschmäht, S. 287.
35 Vgl. Boll, Friedhelm: Massenbewegungen in Niedersachsen 1906–1920. Eine sozialgeschichtliche Untersuchung zu den unterschiedlichen Entwicklungstypen Braunschweig und Hannover. Bonn 1981 (künftig Boll: Massenbewegungen), S. 221.
36 Ebenda, S. 221.
37 Triebel: Gelobt und Geschmäht, S. 287.
38 Vgl. Boll: Massenbewegungen, S. 222.
39 Vgl. Voßke: Grotewohl, S. 25.
40 Vgl. Rother: Otto Grotewohl, S. 525.
41 Vgl. »Volksfreund«, 15. 5. 1931.
42 Vgl. Voßke: Grotewohl, S. 25f. In diesen Ausschüssen, die zu gleichen Teilen mit Vertretern aus den Arbeiterjugendvereinen, der Gewerkschaft und der Partei besetzt waren, wurde über die Arbeit des Vereins entschieden. Die paritätische Besetzung dieses Kontrollorgans war keineswegs die Regel, sondern stellte eine Ausnahme dar und erlaubte dem Braunschweiger Arbeiterjugendverein eine wesentlich größere Freiheit in der Gestaltung seiner Aktivitäten als anderenorts. Vgl. Boll: Massenbewegungen, S. 222.
43 Das wohl früheste Beispiel für diesen Vorwurf ist der Roman »Der Bonze« (Berlin 1930) von Felix Riemkasten, dessen Hauptfigur (Karl Könnemann) unverkennbar Züge von Otto Grotewohl trägt. Riemkasten gehörte in den 20er Jahren zu den bekannten Persönlichkeiten der Braunschweiger Sozialdemokratie. Berühmt war er für seine satirischen Beiträge, die unter dem Pseudonym »Herzchen Goldig« erschienen. Er veröffentlichte die Erzählung »Der Bonze« unmittelbar, nachdem er der Partei enttäuscht den Rücken gekehrt hatte.
44 Selbst ein so wohlwollender Biograph wie Heinz Voßke bescheinigt dem jungen Grotewohl wiederholt, daß dieser nicht in der Lage war, das politische Geschehen mit Hilfe der marxistischen Theorie zu analysieren. Vgl. Voßke: Grotewohl, S. 29 und 34.
45 Vgl. Fetscher, Iring / Helga Grebing und Günter Dill (Hg.): Der Sozialismus. Vom Klassenkampf zum Wohlfahrtsstaat. Texte, Bilder und Dokumente. München 1968, S. 153.

46 Voßke: Grotewohl, S. 29. Wilhelm Bracke (29. 5.1842–27. 4.1880) ist neben Otto Grotewohl der bedeutendste Sohn der Braunschweiger Arbeiterbewegung. Er hatte entscheidenden Anteil an der Gründung der Sozialdemokratischen Arbeiter-Partei Deutschlands (SDAP), war ein Vertrauter von Karl Marx und Friedrich Engels und besaß darüber hinaus bei seinen Parteifreunden einiges Ansehen als Theoretiker. Vgl. Seidel, Jutta: Wilhelm Bracke. Vom Lassalleaner zum Marxisten. Berlin 1986.
47 Vgl. Gast, Renate: Die Spaltung der SPD in Braunschweig während des 1. Weltkrieges. PH-Examensarbeit, Braunschweig 1949 (künftig Gast: Spaltung), S. 68.
48 Lein, Albrecht: Antifaschistische Aktion 1945. Die ›Stunde Null‹ in Braunschweig. Göttingen 1978 (künftig Lein: Antifaschistische Aktion), S. 28.
49 Ebenda.
50 Boll: Massenbewegung, S. 321.
51 Vgl. ebenda, S. 222.
52 Vgl. Lein: Antifaschistische Aktion, S. 28.
53 Siehe hierzu Fußnote 44.
54 Feldmann, Gerald D./Eberhard Kolb und Reinhard Rürup: Die Massenbewegungen der Arbeiterschaft in Deutschland am Ende des Ersten Weltkrieges (1917–1920). In: Politische Vierteljahresschrift, 13/1972, S. 84–105 (hier S. 98).
55 Vgl. Rother: Sozialdemokratie, S. 118.
56 SAPMO BArch: NY 4090/262, S. 1.
57 Ebenda.
58 Vgl. ebenda, S. 3.
59 Vgl. Voßke: Grotewohl, S. 35.
60 Vgl. ebenda, S. 37.
61 Ebenda.
62 SAPMO BArch: NY 4090/262, S. 5–6 (hier S. 5).
63 Vgl. ebenda, S. 6.
64 Ludwig, Hans-Ulrich: Die Spaltung der Braunschweiger SPD im Ersten Weltkrieg. In: Braunschweigs Arbeiterschaft 1890–1950. Vorträge zu ihrer Geschichte, gehalten beim Arbeitskreis Andere Geschichte. Braunschweig 1988, S. 37–50 (hier S. 47).
65 Schwülstiger Höhepunkt dieser Phase war sicherlich das Gedicht »Wir ziehen mit!« vom damaligen »Volksfreund«-Chefredakteur Richard Wagner vom 8. August 1914:

> »Die Welt um Deutschland steht in Kriegesflammen;
> Von allen Seiten droht ein starker Feind;
> Das ganze Volk hält brüderlich zusammen,
> *Zum Kampf fürs deutsche Vaterland geeint.*
> Und die als »inn'rer Feind« verrufen waren,
> Wir, denen alle Rechte man beschnitt,
> Wir rufen donnernd: »Nieder mit dem Zaren!«
> – Wir ziehen mit!

...
»Wir ziehen mit und keiner soll uns sagen,
Daß Feigheit unser Angesicht gebleicht
›Die Roten haben sich brillant geschlagen!‹
So muß es heißen, wenn der Sieg erreicht.
Sie, die in uns den ›inn'ren Feind‹ gesehen,
Den man beschimpft, gehetzt auf Schritt und Tritt,
Sie dürfen uns in Zukunft nicht mehr schmähen,
– Wir ziehen mit!

Wir ziehen ohne Murren zum Gefechte;
Doch für die alte Unterdrückung nicht.
Dem Volk der Arbeit fordern gleiche Rechte
Wir nach wie vor mit trotzigem Gesicht.
Ein freies Volk nur kann den Feind besiegen,
Kein Volk, das rechtlos, unfrei weiter litt,
Zählt diesen Krieg einst zu den Freiheitskriegen!
– Wir ziehen mit!«

Das Gedicht gibt trotz all seines Pathos einen guten Einblick in die Gefühlslage, die die Parteimehrheit im August 1914 wohl dazu bewogen haben mag, den Kriegskrediten zuzustimmen.

66 Richard Wagner wurde Ende 1914 durch August Thalheimer, einen profilierten Linken, als Chefredakteur des »Volksfreunds« abgelöst. (Vgl. Rother: Sozialdemokratie, S. 22.) »Die Übernahme der Chefredaktion durch Thalheimer bedeutete keineswegs einen Bruch mit der Haltung, die der ›Volksfreund‹ schon seit Jahren auf dem linken Flügel der Partei eingenommen hatte.« Boll: Massenbewegungen, S. 178.
67 Vgl. Voßke: Grotewohl, S. 40.
68 Vgl. ebenda.
69 Vgl. ebenda.
70 Vgl. »Volksfreund«, 27.2.1927. Der »Volksfreund« selbst wurde zum Sprachrohr der MSPD, da sich die Firmenträger (Heinrich Rieke und Fritz Ohlendorf) zu diesem Teil der Sozialdemokratie bekannten. Der sogenannte »Volksfreund-Raub« verursachte innerhalb der Braunschweiger Arbeiterbewegung viel böses Blut. (Vgl. Wie den Braunschweiger Arbeitern der »Volksfreund« geraubt und dem Parteivorstand durch die Firmenträger Ohlendorf und Rieke in die Hände gespielt wurde. Braunschweig 1917.) Zum Parteiorgan der USPD wurde schließlich »Die Freiheit«.
71 Vgl. Rother: Sozialdemokratie, S. 23 f.
72 Lediglich fünf weitere Bezirke (Groß-Berlin, Leipzig, Halle, Erfurt und Frankfurt a. M.) schlossen sich ebenfalls mehrheitlich der USPD an.
73 Vgl. Rother: Sozialdemokratie, S. 27.
74 Vgl. ebenda, S. 27 f. und Bajohr: Vom bitteren Los, S. 26.
75 Vgl. Roloff, Ernst-August: Braunschweig und der Staat von Weimar. Braunschweig 1964 (künftig Roloff: Braunschweig), S. 25.

76 Vgl. Rother: Sozialdemokratie, S. 29.
77 Andere Beispiele sind die Massenstreikbewegung des Jahres 1910 oder der Sparzwangstreik 1916 in Braunschweig.
78 Lein: Antifaschistische Aktion, S. 30.
79 Die Nennung des Spitznamens Sepp an Stelle des richtigen Vornamens Joseph hat sich im Fall des USPD-Parteivorsitzenden Oerter nicht nur bei Zeitgenossen, sondern auch in der Fachliteratur durchgesetzt. Selbst in der Liste der Abgeordneten des Landtages wurde Oerter mit dem »Vornamen« Sepp geführt. Vgl. Verhandlungen der Landesversammlung des Freistaates Braunschweig auf dem Landtag von 1920/21. 1. Band (Bd.): Inhaltsverzeichnis, Alphabetisches Sachregister, Niederschriften 1 bis 27 und Sitzungsberichte 1 bis 29 (künftig Verhandlungen 1920/21, 1. Bd.), Sitzungsbericht (Sb.) 08.06.1920, Spalte (Sp.) 3.
80 Lein: Antifaschistische Aktion, S. 50. Es dauerte in Braunschweig noch bis März 1919, ehe die Spartakisten sich endgültig von der USPD abnabelten und eine eigenständige Partei, die KPD (Kommunistische Partei Deutschlands) formierten.
81 Das Verhältnis betrug 5 : 3 zugunsten der USPD. Vgl. Rother: Sozialdemokratie, S. 29f.
82 Vgl. ebenda, S. 32f.
83 Vgl. Lein: Antifaschistische Aktion, S. 55.
84 Zwei Gründe lassen sich dafür anführen, warum die Sozialdemokraten, gerade an der Macht, diese schon wieder aufs Spiel setzten: 1. Die Forderung nach Einführung eines demokratischen Wahlrechts war von jeher ein Ziel der Sozialdemokratie in Braunschweig gewesen. Bis 1914 hatte das Dreiklassenwahlrecht verhindert, daß die SPD auch nur einen Abgeordneten in den Braunschweiger Landtag entsenden konnte. Es muß den Sozialdemokraten deshalb als unmoralisch erschienen sein, nun, da sie die Möglichkeit hatten, keine allgemeinen und gleichen Wahlen durchzuführen (vgl. Rother: Sozialdemokratie, S. 32). 2. Die Unabhängigen in Braunschweig waren davon überzeugt, daß sie die Landtagswahlen in Braunschweig gewinnen würden. Dies wird deutlich an der Tatsache, daß man sich auf Reichsebene gegen baldige Wahlen zur Nationalversammlung aussprach, weil man befürchtete, bei einem reichsweiten Urnengang zu unterliegen. Vgl. »Volksfreund«, 11.3. und 17.6.1919. Von dem Ergebnis der Landtagswahlen am 22. Dezember 1918 wurde die USPD dann völlig überrascht.
85 Vgl. NdsStA WF: 23 A Neu 1, Nr. 100.
86 Rother: Sozialdemokratie, S. 37.
87 Bereits auf ihrer Reichskonferenz in Berlin (30.12.1918–1.1.1919) hatten die Spartakisten die Gründung einer eigenen Partei, der KPD, beschlossen. Nur Leo Jogiches und die beiden Braunschweiger Delegierten (Robert Gehrke und Rudolf Sachs) stimmten gegen diesen Beschluß. Die Braunschweiger Spartakisten machten sich zu diesem Zeitpunkt noch Hoffnungen, die Führung innerhalb ihrer USPD wiedererlangen zu kön-

nen. (Vgl. ebenda, S. 51 ff.) Deshalb verzögerte sich im Freistaat Braunschweig die Abspaltung von den Unabhängigen. Vgl. Voßke: Grotewohl, S. 46.

88 In Ungarn war am 21.3.1919 die Räterepublik ausgerufen worden. Der »Volksfreund« kommentierte dieses Ereignis am 24.3. mit der Schlagzeile: »Ungarn Sowjetrepublik – die Weltrevolution bricht an.«
89 In Bayern war am 7.4.1919 die Räterepublik ausgerufen worden.
90 Vgl. Rother: Sozialdemokratie, S. 67.
91 Verhandlungen 1919/20, 1. Bd.: Inhaltsverzeichnis, Alphabetisches Sachregister, Protokolle 1 bis 113, Sb. 24.04.1919, Sp. 960.
92 Vgl. »Volksfreund«, 16.4.1919.
93 Rother: Sozialdemokratie, S. 71 f.
94 Vgl. ebenda, S. 93.
95 Vgl. ebenda, S. 102.
96 Vgl. SAPMO BArch: SgY 30/1878, S. 3.
97 Vgl. StA BS, D I 12, Nr. 246.
98 SAPMO BArch: NY 4090/314, S. 80.
99 Vgl. Rother: Otto Grotewohl, S. 526.
100 Vgl. SAPMO BArch: NY 4090/314, S. 79.
101 NdsStA WF: 12 A Neu 5, Nr. 700 Bd. I, 12 A Neu 9, Nr. 18 und 25. Vgl. Rother: Otto Grotewohl, S. 526.
102 Vgl. Voßke: Grotewohl, S. 45 und Rother: Otto Grotewohl, S. 526.
103 Vgl. Rother: Sozialdemokratie, S. 56.
104 Vgl. Lein: Antifaschistische Aktion, S. 34 und Gast: Spaltung, S. 73. Hinweise, die Heinz Voßke ausstreut und die Grotewohl in das Licht eines KP-Sympathisanten rücken sollen, führen in die Irre. Voßke versucht hier einen nicht bestehenden politischen Handlungsfaden zu knüpfen, der bereits ein »Gesinnungsmuster« erkennen lassen soll, das dann 1946 zur Gründung der SED führte. Vgl. Voßke: Grotewohl, S. 46 f.
105 Vgl. ebenda, S. 48.
106 Vgl. Rother: Otto Grotewohl, S. 526.
107 Vgl. Voßke: Grotewohl, S. 52.

Politische Reifejahre (1920–1930)

1 Vgl. NdsStA WF: 23 Neu 1, Nr. 100.
2 Vgl. ebenda.
3 Vgl. Verhandlungen 1920/21, 1. Bd., Sb. 8.6.1920, Sp. 14.
4 Wenn Voßke (vgl. Grotewohl, S. 59) behauptet, daß Grotewohl der jüngste Minister der Weimarer Republik war, so übersieht er, daß Hans Sievers bei seiner Wahl noch etwas jünger war, ihm also dieser »Titel« gebührt. Vgl. Rother: Otto Grotewohl, S. 529.
5 Vgl. Rother: Sozialdemokratie, S. 118.
6 Vgl. Verhandlungen 1920/21, 1. Bd., Sb. 22.6.1920, Sp. 149–150.

7 Vgl. ebenda, Sb. 14.7.1920, Sp. 249–253. Die Aussprache behandelte Flugblätter und Zeitungsartikel, die das Ansehen der Regierung beschädigt haben sollten.
8 »Die Geschichte lehrt uns (…), daß der große Entscheidungskampf zwischen Kapital und Arbeit seinen Weg mit Naturnotwendigkeit gehen will, (…)« und »(…) die Geschichte geht ihren Lauf. Sie geht ihren Lauf trotz der Verhältnisse, die jetzt kommen, trotz dieser Lug- und Trugnachrichten (…) Schlagen Sie ruhig weiter mit Ihrem Lügenbeutel auf den Keil, der in unseren Volkskörper getrieben ist, Sie werden die Klassenscheidung nur noch schärfer eintreten lassen, (…) und der Scheidungsprozeß, der sich in der Entwicklung befindet, wird noch schneller und heftiger vor sich gehen. Wir können dabei nur profitieren, wir wagen nichts.« Ebenda, Sp. 249 und 252.
9 Vgl. ebenda, Sp. 250 und 252.
10 Vgl. Wheeler, Robert F.: USPD und Internationale. Sozialistischer Internationalismus in der Zeit der Revolution. Frankfurt a. M./Berlin/Wien, S. 163f.
11 Verhandlungen 1920/21, 1. Bd., Sb. 14.7.1920, Sp. 253.
12 Vgl. ebenda, Sb. 16.7.1920, Sp. 353–356.
13 Ebenda, Sp. 355. Gemeint war damit eine weltliche Schule, die befreit ist von der Oberaufsicht durch die evangelische Kirche.
14 Ebenda.
15 Ebenda.
16 Ebenda, Sb. 23.12.1920, Sp. 895.
17 Vgl. Verhandlungen 1920/21, 2. Band: Sitzungsberichte 30 bis 80 (künftig Verhandlungen 1920/21, 2. Bd.), Sb. 5.1.1921, Sp. 1158–1160. Hans Sievers war als Befürworter der 21 Bedingungen zum Beitritt zur Kommunistischen Internationale, zusammen mit den Abgeordneten Arno Krosse und Heinrich Röhrs, aus der USPD-Fraktion ausgeschlossen worden und bildete nun, zusammen mit diesen, die Unabhängige Fraktion (Linke), die später zur Fraktion der KPD wurde. Vgl. Rother: Sozialdemokratie, S. 127.
18 Verhandlungen 1920/21, 2. Bd., Sb. 5.1.1921, Sp. 1162.
19 Ebenda, Sp. 1160.
20 Ebenda, Sp. 1162.
21 Ebenda.
22 Vgl. Rother: Sozialdemokratie, S. 119f.
23 Krause, Hartfrid: USPD. Frankfurt a. M. 1975, S. 194.
24 Vgl. »Freiheit«, 17.9.1920.
25 »Freiheit«, 24.9.1920.
26 Ebenda.
27 Ebenda.
28 Vgl. Rother: Sozialdemokratie, S. 129.
29 Vgl. Verhandlungen 1920/21, 4. Bd.: Verzeichnis der Drucksachen und Drucksachen 1 bis 584 (künftig Verhandlungen 1920/21, 4. Bd.), Drucksache 92.

30 Rother: Otto Grotewohl, S. 528.
31 Vgl. Verhandlungen 1920/21, 2. Bd., Sb. 12.1.1921, Sp. 1412–1415.
32 Ebenda, Sp. 1414.
33 Vgl. Verhandlungen 1920/21, 3. Band: Sitzungsberichte 81 bis 12 (künftig Verhandlungen 1920/21, 3. Bd.), Sb. 15.10.1921, Sp. 4688–4689.
34 Ebenda, Sp. 4689. Die Schauburg war vor allem auf Kitsch- und Monumentalfilme spezialisiert. Im Oktober 1921 waren hier u. a. »Schiffe und Menschen«, »Die eiserne Faust« und »Floß der Toten« zu sehen.
35 Vgl. ebenda.
36 Vgl. ebenda.
37 Ebenda.
38 Ebenda.
39 Vgl. Verhandlungen 1920/21, 2. Bd., Sb. 15.3.1921, Sp. 3344–3353.
40 Vgl. ebenda, Sp. 3345.
41 Vgl. ebenda, Sp. 3353.
42 Ebenda, Sp. 3345.
43 Ebenda, Sp. 3348.
44 Ebenda.
45 Ebenda, Sp. 3345.
46 Vgl. ebenda, Sp. 3351 f.
47 Ebenda, Sp. 3345.
48 Ebenda, Sp. 3353.
49 Ebenda, Sp. 3346.
50 Ebenda.
51 Ebenda, Sp. 3347.
52 Ebenda, Sp. 3351.
53 Grotewohl scheute auch nicht davor zurück, die Regierung durch Anfragen und Anträge in diesem Bereich immer wieder zu bedrängen. Vgl. Verhandlungen 1920/21, 3. Bd., Sb. 12.5.1921, Sp. 4205 und Sb. 23.11.1921, Sp. 5416 f.
54 Vgl. ebenda, Sb. 23.11.1921, Sp. 5414–5419 (hier Sp. 5415 f.).
55 Oerter versuchte einen Ausgleich zwischen Kirche und sozialdemokratischer Regierung herbeizuführen, um damit dem »Braunschweiger Kulturkampf« etwas von seiner Schärfe zu nehmen. Vgl. Rother: Sozialdemokratie, S. 143 f.
56 Den Sturz Oerters in all seinen Einzelheiten darzustellen ist hier weder möglich noch notwendig. Die Darstellung des ersten Teils dieses »Politdramas« wird sich deshalb im wesentlichen auf die Anschuldigungen in der Affäre »Otto Otto« beschränken, da diese Vorwürfe am schwerwiegendsten waren und letztlich den Sturz von Oerter herbeigeführt haben.
57 Verhandlungen 1920/21, 3. Bd., Sb. 12.11.1921, Sp. 5124.
58 Im Jahre 1920, Oerter war zum damaligen Zeitpunkt bereits Landtagsabgeordneter, Minister, »Volksfreund«-Redakteur und Mitglied des zentralen USPD-Beirats, scheiterte er mit seinem Ansinnen, sich auch noch zum Reichstagskandidaten küren zu lassen. »Eine solche Ämterhäufung, die

nicht nur eine Machtfülle sondergleichen bedeutet hätte, sondern auch eine adäquate Ausübung der Ämter unmöglich gemacht hätte, war zuviel, auch für Anhänger Oerters.« Rother: Sozialdemokratie, S. 111. Widerstand blieb allerdings aus, als Oerter Ende des Jahres den vakanten Posten des Kultusministers nicht neu besetzte, sondern das Amt zusätzlich übernahm.
59 »Neueste Nachrichten«, 15. 12. 1928.
60 Vgl. ebenda, Sp. 5099–5114.
61 Blasius hatte die Mutmaßung in den Raum gestellt, daß möglicherweise Drittpersonen für Reisen von Braunschweiger Ministern aufkamen und dafür »gewisse Gegenleistungen« (Ebenda, Sp. 5114) erwarten würden.
62 »Volksfreund«, 14. 11. 1921.
63 Vgl. Verhandlungen 1920/21, Bd. 3, Sb. 15. 11. 1921, Sp. 5142–5168.
64 Vgl. ebenda, Sp. 5165.
65 Vgl. ebenda, Sp. 5152.
66 »Volksfreund«, 17. 11. 1921.
67 Vgl. Verhandlungen 1920/21, Bd. 3, Sb. 18. 11. 1921, Sp. 5313–5314.
68 Vgl. »Braunschweigische Landeszeitung«, 21. 11. 1921.
69 »Volksfreund«, 22. 11. 1921.
70 Vgl. ebenda, 23. 11. 1921.
71 Vgl. Verhandlungen 1920/21, Bd. 3, Sb. 24. 11. 1921, Sp. 5456 ff. Der Brief wurde u. a. in den »Neuesten Nachrichten« (24. 11. 1921) abgedruckt.
72 Verhandlungen 1920/21, Bd. 3, Sb. 24. 11. 1921, Sp. 5459.
73 »Die Freiheit«, 26. 11. 1921. Diese Ausgabe enthält eine längere Darstellung von Sepp Oerter mit dem Titel: »Warum ich niederlegte«.
74 Ebenda.
75 Vgl. ebenda.
76 Vgl. ebenda.
77 Verhandlungen 1920/21, Bd. 3, Sb. 24. 11. 1921, Sp. 5468.
78 Vgl. Roloff: Braunschweig, S. 85 und Rother: Otto Grotewohl, S. 529.
79 Vgl. »Die Freiheit«, 26. 11. 1921 und Oerter, Sepp: Ich – Sepp Oerter – klage an die Zentralleitung der USPD in Berlin, die Parteiinstanzen der USPD in Braunschweig, die Landtagsfraktion der USPD in Braunschweig, den Minister Grotewohl in Braunschweig des infamsten politischen Meuchelmordes. (künftig Oerter: Ich klage an) O. O., o. J., S. 12.
80 Vgl. »Die Freiheit«, 26. 11. 1921.
81 Verhandlungen 1922/24, 1. Band: Alphabetisches Sachregister. Niederschriften 1 bis 98. Sitzungsberichte 1 bis 42 (künftig Verhandlungen 1922/1924, 1. Bd.), Sb. 3. 5. 1922, Sp. 498.
82 Vgl. ebenda, Sb. 4. 5. 1922, Sp. 607.
83 »Allgemeiner Anzeiger«, 26. 11. 1921.
84 Vgl. Verhandlungen 1920/21, 3. Bd., Sb. 25. 11. 1921, Sp. 5480. Durch diese rasche Regierungsumbildung wird Grotewohls Behauptung sehr unglaubwürdig, Oerter habe sich ein ganzes Jahr lang darum bemüht, ihn zum Eintritt in das Kabinett zu bewegen, und er habe sich »bis zum letzten Augenblick, als die Pflicht mich an diesen Platz gerufen hat, (…) mit Händen

und Füßen dagegen gewehrt«, Volksbildungsminister zu werden. Verhandlungen 1922/24, 1. Bd., Sb. 4. 5. 1922, Sp. 608.
85 Vgl. Verhandlungen 1920/21, 2. Bd., Sb. 29. 4. 1921, Sp. 3982.
86 Verhandlungen 1920/21, 4. Bd., Drucksache 245.
87 Roloff: Braunschweig, S. 86.
88 Vgl. Verhandlungen 1920/21, 3. Bd., Sb. 22. 12. 1921, Sp. 6162.
89 Verhandlungen 1920/21, 2. Bd., Sb. 28. 4. 1921, Sp. 3915.
90 Vgl. Verhandlungen 1920/21, 3. Bd., Sb. 22. 12. 1921, Sp. 6162.
91 Vgl. Rother: Sozialdemokratie, S. 139.
92 Vgl. NdsStA WF: 23 Neu 1, Nr. 100.
93 Vgl. »Braunschweigischer Anzeiger«, 12. 1. 1922.
94 Vgl. »Allgemeiner Anzeiger«, 15. 12. 1928.
95 Vgl. »Freiheit«, 4., 7. und 9. 2. 1922.
96 Vgl. »Allgemeiner Anzeiger«, 16. 5. 1922.
97 NdsStA WF: 284 N, Nr. 103.
98 Vgl. Roloff: Braunschweig, S. 91.
99 Vgl. Oerter: Ich klage an, S. 11 f.
100 Vgl. ebenda, S. 12.
101 Vgl. ebenda, S. 12 f.
102 Vgl. ebenda.
103 Vgl. ebenda, S. 13 f.
104 Vgl. ebenda, S. 10. Auch Ernst-August Roloff schloß sich dieser These an. Vgl. Roloff: Braunschweig, S. 90 f.
105 Vgl. 12 A Neu 6, Nr. 559.
106 Dr. Dietrich Lent (Staatsarchiv Wolfenbüttel) gegenüber dem Autor, 15. 3. 1995.
107 Vgl. Verhandlungen 1922/24, 3. Band: Drucksachen 1 bis 365 (künftig Verhandlungen 1922/24, 3. Bd.), Drucksache 74.
108 Der Ausschuß befaßte sich mit einer ganzen Reihe von Anschuldigungen, die Oerter gegen die Mitglieder des Staatsministeriums erhoben hatte. Vgl. ebenda.
109 Vgl. ebenda, S. 6.
110 »Volksfreund«, 22. 3. 1922.
111 Vgl. Rother: Sozialdemokratie, S. 142 ff.
112 Bei diesem Vorhaben konnten sich die Sozialdemokraten der Unterstützung von Teilen des Bürgertums gewiß sein. Die evangelische Kirche konnte auch während der Amtszeit bürgerlicher Regierungen ihre finanziellen Forderungen gegenüber dem Braunschweiger Staat nicht durchsetzen. Vgl. Tilly: Schule, S. 194 und 311.
113 Vgl. NdsStA WF: 12 A Neu, Nr. 1167.
114 Die evangelische Kirche lehnte es ab, einen Vertreter in diese Volksschulkommission zu entsenden, und signalisierte damit, daß sie nicht bereit war, ihre Entmachtung einfach hinzunehmen. Vgl. Tilly: Schule, S. 292.
115 Vgl. ebenda, S. 289.
116 Ebenda, S. 288.

117 Mit der katholischen Kirche kam die Braunschweiger Regierung am 10. Oktober 1921 zu einem »Regionalkonkordat«. Vgl. ebenda, S. 200ff.
118 Ebenda, S. 290.
119 Ebenda, S. 296.
120 Anschütz, Gerhard: Die Verfassung des Deutschen Reiches vom 11.8.1919. Ein Kommentar für Wissenschaft und Praxis. 3. bearbeitete Aufl., Berlin 1929, S. XXXXV.
121 Vgl. Tilly: Schule, S. 366 und 306.
122 Vgl. Rother: Sozialdemokratie, S. 142.
123 Vgl. ebenda. Natürlich scheuten die bürgerlichen Parteien nicht davor zurück, sobald sie selbst in der Regierungsverantwortung waren, ihrerseits mit Erlassen zu reagieren.
124 Amtliche Nachrichten für das braunschweigische Schulwesen. 2/1922 (künftig Amtliche Nachrichten), S. 44.
125 Für Gerd-Eberhard Tilly war hier der »klassische Fall gegeben, daß der eine Verfassungsartikel (135), der nicht mit einer Sperrklausel versehen war, benutzt wurde, um den Sperrartikel (Art. 174) zu umgehen.« Tilly: Schule, S. 320.
126 Die Zahl der Kirchenaustritte stieg von 1868 im Jahr 1921 auf 21144 in 1922, davon allein 20062 in dem Zeitraum vom 1. Januar bis zum 31. März. Vgl. Rother: Sozialdemokratie, S. 145.
127 Vgl. ebenda.
128 Verhandlungen 1922/24, 2. Band: Sitzungsberichte 43 bis 98 (künftig Verhandlungen 1922/24, 2. Bd.), Sb. 13.02.1923, Sp. 2602–2612 (hier Sp. 2603f.).
129 Vgl. Amtliche Nachrichten, 1/1923, S. 2.
130 Vgl. »Volksfreund«, 22. 3.1922.
131 Vgl. Verhandlungen 1922/24, 1. Bd., Sb. 29.3.1922, Sp. 115f.
132 Vgl. Verhandlungen 1922/24, 3. Bd., Drucksache 74.
133 Ebenda.
134 Vgl. ebenda.
135 Vgl. Verhandlungen 1922/24, 1. Bd., Sb. 4. 5.1922, Sp. 610ff.
136 Vgl. Rother: Sozialdemokratie, S. 154.
137 Vgl. Verhandlungen 1922/24, 1. Bd., Sb. 23.5.1922, Sp. 685f.
138 Ebenda, Sb. 24. 5.1922, 726–741 (hier Sp. 726).
139 Vgl. Rother: Sozialdemokratie, S. 157.
140 Vgl. Verhandlungen 1922/24, 1. Bd., Sb. 13.7.1922, Sp. 1309.
141 Vgl. ebenda, Sb. 20.7.1922, Sp. 1145. Die Fusion der Reichstagsfraktionen von MSPD und USPD war bereits am 14. Juli 1922 erfolgt. Vgl. Wolowicz, Ernst: Linksopposition in der SPD von der Vereinigung mit der USPD 1922 bis zur Abspaltung der SAPD 1931. München 1983, S. 88.
142 Verhandlungen 1922/24, 1. Bd., Sb. 21.7.1922, Sp. 1447.
143 Vgl. Voßke: Grotewohl, S. 65.
144 »Volksfreund«, 1.11.1922.
145 Vgl. Verhandlungen 1922/24, 1. Bd., Sb. 21.7.1922, Sp. 1449–1465. Bevor

Oerter seinen Satz (»Fragen Sie lieber, woher Herr Abgeordneter Gerecke [Gustav Gerecke, war damals Bezirksvorsitzender der USPD, M. J.] das Geld gekriegt hat, um seine Schulden an mich ...«) beenden konnte, kam es zu einem Handgemenge zwischen ihm und USPD-Abgeordneten. Ebenda, Sp. 1461.
146 Vgl. ebenda, 1. Bd., Sb. 28.11.1922, Sp. 1822.
147 Vgl. Voßke: Grotewohl, S. 67.
148 Rother: Sozialdemokratie, S. 166.
149 Ebenda, S. 164f.
150 Verhandlungen 1922/24, 1. Bd., Sb. 29.11.1922, Sp. 1868–1886 (hier Sp. 1874f.).
151 Der Grotewohlsche Schulerlaß war hier keine Ausnahme. Warum dieses Dekret von Grotewohl so viel Widerspruch hervorrief, wurde bereits ausführlich dargelegt. Grotewohl zwang durch seinen Erlaß niemanden, einen Religionsunterricht nicht zu besuchen, er sorgte lediglich dafür, daß Kinder nicht an einem versetzungsrelevanten Religionsunterricht teilnehmen mußten, der unter Umständen nicht einmal ihrer Konfession entsprach.
152 Vgl. Roloff: Braunschweig, S. 97 und 98.
153 Ernst-August Roloff gestand später ein, daß er Otto Grotewohl politisch falsch eingeschätzt hatte. Vgl. Lein: Antifaschistische Aktion, S. III.
154 Vgl. Verhandlungen 1922/24, 1. Bd., Sb. 29.11.1922, Sp. 1882ff.
155 Die Braunschweiger SPD fiel nicht in das patriotische Hurragebrüll des Bürgertums mit ein, sondern betrieb eine intensive Antikriegspropaganda. Mit dieser Haltung verdeutlichte die Sozialdemokratie im Freistaat, daß sie auch nach der Wiedervereinigung von USPD und MSPD eindeutig auf dem linken Flügel der gesamten Partei stand. Vgl. Rother: Sozialdemokratie, S. 166f.
156 Verhandlungen 1922/24, 2. Bd., Sb. 16.2.1923, Sp. 2737–2748 (hier Sp. 2739ff.).
157 Daß der Bereich Inneres nicht auch die Aufsicht über die Polizei umfaßte, hatte nichts mit der Person Grotewohls zu tun. Während der Koalitionsverhandlungen mit der DDP war vereinbart worden, daß deren Minister Heinrich Rönneburg diese Aufgabe, zusammen mit der Leitung des Wirtschaftsministeriums, übernahm.
158 Vgl. ebenda, Sb. 28.2.1923, Sp. 2945.
159 Am 25. September 1923 erklärte der Regierungschef Jasper vor dem Landtag: »Zeitweilig sehe ich die Dinge so ernst an, daß ich mich frage, bleibt noch eine Möglichkeit, ein Land Braunschweig überhaupt noch aufrecht zu erhalten und ob es nicht die richtige Form der Vereinfachung sei, daß das Land aufhört zu existieren.« Verhandlungen 1922/24, 2. Bd., Sb. 25.9.1923, Sp. 3825.
160 Rosenberg, Arthur: Entstehung und Geschichte der Weimarer Republik. Hg. und eingeleitet von Kurt Kersten, Frankfurt a. M. 1988, S. 401.
161 Vgl. Rother: Sozialdemokratie, S. 170f.
162 Ebenda, S. 177.

163 Rother: Otto Grotewohl, S. 529 f.
164 Verhandlungen 1922/24, 2. Bd., Sb. 22. 5. 1924, Sp. 5278. Bernd Rother bestätigt diese Einschätzung, wenn er darlegt, daß Grotewohl das Mehr an Selbstverwaltung der Braunschweiger Kommunen in der neuen Verfassung auch gegen den Widerstand von so einflußreichen Kabinettskollegen wie Jasper und Rönneburg durchsetzen konnte. Vgl. Rother: Sozialdemokratie, S. 180.
165 Vgl. Verhandlungen 1922/24, 2. Bd., Sb. 22. 5. 1924, Sp. 5276–5285.
166 Vgl. NdsStA WF: 23 Neu 1, Nr. 1392.
167 Vgl. Grotewohl, Otto: Die Verfassung der Gemeinde und Kreise im Freistaat Braunschweig. Braunschweig 1925.
168 Rother: Otto Grotewohl, S. 530.
169 Vgl. Verhandlungen 1922/24, 2. Bd., Sb. 5. 11. 1924, Sp. 5701 (Städteordnung) und Sb. 6. 11. 1924, Sp. 5729 und 5732 (Landgemeinde- und Kreisordnung).
170 Auf Reichsebene hatten USPD und MSPD 1920 zusammen 186 Mandate erreicht, 1924 kam die SPD lediglich auf 100 Sitze im Reichstag. Bracher, Karl Dietrich/Manfred Funke und Hans-Adolf Jacobsen (Hg.): Die Weimarer Republik 1918–1933. Politik. Wirtschaft. Gesellschaft. 2. durchgesehene Auflage, Bonn 1988 (künftig Bracher: Weimarer Republik), S. 630.
171 Vgl. NdsStA WF: 23 Neu 1, Nr. 101.
172 Bei den vorangegangenen Wahlen hatten USPD und MSPD zusammen 29 Sitze errungen. Vgl. ebenda, Nr. 100.
173 WEL: Wirtschaftliche Einheitsliste.
174 DNVP: Deutsch-Nationale Volkspartei.
175 BNP: Braunschweigisch-Niedersächsische Partei.
176 NSDAP: Nationalsozialistische Deutsche Arbeiterpartei.
177 Roloff: Braunschweig, S. 115.
178 Vgl. ebenda, S. 162 f. So ist es auch zu erklären, daß man nach den Wahlen von 1928 im »Volksfreund« (12. 9. 1928) lesen konnte: »Bei uns [im Freistaat Braunschweig, M. J.] ist also die Einigung der Arbeiterklasse in der Sozialdemokratie bis auf die schäbigen Reste von 3,5 % Kommunisten und 4,4 % nationalsozialistischer Arbeiterparteilern erreicht.«
179 Die bürgerlichen Parteien hatten zwar im Wahlkampf damit Werbung gemacht, daß sie ein Kabinett aus überparteilichen Fachministern berufen wollten, die schließlich ernannten Minister ließen sich aber alle parteipolitisch der DVP bzw. DNVP zuordnen. Vgl. Roloff: Braunschweig, S. 115 f.
180 Das Durchschnittsalter betrug etwa 40 Jahre. Vgl. Rother: Sozialdemokratie, S. 183.
181 Vgl. ebenda, S. 190.
182 Vgl. Rother: Otto Grotewohl, S. 530.
183 Vgl. NdsStA WF: 23 Neu 1, Nr. 101.
184 Vgl. Voßke: Grotewohl, S. 72.
185 Vgl. Rother: Sozialdemokratie, S. 188.
186 Vgl. ebenda, S. 187.

187	Vgl. Verhandlungen 1924/27, 1. Band: Inhaltsverzeichnis. Niederschriften 1 bis 103. Sitzungsberichte 1 bis 50, Sb. 13.7.1925, Sp. 1883–1886 (hier Sp. 1884).
188	Vgl. ebenda, Sb. 22.1.1926, Sp. 2989f.
189	Vgl. Verhandlungen 1924/27, 2. Band: Sitzungsberichte 51 bis 103. Sb. 15.12.1926, Sp. 4872.
190	Roloff: Braunschweig, S. 145.
191	Verärgerung rief auf seiten der parteiinternen Opposition in Braunschweig u. a. die Tatsache hervor, daß sich die Reichstagsfraktion der SPD bei der Abstimmung über die Hohenzollernabfindung am 31. Oktober 1926 der Stimme enthalten hatte.
192	Rother: Sozialdemokratie, S. 189.
193	"Volksfreund«, 3.2.1927.
194	Ebenda.
195	Rother: Sozialdemokratie, S. 194.
196	Vgl. ebenda.
197	Vgl. ebenda.
198	Ebenda, S. 196.
199	Vgl. »Volksfreund«, 23.8.1928.
200	Vgl. ebenda, 19.12.1928.
201	Vgl. ebenda, 27.8.1928.
202	Vgl. ebenda.
203	Vgl. Rother: Sozialdemokratie, S. 198.
204	Vgl. ebenda, S. 199.
205	Vgl. Protokoll SPD-Parteitag, Magdeburg 1929. Berlin 1929, S. 269ff.
206	Vgl. Frommann, Bodo: Die Entwicklung der SPD in Braunschweig von der Weltwirtschaftskrise bis zum Ende der Weimarer Republik. Schriftliche Hausarbeit, Göttingen 1971, S. 54.
207	Vgl. Verhandlungen des Reichstages. III. Wahlperiode 1924 (künftig Verhandlungen des Reichstages 1924), 392. Band: Stenographische Berichte. Sb. 11.3.1927, S. 9362–9366.
208	Vgl. Verhandlungen des Reichstages 1924, 393. Band: Stenographische Berichte, Sb. 7.4.1927, S. 10606–10609 und ebenda, Sb. 6.7.1927, S. 11303–11306.
209	Vgl. Verhandlungen des Reichstages. IV. Wahlperiode 1928 (künftig Verhandlungen des Reichstages 1928), 394. Band: Stenographische Berichte, Sb. 10.2.1928, S. 12725–12731.
210	Vgl. Verhandlungen des Reichstages 1928, 427. Band: Stenographische Berichte, Sb. 14.4.1930, S. 4986–4990.
211	SAPMO BArch: SgY 30/1365/1, S. 371.
212	Rother: Otto Grotewohl, S. 529.
213	Ebenda, S. 530.
214	Voßke: Grotewohl, S. 72. In der Abgeordnetenliste der Reichstagsprotokolle wurde Grotewohl deshalb ab 1928 als Schriftsteller geführt, während 1924 noch Minister a. D. als Berufsbezeichnung angegeben wurde. Vgl.

Verhandlungen des Reichstages 1928, 430. Band: Anlagen zu den stenographischen Berichten Nr. 2–350, Nr. 2 und Verhandlungen des Reichstages 1924, 422. Band: Anlagen zu den stenographischen Berichten Nr. 4051–4230, Nr. 4228.

215 Vgl. NdsStA WF: 23 Neu 1, Nr. 101.
216 HuG: Haus- und Grundbesitzer.
217 Vgl. Rother: Sozialdemokratie, S. 210f.
218 Vgl. Verhandlungen 1927/30, 1. Band: Inhaltsverzeichnis. Niederschriften 1 bis 48. Sitzungsberichte 1 bis 33 (künftig Verhandlungen 1927/30, 1. Bd.), Sb. 14.12.1927, Sp 22.
219 Bei den Reichstagswahlen am 20. Mai 1928 konnten die Braunschweiger Sozialdemokraten mit 49,9 Prozent der abgegebenen Stimmen sogar das beste Ergebnis eines SPD-Bezirks überhaupt bei diesen Wahlen erreichen. Man lag damit 20,1 Prozent über dem Landesdurchschnitt der Partei, der 29,8 Prozentpunkte betrug. Für die Zahlen vgl. Rother: Sozialdemokratie, S. 213 und Bracher: Weimarer Republik, S. 631.
220 Vgl. Verhandlungen 1927/30, 1. Bd., Sb. 14.12.1927, Sp. 22f.
221 Vgl. Rother: Sozialdemokratie im Land Braunschweig, S. 218.
222 Verhandlungen 1927/30, 1. Bd., Sb. 3.2.1928, Sp. 261.
223 Vgl. ebenda, Sb. 16.10.1928, Sp. 1193f.
224 Roloff: Braunschweig, S. 145.
225 Vgl. NdsStA WF: 284 N 98.
226 NdsStA WF: 12 Neu 13, Nr. 26451, S. 27. Irgendwelche Bewerbungsunterlagen liegen dem Schreiben übrigens nicht bei.
227 Ebenda, S. 36.
228 100 Jahre LVA Braunschweig. Eine Chronik der Landesversicherungsanstalt Braunschweig. Hg. v. d. Landesversicherungsanstalt Braunschweig 1990 (künftig 100 Jahre LVA), S. 74.
229 Vgl. Roloff: Braunschweig, S. 145.

Grotewohl im Dritten Reich (1930–1945)

1 Nachdem 1922 der LWV auseinandergebrochen war, fanden die Bürgerlichen bei dieser Wahl erstmals wieder zu einer Organisation zusammen.
2 Aufgrund von Sparmaßnahmen bestand die Braunschweiger Regierung zum damaligen Zeitpunkt nur noch aus zwei Ministern.
3 Vgl. NdsStA WF: 23 Neu 1, Nr. 101.
4 Vgl. Kaiser, Klaus: Braunschweiger Presse und Nationalsozialismus. Der Aufstieg der NSDAP im Lande Braunschweig im Spiegel der Braunschweiger Tageszeitungen 1930–1933. Braunschweig 1970, S. 41 ff.
5 Vgl. Rother: Sozialdemokratie, S. 235.
6 Fritz Bretschneider, Generalsekretär der Volkspartei im Freistaat Braunschweig, begründete die Absage an eine Koalition mit der SPD damit,

daß die Sozialdemokraten es »zu toll getrieben« hätten und jetzt »erst mal aufgeräumt werden« müßte. Schelm-Spangenberg, Ursula: Die Deutsche Volkspartei im Lande Braunschweig. Braunschweig 1964, S. 143.

7 Zum damaligen Zeitpunkt war die NSDAP in Braunschweig noch eine Splitterpartei. Bei den Landtagswahlen von 1924 hatte sie gerade einmal 3,4 Prozent der Stimmen und damit einen Sitz im Parlament errungen. Vgl. NdsStA WF: 23 Neu 1, Nr. 101.

8 »Volksfreund«, 17. 11. 1924.

9 Vgl. Rother: Sozialdemokratie, S. 240 f.

10 Vgl. Bracher: Weimarer Republik, S. 631.

11 Rother: Sozialdemokratie, S. 229.

12 »Volksfreund«, 31. 1. 1933.

13 Lenins Weg. Informations- und Diskussionsblatt der Mitgliedschaft der KPD im Bezirk Niedersachsen. Sonderausgabe mit Parteitagsprotokoll. Hannover 1933, S. 11.

14 Vgl. Rother: Sozialdemokratie, S. 253.

15 Vgl. ebenda, S. 253.

16 Vgl. »Volksfreund«, 27. 6. 1932.

17 Grotewohl, Otto: Jugend und Alter. In: Junges Volk, 3. Heft 1927, S. 1–2 (hier S. 1).

18 Vgl. Roloff: Braunschweig, S. 145 f.

19 Die kurze Zeitspanne zwischen dem Rücktritt des NSDAP-Ministers Franzen (27. Juli 1931) und dem Amtsantritt seines Nachfolgers Klagges (15. September 1931) wird dabei vernachlässigt, weil sich in der Folge keine neue Regierung formierte, sondern dieser Zeitraum als Übergangsphase zu sehen ist. Die Nationalsozialisten nutzten ihre Stellung in Braunschweig aus, um die Einbürgerung ihres Parteiführers Adolf Hitler durchzusetzen. Eine Tatsache, die der Stadt eine unrühmliche Fußnote im Buch der Geschichte garantiert.

20 Das eigentliche Schreiben fehlt zwar, sein Inhalt kann aber aus Grotewohls Antwortschreiben und einem Schreiben des Reichsversicherungsamtes an das Braunschweiger Innenministerium erschlossen werden. Vgl. NdsStA WF: 12 Neu 13, Nr. 26451, Beiakte II, S. 14 und 15.

21 Vgl. ebenda, S. 15–17 und 18.

22 Vgl. »Braunschweigische Staatszeitung« und »Braunschweigische Landeszeitung«, beide vom 8. Januar 1932.

23 100 Jahre LVA, S. 77.

24 Vgl. NdsStA WF: 12 Neu 13, Nr. 26451, Beiakte II, S. 22.

25 Aus Notizen auf dem Dokument geht hervor, daß sich die weiteren Vorwürfe mit der Personal- und Ausgabenpolitik von Grotewohl befaßten. Vgl. ebenda, S. 14.

26 Ebenda.

27 Vgl. ebenda. Wer die handschriftlichen Berichte geschrieben hat, ist mit letzter Gewißheit nicht zu ermitteln, da die Briefe nie einen Briefkopf trugen,

sondern sich formlos direkt an den Minister Klagges wandten und nur mit einem Kürzel unterzeichnet sind. Es spricht aber alles dafür, daß sie von dem Regierungsrat Dr. Behse stammen.
28 Ebenda, S. 24.
29 Vgl. NdsStA WF: 37 A Neu 9, Nr. 63, Bd. I, S. 54.
30 Dieses Schreiben der Stadt war aufgrund formaler Mängel rechtlich nicht bindend. Vgl. ebenda, S. 58.
31 Vgl. ebenda, S. 54.
32 Vgl. ebenda, S. 54f.
33 Vgl. ebenda, S. 55.
34 Vgl. NdsStA WF: 37 A Neu 9, Nr. 57, S. 4.
35 Vgl. ebenda, S. 4.
36 Ebenda, S. 5.
37 Vgl. NdsStA WF: 37 A Neu 9, Nr. 63, Bd. I, S. 20.
38 NdsStA WF: 12 Neu 13, Nr. 26451, S. 30.
39 Ebenda, S. 31.
40 Ebenda, S. 32.
41 Vgl. ebenda, S. 38.
42 Vgl. ebenda, S. 39.
43 Vgl. ebenda, S. 35–54.
44 Vgl. ebenda, S. 54.
45 Vgl. NdsStA WF: 12 Neu 13, Nr. 26451, Beiakte III, S. 1–2.
46 Ebenda, S. 2.
47 Vgl. NdsStA WF: 12 Neu 13, Nr. 26451, Beiakte IV, S. 13–14.
48 Vgl. NdsStA WF: 12 Neu 13, Nr. 26451, Beiakte III, S. 5.
49 NdsStA WF: 12 Neu 13, Nr. 26451, Beiakte IV, S. 34.
50 Ebenda, S. 80.
51 Erpressen von Verzichtserklärungen auf Parlamentssitze und leitende Stellungen war in der ersten Terrorwelle der Nationalsozialisten in Braunschweig das bevorzugte Ziel. Diese Erklärungen wurden zum Teil durch äußerst brutale Folterungen erzwungen. Grotewohls Demission stellte eine Präventivmaßnahme dar, um Leib und Leben zu schützen und das Interesse der Nationalsozialisten von ihm abzulenken.
52 Vgl. Rother: Sozialdemokratie, S. 259.
53 NdsStA WF: 37 A Neu 9, Nr. 63, Bd. I, S. 44.
54 Vgl. ebenda, S. 59f.
55 Vgl. ebenda, S. 61.
56 Vgl. NdsStA WF: 37 A Neu 9, Nr. 63, Bd. II, S. 66.
57 Vgl. ebenda, S. 88.
58 Vgl. NdsStA WF: 42 B Neu 7, Nr. 1287, Bd. III, S. 175.
59 Vgl. NdsStA WF: 37 A Neu 9, Nr. 63, Bd. II, S. 72–78.
60 Vgl. ebenda, S. 79–80.
61 Vgl. »Volksfreund«, 27. 6. 1932.
62 Ebenda.
63 Ebenda.

64 Vgl. Rother: Sozialdemokratie, S. 252 und Rother: Otto Grotewohl, S. 533 (Anm. 68).
65 NdsStA WF: 62 Nds. 2, 781, S. 543.
66 Herlemann, Beatrix/Karl-Ludwig Sommer: Widerstand, Alltagsopposition und Verfolgung unter dem Nationalsozialismus in Niedersachsen. Ein Literatur- und Forschungsüberblick. In: Niedersächsisches Jahrbuch für Landesgeschichte, 60/1988, S. 229–298 (hier S. 235).
67 Rother: Sozialdemokratie, S. 262.
68 SAPMO BArch: NY 4090/99, S. 43.
69 Vgl. SAPMO BArch: SgY 30/1878 (S. 8), 1881 (S. 12, 14 und S. 78).
70 Buchwitz, Otto: 50 Jahre Funktionär der deutschen Arbeiterbewegung. Berlin 1949, S. 142.
71 Vgl. NdsStA WF: 37 A Neu 9, Nr. 57, S. 9.
72 Vgl. NdsStA WF: 42 B Neu 7, Nr. 1287, Bd. III, S. 175.
73 SAPMO BArch: SgY 30/1365/1, S. 371–373 (hier S. 372).
74 Gniffke (1895–1964), den Grotewohl noch aus Braunschweig kannte, sollte bis zu seiner Flucht in den Westen (1948) zu den engsten Vertrauten von Otto Grotewohl zählen.
75 Vgl. NdsStA WF: 42 B Neu 7, Nr. 1285–1291.
76 Vgl. NdsStA WF: 42 B Neu 7, Nr. 1285, Bd. I, S. 11–22.
77 Ebenda, S. 36.
78 Vgl. ebenda, S. 34.
79 Ebenda, S. 37.
80 Insgesamt wurde gegen sechzehn Verdächtige Haftbefehl erlassen. Vgl. NdsStA WF: 42 B Neu 7, Nr. 1290, Bd. VI, S. 486.
81 Vgl. NdsStA WF: 42 B Neu 7, Nr. 1288, Bd. IV, S. 207 f.
82 NdsStA WF: 42 B Neu 7, Nr. 1285, Bd. I, S. 19.
83 Vgl. ebenda, S. 20.
84 Vgl. Rother: Sozialdemokratie, S. 274.
85 Mit Otto Thielemann und Gustav Steinbrecher hielten sich damals noch zwei weitere hochkarätige Braunschweiger SPD-Funktionäre in Hamburg auf. Vgl. NdsStA WF: 42 B Neu 7, Nr. 1285, Bd. I, S. 53.
86 NdsStA WF: 42 B Neu 7, Nr. 1289, Bd. IV., S. 210 f.
87 NdsStA WF: 42 B Neu 7, Nr. 1289, Bd. V, S. 244.
88 Vgl. ebenda, S. 293.
89 NdsStA WF: 42 B Neu 7, Nr. 1288, Bd. IV, S. 210.
90 NdsStA WF: 42 B Neu 7, Nr. 1287, Bd. III, S. 178.
91 Für Nora Kuntzsch (geb. Fuchs) übernahm Otto Grotewohl, nach dem Tod ihres Vaters Georg Fuchs, die Rolle eines Vormundes.
92 Bein, Reinhard: Widerstand im Nationalsozialismus. Braunschweig 1930 bis 1945. Braunschweig 1985, (künftig Bein: Widerstand), S. 90.
93 NdsStA WF: 42 B Neu 7, Nr. 1287, Bd. III, S. 178.
94 NdsStA WF: 42 B Neu 7, Nr. 1289, Bd. V, S. 284.
95 Vgl. NdsStA WF: 42 B Neu 7, Nr. 1290, Bd. VI, S. 328 f.
96 Vgl. ebenda, S. 365–390.

97 Frau Gniffke unternahm nach ihrem Verhör im Berliner Untersuchungsgefängnis am Alexanderplatz, laut Gestapo-Akten, einen Selbstmordversuch.
Vgl. ebenda, S. 432.
98 Vgl. ebenda, S. 330.
99 Ebenda, S. 432f.
100 Vgl. ebenda, S. 543.
101 Ebenda.
102 Vgl. ebenda, S. 554.
103 NdsStA WF: 42 B Neu 7, Nr. 1291, Bd. VII, S. 563.
104 Vgl. ebenda, S. 615.
105 Erich Gniffke sollte ursprünglich für vier Jahre in ein Konzentrationslager überwiesen werden. Nur aufgrund eines Gnadengesuches und in Anbetracht seiner schlechten gesundheitlichen Verfassung entging er diesem Schicksal. Vgl. SAPMO BArch: NY 4090/278, S. 38.
106 Vgl. NdsStA WF: 42 B Neu 7, Nr. 1291, Bd. VII, S. 629.
107 Ebenda, S. 642.
108 Vgl. ebenda, S. 647.
109 Vgl. NdsStA WF: 42 B Neu 7, Nr. 1290, Bd. VI, S. 432, 436 und 506.
110 Vgl. Voßke: Grotewohl, S. 104.
111 Vgl. ebenda.
112 Vgl. Bein: Widerstand, S. 90.
113 Vgl. ebenda, S. 91.
114 Vgl. ebenda.
115 Während der »Aktion Gewitter« wurden in Deutschland ca. 5000 ehemalige Politiker der Weimarer Republik inhaftiert. Vgl. Hildebrand, Klaus: Das Dritte Reich. 3., überarbeitete und erweiterte Auflage, München 1987, S. 94.
116 Vgl. Voßke: Grotewohl, S. 108.
117 »Braunschweiger Zeitung«, 11.3.1969.

Der Weg in die Sozialistische Einheitspartei (1945–1946)

1 Vgl. SAPMO BArch: SgY 30/1878, S. 1–35. An dem Gespräch waren außerdem Otto Grotewohls erste Frau Martha und seine Schwiegertochter Madelaine beteiligt.
2 Ebenda, S. 33.
3 Stempel, Fred: Otto Grotewohl – Eine Betrachtung. Maschinengeschriebenes, unveröffentlichtes Manuskript (1.12.1993) (künftig Stempel: Betrachtung), S. 2. Die Betrachtung wurde mir freundlicherweise von Dr. Stempel zur Einsicht überlassen. Dr. Stempel war von 1951 bis 1960 bei Otto Grotewohl als persönlicher Mitarbeiter in Partei und Regierung tätig.
4 Kaden, Albrecht: Einheit oder Freiheit. Die Wiedergründung der SPD 1945/46. Hannover 1964 (künftig Kaden: Einheit), S. 45ff.

5 Kleßmann, Christoph: Die doppelte Staatsgründung. Deutsche Geschichte 1945–1955. 4., ergänzte Auflage, Bonn 1986 (künftig Kleßmann: Doppelte Staatsgründung), S. 126.
6 Vgl. ebenda, S. 121 f.
7 »Entwurf für den Aufruf der SPD am 15. Juni 1945«, zit. in: Otto Grotewohl und die Einheitspartei. Dokumente Band 1: Mai 1945 bis April 1946, mit einer Einführung von Wolfgang Triebel, Auswahl und Kommentierung: Hans-Joachim Fieber, Maren Franke und Wolfgang Triebel (Leitung), Berlin 1994 (künftig »Entwurf«, zit. in: Otto Grotewohl, 1. Bd.), S. 65 bis 68.
8 Vgl. Triebel, Wolfgang: Otto Grotewohls Weg in die Einheitspartei. Hintergründe und Zusammenhänge. Eine Betrachtung seines politischen Denkens und Handelns zwischen Mai 1945 und April 1946. Berlin 1993 (künftig Triebel: Grotewohls Weg in die Einheitspartei), S. 9 f.
9 Vgl. Hurwitz, Harold: Demokratie und Antikommunismus in Berlin nach 1945. Band 4: »Die Anfänge des Widerstandes«, 1. Teil: Führungsanspruch und Isolation der Sozialdemokraten, Köln 1990 (künftig Hurwitz: Demokratie und Antikommunismus, 4/1), S. 263.
10 Erst unmittelbar vor dem Einrücken der westlichen Alliierten in Berlin (3. Juli 1945) verlagerte der ZA auf Wunsch der sowjetischen Besatzungsmacht seinen Sitz in den Ostteil der Stadt. Als Begründung gaben die Sowjets an, in den anderen Besatzungszonen sei der Aufbau von Parteien noch nicht gestattet. Letztendlich wollten sie wohl durch diese Maßnahme sicherstellen, daß der ZA weiterhin unter der Obhut der Sowjetischen Militäradministration in Deutschland stehen würde.
11 Mit dem Befehl Nr. 2 (10. Juni 1945) hatte die SMAD in ihrer Besatzungszone die Neugründung von antifaschistischen Parteien freigestellt. Vgl. Befehle des Obersten Chefs der Sowjetischen Militärverwaltung in Deutschland. Sammelheft 1: »1945«, Berlin 1946, S. 9–10.
12 Max Fechner (1882–1973) gehörte seit 1910 der SPD bzw. USPD an. Von 1924 bis 1933 hatte er für die Sozialdemokraten im Preußischen Landtag gesessen. Er wurde 1946 stellvertretender Vorsitzender der SED und 1949 erster Justizminister der DDR. 1953 schloß man ihn vorübergehend aus der Partei aus, weil er nach dem Aufstand vom 17. Juni zu den Befürwortern des Streikrechts zählte.
13 Walter Ulbricht (1893–1973) wurde 1912 Mitglied der SPD, ehe er 1919 zur KPD übertrat. Ulbricht bekleidete bis zum Ausbruch des II. Weltkrieges eine Vielzahl von Ämtern für seine Partei. Die Jahre von 1938 bis 1945 verbrachte er in Moskau, wo er 1943 zu den Gründern des Nationalkomitees »Freies Deutschland« zählte. Auch nach dem Krieg sollte Ulbricht wieder eine ganze Reihe von politischen Ämtern ausfüllen. Entscheidend für seinen Aufstieg war dabei die Rolle, die er in der Einheitspartei spielte. 1946 bis 1950 war er stellvertretender Vorsitzender der SED, ehe er 1950 Generalsekretär wurde. 1953–1971 war er dann 1. Sekretär des ZK der SED und schließlich, bis zu seinem Tode 1973, Vorsitzender der Partei.

14 Moraw, Frank: Die Parole der ›Einheit‹ und die Sozialdemokratie. 2.,. aktualisierte Auflage, Bonn 1990 (künftig Moraw: Parole), S. 84.
15 Vgl. u. a. Kaden: Einheit, S. 31 und Gabert, Josef/Hans-Joachim Krusch/Andreas Malycha: Einheitsdrang oder Zwangsvereinigung? Die Sechziger-Konferenzen von KPD und SPD 1945 und 1946. Berlin 1990, S. 8.
16 Vgl. »Rede auf der ersten 60er-Konferenz der SPD und KPD am 20. Dezember 1945« (künftig »Rede auf der ersten 60er-Konferenz«), zit. in: Otto Grotewohl, 1. Bd., S. 226–244 (hier S. 231).
17 Gustav Dahrendorf (1901–1954) trat 1918 in die SPD ein. 1932 wurde er Reichstagsabgeordneter. Wegen seiner Zugehörigkeit zum Kreisauer Kreis wurde er 1944 zu sieben Jahren Zuchthaus verurteilt. Im Februar 1946 verließ er die SBZ und siedelte nach Hamburg über.
18 Moraw: Parole, S. 86.
19 »Das Volk«, 7.7.1945.
20 Vgl. Archiv der Sozialen Demokratie bei der Friedrich-Ebert-Stiftung in Bonn (künftig AdsD): Akte Gniffke, Nr. 7/1, S. 6–7.
21 »Entwurf«, zit. in: Otto Grotewohl, 1. Bd., S. 66.
22 Vgl. »Das Volk«, 7.7.1945.
23 Vgl. Die Berliner Konferenz der Drei Mächte/Der Aliierte Kontrollrat für Deutschland/Die Aliierte Kommandantur der Stadt Berlin. Sammelheft 1, Berlin 1946, Seite 25–31.
24 Vgl. »Entwurf«, zit. in: Otto Grotewohl, 1. Bd., S. 67.
25 In dem Aufruf hieß es: »Das Zentralkomitee der Kommunistischen Partei Deutschlands ist der Auffassung, daß das vorstehende Aktionsprogramm als Grundlage zur Schaffung eines Blocks der antifaschistischen, demokratischen Parteien (der Kommunistischen Partei, der Sozialdemokratischen Partei, der Zentrumspartei und anderer) dienen kann.« »Aufruf des Zentralkomitees der Kommunistischen Partei Deutschlands an das deutsche Volk zum Aufbau eines antifaschistisch-demokratischen Deutschlands (11. Juni 1945)« (künftig »Aufruf des Zentralkomitees«), zit. in Kleßmann: Doppelte Staatsgründung, S. 411–414 (hier S. 414).
26 »Entwurf«, zit. in: Otto Grotewohl, 1. Bd., S. 67.
27 Vgl. ebenda.
28 »Das Volk«, 7.7.1945.
29 »Entwurf«, zit. in: Otto Grotewohl, S. 66f.
30 »Entwurf«, zit. in: Otto Grotewohl, 1. Bd., S. 67.
31 Vgl. »Aufruf des Zentralkomitees«, zit. in: Kleßmann: Doppelte Staatsgründung, S. 413f.
32 Vgl. Stempel: Betrachtung, S. 39.
33 »Das Volk«, 7.7.1945.
34 »Aufruf des Zentralkomitees«, zit. in: Kleßmann: Doppelte Staatsgründung, S. 413.
35 »Das Volk«, 7.7.1945.
36 »Aufruf des Zentralkomitees«, zit. in: Kleßmann: Doppelte Staatsgründung, S. 413.

37 Ebenda.
38 Vgl. Triebel: Grotewohls Weg in die Einheitspartei, S. 10.
39 Vgl. SAPMO BArch: NY 4090/125, S. 1–9. Die nachfolgenden Zitate sind dieser Rede entnommen.
40 Vgl. »Das Volk«, 7.7.1945.
41 SAPMO BArch: NY 4090/125, S. 6.
42 Der Jurist Karl Polak, der maßgeblichen Einfluß auf die Ausarbeitung der Verfassung hatte, begründete diesen Artikel, der in der DDR oftmals zur Aburteilung von Regimegegnern mißbraucht wurde, auf der Sitzung des Verfassungsausschusses der SED am 11. November 1946 mit den Worten: »Wir haben uns damit auf den Boden einer kämpferischen Demokratie gestellt, daß in einer Demokratie nur Demokraten Bürgerrechte haben. Wir verhindern damit, daß die demokratischen Rechte zur Vernichtung prinzipieller Rechte der Demokratie benutzt werden können.« SAPMO BArch: NY 4090/379, S. 26.
43 SAPMO BArch: NY 4090/125, S. 7.
44 »Das Volk«, 7.7.1945.
45 SAPMO BArch: NY 4090/125, S. 9.
46 »Rede auf der SPD-Kundgebung in Berlin am 14. September 1945« (künftig »14. September 1945«), zit. in: Otto Grotewohl, 1. Bd., S. 123–174 (hier S. 151).
47 SAPMO BArch: NY 4090/125, S. 9.
48 Ebenda, S. 8.
49 Wie viele Sozialdemokraten an dieser Versammlung teilgenommen haben, läßt sich heute nicht mehr eindeutig klären. Ebensowenig kann exakt festgestellt werden, ob auch Teilnehmer aus anderen Teilen der Ostzone bzw. den westlichen Zonen gekommen waren. Letzteres erscheint aufgrund der zerstörten Kommunikations- und Transportwege als eher unwahrscheinlich.
50 Kaden: Einheit, S. 29.
51 Vgl. Hurwitz: Demokratie und Antikommunismus, 4/1, S. 398.
52 Vgl. Kaden: Einheit, S. 39.
53 In der amerikanischen Besatzungszone waren Parteigründungen auf kommunaler Ebene ab dem 27. August 1945 erlaubt, auf zonaler Ebene ab dem 23. November 1945. In der britischen Besatzungszone dauerte es bis zum 15. September bzw. 10. Dezember 1945, ehe die Genehmigungen erteilt wurden. In der französischen Besatzungszone blieben Parteigründungen auf Orts- und Kreisebene bis zum Dezember 1945 untersagt, und die zonale Zulassung von Parteien ließ sogar bis ins darauffolgende Jahr auf sich warten.
54 Vgl. Hurwitz: Demokratie und Antikommunismus, 4/1, S. 263.
55 Vgl. ebenda.
56 Moraw: Parole, S. 96. Auch Gustav Dahrendorf bestätigte dieses Selbstverständnis der in Berlin gegründeten Parteien. Vgl. Gustav Dahrendorf: Der Mensch, das Maß aller Dinge. Reden und Schriften zur deutschen Politik 1945–1954. Hamburg 1955, S. 91.

57 Suckut, Siegfried: Blockpolitik in der SBZ/DDR 1945–1949. Die Sitzungsprotokolle des zentralen Einheitsfront-Ausschusses. Mannheim 1986 (künftig Suckut: Blockpolitik), S. 13 f.
58 Kurt Schumacher (13. 10. 1895–28. 8. 1952) trat 1918 der SPD bei. 1930 wurde er für die Partei in den Deutschen Reichstag gewählt. Von 1933 bis 1943 war Schumacher als politischer Häftling in verschiedenen Konzentrationslagern inhaftiert. Nach dem II. Weltkrieg, stieg Schumacher zum unbestrittenen Führer der West-SPD auf.
59 Vgl. Albrecht, Willy (Hg.): Kurt Schumacher. Reden – Schriften – Korrespondenzen 1945–1952. Berlin/Bonn 1985 (künftig Albrecht: Schumacher), S. 90.
60 Ebenda, S. 92.
61 Vgl. Weber, Hermann: Die DDR 1945–1990. 2. überarbeitete und erweiterte Auflage, München 1993, S. 21.
62 Vgl. ebenda, S. 22.
63 Vgl. Hurwitz: Demokratie und Antikommunismus, 4/1, S. 154.
64 SAPMO BArch: NY 4182/857, S. 91.
65 Das Zustandekommen dieser Erklärung war typisch für alle weiteren Entschließungen, die KPD und SPD im Verlauf des Einigungsprozesses herausgaben. Zur Ausarbeitung des Textes wurden je ein Vertreter beider Parteien – Gniffke (SPD) und Ackermann (KPD) – benannt. Als sich beide in einen Nebenraum begaben, zog Ackermann einen fertigen Entwurf aus der Tasche, an dem auf Einwand Gniffkes hin lediglich einige Änderungen vorgenommen wurden. Vgl. Gniffke, Erich W.: Jahre mit Ulbricht. Köln 1966 (künftig Gniffke: Jahre mit Ulbricht), S. 33. Dieser Vorgang sollte sich bis zur Gründung der SED stets wiederholen. Zu jedem Treffen von KPD und SPD brachten die Kommunisten fertig ausgearbeitete Resolutionen mit, die dann entweder als Grundlage für die Verhandlungen selbst oder als Vorlage für die gemeinsamen Kommuniqués dienten. Die Sozialdemokraten brauchten bzw. konnten lediglich einige Streichungen oder Ergänzungen geltend machen. Damit trugen die gemeinsamen Erklärungen von KPD und SPD immer die Diktion der Kommunisten. Das konnte, wie das Nachspiel zur Sechziger Konferenz noch zeigen wird, unter Umständen von entscheidender Bedeutung sein. Immer schienen die Kommunisten die Initiative in der Hand zu halten, und immer präjudizierten sie durch diese Vorgangsweise das Ergebnis der Konferenz. Den Sozialdemokraten gelang es weder, diesen stereotypen Ablauf zu durchbrechen, noch formulierten sie einen eigenen Standpunkt. Wenn sie nicht bereit waren, Verhandlungen mit den Kommunisten offen scheitern zu lassen, weil sie die Schaffung der Einheitspartei nicht gefährden wollten, so hätten sie diese so weit in die Länge ziehen müssen, bis sie sich über ihren eigenen Standpunkt klargeworden waren.
66 Plenar, Ulla: SPD 1945–1949. Konzeption, Praxis, Ergebnisse. Berlin 1981, S. 31.
67 Vgl. ebenda.
68 Vgl. Hurwitz: Demokratie und Antikommunismus, 4/1, S. 156.

69 »Erster Bezirksparteitag der Sozialdemokratischen Partei Deutschlands, Bezirk Leipzig, am Sonntag, den 26. August 1945 im Rathaus«, in: AdsD: Ostbüro 0301/1 (künftig »Bezirksparteitag«), S. 1–31 (hier S. 13).
70 Ebenda.
71 Ebenda, S. 18.
72 Vgl. Suckut: Blockpolitik.
73 Vgl. SAPMO BArch: NY 4090/125, S. 10–19 (hier S. 12).
74 CDU: Christlich-Demokratische Union.
75 LDP: Liberal-Demokratische Partei.
76 Vgl. Suckut: Blockpolitik, S. 15.
77 Ebenda, S. 19.
78 Vgl. »Gründungserklärung des zentralen Einheitsfront-Ausschusses vom 14. Juli 1945«, zit. in: ebenda, S. 64–65 (hier S. 65).
79 Vgl. ebenda, S. 19.
80 »Geschäftsordnung des Gemeinsamen Ausschusses der ›Einheitsfront der antifaschistisch-demokratischen Parteien‹«, zit. in: ebenda, S. 75.
81 »Politische Richtlinien für die S.P.D. in ihrem Verhältnis zu den anderen politischen Faktoren« (künftig »Richtlinien«), zit. in: Albrecht: Schumacher, S. 256–286 (hier S. 280).
82 Suckut: Blockpolitik, S. 47.
83 Vgl. ebenda, S. 45.
84 Im nachhinein ist festzustellen, daß sich die offizielle Bezeichnung »Einheitsfront« nie gegen den Begriff »Block« durchsetzen konnte.
85 »Verlauf der Gründungssitzung [Einheitsfront der antifaschistisch-demokratischen Parteien, M. J.], Gedächtnisprotokoll von Erich W. Gniffke«, zit. in: ebenda, S. 62–63 (hier S. 62).
86 »Das Volk«, 13.7.1945.
87 »Neue Zeit«, 4.8.1945.
88 Vgl. ebenda.
89 Vgl. ebenda.
90 Ebenda.
91 Vgl. ebenda.
92 Ebenda.
93 Ebenda.
94 Ebenda.
95 Fisch, Jörg: Reparationen nach dem Zweiten Weltkrieg. München 1992 (künftig Fisch: Reparationen), S. 95 f.
96 Ebenda, S. 111 f.
97 »Neue Zeit«, 4.8.1945.
98 Ebenda.
99 Ebenda.
100 Vgl. ebenda.
101 SAPMO BArch: NY 4090/274, S. 13.
102 Vgl. »Neue Zeit«, 4.8.1945.
103 Ebenda.

104 Stiftung: NY 4090/274, S. 9.
105 Vgl. »Neue Zeit«, 4. 8. 1945.
106 Vgl. SAPMO BArch: NY 4090/274, S. 6.
107 Vgl. ebenda, S. 1.
108 »Rede auf der Kundgebung der SPD in Leipzig am 25. August 1945«, zit. in: Otto Grotewohl, 1. Bd., S. 98 f. Die Datumsangabe 25. August ist offensichtlich falsch, die Veranstaltung fand am 26. August 1945 statt, an demselben Tag, an dem Otto Grotewohl auch sein Referat vor den Leipziger SPD-Funktionären gehalten hat. Vgl. »Bezirksparteitag«, S. 1.
109 »14. September 1945«, zit. in: Otto Grotewohl, 1. Bd., S. 137.
110 Vgl. Triebel: Grotewohls Weg in die Einheitspartei, S. 20.
111 Vgl. Hurwitz: Demokratie und Antikommunismus, 4/1, S. 282.
112 Frank Moraw glaubt, daß der ZA wegen der intensiven Arbeit an den programmatischen Schriften den Aufbau einer Parteiorganisation vernachlässigte. »Um die Partei voranzubringen, war es (…) unaufschiebbar, sowohl organisatorische Verbindungen mindestens in die Ostzone hinein zu schaffen, wie auch eine einheitliche und verpflichtende politische Konzeption zu formulieren, (…) Beide längerfristigen Aufgaben gleichzeitig in Angriff zu nehmen überstieg aber die Kräfte des ZA (…) So kamen (…) zwar bald einige Analysen und richtungsweisende programmatische Ausarbeitungen zustande, aber beim Organisationsaufbau wurden wertvolle Wochen und Monate versäumt.« Moraw: Parole, S. 96 f.
113 Es ist irrelevant, ob Gustav Klingelhöfer – nach seinem Gang in die Westzonen – gegenüber Schumacher erklärte, daß die von ihm ausgearbeitete Ostorientierung von vornherein nur eine taktische Bedeutung besessen habe, um »bei passender Gelegenheit die oberste russische Stelle davon zu überzeugen, daß sie nicht nötig habe, auf die Kommunisten zu bauen, um aus Deutschland keine Bedrohung für Sowjetrußland werden zu lassen«. (Hurwitz: Demokratie und Antikommunismus, 4/1, S. 338 f.). Grotewohl diente die Ostorientierung zur Rechtfertigung seiner politischen Entwicklung.
114 Gustav Klingelhöfer (16. 10. 1888 – 16. 1. 1961) war seit 1917 Parteimitglied. Er gehört zu Grotewohls wichtigsten Beratern und Redenschreibern und war letztendlich auch für die Ausarbeitung des Konzepts der Ostorientierung verantwortlich. Er leitete im ZA das Sekretariat für Wirtschaftspolitik und hatte sich bereits als Wirtschaftsredakteur des »Vorwärts« einen Namen gemacht. Noch vor der Gründung der SED verließ Klingelhöfer den ZA. Er gehörte von 1953 bis 1957 dem Deutschen Bundestag an.
115 Zu dem Konzept der Ostorientierung entstanden im Wirtschaftsreferat von Gustav Klingelhöfer, nach Darstellung von Harold Hurwitz, drei verschiedene Dokumente. Die folgende Besprechung der Ostorientierung wird sich auf jenes Dokument stützen, das von Hurwitz als zweite Fassung gekennzeichnet wurde, »Stellungnahme und Beschluß des Zentralausschusses der SPD vom 20. August 1945«, da es sich hier vermutlich um die Version der Ostorientierung handelt, die – in gekürzter Form – Ende November 1945

von Otto Grotewohl an die SMAD übergeben wurde. Vgl. Hurwitz: Demokratie und Antikommunismus, 4/1, S. 337.
116 SAPMO BArch: II 2/1, S. 23.
117 Ebenda, S. 16.
118 Vgl. ebenda, S. 22.
119 Ebenda, S. 26.
120 Vgl. ebenda, S. 24.
121 Ebenda, S. 25.
122 Ebenda, S. 27.
123 Ebenda, S. 16.
124 Carlo Schmid (3.12.1896–11.12.1979) zählt zu den »Väter der Grundgesetzes«. Schmid war erst 1945 in die SPD eingetreten, zwei Jahre später wurde er in ihren Parteivorstand gewählt. Er bekleidete zahlreiche Ämter für seine Partei und gehörte von 1949 bis 1972 dem Deutschen Bundestag an.
125 Vgl. »Denkschrift von Carlo Schmid vom 19. Juli 1945 (Entwurf)«, zit. in: Kleßmann: Doppelte Staatsgründung, S. 371–372 (hier S. 371).
126 Ebenda.
127 Ebenda.
128 Ebenda, S. 372.
129 Ebenda.
130 »Bericht des amerikanischen Geheimdienstes über die Einstellungen der deutschen Bevölkerung in der US-Zone (vom 12. August 1945)«, zit. in: Kleßmann: Doppelte Staatsgründung, S. 372–374 (hier S. 372).
131 SAPMO BArch: II 2/1, S. 16.
132 Hurwitz: Demokratie und Antikommunismus, 4/1, S. 314.
133 SAPMO BArch: II 2/1, S. 26 f.
134 Hurwitz: Demokratie und Antikommunismus, 4/1, S. 340 f.
135 Vgl. »Brief an Hans Vogel, London, vom 17. August 1945«, zit. in: Otto Grotewohl, 1. Bd., S. 91–92.
136 Vgl. SAPMO BArch: NY 4090/9, S. 109.
137 »Bezirksparteitag«, S. 11.
138 Ebenda, S. 13.
139 Ebenda.
140 Ebenda, S. 14.
141 Ebenda.
142 Caracciolo, Lucio: Der Untergang der Sozialdemokratie in der sowjetischen Besatzungszone. Otto Grotewohl und die »Einheit der Arbeiterklasse« 1945/46. In: Vierteljahrshefte für Zeitgeschichte (VfZ), 36/1988 (künftig Caracciolo: Untergang), S. 281–318 (hier S. 294).
143 »Bezirksparteitag«, S. 16.
144 Ebenda.
145 Vgl. ebenda, S. 16 f.
146 Ebenda, S. 17.
147 Ebenda, S. 19.

148 Ebenda, S. 20.
149 Ebenda, S. 6.
150 Ebenda, S. 3.
151 Ebenda, S. 27.
152 Ebenda, S. 29.
153 Vgl. ebenda, S. 28.
154 Ebenda, S. 21.
155 Ebenda, S. 25.
156 Trotzdem unterlag auch hier die Berichterstattung der Zensur durch die SMAD. Bestimmte Passagen, die der sowjetischen Besatzungsmacht unangenehm waren, wurden deshalb gestrichen. In dem Buch »Otto Grotewohl und die Einheitspartei«, Dokumente Band 1: »Mai 1945 bis April 1946«, hat das Autorenteam Hans-Joachim Fieber, Maren Franke und Wolfgang Triebel eine rekonstruierte Fassung der Rede vorgelegt, auf die hier zurückgegriffen wird. Die von der Zensurbehörde beanstandeten Stellen sind innerhalb von Zitaten in Klammern wiedergegeben.
157 »Das Volk«, 15. 9. 1945.
158 »14. September 1945«, zit. in: Otto Grotewohl, 1. Bd., S. 123.
159 Vgl. ebenda, S. 124.
160 Vgl. ebenda, S. 125.
161 Ebenda, S. 127.
162 Ebenda, S. 131 f.
163 Ebenda, S. 132.
164 Ebenda.
165 Ebenda, S. 157.
166 Ebenda, S. 160 f.
167 Vgl. ebenda, S. 161. Bis zu diesem Zeitpunkt agierte lediglich die KPD als Reichspartei, deren Führung einheitlich bei dem ZK in Berlin lag.
168 Ebenda, S. 161.
169 Ebenda, S. 137.
170 Damals war bereits klar, daß die Wennigsener Konferenz (5. – 6. Oktober 1945) nicht der vom ZA gewünschte Reichsparteitag sein würde.
171 Ebenda, S. 161.
172 Ebenda.
173 Ebenda, S. 138.
174 Ebenda, S. 140.
175 Ebenda S. 151.
176 Im Oktober 1945 wurde Otto Grotewohl von der SMAD mit kulturpolitischen Aufgaben wie der Neugestaltung der Schulbücher und der Ausarbeitung der Lehrpläne für die Universitäten und Hochschulen in der SBZ betraut. Vgl. SAPMO BArch: NY 4090/281, S. 17.
177 Vgl. »14. September 1945«, zit. in: Otto Grotewohl, 1. Bd., S. 154.
178 Vgl. Triebel: Grotewohls Weg in die Einheitspartei, S. 25 f.
179 Wilhelm Pieck (3. 1. 1876 – 7. 9. 1960) war 1895 in die SPD eingetreten. Seit ihrer Gründung 1918 gehörte er der KPD an. Als Funktionär bekleidete

er zahlreiche Ämter in der Partei und in der Kommunistischen Internationale (Komintern). 1946 wurde er gemeinsam mit Otto Grotewohl zum Vorsitzenden der SED gewählt. Von 1949 bis zu seinem Tod hatte er das Amt des Präsidenten der DDR inne.

180 Demokratische Bodenreform. Rede von Wilhelm Pieck, Vorsitzender der Kommunistischen Partei Deutschlands, und Edwin Hoernle, Direktor der Zentralverwaltung für Land- und Forstwirtschaft, am 19. September 1945. Berlin 1945, S. 13f.

181 Leonhard, Wolfgang: Die Revolution entläßt ihre Kinder. 4. Taschenbuchauflage, Darmstadt 1962 (künftig Leonhard: Revolution), S. 350f. Leonhard setzt den Beginn für die Vereinigungskampagne allerdings irrtümlich auf die Zeit nach der Novemberrede von Otto Grotewohl fest.

182 »Begleitbrief Schumachers an die Parteibezirke der amerikanischen Zone mit Hinweis auf eine ›baldige Reichskonferenz‹«, zit. in: Albrecht: Schumacher, S. 287–288 (hier S. 287).

183 Vgl. »Die Sozialdemokratie ruft: Für ein neues besseres Deutschland!«, zit. in: ebenda, S. 251–255.

184 Vgl. Sühl, Klaus: Arbeiterbewegung, SPD und deutsche Einheit 1945/46. In: Rolf Ebbinghausen/Friedrich Tiemann (Hg.): Das Ende der Arbeiterbewegung in Deutschland? Ein Diskussionsband zum sechzigsten Geburtstag von Theo Pirker. Opladen 1984, S. 271–300 (hier S. 275f.).

185 »Einladung zu einer Art ›Reichskonferenz‹ in Hannover am 5., 6. und 7. Oktober 1945« (künftig »Einladung«), zit. in: Albrecht: Schumacher, S. 288–289 (hier S. 288). Die Konferenz, ursprünglich auf drei Tage angesetzt, wurde später auf Anordnung der britischen Besatzungsmacht auf zwei Tage gekürzt.

186 »Schreiben an den ›Zentralausschuß der Sozialdemokratischen Partei Deutschlands‹ mit Einladung zur ›Konferenz der drei Westgebiete‹ am 5. und 6. Oktober 1945« (künftig »Einladung zur ›Konferenz der drei Westgebiete‹«), zit. in: ebenda, S. 289–290.

187 Vgl. »Auszug aus dem Sozialdemokratischen Mitteilungsblatt der SPD-Hannover Nr. 7 vom 13. 10. 1945 über die Sozialdemokratische Reichskonferenz in Wennigsen bei Hannover am 5. und 6. Oktober 1945« (künftig »Auszug aus dem Sozialdemokratischen Mitteilungsblatt«), zit. in: Otto Grotewohl, 1. Bd., S. 357–366 (hier S. 360ff.).

188 »Einladung zur ›Konferenz der drei Westgebiete‹«, zit. in: Albrecht: Schumacher, S. 289f.

189 Vgl. Hurwitz: Demokratie und Antikommunismus, 4/1, S. 364.

190 Vgl. Albrecht: Schumacher, S. 97.

191 Vgl. »Einladung«, zit. in: ebenda, S. 288.

192 Vgl. »Schumacher an Hans Etzkorn (Frankfurt a. M.) über die geplante Parteikonferenz« (künftig »Schumacher an Hans Etzkorn«), zit. in: ebenda, S. 297–300 (hier S. 298).

193 Vgl. ebenda.

194 Ebenda, S. 298.

195 Vgl. Hurwitz: Demokratie und Antikommunismus, 4/1, S. 375 ff.
196 »Schumacher an Hans Etzkorn«, zit. in: Albrecht: Schumacher, S. 299.
197 Vgl. ebenda.
198 »Rundschreiben an die Bezirksvorstände zur Frage der ›Erringung der Parteieinheit‹«, zit. in: ebenda S. 294–297.
199 Den Ausdruck Zentralausschuß setzt Schumacher hier wie auch in anderen Schreiben in Anführungszeichen. Er signalisierte damit, daß er den Anspruch, der in diesem Namen enthalten war, keinesfalls anerkannte. Ebenda, S. 296.
200 Ebenda.
201 Ebenda.
202 Hurwitz: Demokratie und Antikommunismus, 4/1, S. 369.
203 Malycha, Andreas: Der Zentralausschuß Kurt Schumacher und die Einheit der SPD. In: BzG, 33/1991, S. 182–193 (hier S. 186f.).
204 Vgl. Hurwitz: Demokratie und Antikommunismus, 4/1, S. 386.
205 Vgl. ebenda, S. 387.
206 Vgl. ebenda, S. 390 ff.
207 Vgl. ebenda, S. 391.
208 Vgl. »Auszug aus dem Sozialdemokratischen Mitteilungsblatt«, zit. in: Otto Grotewohl, 1. Bd., S. 363.
209 Hurwitz: Demokratie und Antikommunismus, 4/1, S. 393.
210 Vgl. Moraw: Parole, S. 125.
211 Vgl. Hurwitz: Demokratie und Antikommunismus, 4/1, S. 393.
212 Vgl. ebenda S. 394 f.
213 »Richtlinien«, zit. in: Albrecht: Schumacher, S. 281.
214 Vgl. Hurwitz: Demokratie und Antikommunismus, 4/1, S. 395.
215 Ebenda, S. 397.
216 Vgl. ebenda, S. 397 ff.
217 »Rundschreiben an die ›Bezirksvorstände der Sozialdemokratischen Partei Deutschlands in den 3 westlichen Besatzungszonen‹«, zit. in: Albrecht: Schumacher, S. 321–323 (hier S. 322).
218 »Schumacher an Carl Severing über die Ergebnisse der Konferenz von Wennigsen/Hannover«, zit in: ebenda, S. 320–321 (hier S. 320).
219 Caracciolo: Untergang, S. 300.
220 »Das Volk«, 16.10.1945.
221 NY 4036/633, S. 25–29 (hier S. 25).
222 Triebel: Grotewohls Weg in die Einheitspartei, S. 30.
223 Hurwitz: Demokratie und Antikommunismus, 4/1, S. 384.
224 Auch Frank Moraw beruft sich in seinem Buch Die Parole der »Einheit« auf die Darstellung von Günther Markscheffel.
225 Hurwitz: Demokratie und Antikommunismus, 4/1, S. 400 f.
226 Vgl. ebenda, S. 398 f.
227 Vgl. »Allgemeine Zeitung«, 16.9.1945.
228 Vgl. Hurwitz: Demokratie und Antikommunismus, 4/1, S. 478.
229 Die DDR-Geschichtsschreibung unterschlug diese Rede Grotewohls nur

allzugern, paßte sie doch gar nicht in das Bild, das man sich von dem ZA-Vorsitzenden zurechtgelegt hatte. Sie fand weder in der Biographie von Heinz Voßke Erwähnung noch in den Reden-Sammlungen (Im Kampf um Deutschland, Reden und Aufsätze. Und: Im Kampf um die einige deutsche demokratische Republik, Reden und Aufsätze). Auch Andreas Malycha, der 1992 als Herausgeber der Rede fungierte, erwähnte die Rede in seinen Schriften bis zur deutschen Wiedervereinigung (vgl. z. B.: Der Zentralausschuß der SPD im Jahre 1945 und seine Stellung zur Sowjetunion. In: BzG, 28/1986, S. 236–247) nicht. In der Bundesrepublik waren die Ausführungen Grotewohls zwar bekannt, wurden aber erst 1992 in der Zeitschrift »Beiträge zur Geschichte der Arbeiterbewegung« veröffentlicht.

230 Die KPD-Taktik, den ZA mit einem Vorschlag zu überraschen und sogleich mit einem fertig ausgearbeiteten Konzept die Lösung aus der Tasche zu ziehen, verfing dieses Mal nicht. Selbst Ulbrichts Hinweis, die Feier werde von den »Freunden« (gemeint waren die Sowjets) gewünscht, konnte den ZA nicht mehr umstimmen. Zu stark hatte sich der Wunsch gefestigt, die Kommunisten einmal »abblitzen« zu lassen. Vgl. Gniffke: Jahre mit Ulbricht, S. 103.
231 SAPMO BArch: NY 4090/125, S. 90–96 (hier S. 90).
232 Ebenda.
233 Vgl. ebenda, S. 91.
234 Ebenda, S. 92.
235 Ebenda, S. 93.
236 Ebenda, S. 94.
237 Ebenda.
238 Ebenda, S. 95.
239 Ebenda.
240 SAPMO BArch: NY 4036/633, S. 45.
241 SAPMO BArch: NY 4090/125, S. 95.
242 Ebenda.
243 Triebel: Grotewohls Weg in die Einheitspartei, S. 33.
244 Vgl. Moraw: Parole, S. 133.
245 Vgl. Hurwitz: Demokratie und Antikommunismus, 4/1, S. 534 ff.
246 Vgl. Triebel: Grotewohls Weg in die Einheitspartei, S. 32.
247 Im Archiv der Parteien und Massenorganisationen der DDR im Bundesarchiv befindet sich ein Exemplar, das die Grotewohl-Rede enthält.
248 Lucio Caracciolo sieht in diesen Versäumnissen ein grundsätzliches Problem der Arbeiterparteien: »Die mangelnde Mobilisierung der Parteibasis war nicht nur eine Folge der von der Besatzungsmacht betriebenen Einschränkung der freien politischen Betätigung und der Entwicklung einer Demokratie von unten her. Mitverantwortlich für dieses Versäumnis der Partei war auch die traditionelle paternalistisch-autoritäre Haltung der Führer der deutschen (aber auch der internationalen) Arbeiterschaft gegenüber den Parteimitgliedern. Das Gegenbild dieses elitären Denkens finden wir in der unerhörten Parteidisziplin der Mitglieder, die oft an Passivität grenzen

und zu schmerzhaften Kompromissen mit dem eigenen Gewissen zwingen konnte.« Caracciolo: Untergang, S. 294f. Dabei läßt Caracciolo keinen Zweifel daran, daß die exogenen Faktoren (»interalliierte Krise«, »das Eingreifen der SMAD in die inneren Angelegenheiten der Ost-SPD« oder »die von Kurt Schumacher betriebene Spaltung der SPD«) wesentlich mehr Gewicht besaßen. Vgl. ebenda, S. 295.

249 Creuzberger, Stefan: Die Sowjetische Militäradministration in Deutschland (SMAD) 1945–1949. Melle 1991, S. 19.

250 Vgl. Badstübner, Rolf/Wilfried Loth (Hg.): Wilhelm Pieck – Aufzeichnungen zur Deutschlandpolitik 1945–1953. Berlin 1994 (künftig Badstübner: Wilhelm Pieck), S. 23 und 26.

251 Vgl. Hurwitz: Demokratie und Antikommunismus, 4/1, S. 340f.

252 Vgl. Moraw: Parole, S. 127 (Anm. 212).

253 Vgl. Hurwitz: Demokratie und Antikommunismus, 4/1, S. 534.

254 Kaden: Einheit, S. 167.

255 »Socialist Party Congress«, 19.10.1945, britischer Intelligence-Bericht über die Konferenz von Wennigsen, zit. in: Caracciolo: Untergang, S. 300.

256 Vgl. Gniffke: Jahre mit Ulbricht, S. 177.

257 Vgl. Moraw: Parole, S. 137.

258 Bei dieser Gelegenheit wurde Grotewohl von Parteifreunden angeblich die Stelle eines Braunschweiger Ministerpräsidenten offeriert, die er jedoch ablehnte. (Vgl. Hurwitz: Demokratie und Antikommunismus, 4/1, S. 583.) Ein Hinweis darauf, daß Grotewohl seine eigene politische Lage zum damaligen Zeitpunkt keineswegs als hoffnungslos ansah.

259 Vgl. Gniffke: Jahre mit Ulbricht, S. 117ff.

260 Vgl. Kaden: Einheit, S. 195, Anm. 433.

261 Walter Ulbricht hatte für die Besetzung der Verwaltungsstellen folgende Richtlinien gegeben: »Die Bezirksverwaltungen müssen politisch gezielt und richtig zusammengestellt werden. Kommunisten als Bürgermeister können wir nicht brauchen, höchstens im Wedding und in Friedrichshain. Die Bürgermeister sollen in den Arbeiterbezirken in der Regel Sozialdemokraten sein. In den bürgerlichen Vierteln – Zehlendorf, Wilmersdorf, Charlottenburg usw. – müssen wir an die Spitze einen bürgerlichen Mann stellen, einen, der früher dem Zentrum, der Demokratischen oder Deutschen Volkspartei angehört hat. Am besten, wenn er ein Doktor ist; er muß aber gleichzeitig auch Antifaschist sein und ein Mann, mit dem wir gut zusammenarbeiten können. (...) Jedenfalls mussen zahlenmäßig mindestens die Hälfte aller Funktionen mit Bürgerlichen oder Sozialdemokraten besetzt werden. (...) Es ist doch ganz klar: es muß demokratisch aussehen, aber wir müssen alles in der Hand haben.« Leonhard: Revolution, S. 293f.

262 Das Ergebnis der ersten Gemeinderatswahlen in der amerikanischen Zone (27. Januar 1946) bestätigte die Befürchtungen der Kommunisten. Während die SPD im Durchschnitt 25,1 Prozent der Stimmen erhielt, bekam die KPD nur 3,5 Prozent.

263 Die Angaben bezüglich der Mitgliederzahlen weisen zum Teil erhebliche

Schwankungen auf. Trotzdem wird von keiner ernst zu nehmenden Quelle ein tatsächlicher Vorsprung der SPD in Zweifel gezogen, auch wenn die Mitgliederentwicklung bei der KPD, im Vergleich zur Weimarer Republik, weitaus besser war als bei der SPD.

264 Vgl. SAPMO BArch: NY 4090/281, S. 1–3.
265 Ebenda, S. 1.
266 Vgl. ebenda, S. 2.
267 Ebenda, S. 1.
268 Ebenda, S. 3.
269 Ebenda, S. 39–41.
270 Vgl. »Rede auf der ersten 60er-Konferenz«, zit. in: Otto Grotewohl, 1. Bd., S. 226.
271 Vgl. ebenda, S. 228 ff.
272 Vgl. ebenda, S. 230.
273 Ebenda, S. 234.
274 Vgl. ebenda, S. 234, 235 und 238.
275 Ebenda, S. 234 f.
276 Vgl. ebenda, S. 235.
277 Ebenda.
278 Ebenda, S. 236.
279 Vgl. ebenda, S. 236 f.
280 Ebenda, S. 240.
281 Vgl. ebenda, S. 243. Diese Studienkommission, hier noch Teil der Grotewohlschen Hinhaltetaktik, sollte von der Konferenz tatsächlich eingesetzt werden. Als die Kommission aber zum erstenmal zusammentrat (15. Februar 1946), hatte Grotewohl selbst bereits endgültig Kurs auf die Einheitspartei genommen. Die Studienkommission wurde schließlich für die Ausarbeitung des Parteiprogramms und des Parteistatuts der SED zuständig. Sie tat dies wie üblich auf der Grundlage eines KPD-Entwurfes.
282 Ebenda, S. 243 f.
283 »Schlußwort auf der ersten 60er-Konferenz der SPD und KPD am 21. Dezember 1945«, zit. in: Otto Grotewohl, 1. Bd., S. 245–247 (hier S. 246).
284 Gruner, Gert/Wilke, Manfred (Hg.): Sozialdemokraten im Kampf um die Freiheit. Die Auseinandersetzung zwischen SPD und KPD in Berlin 1945/46. 2. Auflage, München 1986, S. 148.
285 Ebenda, S. 59.
286 Vgl. SAPMO BArch: NY 4090/281, S. 42–63.
287 Ebenda, S. 53.
288 Ebenda.
289 In seinem Aufsatz: »Auf dem Wege zur Einheit«, der einer publizierten Ausgabe der Entschließung angehängt war, hob Otto Grotewohl diese weiterhin bestehende Trennung der Parteien zwar hervor, in der Entschließung selbst fehlte sie jedoch. Vgl. Grotewohl, Otto: Auf dem Weg zur Einheit. In: Otto Grotewohl/Max Fechner und Franz Dahlem: Schaffung der Arbeitereinheit. Entschließung der Konferenz des Zentralausschusses der SPD und

des ZK der KPD vom 20./21. Dezember 1945. London [1945], S. 9–11 (hier S. 11).
290   SAPMO BArch: NY 4090/281, S. 54.
291   Ebenda.
292   Vgl. ebenda, S. 55.
293   Vgl. ebenda, S. 56.
294   Ebenda.
295   Henry Krisch: German politics under soviet occupation. New York/London 1974, S. 139.
296   Triebel: Grotewohls Weg in die Einheitspartei, S. 36.
297   Hurwitz, Harold: Demokratie und Antikommunismus in Berlin nach 1945. Band 4: Die Anfänge des Widerstandes, 2. Teil: Zwischen Selbsttäuschung und Zivilcourage: Der Fusionskampf Köln 1990 (künftig Hurwitz: Demokratie und Antikommunismus, 4/2), S. 678.
298   Ebenda, S. 713.
299   Schulz, Klaus-Peter: Auftakt zum Kalten Krieg. Der Freiheitskampf der SPD in Berlin 1945/46. Berlin 1965 (künftig Schulz: Auftakt zum Kalten Krieg), S. 87.
300   »Die Einheit der Arbeiterklasse und die Sozialdemokratie«, zit. in: Albrecht: Schumacher, S. 327–329 (hier S. 327).
301   Hurwitz: Demokratie und Antikommunismus, 4/2, S. 693.
302   »Rundfunkinterview von Anfang Januar 1946«, zit. in: Otto Grotewohl, 1. Bd., S. 260–263 (hier S. 261).
303   Hurwitz: Demokratie und Antikommunismus, 4/2, S. 693.
304   Vgl. ebenda, S. 693 f.
305   Caracciolo, Lucio: Grotewohls Positionen im Vereinigungsprozeß (1945 bis 1946). In: Dietrich Staritz/Hermann Weber (Hg.): Einheitsfront Einheitspartei. Kommunisten und Sozialdemokraten in Ost- und Westeuropa 1944–1948. Köln 1989, S. 76–107 (hier S. 99).
306   »Schreiben an Wilhelm Pieck vom 30. Januar 1946«, zit. in: Otto Grotewohl, 1. Bd., S. 282–283 (hier S. 282 f.).
307   Kaden: Einheit, S. 232.
308   Vgl. »Auszug aus der Niederschrift über die Zusammenkunft zwischen Grotewohl und Dahrendorf vom Zentralausschuß der SPD Berlin und Schumacher und Kriedemann vom SPD-Büro Dr. Schumacher in Hannover am 8. Februar 1946, 9.15 Uhr in Braunschweig«, zit. in: Otto Grotewohl, 1. Bd., S. 367–372 (hier S. 367).
309   Vgl. ebenda, S. 368.
310   Ebenda, S. 371.
311   Ebenda, S. 370.
312   Hurwitz: Demokratie und Antikommunismus, 4/2, S. 834.
313   Morgenthau, Henry: Germany is our problem. New York 1945, S. 147.
314   »Direktive für die amerikanische Militärregierung (JCS 1067 vom April 1945)«, zit. in: Kleßmann: Doppelte Staatsgründung, S. 352–353 (hier S. 353).

315 Hurwitz: Demokratie und Antikommunismus, 4/1, S. 243.
316 SAPMO BArch: NY 4090/281, S. 65–84.
317 Vgl. Hurwitz: Demokratie und Antikommunismus, 4/2, S. 828.
318 SAPMO BArch: NY 4090/281, S. 68 f.
319 Ebenda, S. 73.
320 Ebenda, S. 69 f.
321 Ebenda, S. 73 f.
322 Ebenda, S. 76.
323 Vgl. ebenda, S. 72.
324 Ebenda, S. 74.
325 Ebenda, S. 77.
326 Ebenda, S. 77 f.
327 Ebenda, S. 78.
328 Ebenda.
329 Ebenda, S. 75.
330 Ebenda, S. 80.
331 Ebenda.
332 Vgl. Moraw: Parole, S. 143.
333 Ebenda, S. 149.
334 »Rundfunkinterview vom 10. Februar 1946«, zit. in: Otto Grotewohl, S. 292–294 (hier S. 294).
335 Vgl. Hurwitz: Demokratie und Antikommunismus, 4/2, S. 854 ff.
336 Gniffke: Jahre mit Ulbricht, S. 143 f.
337 »Das Volk«, 12. 2. 1946.
338 Gniffke: Jahre mit Ulbricht, S. 130.
339 Triebel: Grotewohls Weg in die Einheitspartei, S. 44.
340 Moraw: Parole, S. 160.
341 Hurwitz: Demokratie und Antikommunismus, 4/2, S. 981.
342 Vgl. Ditmar Staffelt: Der Wiederaufbau der Berliner Sozialdemokratie 1945/46 und die Einheitsfrage. Frankfurt/Bern/New York 1986, S. 316.
343 Die Westberliner Parteiführung ging zunächst auch gegenüber der SPD der Westzone auf Distanz, »und zwar mit dem Argument, daß die Berliner Partei eine andere, weniger schroffe Politik der sowjetischen Militärmacht gegenüber betreiben müsse als die West-SPD«. Moraw: Parole, S. 162.
344 Ebenda, S. 175 (Anm. 1).
345 Bei 548 Teilnehmern waren die Vertreter der westlichen Besatzungszonen mit knapp 19 Prozent natürlich trotzdem stark unterrepräsentiert.

Grotewohl und die deutsche Teilung (1946–1949)

1 »Neues Deutschland«, 23. 4. 1946.
2 Weber, Hermann: Die DDR 1945–1990. 2. überarbeitete und erweiterte Auflage, München 1993 (künftig Weber: DDR), S. 4.

3 Vgl. Badstübner, Rolf: »Beratungen« bei J. W. Stalin. Neue Dokumente. In Utopie kreativ, 7/1991, S. 99–16, (hier S. 100).
4 Foitzik, Jan: Inventar der Befehle des Obersten Chefs der Sowjetischen Militäradministration in Deutschland (SMAD) 1945–1949. München u. a. 1995 (künftig Foitzik: Inventar), S. 54.
5 Bender, Klaus: Deutschland, einig Vaterland? Die Volkskongreßbewegung für deutsche Einheit und einen gerechten Frieden in der Deutschlandpolitik der Sozialistischen Einheitspartei Deutschlands. Frankfurt a. M., u. a. 1992 (künftig Bender: Deutschland, einig Vaterland), S. 261.
6 »Neues Deutschland«, 11. 5. 1946.
7 »Der Druck der Uneinigkeit ist von uns gewichen. Rede auf dem Bezirksparteitag der KPD und SPD von Groß-Berlin, 15. April 1946«, zit. in: Otto Grotewohl: Im Kampf um die einige Deutsche Demokratische Republik. Reden und Aufsätze. Band I.: Auswahl aus den Jahren 1945–1949, Berlin 1959 (künftig Grotewohl: Im Kampf, 1. Bd.), S. 17–20 (hier S. 18 ff.).
8 SAPMO BArch: NY 4090/126, S. 326 ff.
9 »Neues Deutschland«, 17. 5. 1946.
10 »Neues Deutschland«, 9. 6. 1946.
11 »Neues Deutschland«, 23. 4. 1946.
12 SAPMO BArch: NY 4090/126, S. 127–196 (hier S. 156).
13 Ebenda, S. 162.
14 »3. Tagung des Parteivorstandes der SED 18. – 20. Juni 1946. Referat zum Tagesordnungspunkt Gemeindewahlen am 18.06.1946« (künftig »3. Tagung ... Gemeindewahlen«), zit. in: Otto Grotewohl und die Einheitspartei. Dokumente Band 2: Mai 1946 bis Januar 1949, mit einer Einführung von Marianne Braumann, Auswahl und Kommentierung: Marianne Braumann, Maren Franke und Wolfgang Triebel (Leitung), Berlin 1994 (künftig Otto Grotewohl, 2. Bd.), S. 65–87 (hier S. 70).
15 Vgl. »3. Tagung des Parteivorstandes der SED 18. – 20. Juni 1946. Diskussionsbeitrag zur Einheit Deutschlands am 19. 6. 1946«, zit. in: Otto Grotewohl, 2. Bd., S. 88–94 (hier S. 91).
16 SAPMO BArch: NY 4090/126, S. 139.
17 »12. Tagung des Parteivorstandes 1. – 3. Juli 1947. Referat über die politische Vorbereitung des 2. Parteitages der SED am 3. 7. 1947«, zit. in: Otto Grotewohl, 2. Bd., S. 245–280 (hier S. 258).
18 Moraw: Parole, S. 185.
19 Vgl ebenda.
20 Triebel: Grotewohls Weg in die Einheitspartei, S. 53.
21 Vgl. Hurwitz: Demokratie und Antikommunismus, 4/1, S. 155.
22 Schon in seiner Braunschweiger Zeit hatte Grotewohl sich gerne auf die Position zurückgezogen, daß nicht er ein Amt anstreben, sondern ihn die Pflicht in ein Amt rufen würde (siehe hierzu Volksbildungsminister). Er behielt diese Phrase auch in späteren Jahren bei. So erklärte er gegen-über seinem langjährigem Sekretär Ludwig Eisermann: »(...) ich bin durch Zufall hochgeschwemmt worden in diese Position. Ich muß

sie jetzt ausfüllen«. Vgl. SAPMO BArch: SgY 30/1879, S. 1–35 (hier S. 12).
23 Stempel: Betrachtung, S. 12.
24 Die SED und der Aufbau Deutschlands. Grundlegende Referate von Wilhelm Pieck und Otto Grotewohl auf dem Vereinigungsparteitag der Sozialistischen Einheitspartei Deutschlands vom 20. bis 22. April in Berlin. Berlin 1946, S. 39.
25 Ebenda, S. 39.
26 Leonhard: Revolution, S. 361.
27 Vgl. Ackermann, Anton: Gibt es einen besonderen deutschen Weg zum Sozialismus? In: Einheit, 1/1946, S. 22–32.
28 Foitzik: Inventar, S. 7.
29 Vgl. Gniffke: Jahre mit Ulbricht, S. 185.
30 Stern, Carola: Ulbricht. Eine politische Biographie. Köln/Berlin 1963 (künftig Stern: Ulbricht), S. 142.
31 Vgl. SAPMO BArch: SgY 30/1879, S. 4.
32 Ebenda, S. 14.
33 Fricke, Karl Wilhelm: Opposition und Widerstand in der DDR. Ein politischer Report. Köln 1984, S. 43.
34 Vgl. »Bezirksparteitag«, S. 21.
35 Vgl. SAPMO BArch: SgY 30/1879, S. 31.
36 Vgl. Voßke: Grotewohl, S. 171.
37 SAPMO BArch: SgY 30/1879, S. 1.
38 SAPMO BArch: NY 4090/126, S. 162.
39 Morsey, Rudolf/Hans-Peter Schwarz (Hg.): Adenauer. Teegespräche 1950–1954. Bearbeitet von Hans Jürgen Küsters, Berlin 1984 (künftig Morsey [Hg.]: Adenauer), S. 297 f.
40 Vgl. SAPMO BArch: NY 4090/699, S. 54–68 (hier S. 57).
41 Stempel: Betrachtung, S. 10.
42 Seine Schwiegertochter Madelaine Grotewohl erzählte in einem Interview mit Heinz Voßke: »Ich erinnere mich noch, wir lebten ja einige Jahre zusammen in einer Wohnung – nach 1949 bis 1951 –, da hat er jeden Morgen ernsthaft Marxismus-Leninismus studiert. Seine ganzen theoretischen Kenntnisse hat er sich ganz konsequent angelernt. Vieles was vorher war, basierte doch sehr auf dem Gefühlsbereich.« SAPMO BArch: SgY 30/1878, S. 34.
43 Dr. Fred Stempel gegenüber dem Autor in einem Gespräch am 5.7.1995.
44 SAPMO BArch: SgY 30/1879, S. 12.
45 Otto Grotewohl, 2. Bd., S. 11.
46 Vgl. u. a. »5. Tagung des Parteivorstandes der SED 18. – 19. September 1946. Referat über die Lehren der Gemeindewahlen am 18.9.1946« (künftig »5. Tagung ... Gemeindewahlen«), zit. in: Otto Grotewohl, 2. Bd., S. 106–135 (hier S. 128 ff.); »6. Tagung des Parteivorstandes der SED 24. – 25. Oktober 1946. Referat über die Stellungnahme zur Lage am 24.10.1946« (künftig »6. Tagung ... Stellungnahme), zit. in: Otto Grotewohl, 2. Bd., S. 136–165 (hier S. 162 f.).

47 »5. Tagung ... Gemeindewahlen«, zit. in: Otto Grotewohl, 2. Bd., S. 128.
48 »3. Tagung ... Gemeindewahlen«, zit. in: Otto Grotewohl, 2. Bd., S. 83.
49 Vgl. u. a. »13. Tagung des Parteivorstandes 20. – 21. August 1947. Schlußwort zum Tagesordnungspunkt ›Zum Bericht der Landesvorsitzenden der SED über die Stellungnahme der unteren Parteiorganisationen zur Entschließung für die Vorbereitung des 2. Parteitages der SED‹ am 21. 8. 1947«, zit. in: Otto Grotewohl, 2. Bd., S. 281–306.
50 Vgl. »4. Tagung des Parteivorstandes der SED 16. – 17. Juli 1946. Bericht des Zentralsekretariats an den Parteivorstand am 17. 7. 1946« (künftig »4. Tagung ... Bericht des Zentralsekretariats«), zit. in: Otto Grotewohl, 2. Bd., S. 95–105 (hier S. 102).
51 SAPMO BArch: NY 4090/127, S. 337f.
52 Hurwitz: Demokratie und Antikommunismus, 4/2, S. 687.
53 Vgl. Gniffke: Jahre mit Ulbricht, S. 312.
54 Der Parteitag als das formell höchste Organ der SED hatte aus seiner Mitte den achtzigköpfigen Parteivorstand gewählt, der für die Leitung der Partei zwischen den Parteitagen zuständig sein sollte. Eigentliches Führungsgremium der Partei war jedoch das Zentralsekretariat der SED, das, vom Parteivorstand bestimmt, aus vierzehn (ab 25. September 1947 aus sechzehn) Mitgliedern bestand. In diesem Gremium wurde von Beginn an nicht nur Parteipolitisches besprochen und entschieden, sondern es wurden auch Fragen mit gesamtgesellschaftlichem Charakter erörtert. Damit nahm die SED bereits vor der Etablierung der Deutschen Wirtschaftskommission oder der Gründung der Deutschen Demokratischen Republik in der SBZ die Rolle eines Orientierungs- und Koordinierungsorgans wahr.
55 »2. Tagung des Parteivorstandes 14. – 15. Mai 1946. Bericht des Zentralsekretariats an den Parteivorstand am 14. 5. 1946«, zit. in: Otto Grotewohl, 2. Bd., S. 51–64 (hier S. 52).
56 SAPMO BArch: NY 4090/128, S. 129–163 (hier S. 163).
57 Vgl. Kleßmann: Doppelte Staatsgründung, S. 82.
58 SAPMO BArch: NY 4090/126, S. 195f.
59 Vgl. »4. Tagung ... Bericht des Zentralsekretariats«, zit. in: Otto Grotewohl, 2. Bd., S. 96.
60 Vgl. SAPMO BArch: NY 4090/126, S. 279ff.
61 »3. Tagung ... Gemeindewahlen«, zit. in: Otto Grotewohl, 2. Bd., S. 65ff.
62 »5. Tagung ... Gemeindewahlen«, zit. in: Otto Grotewohl, 2. Bd., S. 112.
63 SAPMO BArch: NY 4090/126, S. 252–290 (hier S. 271f.).
64 Ebenda, S. 264f.
65 Albrecht: Schumacher, S. 385.
66 SAPMO BArch: NY 4090/126, S. 302–352 (hier S. 350).
67 Vgl. ebenda, S. 313ff.
68 Vgl. »Neues Deutschland«, 26. 7. 1946.
69 Mattedi, Norbert: Gründung und Entwicklung der Parteien in der Sowjetischen Besatzungszone Deutschlands 1945–1949. Bonn/Berlin 1966 (künftig Mattedi: Gründung), S. 89f.

70 Zieger, Andrea: Die Verfassungsentwicklung in der sowjetischen Besatzungszone Deutschlands/DDR von 1945 bis zum Sommer 1952. Köln u. a. 1990 (künftig Zieger: Verfassungsentwicklung), S. 78.
71 Fricke, Karl Wilhelm: Zur Geschichte der Kommunalwahlen in der DDR. In: Deutschland Archiv (DA) (künftig Fricke: Kommunalwahlen), S. 454 bis 459 (hier S. 454).
72 Ebenda, S. 455.
73 Vgl. SAPMO BArch: NY 4090/127, S. 322–348 (hier S. 323 f.).
74 Bei den Landtagswahlen zog Otto Grotewohl auf Listenplatz 1 in den Sächsischen Landtag ein. Er sollte diesem Plenum nominell bis zum 30. Juni 1950 angehören und Mitglied der Wirtschaftskommission des Landtages sein. Die Protokolle der Sitzungen des Landtages in diesem Zeitraum verzeichnen drei mehr oder minder kurze Wortmeldungen von Otto Grotewohl, die sich niemals mit landesspezifischen Dingen beschäftigten, sondern immer mit Themen von allgemeinem Interesse. Vgl. Akten und Verhandlungen des Sächsischen Landtages 1946–1952. 1.1 Band: Sitzungsprotokolle 1. Wahlperiode. Beratende Versammlung des Landes Sachsen. Vollsitzungen des Sächsischen Landtages 1. – 38. Sitzung 22. 11. 1946–27. 2. 1948, Frankfurt a. M. 1991, S. 14.
75 »Neues Deutschland«, 6. 10. 1946.
76 Ebenda, 9. 10. 1946.
77 Vgl. Mattedi: Gründung, S. 89 f.
78 Vgl. ebenda, S. 91.
79 SAPMO BArch: NY 4090/126, S. 25.
80 Fricke: Kommunalwahlen, S. 456.
81 »5. Tagung ... Gemeindewahlen«, zit. in: Otto Grotewohl, 2. Bd., S. 114 f. Grotewohl irrt sich hier, es muß 700 Milliarden Rubel heißen. Diese Angabe für die erlittenen Kriegsschäden ist durch spätere Forschungen bestätigt worden. Vgl. Loth, Wilfried: Stalins ungeliebtes Kind. Warum Moskau die DDR nicht wollte. Berlin 1994, S. 15.
82 SAPMO BArch: NY 4090/127, S. 327.
83 Nach dem II. Weltkrieg bemächtigten sich beispielsweise die USA in großem Umfang u. a. deutscher Patente, Warenzeichen, Konstruktionsunterlagen und Wissenschaftler. Vgl. Fisch: Reparationen, S. 213 f.
84 Vgl. »5. Tagung ... Gemeindewahlen«, zit. in: Otto Grotewohl, 2. Bd., S. 114 f.
85 »Neues Deutschland«, 13. 9. 1946.
86 »6. Tagung ... Stellungnahme«, zit. in: Otto Grotewohl, 2. Bd., S. 145.
87 »3. Tagung ... Gemeindewahlen«, zit. in: Otto Grotewohl, 2. Bd., S. 72.
88 Vgl. »Neues Deutschland«, 14. 9. 1946. In dieser Ausgabe bezogen auch Max Fechner und Wilhelm Pieck dagegen Stellung, die Oder-Neiße-Grenze als endgültig anzuerkennen.
89 Vgl. »Neues Deutschland«, 30. 10. 1946.
90 Ebenda.
91 »6. Tagung ... Stellungnahme«, zit. in: Otto Grotewohl, 2. Bd., S. 161.

92 Ebenda, S. 155 f.
93 Vgl. Stempel: Betrachtung, S. 37 f.
94 Otto Grotewohl, 2. Bd., S. 24.
95 »Neues Deutschland«, 22. 9. 1946.
96 »6. Tagung ... Stellungnahme«, zit. in: Otto Grotewohl, 2. Bd., S. 151.
97 Ebenda, S. 152.
98 SAPMO BArch: NY 4090/127, S. 100–105 (hier S. 100).
99 Vgl. SAPMO BArch: NY 4090/379, S. 15–60. Maßgeblichen Einfluß auf die Ausarbeitung der Verfassung hatte der Jurist Karl Polak. Vgl. Otto Grotewohl, 2. Bd., S. 24.
100 SAPMO BArch: NY 4090/127, S. 131–140 (hier S. 131).
101 »3. Tagung ... Gemeindewahlen«, zit. in: Otto Grotewohl, 2. Bd., S. 70 f.
102 SAPMO BArch: NY 4090/127, S. 138.
103 Ebenda, S. 139 f.
104 »Neues Deutschland«, 17. 11. 1946.
105 Ebenda, 8. 12. 1946.
106 Vgl. Kleßmann: Doppelte Staatsgründung, S. 267.
107 »Neues Deutschland«, 8. 12. 1946.
108 »Die Lehren der Oktoberrevolution. Vortrag vor dem Parteivorstand der SED, 15. Oktober 1947«, zit. in: Grotewohl: Im Kampf, 1. Bd., S. 109–144 (hier S. 129).
109 »Die Verfassung der UdSSR und die Verfassung des Deutschen Volksrates, 5. Dezember 1948«, zit. in: Grotewohl: Im Kampf, 1. Bd., S. 288–294 (hier S. 289).
110 SAPMO BArch: NY 4090/127, S. 140.
111 Fred Oelßner (27. 2. 1903–7. 11. 1977) war zunächst USPD-Mitglied, 1920 trat er in die KPD ein. Er war zum damaligen Zeitpunkt ZK-Sekretär für Propaganda und Chefredakteur der »Einheit – Theoretisches Organ der SED«.
112 Vgl. Badstübner, Rolf: Zum Problem der historischen Alternativen im ersten Nachkriegsjahrzehnt. Neue Quellen zur Deutschlandpolitik von KPdSU und SED. In: BzG, 33/1991, S. 579–592 (hier S. 584).
113 Vgl. ebenda, S. 584 f.
114 SAPMO BArch: NY 4090/128, S. 129–163 (hier S. 150).
115 Vgl. Bonwetsch, Bernd/Gennadi Bordjugov: Stalin und die SBZ. Ein Besuch der SED-Führung in Moskau vom 30. Januar – 7. Februar 1947. In: VfZ, 42/1994 (künftig Bonwetsch: Stalin und die SBZ), S. 279–303 (hier S. 285 f.).
116 Ebenda, S. 287.
117 Ebenda, S. 288.
118 Ebenda, S. 290.
119 »Memorandum des Leiters der ZK-Abteilung für Außenpolitik Suslov und des Referenten G. Korotkevič über den Besuch der SED-Delegation 30. 1. – 7. 2. 1947, 12. 2. 1947«, zit. in: Bonwetsch: Stalin und die SBZ, S. 301–303 (hier S. 301 ff.).

120 Vgl. »9. Tagung des Parteivorstandes der SED 14. Februar 1947. Referat ›Neue Aufgaben im Kampf um die Einheit Deutschlands‹ am 14.2.1947« (künftig »9. Tagung ... Kampf um die Einheit Deutschlands«), zit. in: Otto Grotewohl, 2. Bd., S. 187–217 (hier S. 201).
121 Vgl. »9. Tagung ... Kampf um die Einheit Deutschlands«, zit. in: Otto Grotewohl, 2. Bd., S. 209.
122 Vgl. »9. Tagung des Parteivorstandes 14. Februar 1947. Schlußwort zum Referat ›Neue Aufgaben im Kampf um die Einheit Deutschlands‹ am 14.2.1947«, zit. in: Otto Grotewohl, 2. Bd., S. 218–222 (hier S. 219).
123 »8. Tagung des Parteivorstandes der SED 22. – 23. Januar 1947. Schlußwort zum Referat: ›Die weltpolitische Entwicklung und die politische Lage in Deutschland‹ am 22.1.1947« (künftig »8. Tagung ... Schlußwort«), zit. in: Otto Grotewohl, 2. Bd., S. 179–186 (hier S. 184).
124 »Neues Deutschland«, 20.3.1947.
125 Vgl. »6. (20.) Tagung des Parteivorstandes 14. – 15. Januar 1948. Schlußwort zum Bericht des Zentralsekretariats am 14.1.1948«, zit. in: Otto Grotewohl, 2. Bd., S. 328–334 (hier S. 330).
126 Grünewald, Wilhard: Die Münchner Ministerpräsidentenkonferenz 1947. Anlaß und Scheitern eines gesamtdeutschen Unternehmens. Meisenheim am Glan 1971, S. 29.
127 Schumachers offizielle Begründung, daß sich Sozialdemokraten mit Vertretern der SED erst dann an einen Tisch setzen könnten, wenn die SPD auch in der Ostzone zugelassen würde, sollte nur seine grundsätzliche Abneigung überdecken, mit Vertretern der sowjetischen Besatzungszone zu verhandeln, denn Schumacher wandte sich mit einem solchen Wunsch niemals offiziell an die SMAD. Aus jetzt zugänglichen Quellen geht jedoch hervor, daß die Sowjets damals zu einem solchen Schritt durchaus bereit gewesen wären. So erklärte Stalin bei dem Treffen mit der SED-Delegation Anfang 1947, daß sich die SED auf eine Zulassung der SPD in der Ostzone vorzubereiten hätte. Vgl. Bonwetsch: Stalin und die SBZ, S. 283 und 299. Erst als die Westmächte eine Ausdehnung der SED in die Westzonen definitiv ablehnten, wurde diese Idee fallengelassen.
128 Vgl. Kleßmann: Doppelte Staatsgründung, S. 187.
129 Vgl. Laufer, Jochen: Zur staatlichen Verselbständigung der SBZ. Neue Quellen. In: Jürgen Kocka (Hg.): Historische DDR-Forschung. Aufsätze und Studien. Berlin 1993 (künftig Laufer: Zur staatlichen Verselbständigung der SBZ), S. 27–55 (hier S. 49).
130 Ebenda, S. 41.
131 Ebenda, S. 42.
132 Vgl. ebenda, S. 43.
133 Vgl. ebenda, S. 44.
134 Ebenda, S. 45.
135 Vgl. ebenda, S. 47 f.
136 Ebenda, S. 49.
137 Ebenda, S. 51.

138 Ebenda, S. 49 f.
139 Vgl. ebenda, S. 50.
140 Vgl. Gniffke: Jahre mit Ulbricht, S. 239.
141 Vgl. SAPMO BArch: NY 4090/131, S. 68.
142 Vgl. Laufer: Zur staatlichen Verselbständigung der SBZ, S. 45.
143 DFD: Demokratischer Frauenbund Deutschlands.
144 Vgl. Bender: Deutschland, einig Vaterland, S. 82.
145 Grotewohl, Otto: Im Kampf um Deutschland. Berlin 1947 (künftig Grotewohl: Im Kampf um Deutschland), S. 66.
146 Vgl. Weber: DDR, S. 138.
147 Vgl. Leonhard: Revolution, S. 432 f.
148 SAPMO BArch: NY 4090/128, S. 181.
149 Jacobsen, Hans-Adolf/Leptin, Gert/Scheuner, Ulrich/Schulz, Eberhard: Drei Jahrzehnte Außenpolitik der DDR. Bestimmungsfaktoren, Instrumente, Aktionsfelder. München 1979, S. 39.
150 Vgl. SAPMO BArch: NY 4090/131, S. 41 f.
151 Grotewohl: Im Kampf um Deutschland, S. 66.
152 »Zu unserem II. Parteitag. September 1947« (künftig »Zu unserem II. Parteitag«), zit. in: Grotewohl: Im Kampf, 1. Bd., S. 96–108 (hier S. 99).
153 »Neues Deutschland«, 31.10.1947.
154 SAPMO BArch: NY 4090/131, S. 75–124 (hier S. 114).
155 SAPMO BArch: NY 4090/132, S. 90–110 (hier S. 101).
156 Ebenda, S. 108.
157 »Neues Deutschland«, 14.11.1947.
158 Eine der wohl eklatantesten Entgleisungen leistete sich Otto Grotewohl, als er auf der Konferenz für die Chefredakteure der SED-Presse (22. bis 23.3.1947) behauptete, Schumacher verliere den Verstand, habe eine schlimme »Schweinekrankheit« und könne möglicherweise das politische Gleichgewicht deshalb nicht halten, weil er nur einen Arm habe. Vgl. SAPMO BArch: NY 4090/128, S. 151 und 156. Die SED ließ diese Äußerungen von Grotewohl nach ihrem Publikwerden im »Neuen Deutschland« dementieren. Vgl. »Neues Deutschland«, 1.4.1947 und 17.4.1947.
159 SAPMO BArch: NY 4090/132, S. 166–173 (hier S. 169).
160 Ebenda, S. 171.
161 Vgl. Bender: Deutschland, einig Vaterland, S. 11.
162 Vgl. Geschichte der SED. Abriß, Berlin 1978, S. 168.
163 Vgl. Bender: Deutschland, einig Vaterland, S. 10.
164 Ebenda, S. 15.
165 Vgl. Otto Grotewohl, 2. Bd., S. 31.
166 SAPMO BArch: NY 4090/133, S. 1–13 (hier S. 1).
167 Ebenda.
168 Ebenda, S. 6 ff.
169 Ebenda, S. 11 f.
170 Ebenda, S. 12.
171 Vgl. ebenda, S. 10 f.

172 Vgl. Bender: Deutschland, einig Vaterland, S. 134f.
173 Vgl. »Neues Deutschland«, 13.12.1947.
174 Vgl. Otto Grotewohl, 2. Bd., S. 17.
175 Vgl. Badstübner: Wilhelm Pieck, S. 29f.
176 Vgl. »Deutschlands Stimme«, 8.8.1948.
177 »Besprechung mit Sem[jonow], Russkich, Pieck, Ulbricht vom 16.8.1948, abends 8 Uhr«, zit. in: Badstübner: Wilhelm Pieck, S. 236.
178 Vgl. ebenda, S. 30.
179 Vgl. SAPMO BArch: NY 4090/314, S. 80.
180 Vgl. Leonhard: Revolution, S. 364f.
181 Vgl. »13. Tagung des Parteivorstandes der SED 15. – 16. September 1948. Schlußwort zur Tagung am 16.9.1948« (künftig »13. Tagung ... Schlußwort«), zit. in: Otto Grotewohl, 2. Bd., S. 410–426 (hier S. 413).
182 Vgl. ebenda, S. 411.
183 Ebenda, S. 413.
184 Vgl. »Neues Deutschland«, 29.1.1949.
185 Otto Grotewohl, 2. Bd., S. 44.
186 Vgl. SAPMO BArch: SgY 30/1878, S. 29f.
187 »Auf dem Wege zu einer Partei neuen Typus. Aus dem Referat auf der I. Parteikonferenz der SED, 27. Januar 1949« (künftig »Auf dem Weg«), zit. in: Grotewohl: Im Kampf, 1. Bd., S. 338–377 (hier S. 362).
188 Vgl. Stempel: Betrachtung, S. 12.
189 »11. (25.) Tagung des Parteivorstandes 29. – 30. Juni 1948. Schlußwort zum Tagesordnungspunkt Wirtschaftsplanung am 29.6.1948« (künftig »11. (25.) Tagung ... Wirtschaftsplanung«), zit. in: Otto Grotewohl, 2. Bd., S. 386–402 (hier S. 386).
190 Ebenda, S. 390.
191 Ebenda.
192 Ebenda, S. 388.
193 Vgl. »Neues Deutschland«, 16.7.1948.
194 »11. (2.5.) Tagung ... Wirtschaftsplanung«, zit. in: Otto Grotewohl, 2. Bd., S. 391.
195 Ebenda, S. 394.
196 Kaiser, Monika: Die Zentrale der Diktatur. Strukturen und Kompetenzen der SED-Führung 1946 bis 1952. In: Jürgen Kocka (Hg.): Historische DDR-Forschung. Aufsätze und Studien. Berlin 1993 (künftig Kaiser: Zentrale der Diktatur), S. 57–86 (hier S. 69).
197 »11. (25.) Tagung ... Wirtschaftsplanung«, zit. in: Otto Grotewohl, 2. Bd., S. 400.
198 Ebenda.
199 Vgl. Schreiber, Fritz: »Aktennotiz betr. Komplex Grotewohl«, 21. Dezember 1949, AOstb PASchreiber (künftig Schreiber: Aktennotiz), zit. in: Moraw: Parole, S. 226.
200 Vgl. »Für die organisatorische Festigung der Partei und für ihre Säuberung von feindlichen und entarteten Elementen«, zit. in: Dokumente der Soziali-

stischen Einheitspartei Deutschlands. Beschlüsse und Erklärungen des Zentralsekretariats und des Parteivorstandes (künftig Dokumente), Band II, Berlin 1952, S. 83–88.
201 Vgl. Moraw: Parole, S. 222.
202 Vgl. ebenda.
203 Vgl. ebenda.
204 Vgl. ebenda, S. 222 f.
205 Vgl. ebenda, S. 223.
206 SAPMO BArch: Findbuch I, S. 10.
207 Vgl. u. a. Stempel: Betrachtung, S. 8 f.
208 »15. (29.) außerordentliche Tagung des Parteivorstandes der SED 30. Oktober 1948. Bericht zu Erich Gniffke am 30.10.1948«, zit. in: Otto Grotewohl, 2. Bd., S. 427–437 (hier S. 429).
209 Grotewohl, Otto: Dreißig Jahre später. Berlin 1948 (künftig Grotewohl: Dreißig Jahre später), S. 9.
210 Vgl. ebenda, S. 10.
211 Ebenda, S. 53.
212 Ebenda, S. 48.
213 Ebenda, S. 16.
214 Ebenda, S. 15.
215 Ebenda.
216 Ebenda, S. 16.
217 Vgl. ebenda, S. 19.
218 Ebenda, S. 18 f.
219 Vgl. ebenda, S. 21.
220 Ebenda, S. 29.
221 Vgl. ebenda.
222 Ebenda, S. 41.
223 Ebenda, S. 43.
224 Vgl. ebenda, S. 45.
225 Vgl. ebenda, S. 48.
226 Ebenda.
227 Vgl. ebenda, S. 56.
228 Ebenda, S. 57 f.
229 Vgl. ebenda, S. 67.
230 Ebenda, S. 72.
231 Vgl. ebenda.
232 Ebenda, S. 74.
233 Ebenda, S. 83.
234 Ebenda, S. 101.
235 Ebenda, S. 102.
236 Ebenda, S. 103.
237 Vgl. ebenda, S. 106.
238 Ebenda, S. 107.
239 Vgl. ebenda, S. 108.

240 Ebenda, S. 109.
241 Ebenda, S. 118.
242 Ebenda, S. 119.
243 Vgl. ebenda.
244 Ebenda.
245 Ebenda, S. 135.
246 Vgl. Stern: Ulbricht, S. 142.
247 Vgl. Moraw: Parole, S. 225 f.
248 SAPMO BArch: SgY 30/1879, S. 6.
249 Stempel: Betrachtung, S. 8.
250 »Manuskripterläuterungen« (zu S. 35), in: AdsD, NL Gniffke 4/3.
251 »Neues Deutschland«, 23. 4. 1948.
252 SAPMO BArch: 4090/125, S. 90.
253 »6. Tagung ... Stellungnahme zu Lage«, zit. in: Otto Grotewohl, 2. Bd., S. 163.
254 Vgl. »Auf dem Wege«, zit. in: Grotewohl: Im Kampf, 1. Bd., S. 368.
255 Ebenda, S. 365.
256 Ebenda.
257 Vgl. ebenda, S. 366.
258 Dem ersten Politbüro, das aus sieben Vollmitgliedern und zwei Kandidaten bestand, gehörten mit Wilhelm Pieck, Walter Ulbricht, Franz Dahlem, Paul Merker und Anton Ackermann (Kandidat) vier bzw. fünf Kommunisten an, denen drei bzw. vier Sozialdemokraten gegenüberstanden: Otto Grotewohl, Helmuth Lehmann, Fritz Ebert und Karl Steinhoff (Kandidat). Die bisherige Führungsinstanz der Partei, das Zentralsekretariat, in dem eine Parität von jeweils acht sozialdemokratischen bzw. kommunistischen Mitglieder bestanden hatte, wurde zwar formell nicht aufgelöst, trat aber faktisch am 21. Februar 1949 zum letztenmal zusammen. Vgl. Kaiser: Zentrale der Diktatur, S. 73.
259 Vgl. ebenda.
260 Vgl. ebenda, S. 73 f.
261 Vgl. ebenda, S. 74 f.
262 Nach dem Scheitern der 5. Konferenz der Alliierten Außenminister in London (25. 11. – 15. 12. 1947) waren die westlichen Alliierten dazu übergegangen, ihre deutschlandpolitischen Vorstellungen ohne die UdSSR in die Tat umzusetzen. Zu diesem Zweck fand ebenfalls in London vom 23. Februar bis zum 6. März 1948 eine Sechs-Mächte-Konferenz statt, an der neben den USA, Großbritannien und Frankreich auch die Beneluxstaaten teilnahmen. Hier wurde nicht nur die Teilnahme der Westzonen am Marshall-Plan und die Schaffung einer Kontrollbehörde für das Ruhrgebiet beschlossen, sondern auch der Weg für eine Weststaatbildung frei gemacht.
263 SAPMO BArch: NY 4090/135, S. 1–24 (hier S. 18).
264 Vgl. »8. (22.) Tagung des Parteivorstandes 20. März 1948. Referat über Aufgaben der SED nach dem Deutschen Volkskongreß am 20. 3. 1948« (künftig »8. (22.) Tagung ... Aufgaben der SED nach dem Deutschen Volkskongreß«), zit. in: Otto Grotewohl, 2. Bd., S. 335–354 (hier S. 351).

265 Vgl. ebenda, S. 353.
266 Niekisch, Ernst: Erinnerungen eines deutschen Revolutionärs. 2. Band: Gegen den Strom 1945–1967. Köln 1974, S. 94.
267 Vgl. Moraw: Parole, S. 224f.
268 »8. (22.) Tagung ... Aufgaben der SED nach dem Deutschen Volkskongreß«, zit. in: Otto Grotewohl, 2. Bd., S. 344.
269 Ebenda, S. 350f.
270 Ebenda, S. 354.
271 Ebenda, S. 342.
272 Vgl. Badstübner: Wilhelm Pieck, S. 32.
273 »Protokoll der [Block-, M. J.]Sitzung vom 5. August 1948«, zit. in: Suckut: Blockpolitik, S. 257–282 (hier S. 262).
274 Vgl. Zieger: Verfassungsentwicklung, S. 128.
275 Vgl. ebenda, S. 128ff.
276 Vgl. Die Verfassung der Deutschen Demokratischen Republik. Dresden [1949] (künftig Verfassung), S. 29ff.
277 Vgl. Zieger: Verfassungsentwicklung, S. 135.
278 SAPMO BArch: NY 4090/285, S. 40.
279 Ebenda, S. 112–116 (hier S. 112f.).
280 Vgl. ebenda, S. 124–129.
281 Vgl. ebenda, S. 117–123.
282 Vgl. Badstübner: Wilhelm Pieck, S. 35.
283 Vgl. ebenda, S. 33.
284 Vgl. Kleßmann: Doppelte Staatsgründung, S. 204.
285 Die renommierte »Neue Zürcher Zeitung« sprach in ihrer Ausgabe vom 23. 5. 1949 von zwei Millionen in »Ja«-Stimmen umgefälschten Wahlscheinen.

An der Spitze von Partei und Staat (1949–1964)

1 Vgl. Mampel, Siegfried: Die Entwicklung der Verfassungsordnung in der sowjetisch besetzten Zone Deutschlands von 1945 bis 1963. Tübingen 1964, S. 514.
2 Einzige Ausnahme war der nicht näher bestimmte Zusatz: »Schließt sich eine Fraktion von der Regierungsbildung aus, so findet sie ohne sie statt« (Art. 92 Absatz [Abs.] 2). In der Praxis blieb er aber ohne Bedeutung. Vgl. Verfassung, S. 33f.
3 »Neues Deutschland«, 23. 10. 1948.
4 Vgl. Die DDR, hg. v. Informationen zur politischen Bildung, Nr. 205, S. 19.
5 SAPMO BArch: J IV 2/3/057, S. 26–28 (hier S. 26f.).
6 Interview mit Dr. Fred Stempel am 5. Juli 1995 und SAPMO BArch: SgY 30/1918, S. 138. Diese Akte enthält die Erinnerungen von Wilhelm Meißner, der von 1946 bis 1950 persönlicher Mitarbeiter von Otto Grotewohl war.

7   Ein solcher sofortiger Wiedereinstieg in die Politik wurde auch Erich Gniffke nach seinem Gang in den Westen verwehrt. Vgl. Gniffke: Jahre mit Ulbricht, S. 7.
8   Vgl. »Deutsche Volkszeitung«, 3.1.1949.
9   Vgl. Caracciolo: Der Untergang der Sozialdemokratie in der Sowjetischen Besatzungszone. Otto Grotewohl und die »Einheit der Arbeiterklasse« 1945/46. In: VfZ, S. 281–318 (hier S. 318).
10 Vgl. u. a. SAPMO BArch: SgY 30/1878 S. 34.
11 Vgl. »Regierungserklärung, 12. Oktober 1949«, zit. in: Grotewohl: Im Kampf, 1. Bd., S. 484–507 (hier S. 501).
12 Vgl. ebenda.
13 Ebenda, S. 486.
14 Ebenda, S. 487.
15 Vgl. ebenda.
16 Ebenda, S. 495.
17 Ebenda, S. 507.
18 Ebenda, S. 491.
19 »Der Kampf um den Frieden und die Nationale Front des demokratischen Deutschland. Referat auf dem III. Parteitag der SED, 21. Juli 1950«, zit. in: Grotewohl: Im Kampf, Band II: Auswahl aus den Jahren 1950–1951, 2., durchgesehene Auflage, Berlin 1959 (künftig Grotewohl: Im Kampf, 2. Bd.), S. 120–171 (hier S. 138).
20 Vgl. ebenda, S. 160.
21 Am 25. Juni 1950 war der Koreakrieg ausgebrochen. In der westlichen Welt nahm man damals vorschnell an, daß es sich bei der Aktion um eine lange geplante, von Stalin selbst initiierte Operation handelte. Die anfänglichen Erfolge der nordkoreanischen Truppen ließen in der Bundesrepublik die Befürchtung aufkommen, einem ähnlichen Schicksal anheimzufallen.
22 Dr. Fred Stempel in einem Gespräch gegenüber dem Autor, 5.7.1995.
23 Vgl. Herrnstadt, Rudolf: Das Herrnstadt-Dokument. Das Politbüro der SED und die Geschichte des 17. Juni 1953. Hg. v. Nadja Stulz-Herrnstadt, Hamburg 1990 (künftig Herrnstadt: Dokument) und Schirdewan, Karl: Aufstand gegen Ulbricht. Im Kampf um politische Kurskorrektur, gegen stalinistische, dogmatische Politik. 3. Aufl., Berlin 1995 (künftig Schirdewan: Aufstand).
24 Vgl. »Neues Deutschland«, 8.6.1950. Diese Ausgabe enthält den Wortlaut der Deklaration.
25 Ebenda, 24.6.1950.
26 Ebenda, 7.7.1950.
27 Vgl. Weber: DDR, S. 31.
28 Verfassung, S. 23.
29 Zieger, Gottfried: Die Haltung von SED und DDR zur Einheit Deutschlands 1949–1987. Köln 1988 (künftig Zieger: SED und DDR zur Einheit Deutschlands), S. 23 (Anm. 54).
30 Weber: DDR, S. 31.

31 »Nationale Front – Antwort auf Deutschlands Zerreißung, Juli 1949«, zit. in: Grotewohl: Im Kampf, 1. Bd., S. 446–462 (hier S. 452).
32 Vgl. Eisert, Wolfgang: Die Waldheimer Prozesse. Der stalinistische Terror 1950. Ein dunkles Kapitel der DDR-Justiz. Esslingen/München 1993 (künftig Eisert: Der stalinistische Terror), S. 8.
33 Vgl. Otto, Wilfriede: Die ›Waldheimer Prozesse‹ 1950. Historische, politische und juristische Aspekte im Spannungsfeld zwischen Antifaschismus und Stalinismus. Berlin 1993 (künftig Otto: Waldheimer Prozesse), S. 6.
34 Vgl. ebenda, S. 6 (Anm. 6).
35 SMT: Sowjetisches Militärtribunal.
36 Vgl. ebenda, S. 6.
37 Vgl. Eisert: Der stalinistische Terror, S. 23.
38 Vgl. Otto: Waldheimer Prozesse, S. 12.
39 Ebenda, S. 8.
40 Vgl. Eisert: Der stalinistische Terror, S. 24 und 134.
41 Ebenda, S. 180.
42 Die Strafanstalt von Waldheim war nicht für 3442 Personen ausgelegt, sondern lediglich für 1980, was die schlechten Haftbedingungen verursachte. Vgl. ebenda, S. 49.
43 Aber es genügte nicht, SED-Mitglied zu sein. Manch ein Richter schied für diese Aufgabe aus, weil sein »Hang zum Objektivismus« ihn für diese Aufgabe als ungeeignet erscheinen ließ. Vgl. ebenda, S. 56.
44 Vgl. Otto: Waldheimer Prozesse, S. 7.
45 Vgl. Verfassung, S. 44.
46 Vgl. Otto: Waldheimer Prozesse, S. 9.
47 Ebenda, S. 14.
48 Vgl. ebenda.
49 Ebenda, S. 17.
50 Ebenda, S. 16.
51 Vgl. ebenda, S. 23 f.
52 Helmut Brandt mußte sein Eintreten für die Waldheimhäftlinge schwer büßen. Am 6. September 1950 wurde er festgenommen und zu 14 Jahren Zuchthaus verurteilt. »Zum Zeitpunkt seiner Entlassung am 18. August 1964 befanden sich wahrscheinlich nur noch zwei Waldheim-Verurteilte in Gefangenschaft. Dr. Dr. H. Brandt verbüßte für sein mutiges und engagiertes Eintreten für die Verurteilten von Waldheim eine längere Haftzeit als die meisten von ihnen.« Eisert: Der stalinistische Terror, S. 139.
53 Brandt, Helmut: Hinter den Kulissen der Waldheimer Prozesse. Sonderdruck des Waldheim-Kameradschaftskreises, Fehmarn 1965 (künftig Brandt: Hinter den Kulissen), S. 8 f.
54 Vgl. Eisert: Der stalinistische Terror, S. 252.
55 Ebenda, S. 273.
56 Vgl. SAPMO BArch: DY 30/IV 2/13/431, S. 151.
57 Vgl. ebenda, S. 152–162.
58 Vgl. Eisert: Der stalinistische Terror, S. 273 f.

59 Vgl. Brandt: Hinter den Kulissen, S. 9.
60 Vgl. Eisert: Der stalinistische Terror, S. 252.
61 Vgl. ebenda, S. 256.
62 Vgl. ebenda, S. 262.
63 Otto: Waldheimer Prozesse, S. 19. Ein weiterer Todeskandidat war bereits zwei Tage zuvor verstorben, ein anderer wurde als Zeuge in die Tschechoslowakei überstellt. Vgl. ebenda.
64 Ebenda, S. 24.
65 Ebenda, S. 23.
66 Vgl. Badstübner: Wilhelm Pieck, S. 38.
67 Vgl. ebenda, S. 37.
68 Vgl. »Die Prager Deutschland-Beschlüsse der Ostblockstaaten«, zit. in: Kleßmann: Doppelte Staatsgründung, S. 463.
69 Bisher ist noch kein Entwurf des Briefes aufgetaucht, der von Grotewohl stammen könnte. In seinem Nachlaß befindet sich nicht einmal ein Durchschlag des Schreibens und schon gar nicht eine mit handschriftlichen Notizen oder Korrekturen versehene Kopie, wie sie sonst für viele Reden und Aufsätze aufzufinden ist. In der Akte aus dem entsprechenden Zeitraum befindet sich lediglich eine Sammlung von Zeitungsausschnitten, die den »Grotewohl-Brief« als historische Initiative feiern. Vgl. SAPMO BArch: NY 4090/154, S. 10–14.
70 Vgl. »Für eine Zusammenarbeit mit allen demokratischen Kräften des Volkes«, zit. in: Grotewohl: Im Kampf, 1. Bd., S. 168–1973 (hier S. 169f.).
71 »Wir erwarten von Bonn Antwort: bald, klar und vollständig«, zit. in: Grotewohl: Im Kampf, 2. Bd., S. 509–527 (hier S. 517f.).
72 Vgl. Adenauer, Konrad: Erinnerungen. 2. Band: »1953–1955«, Stuttgart 1966 (künftig Adenauer: Erinnerungen, 2. Bd.), S. 38.
73 Vgl. ebenda, S. 39.
74 Vgl. Morsey (Hg.): Adenauer, S. 28.
75 Adenauer: Erinnerungen, 2. Bd., S. 36f.
76 Ebenda, S. 29.
77 Das Grotewohl-Schreiben, das sich direkt an den »Bundeskanzler Dr. Adenauer« gewandt hatte, konnte dahingegen als »de facto und de jure« (»Der Kurier«, 5.12.1950) Anerkennung der Bundesrepublik durch die DDR-Regierung gewertet werden. Für den Wortlaut des Briefes siehe Europa-Archiv, 6/1951, S. 3716.
78 Vgl. »Erklärung des Bundeskanzlers Dr. Adenauer auf einer Pressekonferenz in Bonn am 15. Januar 1951«, in: ebenda, S. 3716f.
79 Vgl. Adenauer: Erinnerungen, S. 43.
80 Vgl. »Deutsche an einen Tisch!«, zit. in: Grotewohl: Im Kampf, 2. Bd., S. 305–319 (hier S. 316).
81 Vgl. Zieger, Gottfried: SED und DDR zur Einheit Deutschlands, S. 57.
82 »Neues Deutschland«, 30.8.1951.
83 »Der Weg zu Einheit und Frieden«, zit. in: Grotewohl: Im Kampf, 2. Bd., S. 444–464 (hier S. 461).

84 »Kanonen sind Tod – Pflüge sind Brot«, zit. in: Grotewohl: Im Kampf, 2. Bd., S. 465–477 (hier S. 470).
85 Vgl. ebenda, S. 469f.
86 Vgl. Steininger, Rolf: Eine Chance zur Wiedervereinigung? Die Stalin-Note vom 10. März 1952. Darstellung und Dokumentation auf der Grundlage unveröffentlichter britischer und amerikanischer Akten. Bonn 1986 (künftig Steininger: Eine Chance zur Wiedervereinigung?), S. 76.
87 Ebenda, S. 75.
88 Badstübner: Wilhelm Pieck, S. 42.
89 Vgl. Steininger: Eine Chance zur Wiedervereinigung?, S. 76.
90 Nolte, Ernst: Deutschland und der Kalte Krieg. Zweite, neu bearbeitete Auflage, Stuttgart 1985 (künftig Nolte: Deutschland), S. 249.
91 Vgl. ebenda, S. 248.
92 Zieger: SED und DDR zur Einheit Deutschlands, S. 29.
93 Protokoll der Verhandlungen der 2. Parteikonferenz der SED, Berlin 1952, S. 58.
94 Vgl. ebenda, S. 62.
95 »Die gegenwärtige Lage und der neue Kurs der Partei. Referat auf dem 15. Plenum des ZK der SED, 24. bis 26. Juli 1953« (»Die gegenwärtige Lage«), zit. in: Grotewohl: Im Kampf, Band III: 1952 und 1953, Berlin 1954 (künftig Grotewohl: Im Kampf, 3. Bd.), S. 402–457 (hier S. 406).
96 Baring, Arnulf: Der 17. Juni 1953. Stuttgart 1983, S. 37.
97 Buchheim, Christoph: Wirtschaftliche Hintergründe des Arbeiteraufstandes vom 17. Juni 1953 in der DDR. In: VfZ, 38/1990, S. 415–433 (hier S. 429).
98 Fricke, Karl Wilhelm: 17. Juni 1953. Der Aufstand. Köln 1993 (künftig Fricke: 17. Juni), S. 18.
99 Über beide Treffen gibt es handschriftliche Notizen von Otto Grotewohl, die in der Akte 699 seines Nachlasses enthalten sind. Vgl. SAPMO BArch: NY 4090/699, S. 33–38.
100 Vgl. ebenda, S. 33.
101 Ebenda, S. 35.
102 Vgl. ebenda, S. 27–32. Das Dokument trägt den Titel »Über die Maßnahmen zur Gesundung der politischen Lage in der Deutschen Demokratischen Republik«, ist mit dem Verweis: »Streng geheim« und einer mit blauem Buntstift geschriebenen Bemerkung: »Dokument Mo.[skau, M. J.]« versehen. Es ist nicht völlig sicher, ob es sich hierbei lediglich um eine von Fred Oelßner angefertigte Übersetzung des sowjetischen Dokumentes handelt oder aber um den bei Herrnstadt (Vgl. Herrnstadt: Dokument, S. 59) erwähnten zweiten Versuch einer eigenen Stellungnahme der DDR-Delegation zu dem Papier der KPdSU. Vgl. Scherstjanoi, Elke: »Wollen wir den Sozialismus?« Dokumente aus der Sitzung des Politbüros des ZK der SED am 6. Juli 1953. In: BzG, 33/1991, S. 658–680 (hier S. 661, Anm. 17).
103 SAPMO BArch: NY 4090/699, S. 27.
104 Ebenda.

105 Ebenda.
106 Vgl. ebenda, S. 29f.
107 Ebenda, S. 30.
108 Ebenda, S. 31.
109 Ebenda, S. 29.
110 Ebenda, S. 32f.
111 Vgl. ebenda, S. 39–43 und 69–70.
112 Vgl. Herrnstadt: Dokument, S. 62ff.
113 Vgl. ebenda, S. 64.
114 Vgl. Stern: Ulbricht, S. 168.
115 Vgl. u. a. Brandt, Heinz: Ein Traum, der nicht entführbar ist – Mein Weg zwischen Ost und West. München 1967 (künftig Brandt: Ein Traum), S. 218–226, Schirdewan: Aufstand, S. 13.
116 Spittmann, Ilse/Karl Wilhelm Fricke (Hg.): 17. Juni 1953. Arbeiteraufstand in der DDR. 2. erweiterte Auflage, Köln 1988 (künftig Spittmann: 17. Juni 1953), S. 121.
117 Herrnstadt: Dokument, S. 64.
118 Ebenda, S. 64.
119 Vgl. ebenda, S. 65 und 68.
120 Vgl. Müller-Enbergs, Helmut: Der Fall Rudolf Herrnstadt. Tauwetterpolitik vor dem 17. Juni. Berlin 1991 (künftig Müller-Enbergs: Der Fall Herrnstadt), u. a. 192ff., 229f.
121 Vgl. SAPMO BArch: NY 4090/699, S. 69–70.
122 SAPMO BArch: NY 4090/699, S. 70.
123 Löwenthal, Richard: »Vorwort« in: Baring, Der 17. Juni 1953, S. 7–18 (hier S. 11).
124 Vgl. Steininger: Eine Chance zur Wiedervereinigung?, S. 17.
125 Vgl. ebenda.
126 Ebenda, S. 78.
127 Loth, Wilfried: Die Teilung der Welt. Geschichte des Kalten Krieges 1941 bis 1955. 8. Auflage, München 1990 (künftig Loth: Teilung der Welt), S. 306.
128 Vgl. Steininger: Chance zur Wiedervereinigung?, S. 78.
129 Vgl. ebenda.
130 Vgl. »Neues Deutschland«, 14.3.1963.
131 Vgl. Wettig, Gerhard: Zum Stand der Forschung über Berijas Deutschland-Politik im Frühjahr 1953. In: Deutschland Archiv, 26/1993, S. 674–682 (hier S. 682).
132 Vgl. u. a. Loth: Teilung der Welt, S. 308; Spittmann: 17. Juni 1953, S. 121 und Schirdewan: Aufstand, S. 58f.
133 Baring: 17. Juni 1953, S. 47f.
134 SAPMO BArch: NY 4090/699, S. 69.
135 Schulz, Dieter: Der Weg in die Krise 1953. Berlin 1993 (künftig Schulz: Weg in die Krise), S. 18.
136 Einen Bericht über das geführte Gespräch fertigten die beiden Angestellten Plaschke und Ambreé am 25. Juni 1953 an. Vgl. NY 4090/437, S. 3–5.

137 Vgl. ebenda, S. 8.
138 Ebenda, S. 3.
139 Vgl. Brandt: Ein Traum, S. 227.
140 Ebenda.
141 Vgl. ebenda.
142 Dagmar Semmelmann: Zeitzeugen über ihren 17. Juni 1953. Eine »Nachwende«-Gesprächsrunde vergewissert sich eines markanten Ereignisses der DDR-Geschichte. In: 17. Juni 1953, hg. v. Forscher- und Diskussionskreis DDR-Geschichte, Berlin 1993, S. 26–55 (hier S. 30).
143 Vgl. Baring: 17. Juni 1953, S. 63.
144 Vgl. ebenda, S. 64.
145 Fricke: 17. Juni, S. 29.
146 Vgl. Herrnstadt: Dokument, S. 82.
147 Vgl. ebenda.
148 Am schnellsten scheint diesen Fehler Walter Ulbricht eingesehen zu haben. Rudolf Herrnstadt berichtet, daß Ulbricht am Morgen des 18. Juni erklärte: »Jetzt fahre ich in die Stadt, ins ZK (...) Es war wahrscheinlich überhaupt falsch, daß wir hier geblieben sind.« Ebenda, S. 85.
149 Vgl. ebenda, S. 84.
150 SAPMO BArch: IV 2/1/117, S. 3–28 (hier S. 3).
151 Ebenda, S. 11 f.
152 Ebenda, S. 12 f.
153 Vgl. »Telegraf«, 26. 6. 1953.
154 SAPMO BArch: EA 1879, S. 27.
155 Vgl. Herrnstadt: Dokument, S. 145 ff.
156 »Die gegenwärtige Lage«, zit. in: Grotewohl: Im Kampf, 3. Bd., S. 434.
157 Ebenda, S. 431 f.
158 Ebenda, S. 435.
159 Dokumente, Band IV, Berlin 1954, S. 428.
160 Vgl. SAPMO BArch: DY 30/IV 2/1/119, S. 142.
161 Vgl. Müller-Enbergs: Der Fall Herrnstadt, S. 253.
162 SAPMO BArch: NY 4215/111, S. 33.
163 Vgl. ebenda.
164 Vgl. Müller-Enbergs: Der Fall Herrnstadt, S. 223 f. und 229.
165 SAPMO BArch: DY 30/IV 2/1/120, S. 194–203 (hier S. 197).
166 Herrnstadt: Dokument, S. 178.
167 Vgl. hierzu auch Schirdewan: Aufstand, S. 137.
168 SAPMO BArch: DY 30/IV 2/1/120, S. 291.
169 Vgl. Schirdewan: Aufstand, S. 13 f.
170 Vgl. Jäger, Manfred: Kultur und Politik in der DDR. Ein historischer Abriß. Köln 1982 (künftig Jäger: Kultur und Politik), S. 1.
171 Ebenda, S. 6.
172 Ebenda, S. 7.
173 »Neues Deutschland«, 5. 5. 1948.
174 Ebenda.

175 »Für eine fortschrittliche deutsche Kunst. Rede zur Eröffnung der 3. Deutschen Kunstausstellung Dresden. 1. März 1953«, zit. in: Grotewohl: Im Kampf, 3. Bd., S. 234–255 (hier S. 241).
176 »Fünf Jahre SED – fünf Jahre Erfolg. April 1951«, zit. in: Grotewohl: Im Kampf, 2. Bd., S. 342–374 (hier S. 370).
177 »Die Regierung ruft die Künstler. Aus der Rede zur Eröffnung der Deutschen Akademie der Künste. 24. März 1950« (künftig »Die Regierung ruft«), zit. in: Grotewohl: Im Kampf, 2. Bd., S. 5–26 (hier S. 19).
178 Ebenda, S. 20f.
179 »Neues Deutschland«, 5.5.1948.
180 »Die Regierung ruft«, zit. in: Grotewohl: Im Kampf, 2. Bd., S. 14.
181 Vgl. »Der Kampf gegen den Formalismus in Kunst und Literatur, für eine fortschrittliche deutsche Kultur.« Referat von Hans Lauter, Diskussion und Entschließung von der 5. Tagung des Zentralkomitees der Sozialistischen Einheitspartei Deutschlands vom 15. bis 17. März 1951. Berlin 1951.
182 Jäger: Kultur und Politik, S. 31.
183 »Neues Deutschland«, 2.9.1951.
184 Ebenda.
185 Vgl. u. a. Voßke: Grotewohl, S. 286–297; Schirdewan: Aufstand, S. 102 und SAPMO BArch: NY 4090/542–548.
186 Voßke: Grotewohl, S. 288.
187 »Für eine fortschrittliche deutsche Kunst«, zit. in: Grotewohl: Im Kampf, 3. Bd., S. 246f.
188 Schulz: Weg in die Krise 1953, S. 24.
189 »Die gegenwärtige Lage«, zit. in: Grotewohl: Im Kampf, 3. Bd., S. 454.
190 Ebenda.
191 Vgl. »Neues Deutschland«, 24.10.1953.
192 Ebenda.
193 Vgl. Jäger: Kultur und Politik, S. 71.
194 »Neues Deutschland«, 5.2.1957.
195 Vgl. u. a. »Frankfurter Allgemeine Zeitung«, 12.6.1953.
196 »Tagesspiegel«, 17.7.1953.
197 Vgl. »Volksblatt«, 25.7.1953.
198 Der Wahrheitsgehalt dieser Meldung läßt sich anhand der Akten des Bundesarchivs Abteilung Potsdam (BArch P) nicht erhärten. Die dort ruhenden Dokumente des Ministerrates bzw. des Präsidiums des Ministerrates der DDR geben keinen detaillierten Einblick in den Diskussionsverlauf in diesen Gremien. Aller Wahrscheinlichkeit nach handelte es sich aber um die außerordentliche Sitzung des Ministerrates vom 15. Juli 1953, die als einzigen Tagesordnungspunkt die »Erklärung über die Bereitschaft zur Herbeiführung einer Verständigung zwischen Ost- und Westdeutschland in kürzester Frist« hatte. (Vgl. BArch P: C 20 I/3193, S. II.) Dies war das einzige Mal, daß in dem betreffenden Zeitraum im Juli 1953 Walter Ulbricht und Otto Grotewohl gleichzeitig an einer Sitzung des Ministerrates bzw. des Präsidiums des Ministerrates teilgenommen haben. Vgl. BArch C 20

I/3193 (S. 1 und 96), 194 (S. 1) und DC 20 I/4 23 (S. 1). Den Protokollen ist aber lediglich zu entnehmen, daß die Stellvertretenden Ministerpräsidenten aus den bürgerlichen Parteien (Dr. Bolz, Dr. Loch, Scholz und Nuschke) sich an der angeblich eingehenden Aussprache (sie dauerte ganze 35 Minuten) beteiligt hätten. Über den Debattenbeitrag der Stellvertretenden Ministerpräsidenten aus der SED (Rau und Ulbricht) schweigt das Protokoll. In einer gestrichenen Passage der offiziellen Verlautbarung hieß es: »Er [Grotewohl, M. J.] wies darauf hin, daß in der internationalen Situation in den letzten Monaten, insbesondere Wochen, eine sichtbare Entspannung eingetreten« sei und daß deshalb »mit Genugtuung festzustellen« wäre, »daß die internationale Bewegung zur friedlichen Lösung der deutschen Frage immer mehr an Anhängern gewinnt«. (BArch P: C 20 I/3193, S. 105.) Eine solche politische Linie, die unverändert an der Wiederherstellung der deutschen Einheit festhielt, mußte natürlich mit einer Fortsetzung des »Neuen Kurses« verbunden sein. Denkbar, daß sich an der Interpretation der Ereignisse der letzten Wochen und an diesem Eintreten für eine in seinen Augen verfehlte Politik Ulbrichts Zorn entzündete.

199 »Telegraf«, 26. 7. 1953.
200 Vgl. ebenda.
201 Vgl. u. a. Herrnstadt: Dokumente, S. 79 ff.; Schirdewan: Aufstand, S. 99 und Janka, Walter: ... bis zur Verhaftung. Erinnerungen eines deutschen Verlegers. Berlin 1993, S. 182 ff.
202 Vgl. SAPMO: NY 4090/699, S. 91.
203 Vgl. Schirdewan: Aufstand, S. 96 f.
204 Vgl. Protokoll der Verhandlungen der 3. Parteikonferenz der Sozialistischen Einheitspartei Deutschlands. 24. März bis 30. März 1956 in der Werner-Seelenbinder-Halle zu Berlin. 2. Band: 5. bis 7. Verhandlungstag, Berlin 1956, S. 641–711.
205 »Nachtdepesche«, 13. 2. 1958.
206 Ebenda.
207 »Telegraf«, 14. 2. 1958.
208 »Nürnberger Nachrichten«, 14. 2. 1958.
209 »Kurier«, 14. 2. 1958.
210 »Neues Deutschland«, 25. 2. 1958.
211 Schirdewan: Aufstand, S. 122.
212 Wollweber, Ernst: Aus Erinnerungen. Ein Porträt Walter Ulbrichts. In: BzG, 32/1990, S. 350–378 (hier S. 374). Wollweber, der im Februar 1958 zusammen mit Schirdewan aus dem ZK der SED ausgeschlossen worden war, verstarb am 3. Mai 1967. Seine Erinnerungen stammen aus dem Jahre 1964.
213 Ebenda.
214 Vgl. Schirdewan: Aufstand, S. 142.
215 »Kurze Information über die Politbürositzung am 11. Januar 1958«, zit. in: ebenda, S. 213.
216 Vgl. ebenda.

217 SAPMO BArch: NY 4090/699, S. 150.
218 Schirdewan: Aufstand, S. 142.
219 Vgl. Herrnstadt: Dokument, S. 177 und Schirdewan: Aufstand, S. 143.
220 Vgl. Müller-Enbergs: Der Fall Herrnstadt, S. 308 und Schirdewan: Aufstand, S. 147f.
221 »Tagesspiegel«, 14.2.1957.
222 Im Nachlaß von Walter Ulbricht befinden sich die Protokolle der Zusammentreffen zwischen Otto Grotewohl und dem indischen Ministerpräsidenten Nehru vom 12. und 13. Januar 1959. Aus ihm läßt sich ablesen, wie sehr sich Grotewohl bei dieser Reise darum bemühte, seine Gesprächspartner für eine diplomatische Anerkennung der DDR zu gewinnen. Es macht aber auch deutlich, daß dieses Bemühen vergeblich war. Vgl. NY 4182/1324, S. 28–54 und S. 59–67.
223 Vgl. »Die Welt«, 16.1.1959.
224 Vgl. Fricke, Karl Wilhelm: Machtkonzentration im Staatsrat. In: SBZ-Archiv, 14/1963, S. 373–375 (hier S. 373).
225 Ebenda, S. 373f.
226 Vgl. ebenda, S. 374.
227 Herbst, Andreas/Winfried Ranke/Jürgen Winkler: So funktionierte die DDR. Lexikon der Organisationen und Institutionen. Band 2: Mach-mit!-Bewegung – Zollverwaltung der DDR, S. 641.
228 Vgl. SAPMO BArch: NY 4090/381, S. 1.
229 Vgl. Voßke: Grotewohl, S. 313–316.

Amboß oder Hammer? Eine abschließende Betrachtung

1 »Amboß oder Hammer. Rede auf der Goethefeier der Freien Deutschen Jugend, 22. März 1949«, zit. in: Grotewohl: Im Kampf, 1. Bd., S. 378–408 (hier S. 386).
2 Vgl. Germer, Karl J.: Von Grotewohl bis Brandt. Ein dokumentarischer Bericht über die SPD in den ersten Nachkriegsjahren. Landshut 1974, S. 37.
3 SAPMO BArch: EA 1876, S. 12.
4 Triebel: Grotewohls Weg in die Einheitspartei, S. 53.

Bildnachweis

Stiftung Archiv der Parteien und Massenorganisationen der DDR im Bundesarchiv, Berlin (S. 64)

Ullstein Bilderdienst